U0050825

▲林基正（第二排左二）臺大法律系畢業照，至友張迺良（第二排左三）日後也成爲兒子相如的義父。

➤一九六九年春，我國外交耆宿顧維鈞大使伉儷回臺訪問，曾到「中華民國國際法協會」演講，隨後與協會理監事及主要幹部合影留念。顧大使伉儷（前排正中間）、外交部條約司長梁鋆立博士（前排右二）、程建人（最後排左三）、林基正（最後排右二）。

➤一九六九年參加維也納舉行的「聯合國條約法會議」，奧地利外長華德翰（Kurt Josef Waldheim）伉儷（右一、右二）舉行酒會招待與會各國代表團，舒梅生參事（左前一）及林基正（左前二）向華德翰外長伉儷握手致意。華德翰外長於一九七二至一九八一年出任聯合國祕書長，一九八六至一九九二年當選奧地利總統。

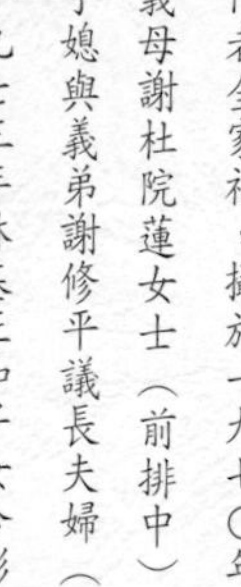

◥作者全家福，攝於一九七〇年。

▲義母謝杜院蓮女士（前排中）是林基正生命中的恩人，一九九二年林基正夫婦偕長子媳與義弟謝修平議長夫婦（後排右一、二）攝於臺北。

➤一九七三年林基正和子女合影。

➤淑美（右一）和母親殷許寶貴女士（中）、大姊殷淑清（左一）、大弟殷清峰（右二）及二弟殷國峰（左二）感情深厚，攝於一九九七年。

▼一九八二年，林基正夫婦和長子相如（右）攝於委內瑞拉首都卡拉卡斯住所。

◤一九八三年三月林基正訪多米尼克，與該國總理查爾斯夫人密談。經多次聯繫，查爾斯總理於一九八三年五月十日率團到臺北與行政院長孫運璿簽署兩國建交公報。

➤一九八四年十月，林基正夫婦在委京卡拉卡斯洲際大飯店主持我國國慶酒會。

▲一九九一年，林基正夫婦與在紐約華爾街工作的兒女（左一、右一）合影。

➤一九九一年，我國企業家林清波（左二）、吳東進（右二）及林隆士（右一）應邀訪尼，由林基正陪同會晤尼國總統府部長拉卡育（中），決定以美元現金購買尼京馬納瓜的洲際大飯店。

◀一九九一年，李元簇副總統伉儷接見林基正夫婦（右一、二）。

◀一九九一年，林基正夫婦應邀至查莫洛總統（中坐）住處餐敘，由長子彼德洛（復交後首任駐我國大使，左一）作陪。

➤一九九二年，查莫洛總統（左三）偕雷阿爾外長伉儷（右二、左一）出席林基正夫婦（右三、左二）主持的我國慶酒會，右一為女兒育如。

▲一九九二年經濟部蕭萬長部長（右一）訪問尼加拉瓜，由林基正陪同訪晤尼國部會首長。

▲一九九四年，李登輝總統接受尼國國會贈勳。由林基正（右一）陪同李總統伉儷（右三、二）會晤尼國會議長古斯曼（左三）。

▲一九九四年，尼京馬拿瓜市長阿雷曼（右二）出席我國慶酒會。阿雷曼市長後於一九九七至二〇〇二年出任尼國總統。

◀天主教教宗若望保祿二世於一九九五年春訪問尼加拉瓜，數十萬尼國教友參加彌撒。林基正（右一）以外交團代理團長身分偕內人淑美（右二）向教宗握手致意。

▲一九九五年二月林基正夫婦宴請尼國三軍總司令瓜特拉將軍夫婦（右一、二）。

▲一九九五年林基正訪晤尼國副總統梅娜（Julia Mena）（左）。

▼林基正夫婦與童宗雄團長夫婦（左一、二）陪同查莫洛總統（中），主持我農技團養豬場成果展示會。

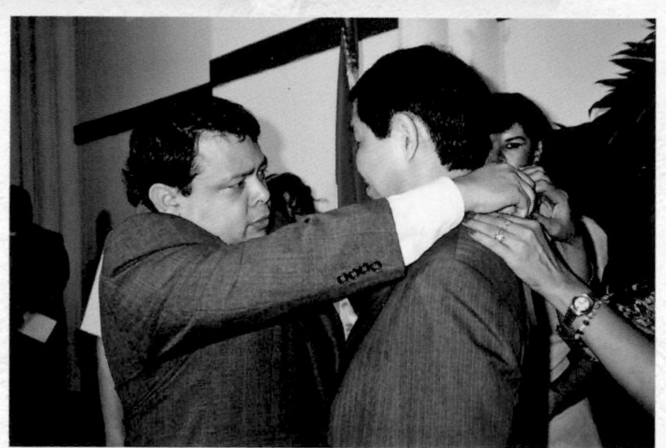

▲▶一九九五年十月十日，尼國國會議長古斯曼（上圖左二）贈勳林基正，並邀請樞機主教布拉沃、尼外長雷阿爾（上圖左一）與外交團等出席祝賀酒會。

◀一九九六年，查莫洛總統（中）與外交部政務次長程建人（右）、林基正（左）合影。

➤一九九七年一月，連戰副總統（中立者）伉儷率領特使團抵尼京，慶賀尼國新總統阿雷曼就職，接受林基正夫婦歡宴。

◄一九九七年五月三日林基正夫婦在大使館宴請大使館、農技團與廠商本眷。

▼一九九七年七月上旬，在尼國國際援尼研討會，尼國經建會M部長感謝林基正對尼國的貢獻。左起：M部長、林基正夫婦、外交團團長教廷駐尼大使，背景爲參加該會議各國國旗，前面特別安排我國與尼國國旗。

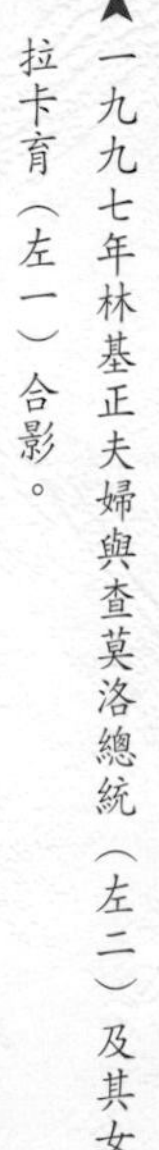

▲一九九七年林基正夫婦與查莫洛總統（左二）及其女婿總統府部長拉卡育（左一）合影。

▲一九九八年於馬德里官舍舉行女兒婚禮。左起：證婚人林士恭與謝瑞華夫婦、男方主婚人洪耀騰與李瑳瑳夫婦、新郎洪堅與新娘林育如、女方主婚人林基正夫婦、新娘兄嫂林相如與金秀珍、代表處祕書張淡浪。

▲一九九八年春，尼加拉瓜阿雷曼總統（右二）由M外長陪同訪問西班牙，邀請林基正夫婦在其下塌麗池大飯店共進早餐敘舊。

▲一九九八年由畫家梁君午夫婦（右一、二）及Susie女士（左一）陪同林基正夫婦，訪晤埃納雷斯堡（Alcalá de Henarres）市市長羅德里奎（José Rodríguez）（右三），於市長辦公室合影。

▶一九九九年三月，林大使基正夫婦應瓦倫西亞省M省長（中）邀請，參觀該省極具盛名的「火節」（Las Fallas）慶祝活動。

◀一九九九年四月，林基正夫人殷淑美（左二）由臺灣區扶輪社總監林瑞容（左一）及百福社謝瑞華社長（右一）陪同，訪晤文建會林澄枝主任委員（右二）。

◀二〇〇〇年四月，林基正夫婦訪問聖克利斯多福，由駐聖國大使張小月（左一）陪同拜訪聖國總理道格拉斯（Denzil Douglas，左二）。

▲「歐洲臺灣協會聯合會第三十屆大會」於二〇〇一年七月在義大利米蘭舉行，我旅義舞蹈家方麗芬安排其舞蹈學校學生在協會晚會中表演。彭明敏資政（右三）、方麗芬（右二）及林基正（右一）與表演學生合影。

▲二〇〇一年六月，臺北市長馬英九（左三）一行到威尼斯主持由臺北市美術館參加「威尼斯國際雙年展」，由林基正夫婦（右三、二）陪同拜會當地威尼托省長格蘭（中）。

▲二〇〇一年林基正（中）主持我國慶酒會，與義大利國會眾議院外交委員會主席塞爾瓦（右）、義國會「友臺小組」主席藍蒂眾議員（左三）、內人殷淑美（左二）等，共同舉杯祝賀。

➤二〇〇二年三月，呂副總統（中）一行由林基正夫婦（右一、二）陪同參觀羅馬。

ORDINE DELLA STELLA DELLA SOLIDARIETA' ITALIANA

IN VIRTUTE VIRTUS

IL PRESIDENTE DELLA REPUBBLICA
PRESIDENTE DELL'ORDINE DELLA STELLA DELLA SOLIDARIETA' ITALIANA
HA CONFERITO L'ONORIFICENZA DI COMMENDATORE (II CLASSE)
A
Dott. KI - TSENG LIN

▲二〇〇七年獲義大利政府頒贈義大利之星最高等級的「大十字騎士勳章」（Cavaliere di Gran Croce）及證書。

◥長孫林樂山（中）是林基正夫婦的寶貝。

►二〇一九年林基正夫婦與長子相如（右一）及小孫子海山攝於臺北。

▲退休後，林基正夫婦常與女兒育如（右二）、女婿洪堅（右一），以及兩位孫女慧琳（左二）和愛琳（右三）共享天倫之樂。

——林基正出使四方隨筆

林基正◎著

獻給我敬愛的父母親、愛妻淑美，
以及相如與育如兩家子女及其子孫。

序

此書出版實屬意外。

我父母在臺灣日治時期前往大陸廈門經商多年，於一九三六年六月生下我，次年七月當我剛滿周歲，中日爆發盧溝橋「七七事變」，當地群眾暴亂，父母攜我倉皇逃回臺灣基隆定居，自此家道中落。

自幼在母親循循善誘的言教身教下，我逐漸認知在亂世想要出人頭地，必須奮發圖強，用功讀書，所以在中學六年，自我要求每學期要有好成績，以爭取清寒獎學金。之後考取國立臺灣大學法律系，前三年每週須花費六個夜晚擔任兩處家教，以貼補家用。及至一九五八年大學三年級，同時考取全國性外交領事人員高考及高級郵務員特考；同年秋先進入國營企業臺北郵局擔任高級郵務員工作，並繼續大學四年級學業順利畢業，隨即赴軍中完成一年六個月的預備軍官兵役義務。其後於一九六一年三月進入外交部服務，度過四十五年的外交工作生涯，至二〇〇六年二月退休，時年七十歲。在我進外交部工作次年，與內人殷淑美結婚，和衷共濟、同甘共苦，迄今結褵六十年，共度外交生涯及退休生活。

二〇二〇年六月，因全球新冠肺炎疫情猖獗，我夫婦適在美國洛杉磯宅居期間，突聞至友金樹基大使在臺北仙逝而百感交集，自感八十多年來的生命中，仍有需及時記述以供我家子孫存念之處。但我因成長於亂世，從小未敢書寫日記，在公務上，除二○○○年底出任駐義大利代表留有簡單記事行程外，未曾保存任何文件檔案，因此自二○二○年六月下旬至十二月下旬，靜下心來，著手書寫自幼迄今的生活歷程。豈料文思泉湧，下筆如飛，在六個月內完成三十六萬字初稿，爲求公務保密，僅記敘處理過程，不涉內容；至於涉及人事則只記錄事實，因無日記及文件可考，僅憑記憶，因此不敢妄稱「回憶錄」，更不敢請長官或好友爲拙著寫序。

後來經我女婿洪堅耐心爲我手寫稿轉成電子檔，又幸承相識相知逾二十年的子女輩潘錫鳳女士提議，願以多年出書的經驗爲我整編，並在臺北安排相關出書事宜，最後，我們商定將原稿刪除約十萬字，以期順利出版。經過近兩年在洛杉磯與臺北兩地藉著視訊共同努力，終能出版面世，我衷心感謝他們兩位的鼎助，也希望能有一愚之得，供世人卓參；書中或有疏漏之處，尚祈讀者不吝指正，俾使本書更臻完善。

林基正

目錄

第五篇 再度臨危受命 228

第六篇 歷經生命中的重重考驗 268

第一篇
成長伊始

母親在我印象中額頭寬闊飽滿，鼻梁筆直，兩眼明亮有神，身材雖不高大，卻顯英氣。由於當時重男輕女的觀念，無法接受正式教育，但她聰明絕頂，記憶力奇佳，甚至過目不忘。她待人寬厚，刻苦耐勞，並律己甚嚴，處事果斷。母親自廈門返臺後，除了照顧生病的祖母及二哥，總是忙著張羅家中大小事，家計一肩挑。

臺大同窗摯友，右起：李鴻禧、林文雄、楊日然與林基正，日後在各領域均有傑出表現。

第一章　幼年啟蒙

獅球嶺腳

自我約四歲左右有記憶以來，就住在基隆市的「獅球嶺腳」，直到我三十五歲奉派赴西班牙及葡萄牙工作止。既然名為「獅球嶺腳」，自然有座獅球嶺。這是一座高約三、四百公尺的獅型山嶺，位置正好坐南朝北，面對基隆港口而臥，背對八堵及臺北。山嶺獅頭面東，獅尾朝西，前雙腿向東北方延伸，後雙腿則往西北面伸展，而前後雙腿尖則抵著基隆通往八堵的火車道，合圍正好成半圓形。

獅頭的前胸靠前腿胯下，則有一個高約一百五十公尺如圓球的小山，猶如節慶舞獅滾圓球。該山嶺面北橫臥，清末時期在前肩頂處已建有堅實的砲台，下層有數間房間，應是看守砲台軍士居所與囤積砲彈武器糧食之處，上層平台裝置數門火砲，面對基隆港口。砲台周圍則保留園地，種花植樹，並有平台作為軍士訓練活動之用。

在山嶺西段獅形臀部的頂端，也於清朝建有一座古典建築的土地公廟，廟宇規模雖不大，設施卻齊全，並普遍種植桂花等花草，古色古香。在砲台與土地公廟之間的山腰凹處，則有一條山路下山可達八堵。而獅頭處有纜車通往另面南榮路的後山坡，當時南榮路山腳還有煤礦坑，所採煤礦的雜石廢土就由纜車吊上山頂靠近獅頭附近存放。另外，基隆市區通往山頂的土地公廟及砲台，則建有一條由橫臥獅身後腿的胯部，靠近尿道口附近的腹部下段，用碎石及水泥混合而成的人行道，順沿直上土地公廟再延至砲台。記得在半山間有一座古式涼亭，沿路兩旁種植小樹叢，有些樹蔭茂盛可遮日避風，是附近居民運動納涼的好去處。

我們居住在獅球嶺腳的民衆，早期住戶不多，大概可分成兩部分。靠前腿胯下及球形山腳下的居民較多，即爲光復後的獅球里，而靠後腿胯下附近的居民較少，據說在清朝時期曾設有一間書院，所以光復後名爲書院里；獅子腹部前面爲高約三、四十公尺的大片空地。臺灣光復後新設戶籍，即將「獅球嶺腳」的居民戶籍分設基隆市仁愛區的獅球里及書院里，而我家就被歸在書院里。記得民國五十年中期，政府開通臺北至基隆港區的「麥克阿瑟高速公路」，即由獅球嶺的獅子肚臍眼處貫通獅球嶺腰背的八堵，有時候暗想，不知獅球嶺的靈氣是否因而洩氣了？

在山嶺獅身前後腿合圍起來的廣大土地，日治時期設有兩個軍營區。靠近前腿邊緣有一條道路是市區沿軍營東邊進入，再向西連接上山的人行道，早期可能由此搬運火砲及武器上砲台。光復後，逐漸將軍營東半部規劃爲海軍醫院、研究室與停屍間；軍營西半部則由陸軍及憲兵駐紮。之後，靠近火車道的東邊土地又分建成功小學校區。由成功小學再向東邊，即獅球嶺前腿的小腿部分山邊，就將原來的日本宿舍改爲眷村，約有四排日式房舍。

「討海仔」的野孩子

我大概在三、四歲才有記憶，依稀記得我天天赤膊光著腳丫子，只穿條內褲，常在住家附近遊蕩玩耍；不過母親嚴格規定，出門及進門時都要跟她報備。其實在日治時期，乃至光復後初期，臺灣治安良好，家家門不閉戶。猶記得我母親平時忙著張羅家中生計，父親也早出晚歸，所以我有「討海仔」的綽號，被公認是個全身黑又壯的漁村野孩子。後來家況榮景不再，生活拮据，而生病臥床的祖母也需母親照顧，再加上身體欠佳的二哥基祥，讓母親身心俱疲。

小時候，白天家裡的大門總是開著，只有一片半腰身高的矮門，防止雞鴨小狗跑進來。我家房子不大，記得大廳正面有一面牆，牆前放著一張齊身高的大神桌，神桌上右邊祀奉一尊「仙祖公」（後來才知道是呂洞賓仙祖），母親說祂是我的義父，對我意義重大；左邊則祀奉林氏家族的祖先牌位。在神桌前，有一個八人座的方形飯桌及圓椅，平時可一半收入神桌下。大門牆的雙邊有窗戶各一，每扇窗有雙片多格玻璃可對開和關閉。進門左邊靠鄰居游家外牆的窗戶角落設有一張木床，是我平時在家遊玩及睡覺的地方。大廳後分設三個房間，右側有一小房間，左側直通後面廚房。在大廳至廚房之間有兩個房間，一個是父母親的主臥房，而二哥通常與父母同睡，另有一個小房間則供祖母起居作息。

記得四歲時有一天上午，突然看見母親含淚抱著祖母自臥房到大廳的木床，神情極度哀傷悲痛，並囑咐我立即先請鄰居協助，再趕赴住在山嶺腳對面的大伯家，告以祖母仙逝了。至今仍對當時的情景印象深刻，母親緊抱祖母，而祖母吐最後一口氣的同時，也自肛門排出一顆硬屎。其後家中忙成一團，我也幫不上忙。祖母遺體安置在我家門前所設帳棚內並舉行法事，以至安葬。

我母親事後告訴我，可能是因爲過往祖母與鄭姓大伯母相處不愉快，所以生前曾交代，爾後子孫不得娶鄭姓女子爲妻，這是她的遺命，不准違背。祖母過世後，我搬進她的房間，母親說這也是祖母生前囑咐並會保佑我。而二哥繼續跟父母親睡，仍然醫藥不斷，我覺得二哥活得好辛苦。後來，我每週有一兩次機會跟母親睡，重溫母親乳香，好開心。稍長漸漸瞭解，原來父親另有側室，我後來稱她「姨母」的杜勉女士，通常父親會帶二哥去姨母家過夜，因爲我二哥長得清秀嘴甜，雖然身體欠佳，仍深獲姨母疼愛。姨母自己沒生育，但育有一名養女叫秀琴，長得漂亮。

記得祖母逝世後約一年，二哥也過世了，之後我就常和父母親同床睡覺到上小學。二哥過世後，父親偶爾也帶我去姨母家過夜，姨母爲人親切，秀琴姊已上小學高年級，年齡比我大約八、九歲，也很喜歡我。她小學畢業後到信用合作社工作，見面時都會帶我去吃東西。即使如此，我小時候寧願在家陪母親，常藉故不跟父親去姨母家，當然母親也不願和這位姨母見面，王不見王，當時我也不清楚她們之間的微妙關係。

家道中落

二哥過世，我已五歲，平時都和母親相依爲命；而父親在臺灣造船公司工作，早出晚歸，再加上每週去姨母處過夜，所以跟父親見面的時間不多。我母親曾經將家中情況如切香腸式逐步透露。她說，大我兩歲的二哥不是她親生，是父親由廈門回臺後抱回來領養的，至於何人所生，母親也沒追問，以尊重父親的意願。而大哥基德大我八歲，是父親的胞妹所生，現住花蓮；至於大姊阿葉，則是大伯父的孩子。大哥及大姊雖名爲我父母親的養子女，但還是與他們的親生父母同住。收養他們都在我出生前，是否爲祖母的意願，不得而知，但我確信不是母親的原意。

母親這才告訴我，我是她與父親唯一的親生兒子，而且在廈門出生。猶記得在我九歲與母親躲避空襲時，在防空壕避難的生死交關時刻，母親才告知我家中實情。原來母親爲童養媳，在她約十八、九歲時，家住基隆市安樂區，因爲父親的追求而結婚。婚後以日本僑民身分前往大陸廈門經商。在廈門經商期間，父母親結婚近十年還沒有親生子女，頗爲遺憾，後來聽說當地的「呂洞賓仙祖公」非常靈驗，於是母親親往祈求並住一夜。母親說當晚睡眠中夢見一道光芒後，出現一名小嬰孩向母親奔跑而來，不久母親就懷孕而生下我，眞是神奇！

父母生下我後，並依許願聘請一位福建籍雕刻老師傅到家中，細心雕一尊呂仙祖和兩位神童像，神像的確栩栩如生，我也拜呂仙祖爲義父，終生供奉。在我彌月時，父母親也依例準備豐盛油飯及麻油雞酒等招待鄰居親友乃至路人，足見父母親當時欣喜萬分的心情。可是當我剛滿周歲後不久，發生中日「七七事變」，後轉爲中日戰爭。當地居民趁戰亂四處搶劫，驅趕日本僑民。當時事出倉促，形勢險惡，我父母親在鄰居協助下，僅匆匆攜帶少許細軟，並僱用小船趕上停泊在廈門港灣的輪船逃回基隆，在廈門經營多年的產業被搶劫一空。父母親返抵基隆後，在離大伯家不遠的「獅球嶺腳」購屋居住，自此家道中落。返臺經年後，我父親爲了生計，只好隨鄰居游君到基隆臺灣造船公司工作。祖母原來與大伯一家同住，自我父母親回臺定居後，祖母即搬來同住，由母親細心照顧。

回憶母親二三事

我想談談幼時心目中的母親。「林謝查某」是她戶籍上的姓名，名字雖然有點庸俗，然而母親在我印象中額頭寬闊飽滿，鼻梁筆直，兩眼明亮有神，身材雖不高大，卻顯英氣。由於當時重男輕女的觀念，無法接受正式教育，但她聰明絕頂，記憶力奇佳，甚至過目不忘。她待人寬厚，刻苦耐勞，並律己甚嚴，處事果斷。母親自廈門返臺後，除了照顧生病的祖母及二哥，總是忙著張羅家中大小事，家計一肩挑。

自三、四歲以來，常聽大人說我是從石頭孔爆出後被抱回家養的，覺得在家中似爲多餘的一分子，所以總是自己玩，安守本分，不敢再增加母親的負擔。記得有一次，自幼纏足的外婆從安樂區家中緩慢步行到我家，發現我脖子長一顆紅腫膿包，問我是否很痛？我只能據實點點頭，有時晚上痛得出聲，還遭母親輕責。

外婆當面責問母親，何以如此輕忽孩子？可能因平日過於專注二哥病情而忽略了我，這時母親才猛然發現，含淚將我緊緊抱入懷。母親判斷我這顆感染的膿瘡已長成熟，於是抱著我，要外婆設法用針頭將膿包刺破，再用力擠壓，直到混著血的膿全部擠出後再塗上藥膏。

經過一番折騰，我與母親相擁而泣，母親在外婆面前也痛哭失聲，發洩壓抑已久的情緒，這讓我反而覺得不好意思，頻頻安慰母親，表示我已經不痛了，不要哭。自此之後，母親對我日益關心；隔沒多久，二哥病情加重，回天乏術離世，母親更能專心照顧我，那時我大約五歲了。

如今晚上換我陪母親睡，她才慢慢告訴我，其實我才是她唯一的親生兒子。我是由母親親自哺乳長大的，而且到了三、四歲還沒斷奶，因此母親的乳頭常被我猛吸咬傷，讓她痛在肉裡，卻疼在心窩裡，母愛眞偉大，否則我怎麼能長得健壯如牛呢！

往後，母親也常帶我去外婆家，舅舅及舅媽也很高興母親帶我回娘家。我曾納悶，母親雖然跟外婆、舅舅很親，可是長得一點都不像，而且也不同姓。後來母親才告訴我，她從小被領養當童養媳，原希望許配給比母親年紀小的舅舅，但依母親自主性極高的個性，自然就沒依原定計畫乖乖就範，反而自由戀愛嫁給當時英俊瀟灑的父親。至於母親的原生家庭，我後來漸漸知道他們住在金山地區的阿里姥山上，經營茶園及製茶工廠。

我記得六歲時，母親第一次帶我回到阿里姥山上看望親生父母等親人。我們從基隆車站搭公路局班車經野柳到金山車站，午餐後轉淡水線，沿海岸到海邊的阿里姥站，先到車站附近的外公茶葉工廠找一位表哥，表哥馬上派員工上山告訴家人，住在都市裡的「街仔姑」攜子回娘家了。當表哥工作告一段落，立即陪我們上山，表哥背著我，生怕我這位「街仔表弟」爬山太累。經過約莫三十分鐘的步行到外公外婆家。這時，好多親戚已齊聚在大廳歡迎，外婆也出來迎接，母女緊緊擁抱，喜極而泣，舅父也從別村趕回家，而我則如受寵的小寶貝，收到好多紅包祝福，慶賀外孫首次回娘家。外公家一時熱鬧非常，雖未殺豬宰羊，卻也菜餚豐盛的雞鴨上桌。等到傍晚外公回家，立即由外公持香領頭拜天地、祭祖先，只聽外公念念有詞，態度虔誠，我和母親也跟隨持香拜拜，祈求神明的庇佑。

享受回外婆家的時光

外公在金山山區一帶也算是有名望的大地主，擁有數處茶園和製茶工廠，僅生育大舅及母親兩子女，我怎麼也想不明白，爲何母親出生即被送養基隆賴家當童養媳？至於大舅這時已有五十多歲，原有五個兒子，大兒子國煌出生未久，也被送給鄰村潘家爲養子，潘父是殷實地主，與外婆同姓且爲至親，何以長子會送外婆娘家收養，我也不解。其後大舅所生四名兒子均姓謝，已有所成。據三表哥告知，母親原有意領養他爲養子而未果，我想可能是父親家族不同意，而改由父親胞妹的長子基德爲我父母收養，但又沒讓基德大哥與我們同住。我對這些送養、領養的問題曾感疑惑，但不敢探詢深究。

金山外公外婆家依山傍水，是典型的三合院古厝，正面有五個大房間，左右護龍各有三個房間，正面中央有大門，入內是安置神明及祖先牌位的正廳，兩旁擺設古椅十二張及茶几，作爲招待賓客或聚會之用。正廳右邊爲外公外婆大房間，各有一床，中間有門簾隔離，可能年事已高分床睡；外婆秀氣優雅，近年多病，平時多待在房內。再往右側是客房，而正廳左邊也有兩個房間。

右廂房爲大舅、大舅媽及四位表哥的住處；左邊則是外公偏房與傭人居住。我們這次回娘家期間，外婆堅持要母親同床共眠，想必外婆思女心切，希望多相處以解分別多年的相思之苦，而我則有表哥們相伴，聊個沒完。

我印象中的外公是位身材魁梧，長得一表人才。外公祖厝正門前有一片大廣場，平時也可供日曬茶葉或稻穀。廣場前有竹林，再往前有一條溪流，旁邊就是稻田及通往鄰村的小路。在廣場及竹林之間有一條與古厝正門平行的道路，下通海邊，上往茶山茶園。以古厝爲中心則圍繞許多房子，形成一個村落，多住外公外婆的親戚及佃農，所以我跟母親這次回娘家，也成了村落中的盛事。之後，母親依外公外婆及大舅所求，就比較常回娘家，有時大舅及表哥們也會來基隆看我們。

由於當時戰事頻仍，而基隆有臺灣最大的軍港及國際商港，從住家獅球嶺腳到火車道間又是軍營，是盟軍飛機空襲轟炸的目標。記得在我七、八歲時，曾經兩次回金山外婆家卻無車可搭，往返均走山路。通常母親在早餐後，會先準備飯糰等便餐及開水，再帶著我爬山越嶺到金山街，這時已是中午，我們拿出備餐果腹，稍事休息，再從金山街走約兩個半小時進入山區到外公外婆家的茶園。山上的遠房親戚看到我們，欣喜萬分，立即有人趕回家報信，有者替母親背行李和表哥背著我走約十分鐘到外婆家，這時大夥又是一陣熱鬧，可說是我小時候的一大享受。

第二章　時局動盪下的小學教育

師恩難忘

依日本學制，必須年滿六歲才能入學，每年四月學年開學，由於我是六月出生，所以必須隔年快七歲才有資格入學就讀。當時全基隆地區只有一間國民小學，專屬日籍或日本當局認定極小部分臺籍家庭子弟才有資格就學；而我就讀的堀川國民小學學生都是本省籍。當時上學須赤腳步行，通常我會沿基隆至八堵間的火車道走，再轉入公車道路，約走二十五至三十分鐘到學校。

由於局勢不平靜，當一年級下學期時，三年級以上的學生已開始疏散，當我升二年級時，學校也只剩下一、二年級的低年級學生。我記得上學時，每天清早上課前，全校學生必須集合升旗，並有一名學生代表持校旗站在升旗台上舉行升旗儀式，之後有校長訓話和十分鐘左右的體操，然後才上課。每週有一天全校師生齊聚大禮堂舉行儀式，開幕時，校長及司儀站在台上，司儀請校長面向有布幕的正面牆立正，此時布幕才拉開，全體師生向牆上掛的日本天皇玉照鞠躬敬禮，待念一段聽不懂的話後，布幕再闔上，這時我們才能抬頭。至於牆上掛什麼玉照，長相如何都沒看見，只能聽偷瞄的同學大略形容。

記得升小學二年級時，每日清晨的升旗儀式，我被指定舉著校旗上升旗台，胸前配戴舉旗扣環，將旗杆插在扣環上，雙手扶旗面向操場的老師及同學。到二年級下學期，因爲盟軍對臺空襲投彈日多，我也隨父母疏散到彰化埤頭鄉而暫時休學。

我一、二年級的導師是來自日本九州海濱的石田老師，她雖嚴格，卻是一位負責、充滿愛心的老師，在那個專制動亂的年代，她總是設法保護我們這群幼小學生。當時的社會風氣，教師有其特殊地位，即使是小學老師也比警察備受尊重。記得有年夏天，我因赤腳上學而長水泡，又不願請假在家休息，某日下午下課返家時，石田老師看我腳底的水泡嚴重，而且在大太陽底下瀝青路面發燙，寸步難行，石田老師不捨而堅持陪我慢慢走回家。她一步一趨陪我走了近一個小時，好不容易到村口遇見鄰居，又一再叮嚀，才安心返校。當時我目送石田老師離去的弱小背影，不禁淚珠盈眶，至今雖已經過七十多個年頭，仍然印象深刻，永難忘懷。不久我因隨家南下疏散，再回基隆已是過了半年多，此時石田老師雖被遣返日本，但是在我內心深處永遠感念老師，深盼她一切安好。

當時臺灣局勢日益動盪，美國加入亞洲地區的戰爭，對臺灣各軍事據點的空襲也日漸加強。基隆港爲臺灣重要軍港，我家附近也有軍營，更是空襲及轟炸的重點。日本當局要求我們每家必須自建防空壕，有警察督導執行。本來我跟母親就在住家後院山坡建了簡單的防護室，後來也被要求到對面獅球嶺找合適的地方，用簡易工具鑿深至一丈的山洞，又在洞前堆建防護體以求安全。

通常白天只有我跟母親在家，每次聽到空襲警報聲響，母親要求我記得隨身攜帶平時已備妥存摺及戶口名簿的布袋，以及放入仙祖公神像及祖先牌位的籃子，立刻跟母親奔向防空壕。若是晚上空襲警報，家家戶戶必須熄滅燈火，並躲在桌下遮護，不需趕往防空壕。一般空襲警報後，不久即可聽到盟軍飛機自八堵飛向基隆港投彈再出海的聲音。初期投彈目標爲基隆港區停泊軍艦，後來愈來愈靠近我家鄰近的軍區，有時日本的機關槍和火砲對空射擊盟軍軍機而大肆宣傳。

兩次死裡逃生

九歲時，有兩次盟軍轟炸重創獅球嶺腳居民，我也幾乎喪命，至今想起仍心有餘悸。

記得是一九四五年的農曆四月十八日，當天是獅球嶺腳輪値媽祖祭典盛事，雖然情勢緊張，但是一般居民在「輸人不能輸陣」的心態下，即使平時生計拮据，但多數人仍設法借貸或標會來籌辦祭拜媽祖及宴客事宜，我家自然也不例外。

早上父親照常上班，獨留母親在家準備菜餚，而母親要我負責邀親友來家聚餐。在邀請親戚名單中，最重要的是經營金店的姑媽，而最近她避居基隆往野柳的半途鄉村，從我家沿山邊小路前往需一個多小時步程。當時姑媽因近日空襲頻繁，頗爲猶豫，最後因我堅求後允諾。

豈知當日天氣晴朗，更多盟軍B52重型轟炸機攻擊基隆港及軍營，戰況極其慘烈。我們目睹眼前一片濃煙密布的景象，嚇得心驚膽跳，於是姑媽決定立即回家，並叫我回家路上小心。我話別姑媽後，不禁擔心母親的安危，沿途也傳來不絕於耳的哭泣聲。我隨即靜下心來思考要走哪條路才能安全回家，一旦盟機稍停時刻，立刻避開軍營沿著山路急走。

經過約莫三十多分鐘的跑跑停停，總算回到獅球嶺腳，所到之處盡是倒塌的屋瓦，馬路上迎祭媽祖的主普壇也倒了。我到家時，家已半毀，聲聲喚母親，最後從廢墟中見到母親受驚嚇的臉孔，忍不住相擁而泣。我記得那天整個獅球嶺腳百餘戶人家，共二十三人死亡，輕重傷者不少，房屋倒塌數十間，簡直人間煉獄。

經過兩個多月，日軍已無反擊之力，盟機如入無人之境，空襲及投彈量日增，以致基隆受害更嚴重。有一天警察來巡視各家防空洞後，認為我家的防空洞不安全，要母親必須加高增厚防護牆，而防空洞底也要轉彎，我與母親馬上日夜趕工加固防空洞。

記得約一個星期後，我們聽到緊急空襲警報後，倉促躲進我們的防空洞，不久聽到大批盟機轟轟的持續投下炸彈，母親將我抱緊躲入剛挖好的防空洞內彎道，也因之前加深有一公尺，恰好我們母子可以完全躲入。此時突然大轟一聲，彷佛天崩地裂，雙耳幾乎被震聾，防空洞也劇烈震動，塵土飛揚，幾乎無法呼吸，洞內一片晦暗，只聽到母親要我用力呼吸並祈求神明保佑，當時似乎覺得要被活埋了。

經過五、六分鐘，洞內開始有微光，漸漸可見洞壁，但洞口變小了，四周寂靜無聲。我們逐漸感到可以呼吸，耳鳴也稍微恢復正常。大約十分鐘後，聽見有人探詢我們的狀況，也幫忙清理洞口塵土。原來我們洞口前的防護牆受到劇烈轟炸，已經半倒了，在前面約八公尺處有一顆五百磅的炸彈爆炸，當場炸死兩家防空洞的居民。此刻深感死裡逃生，眞是萬幸！當天晚上，父親回家與母親商量後，立即決定南下避難。

我家當時曾將一間房租給與父親同在臺灣造船公司上班的同事蘇先生夫婦，他說對臺中地區有所認識，於是三天後的晚上，我們一家三口偕同蘇君夫婦搭乘自基隆出發的火車，半夜抵達臺中火車站，最後決定再搭火車至田中站，下車後另僱牛車經北斗到靠近海邊的埤頭鄉。經過一夜折騰，饑餓難耐，駕牛車的先生就到路邊甘蔗田，折取數根已長成熟的甘蔗給我們充饑解渴，簡直是人間美味，甘甜至極。

我們到埤頭鄉當天，父親即向當地吳姓保正（相當現在的里長）租房子，我也和比我大三歲的保正兒子吳楷成為朋友，他對我非常友善，所以在我避居埤頭鄉期間，幾乎天天膩在一起，無話不談，簡直樂不思蜀。

埤頭鄉地處偏僻，土地貧乏，距離西螺大橋約兩公里，交通尙稱方便。因靠近海邊，故多沙地，盛產花生及芝麻，可作爲製造花生油及芝麻油的原料。父親爲了日後生計，立即趕回基隆訂製半自動榨油機器十部，趕送到埤頭鄉的新家，準備自用或出租當地居民榨花生及芝麻油之用，此事在當地也轟動一時。

日本戰敗，國民政府接管

豈料我們抵達埤頭鄉不到兩個月，日本天皇於當年八月中旬宣布投降，臺灣立即停止戰爭，並聽聞日本即將把臺灣歸還給中國，所有日本人將被遣返回國。父母在此情況下，慮及父親必須回到基隆造船公司上班，而我也要回基隆繼續上學，認爲應盡速搬回基隆。

隨父母回到基隆，發現整個環境有很大的改變。不但國號由日本帝國改爲中華民國，年號也由昭和改爲民國，原就學的堀川國民小學改爲南榮國民小學，上課由日文改爲中文，學校當然也看不到日籍老師了。

民國三十五年元月搬回基隆後，國民政府雖然開始統治臺灣，但初期來臺軍政府官員不瞭解臺灣民情，並多具統治化外人民的心態，且素質參差不齊，紀律不良，致使曾受日本專制統治，但在守法原則下尙能有序生活的民衆，由極度希望到逐漸失望，埋下民怨禍根，不久就發生「二二八事件」。

當時擔任臺灣省主席的陳儀，將責任完全歸責於臺灣暴民，強力施壓，但是眞正少數製造事端且別具用心者，據說是早已逃之夭夭的共產黨分子，反而受害者爲多數的善良百姓和極少數先前抵臺的外省籍大陸人士。當時我年僅九歲，所知不多，但卻親眼目睹經歷兩件椎心之事。

在「二二八事件」發生不久，可能因爲臺灣省主席陳儀假報實情，以致蔣介石主席命令國軍數批自大陸趕來臺灣，其中多數自基隆港登陸。三月初某夜國軍登陸後兩三日，基隆港埠岸邊發現數十具死屍，手腳均被粗繩捆綁於背後，再用石頭沉入海底溺死，腹部均已腫脹，群情激憤。我也好奇跟大家去看，眼前怵目驚心，眞是慘不忍睹。不意當晚才知道，姨母的養女秀琴姊新婚夫婿竟然也在其中！他在基隆港埠倉庫工作，年輕有爲，雖然新婚蜜月期間，爲了職責所在，仍然前往倉庫値夜班，豈知登陸國軍不分青紅皀白，見人就殺。我當晚趕往探望認屍回家的秀琴姊，她全身發抖，痛不欲生。秀琴姊從小疼我，而此時我也不知如何安慰，只能在一旁陪她落淚。

另一件事也是在「二二八事件」發生不久，國軍一批批登陸基隆港，全力逐戶搜索嫌疑犯。某日白天，我和父母親在家，突見一小隊衣著不整的士兵在我家附近盤查，突然闖入兩三名持槍並裝上刺刀的士兵到我家嘰嘰喳喳，不知所言何事。後來經比手畫腳，似乎要我們一家三口陪同到每個房間巡查，刺刀還邊走邊亂刺；到了父母親臥房時，看到靠牆有件大型骨董木箱，認爲箱內窩藏壞人或有武器，充滿惡意的將刺刀指向我們，示意父親開箱。此時父親極度激動，驚嚇異常，而我已緊握雙拳，血脈賁張，只有我母親鎭定從容，並緊抱我輕聲安撫，生怕我出錯。

當父親打開木箱，對方馬上刺刀亂扎一通，箱內衣物也嚴重破損。還好附近鄰居有位平時點頭之交的溫州人，及時由士兵陪同來我家，經他解釋我們都是久居當地的敦厚人家，並親敬香菸，才結束這次驚心動魄的盤查。原來該批士兵多為溫州人，鄰居可以用家鄉話溝通，後來經進一步瞭解才告訴我們，這批士兵也是臨時被捉補充兵源，剛到基隆即受命捕捉罪犯，本身並無嚴格訓練，執行任務不免充滿敵意；無論如何，這件事在我幼小心靈已深深留下陰影。

校景依舊，人事全非

光復初期局勢混亂，我回基隆後因已休學六個月，所以也急著申請復學，校園雖然依舊，但老師和課程均已更動。我到校報到時，甫經「二二八事件」，人心惶惶，而學校人事也未安定。課程改以中國語文授課，學校一時也沒有中文人才，暫時以閩南語教學。班上同學慢慢回籠，但老師及課程卻不穩定，就這樣迷迷糊糊過完這學年。這時我已十歲，漸漸有獨立思考的能力。

我就讀的基隆市南榮國民小學，坐落在基隆到八堵的南榮路上，由公路左側一條兩邊種植樹木的斜坡往上走約百公尺，可看到學校操場。學校的主建築物，是一棟依山而建的三層樓鋼筋水泥校舍，右側為大禮堂，左側則是一排木造的平房教室，整個學校建築尚稱美觀雄偉。依我親身體驗和觀察，在日治時代，日本政府在臺灣各城鎮的基礎建設，除了政府機關及警察局外，最宏偉的硬體建築就屬各級學校及醫院，足見對教育及衛生的重視。

同年八月，學校實施新學制，我也升至小學四年級。同年級分成男女兩班，因師資關係，先施行閩南語教學，也逐步學習漢文字，因此至今我的「九九乘法表」仍然用閩南語背誦。

我們班導師是一位年輕負責又肯犧牲小我的林炳明老師，在他擔任班導師至畢業的三年期間，因學校多半被來臺的國軍占用，所以林老師便將學校的四張課桌搬到他住家的小客廳，晚上要我們三、四位功課較好的同學到他家免費補習，白天再轉教給其他同學；又因我擔任班長，平時得負較多的教學及全班督導的責任。猶記得當時林老師新婚不久，也有了小孩，雖然教師收入微薄，生活清苦，但他仍然免費為我們補習而甘之如飴，我們對他非常感念。我之後上中學、大學，甚至進入社會工作，還經常去看望他。

老師常說看到學生有成就，他就心感安慰。我們這班同學在林老師諄諄善誘及鼓勵下，雖然多數家境清寒，卻很用功，他也鼓勵我們盡量升學。我畢業後受老師吩咐，步行到八堵的省立基隆中學為班上同學報考，並於考試當天清晨六時半在學校集合，由我帶隊至省立基隆中學參加入學考試。除了班上約有一半同學受家庭經濟影響放棄升學，但參加考試者也有三、四名考取省立基隆中學。

第三章　寒窗苦讀的中學

像英國紳士的「馬頭」校長

民國三十八年八月，我到八堵省立基隆中學報到，突聞原來黃校長及數名初中學生及老師，因參加讀書會而被警備總司令部人員逮捕，從此不知下落，深感氣氛怪異莫測，大家也不敢再討論。正式上課後不久，學校有了頗有教育經驗的新校長鄭明祿先生，辦學嚴格認眞。由於他經常西裝整齊，頭戴禮帽，無論雨晴，均手持黑雨傘，有點像英國紳士全身挺直走路，僅見兩腿移動，頭一頓一頓的，如黑馬走路，所以高年級同學背後給他一個「馬頭」外號。

我們開學時，初一編成兩班，我讀甲班，原則爲臺籍，乙班經常在學期中間加入新生，多爲新抵臺的外省籍子弟。其中令我印象最深刻，是來自香港的羅平章同學在初二時加入乙班，極爲優秀，英文尤佳，他的父親是國立政治大學名教授羅志淵先生。在我們初中及高中同年級同學中，他的成績永遠是第一名，而我只能第二名，有幸之後我們又在臺大法律系同班，畢業後踏入社會工作時也常巧遇，特別有緣，這是後話。

初中也籠罩在戰爭陰影中度過。快畢業時，同學間開始討論對日後升學高中或專科學校的話題，後來鄭校長宣布初中成績優良者可直升高中，而其他同學報考本校高中也另有優待。我因家庭經濟因素，本有意考慮報考臺北工專，以求畢業後工作較有保障，但在校長及老師勸導鼓勵下，就直升高中部了。

升上高中，同樣分為兩班，我們甲班導師是吳兆鐸老師，乙班導師為陳介石老師，兩班同學每班各約三十五名。吳導師負責兩班的數學課，陳導師負責國文課，另有英文林老師和理化課陳老師。老師陣容都是一時之選，教學認眞，熱心負責。我那時才逐漸感受到求學的意義和眞諦，也瞭解讀書對今後人生指引的重要性，我對各學科均有濃厚的興趣，當時省立基中高中部還沒有為升學設立分組，我直到高三仍無法確定未來志向。

高一開始，時局日益緊張，消息雖被封鎖，氣氛則日見詭異。首先由蔣經國先生成立了「青年救國團」，所有高中生以上的學生，無論男女，一律成為救國團團員。各縣市的大專院校也成立分支機構，並定期舉辦活動，以激勵民心士氣。無論學校、公家機構，乃至交通要衝都貼有標語，常見「一年準備，二年反攻，四年掃蕩，五年成功」、「殺朱拔毛」、「反攻大陸」、「三民主義救中國」等看板。

後來因陸續發生大陳撤退、一江山事件，又紛紛發起「捐艦救國」運動，乙班幾位外省籍同學決定投筆從戎，約在高二下學期，紛紛離校投考軍校；再加上中學教學認眞嚴格，時有同學因學科不及格或操行不良而被降級，甚至退學，所以升上高三時，乙班併入甲班合為一班，記得畢業時只剩下三十七名同學了。

母親辛勞背影的激勵

因家境清寒，自幼上小學起即認眞讀書，母親爲了家計，靠著幾本雜誌的服裝照片和製衣圖樣無師自通，自我七、八歲起就以一台簡易的縫紉機，爲人縫製衣裙，甚至旗袍，以賺取微薄利潤貼補家用。一開始，母親幫鄰里婦女裁剪縫製衣服，後來漸漸建立口碑，客戶也愈來愈多。母親光靠一條紙尺爲客戶量身訂製，只憑記憶縫製，從未出錯，非常佩服。我只能將母親做好的衣服送給客人，或幫忙收款跑跑腿。

自小學起，有時我半夜起床小解或被母親縫衣機聲吵醒，常見母親即使在寒冬深夜，仍埋首屈身在縫衣機上，有時還瞇著眼睛穿針引線，望著她勞苦的背影，有時不經意觸動我內心，一個人躲在被窩暗自流淚，母親無私爲家奉獻深深影響我，立志無論多麼辛苦，也要發憤圖強，努力讀書，將來能讓母親過好日子。所以在初一即申請基隆市政府的清寒獎學金，初二到高三則申請基隆市扶輪社清寒獎學金，因名額僅一名，所以必須苦讀。記得在初、高中六年期間，我從未參加同學在課後的休閒娛樂活動，一則因沒有多餘的零用錢，再則也無時間，只記得看過幾部電影，其中由日本三船敏郎主演的《宮本武藏》印象最深刻，該片也獲得奧斯卡最佳外語獎。

記得高中時，教國文的陳介石老師對我的作文細心批改並鼓勵，而當時青年救國團又常舉辦研讀有關國父遺教、三民主義、建國方略、建國大綱及總裁訓詞等論文比賽，優勝者可獲得鋼筆及其他學用品文具。我為了爭取獎項，也跟著研讀默背，皆獲全勝。如此努力默記對我日後的中文寫作能力，無形提高不少，並有利我往後的考試及工作，這點也要感謝遺傳母親具有極強記憶力的良好基因。

母親為人和藹正直，又為人縫製衣服，鄰居婦女有事無事都到我家找我母親「水生嬸」聊天，凡有糾紛也會到家中請「水生嬸」排解，所以家裡經常高朋滿座；再加上我家與鄰居的牆壁沒有隔音效果，往往收音機聲在數戶之外還聽得到，所以在家裡讀書必須有如老僧入定，否則很容易受干擾。

白天除了學校外，我有時也到住家後山的獅球嶺山上讀書，或涼亭，或土地公廟，甚至到砲台，猶如獅球嶺之王，獨霸獅球嶺。因平日清晨，除有八堵農民挑運蔬菜越嶺到基隆市場販賣，或有少數早起運動居民到山上運動外，平時是人跡罕至。我無論大聲朗誦或安靜默記，都不會影響他人。尤其高中及大學期間，在山頂土地公廟左下方新建一座關帝廟，更方便了。土地公廟及關帝廟的廟祝對我甚為友善，讓我自由進出，有點像古代民間故事「秀才在古廟十年寒窗苦讀」的情境啊！

破釜沉舟下決心

高中時，我除了認眞研讀功課外，也常到學校圖書館看課外書籍，其中偉人傳記最吸引我，除了自我砥礪外，也能透過書中成功的例子思考未來的人生方向。在所閱讀的傳記中，美國第十六任總統林肯最令我感佩。林肯自幼成長在貧困家庭，憑著堅毅過人的努力，雖然歷經多次的失敗卻沒被擊垮，最後當上律師，終於出人頭地。這也促使我在高中畢業後思考未來報考大學科系時，事前未徵詢師長，也沒有告知父母，決定只選國立臺灣大學的法律系司法組及法學組志願，未再投考其他院校及科系。

當時大學沒有聯考，只能依各校單獨招生，分別報考。我自知家境清苦，考慮當時的臺南省立工學院（後來改爲成功大學）及臺中省立農學院（即爲後來的中興大學）遠在臺南及臺中，非我能力所及，而省立師範學院（日後改爲國立師範大學）又非我興趣所在；至於國立政治大學在臺北木柵，政治性太敏感，科系也不多，所以只剩下國立臺灣大學可選擇。也不知什麼原因，當時我竟敢破釜沉舟下決心，只報考兩志願，想必私忖如果不幸落榜，就去當工人吧！

大學考完後私下算了一下，應該在考取邊緣，但沒有絕對把握，於是考完第二天，就去當了兩天的建築水泥臨時工先做準備，沒想到在烈日酷烤下搬運磚頭，我竟然中暑而被辭退，才知道水泥工也不是好當。好不容易捱到放榜，慶幸順利考上臺大法律系司法組第一志願，這在當時所住獅球嶺腳地區是一件大事，應該也是當地第一位考上第一學府臺灣大學了。父母喜極而泣，鄰居也與有榮焉，還買爆竹來家中祝賀，我也暫時鬆了一口氣，至少不必去當工人了。

放榜當天近中午回母校，起初師長及同學看到我都面無喜色，令我一頭霧水。原來我在校的各科成績均佳，尤其數學、三角、幾何及物理化學在班上均名列前茅，他們找遍理工醫科系均未見我的姓名，研判應是名落孫山了。這時我才向老師們報告，我在塡寫科系時，最後決定只報考臺大法律系，已如願考取了，老師們才轉悲爲喜，並責怪我怎麼可以如此貿然做這麼大膽的決定。

最後與老師詳查，我們畢業班三十七名同學中，竟有十七名考取臺大各科系，另有十九名則分別考取其他各大專院校，成績斐然。我們非常感謝老師的認眞教導和校長的嚴謹辦學，而老師們也頗感欣慰，因爲省立基隆中學從來沒有這麼多同屆畢業生考取大專院校，尤其是臺灣最高學府的臺大。

第四章　臺大歲月

義父母是生命中的恩人

考取臺大法律系不久，即獲邀擔任家庭老師，爲鄰居就讀初、高中的子女補習功課，這對家裡的生活費不無小補，因爲往後就讀大學已無法申請清寒獎學金，有了家教收入，可以減輕家庭負擔，而且當時臺大爲公立大學，學費低，我至少可養活自己。自考取大學到大學三年級期間，我在上課之餘兼任兩個家教，每個家教一週上三次課，每次兩小時，所以每週自星期一至星期五晚上以及星期六上午都要上課，導致我花在自己功課上的時間極爲有限。

再加上我沒有住校，每天必須搭火車上下課，往往清晨自住家走到基隆火車站搭車至臺北火車站，之後或走或轉乘公車到學校，回程亦然，每天通學時間至少三個半小時。因此我必須充分利用在火車上的時間讀書，以及在學校上課時專心聽課。當然週末時間也不能浪費，我幾乎沒有時間參加同學的課外育樂活動。

考取臺大後，很幸運的蒙省議員謝清雲先生及其夫人謝杜院蓮女士看得起，聘我擔任剛上初一的長子謝修平家教。謝省議員來自新竹，是一名藥劑師，其夫人爲基隆煤礦業杜家的長女。謝氏伉儷家庭幸福美滿，當時他們已有三個兒子及四位女兒，經他們瞭解我的家境及個人品行後，提議要認我為義子。

謝議員幾乎每週五天都須到臺中霧峰的臺灣省議會出席會議，每日清晨自基隆火車站搭火車至臺中火車站再轉車赴霧峰，半夜又趕回基隆家，數年如一日，只為了能天天家庭團聚，與一般政治人物迥異。而謝夫人幾乎全天候要坐鎮西藥行和照顧子女，備極辛苦。由於他們夫妻平日很忙，所以收我當乾兒子，想為其子女做榜樣，用心良苦，當然有時我也能協助做一些選民服務。徵得父母親同意後，即拜謝議員伉儷為義父母，他們也真心待我，還推薦我到鄰居鄭醫師夫婦家，為其長女當家庭老師。謝家鄰近基隆火車站，所以義父母要我每天下課回基隆先到家裡用餐，再教孩子功課，以免餓肚子。

謝議員伉儷收我為義子之後，對於我的義弟妹教育常多徵詢，並嚴囑其子女必須以如親兄般對待。我本為家中獨子，一時獲得多名弟妹，內心欣喜萬分。如今過了六十多年，義父母雖早已仙逝，我和這些義弟妹們仍然維持著親密關係。

義父母是我人生中最重要的恩人，永生感念。

法學院的兩股考風

臺大所有一年級新生，都必須在位於臺北市羅斯福路校本部的教室上課，我通常每天搭上午六時十五分由基隆火車站出發的火車，到臺北火車站約一小時十分鐘，再轉搭〇南的公車經羅斯福路到臺大校總區站。當時羅斯福路是泥巴路，公車沒有冷暖氣，夏酷熱，冬寒冷，尤其下雨泥巴路面不平，車子搖搖晃晃，一路顛簸得很厲害。下課時，我得立刻在下午四時半前抵達臺北火車站搭火車回基隆，才能在晚上七點前趕上家教。

在大學一年級的課程中，以薩孟武教授講授的「政治學」最叫座，通常安排在最大間的「普三教室」上課，可容納一百五十名學生，除了教室座位、走道上擠滿學生外，窗外也常站滿學生旁聽。薩教授是福建人，一口福州官話，口音重不容易聽懂，他常幽默說不是他的國語發音不準，而是說得太標準了。他也反對上課點名，認爲教授要求上課點名，正表示所開的課有問題……薩教授的教學頗能提綱挈領，常舉各國實例解說，令聽課的同學們如沐春風。

當時的臺大法學院包括政治系、法律系、經濟系及商學系，坐落於臺北市徐州路的獨立學院建築，包括教授研究室和教授休息室以及圖書館等，附近還有臺北商職、成功中學及開南中學等公私立中學。臺大法學院各科系同學，自大二至大四都在法學院上必修及選修課程。大二時，法學院出現兩股考風，一是高普考派，即準備大學畢業後，投入公務員工作或專業工作如律師、會計師等；另外則是留學派，計畫大學畢業後通過留學考試出國深造。

我原先考取法律系司法組，經過大一的學習及見聞，升上大二便申請改讀法學組，因爲我瞭解司法組以未來從事法院實務的司法官或律師爲目標；而法學組的課程則比較廣泛，除了同樣可以考司法官和律師的出路，也涉獵國際法、英美法等課程。

我在大二時特別選修英美法課程，以英文教學，主要由私立東吳大學法學院院長呂光教授為主力，因選課的學生不多，所以由法律系大三同學（如日後頗負盛名的施啓揚、陳隆志、丘宏達等）及我們大二法學組同學（知名的有羅平章、楊日然、張迺良等）合成一班上課，課堂上經常熱烈討論。我們共讀了兩年英美法課程，受益良多，而且同學間的感情也濃厚，當我們畢業後進入社會工作時，多能互知互助。

當時大腦像海綿一樣，每天饑渴吸收各門知識，所以我也常去旁聽政治系的課程，尤其李祥麟教授的「西洋外交史」和雷崧生教授的「國際法」課程，還曾為旁聽這些課而不得不翹了一些法律課程。

旁聽政治系課程也有收穫，我因此認識了同年的政治系同學張旭成，他後來當選臺大代聯會主席。他畢業留美後任職美國大學教授，後來回臺當選立法委員及國安會副祕書長。事實上，他在美國大學任教時，我們在工作及友誼上均保持聯繫及合作，例如我在一九八〇年代擔任駐委內瑞拉代表時，他因當時與委國政府有合作項目，曾從旁協助我。

沉浸在浩瀚的法學領域

大二認眞上課，其中對彭明敏教授所開的「國際法」及劉慶瑞教授的「比較憲法」非常有興趣，而林紀東教授的「行政法」及戴炎輝教授的「繼承法」（常由該系助教，後來升任爲講師、副教授的施玉琦小姐代課）也不錯。至於其他如法理學、物權法、刑事訴訟法、民事訴訟法、票據法、商標法等等，多依照書本或講義講課，不少教授頗具盛名，可惜有的由日語直譯國語而表達不清，有的則是鄉音太重，以致聽起課來頗感吃力。

當時臺大法律系聘彭明敏、劉慶瑞及劉甲一等三位青壯派教授，其中留法彭明敏教授的「國際法」，內容新穎，涉獵廣博，頗獲同學歡迎，他也是我大四畢業論文的指導教授，題目爲「國家及政府的承認問題」；後來他因政治因素受到國民政府通緝，並在外國友人協助下流亡瑞典及美國，在政黨輪替後回臺重入政壇。

擅於深入淺出授課的劉慶瑞教授，聽他的「比較政府」及「比較憲法」課程讓我受益良多，可惜年僅三十八歲即因鼻癌逝世，劉教授的夫人是臺大經濟系的郭婉容教授，也是彭明敏教授的表妹。據當時同學間轉述他們在臺大法學院時，劉教授任教法律系，郭教授則在經濟系教書，當郭教授得知劉教授不幸得鼻癌時，依然堅守雙方的感情，並生下三名女兒。兩位教授的愛情故事在劉教授英年早逝的消息傳出後，所有師生都深受感動。後來郭教授獨力養育女兒有成，早期也極力保護愛女的隱私。記得我在外交部工作期間，曾經在機場偶遇劉師母，寒暄中談及因女兒返臺來接機。多年後，郭教授再婚當時立法院院長倪文亞先生，除續任教臺大外，也曾出任我國首位女性財政部長，後來其長女劉憶如教授也擔任財政部長，母女雙璧，傳爲佳話。

我在法學院就讀期間，每期必讀英文的《國際法季刊》（*Journal of International Law*），以及臺大法學院出版的《法律叢刊》，這都是法學院法律系師長的力作。其中劉慶瑞教授有關美國憲法判決案例的分析，彭明敏教授有關國際法的專論，以及年輕學者戴炎輝教授的得意弟子施玉琦講師等著作，而施講師關於臺灣童養媳習俗的研究專文，也因與母親幼年的親身經歷，特別引起我的注意。

小時候內心一直存著疑問，為什麼在金山山區擁有廣大茶園及數間茶工廠的外公，只生下大舅及母親兩名子女，也不乏錢用，竟然在母親孩提時送給基隆賴家做童養媳？臺灣童養媳的陋習沿自大陸，主要是因為領養家庭缺乏勞動人口，領養童養媳既可當家裡的幫手，也可照顧未來小丈夫的弟弟，等到長大結婚，之後也順理成章照顧養父母，又可節省大筆結婚聘金的支出，至於童養媳的個人幸福則毫不考慮。童養媳的未來丈夫，基本上對童養媳大多只有手足之情，而無夫妻之愛，當時男士又可三妻四妾，常獨留正妻在家專責侍養父母；至於原生家庭的父母，因父權社會的男女地位懸殊，凡事由一家之長做決定，母親即使不捨也無可奈何。在社會普遍重男輕女的觀念下，認為女兒是「賠錢貨」，若能小時出養，就不需擔負長大後的嫁妝，所以才會有如此「送做堆」的婚俗。

高中雙榜

大二開始轉至徐州路的臺大法學院上課，雖然我每天從基隆搭火車上課，下課後又匆匆趕回基隆擔任家庭教師工作，但也深深感受到同學間準備高普考的濃厚氛圍。我雖然因通學而未住宿舍，但逐漸有了志趣相投的班上同學，諸如楊日然、張迺良、李成樑、李鴻禧等臺籍同學；還有因同上英美法課的關係，也與高我一屆的丘宏達、施啓揚等學長深交。至於羅平章及林文雄兩位，是我自初、高中以至臺大法律系的多年同學，當然都能相知相識，大家對未來會彼此交換心得，相互砥礪。

約在二年級下學期，我就常思考自己的未來，也想到自己既無特別的社會關係，也無特殊的家庭背景，爲了求突破自身的困境，只有報考高普考一途，同學間也常談論此事。其中楊日然是我最敬重的一位，他出生清寒，中學時期就讀公費的師範學校，畢業後當老師，且再接再厲苦讀，以同等學力考取臺大法律系，非常不容易。

根據他對我近身的觀察，強力建議我在大學三年級時，衝刺報考全國性外交領事人員高考，他認爲我原是法律系，卻對政治及經濟系的某些課程有濃厚的興趣，如果能好好準備一年，在我大三春季先考取外交領事人員高考檢定科目，才能取得報考同年夏季外交領事人員高考的資格；如未能考取，則大學四年級畢業後，即可報考外交領事人員高考或司法官高考或律師。

此項建議讓我大感意外！我從小自認爲長得普通，也不善言辭，從沒有想過走上外交一途的念頭。最後在楊日然的說服及其他好友的鼓勵下，於是朝著大三春季的外交領事人員高等檢定考試目標努力。楊日然待我如兄弟，他畢業後留學日本取得東京大學博士學位後，回國任教臺大法律系，並獲層方賞識出任司法院大法官，十分傑出。

民國四十七年在臺大三年級上學期結束後，我趕忙到考試院報名參加外交領事人員高等檢定考試，竟然在當年高等檢定各科共數千名考生中一次通過。既然考取高等檢定的高考資格，也只有全力以赴。臺大三年級結束後，楊日然再度要我不能再一邊家教一邊準備高考，必須在暑期搬進法學院第四男生宿舍，由於部分同學放假，所以已經爲我安排好床位，以全心準備高考。我也意識到當時報考全國性外交領事人員高考，多爲才智優異的研究生或大學畢業生，又依考試院規定，全國性高普考的各省錄取名額，是依照中華民國三十五年全國三十五省的人口比例分配，並非依當年在臺灣的實際人口比例而定，所以臺灣籍的名額有限，錄取機率不高。

當我到考試院報考時，無意中發現布告欄上另有張貼高級郵政人員特考的招考，再查該特考的日期，正巧在高考結束的次日舉行，且考試科目和外交領事人員考試大致重複，只多加考兩科，我當機立斷，同時再加報考該項特考，心想至少還多一個錄取機會。我對於此次高考及特考毫無把握，所以在臺大宿舍兩個月準備考試期間，簡直是廢寢忘食，幸好身邊好友不斷加油打氣。

高特考在炎熱的八月舉行，我先參加爲期四天的外交領事人員高考（包括筆試及口試），再接著三天的郵政人員特考。記得每科進場時，腦海一片空白，接著奮筆疾書，經過連續七天的熱「烤」，筋疲力盡。依例每年高考在十月初放榜，偏偏那年拖到十月底才放榜，眞是折磨。

十分幸運，我兩項都獲錄取，全國性外交領事人員高等考試，共錄取十二名，我考取第五名；高級郵務員特考，我考取第六名。這樣的佳績在故鄉又造成轟動，父母親及至親好友、鄰居都欣喜萬分。不過母親此時也告誡我，這不過是我人生的起步，不要驕傲。

我於十一月初接到外交部通知後，即向外交部請假獲准，等大學畢業又服完兵役後再申請進部。由於必須到外交部辦理手續，我甚至還不知外交部在哪裡呢！記得當時穿著僅有的卡其布學生服，好不容易找到外交部，卻被一位站在大門台階、穿著筆挺西裝的大漢責問來此有何事，沒事快點走開。直到三年後的春季進入外交部服務，才知道當年威風凜凜、說起話來咄咄逼人的警衛，竟是由南京隨同外交人員撤退來臺的工友，名叫老夏，其實他爲人是不錯的。

我向外交部請假獲准後，就向交通部郵政總局報到，記得同屆考取特考者約十幾位。在開訓時，總局長表達熱忱歡迎後表示，當時交通部郵政總局包括總局長及我們這批新進同仁在內，僅有八十七名高級郵務員，所以責任重大，希望人家共同努力。隨後，我被分配到位於北門的臺北郵政局，月薪也頗優渥，我依例把薪水袋原封不動交給母親。有次主管曾徵詢我是否願意擔任某支局局長的職務，這是當時很多同仁極力想爭取的，但是我因志在外交部工作，所以婉拒。

幸好我在大三前將大部分的課程修畢，只剩下兩科及畢業論文；但是考量臺北郵政局的工作繁重，且除了週末外，每天都須上班，又要到臺大完成大四課業，根本沒有時間繼續擔任家教了。隔年夏天順利完成法律系四年課程畢業，而郵局工作卻因當年臺灣遭遇前所未有的「八七大水災」忙得不可開交，該年的高普考也因此停辦。

其後外交部因國際情勢發展急需人才，於民國四十九年一月及十二月由考試院各舉辦一次外交領事人員特考，各錄取約二十名，因此我所考取的民國四十七年全國性外交領事人員高考就成為外交官的末代高考了。往後每年舉行特考一次，不再如當年全國性高考受每省名額的限制，不久也取消女性外交人員錄取名額的限制，從此女性外交官輩出。

第五章　入伍服役

把「老百姓」訓練成「士兵」

民國四十八年九月，我依規定開始服一年半的義務兵役。我們這一年的大專畢業生是預官第八期，要先到鳳山陸軍步兵學校接受爲期六個月的嚴格基本訓練。各院校所有法律系畢業學生編在第十六、十七、十八隊，原則爲未來的軍法官。我被編在第十七隊，因軍中數字的特殊念法，就成了「妖怪隊」。所謂「隊」即是連，一隊三排，一排三班，一班九名，故一隊共有八十一名預官。隊長爲上尉，排長爲少尉。我們第十七隊內有兩名學員的父親爲將軍，特別會作怪。有次半夜，隊長在大家睡覺時突然緊急集合，因爲隊中遺失一支步槍，這是軍中大事，後來聽說是將軍之子所爲，最後也就不了了之了。

當時預官在鳳山步校的訓練相當到位，這時的軍階是「兵」，天氣愈熱愈出操，毫不留情面，要把我們這批「老百姓」訓練成眞正的「士兵」，每天早起早睡，沉睡中突然來個緊急召集，非得讓你兵荒馬亂不可。

受訓預官最怕星期天被「禁閉」留營，最盼望則是接到家書，特別是情書，有更甚者，每封情書還編號，稍有漏號即心神不寧。而假日會客更是這段期間的盛事，大部分是家長親友來訪，最甜蜜的莫過於和女友相會。而我當時孑然一身，只有每週寫信給父母親報平安，也極少外出。

記得受訓到第六個月結訓的前三週，有一天晚上，所有受訓的法律系畢業同學約三百人緊急集合，全體到鳳山步校的大禮堂，當時步校校長張少將也在座，隱含一股肅殺氣氛。首先由國防部派一名上校說明，由於當前軍事形勢極其嚴峻，國防部臨時決定將本屆預備軍官第八期受訓的法律系畢業生，原定為「軍法官」中抽調八十一名改作「動員官」，近期即出發另受分科教育，並經徵獲張校長同意後，當晚即刻以抽籤方式決定。大家聽後議論紛紛，因近日私下聽聞我方為反攻大陸，前不久曾祕密派遣部隊空降大陸福建沿岸的東山島，結果好像一去無回……

上校在同學追問之下，不得已再徵獲張校長同意後說明，所謂「動員官」即是分配到臺灣軍管區下轄四大師管區的各縣市團管區工作，這四大師管區為臺北師管區、臺中師管區、臺南師管區及花蓮師管區等。而臺北師管區則下轄臺北團管區、基隆團管區、桃園團管區、新竹團管區及宜蘭團管區，主要工作為管理輔導退伍軍人及服完兵役後的後備軍人等事宜。當然，現場還是人心惶惶，最後步校的張校長還出面保證國防部上校所言屬實，以消除大家的疑慮。

大家在將信將疑的情況下開始抽籤，就由我們隊開始，似乎到第三位抽到第一個「動員官」時，竟然緊張到昏倒。由於平時與這位隊友熟識，且鑑於國防部主辦上校的說明，又有張校長的保證，將來分發頂多遠至澎湖縣，也不會如軍法官可能派往離島的金門、馬祖，可以免除父母親擔心。因此，雖然我已經抽到軍法官，當場決定舉手請求與抽到動員官的隊友交換。事發突然，一時間抽籤暫停，該上校也無法立刻做決定，當場轉而徵詢張校長意見，張校長爲了穩定軍心，當機立斷接受更換。其後繼續抽籤，又有人要求交換，及至第三位由軍法官更換爲動員官後，張校長立即宣布之後不准再變動了。

其實，當晚抽到動員官的人內心仍然忐忑不安，我一方面接受交換同學的感謝，但也有不少同學問我爲什麼做這麼衝動的決定或給我一些安慰的話。

種善因，得善果

抽籤後的第三天晚點名不久，大家正準備就寢，突然有軍車到隊部，並要求所有抽到動員官的同學在二十分鐘內備妥行李上車離隊。此事雖有預期卻顯得突然，隊長事前也無所悉，同時隨車壓隊的憲兵也不是鳳山步校憲兵，並嚴令所有隊上官兵絕對保密，不能轉告家人。我們上車後，留隊的隊長、排長及隊友，每位臉上流露出送別我們上戰場的惜別表情，依依不捨，我也不禁茫然，情緒有點緊張，不知軍車開往何處，隨車憲兵也一語不發。

離開鳳山步校後，隊友中傳出可能前往岡山空軍機場，以利空投。但軍車卻開到高雄火車站，夜間火車的專列車廂已準備妥當，另有隨車憲兵接收我們，同樣默不作聲。火車開動後大家一路猜測，有人說可能到臺南下車赴臺南軍機場；經過嘉義市，又有人提可能到嘉義空軍基地；再進臺中站，則說到臺中清泉崗空軍機場；一路到了新竹站則說到新竹空軍機場……我因對各地不熟悉，沿路迷迷糊糊，次日凌晨終於抵達臺北火車站，暫停了。

經過一夜舟車勞頓，大家累得無精打采。此時隨車憲兵要大家在臺北火車站下車，另有穿著整齊的軍官及若干憲兵已經在火車旁等候，大家依然心神不定，隨後安排另上軍車，氣氛突然變輕鬆了，因爲來接的軍官態度親切，有說有笑，於是有隊友問是否要去松山軍用機場？

「去松山機場幹什麼？」這些軍官說他們是士林行政學校的教職人員，是來歡迎我們到行政學校接受爲期六個星期的分科教育，之後將依規定分發到全省各團管區工作。我們抵達行政學校後先安排宿舍，再吃早餐。早餐時，學校長官告訴我們當天是星期六清晨，大家吃完早餐後，可自由活動或回家，但次日晚上九點前必須返校報到，不得延誤。

頓時覺得今天陽光燦爛，是多麼美好的一天啊！有位同學竟然立即轉搭最早的快車回高雄，因當時沒有手機，無法跟已約好在高雄見面的女友更改，所以非得親自趕一趟不可。經過這幾週的緊繃心情也放鬆了，吃過早餐，安頓好行李，再搭臺北公車轉赴基隆的公路局回家。父母親一看到我，喜出望外，聽我述說一切經過後，更是欣喜萬分。

我在士林行政學校接受分科教育，到了第四週某天，我們八十一名學員集合學校禮堂舉行分發師管區的抽籤，我很幸運抽到臺北師管區，今後服兵役就離家更近了。當時每週六中午用餐後即可返家，隔天晚上九點前返校報到即可。當週返家後談及分發的事，鄰居游里長突想到我們近鄰有位軍人女婿，結婚十多年，現已升任上校，雖無深交，但至少可以請益。前往拜訪後，原來他正在桃園的臺北師管區服務，他認為本屆動員官八十一名中只有我是基隆市民，將我由臺北師管區分發到基隆團管區服務，於情於理都很恰當，表示會盡力促成，結果在行政學校結訓儀式後，我果然獲分派到基隆團管區工作。每憶及鳳山陸軍步校禮堂動員官抽籤情景，我因一時的惻隱之心，第一個勇敢要求將軍法官調換為動員官，至今我能幸運分派到基隆服務，或許是善有善報。

基隆團管區位於基隆市愛三路轉入南榮路的半山腰上，原為日據時代基隆最高軍事首長的官邸，通稱「少將府」，是我小學上學的必經之處，現在改為「基隆團管區」，如今在這間小時候可望不可及的「少將府」工作，的確始料未及。

在基隆團管區服務約十一個月期間，如同一般公務員上下班。上午八時半上班，下午六時下班，中午午休也可外出午餐，這也是我自大學上課以來最輕鬆的一段日子。當時公務員的收入分為實物配給及現金薪水，每月領薪，仍然交給母親處理，家中生活也獲改善。每天晚上已不再擔任家教，所以常到義父母的三光西藥房幫忙。義父擔任省議員，經常需要選民服務或競選活動，所以我除了有時協助指導義弟妹的功課外，義母更希望我晚上盡可能陪同義父跑行程。我知道義母最關心義父須經常陪同親友或椿腳到酒家應酬，酒家女大多年輕貌美熱情，義母愛夫心切，認為有我緊跟在旁，比較不容易出狀況，但也往往陷我於尷尬的處境。

第二篇
外交工作初體驗

一陣思緒混亂後，我要自己冷靜下來，查一下關於多明尼加共和國的相關訊息。原來是中美洲加勒比海與海地毗鄰的小島國，在當時眾多駐外館處中，被列為貧窮落後的國家，我不知該如何對淑美及家人提起，而且依規定必須在六月間赴任，時間緊迫；情報司長官對我外派駐多大使館也感意外，但除非離職，也只能勇敢面對。

一九六二年十一月四日，林基正與殷淑美於基隆結婚。

第六章　新手的歷練

被另眼看待的「情報科員」

我於民國五十年元月結束兵役服務，立即向交通部郵政總局申請復職，因我志在外交，承蒙上級體諒，依我的請求派任基隆郵局服務，那時基隆郵局僅黃局長及我兩名爲高級郵務員，我同時也向外交部申請進部服務。當時外交部因有民國四十九年十二月的二十名外交特考人員正在實習，加上外交部博愛路的舊址辦公室不甚寬敞，同時又有幾名歷屆高考及格人員，或因之前出國留學，或是原有職務申辦解職需要時間，以及像我須先完成大學學業及兵役，現在向外交部申請實習，所以外交部決定另安排我們從三月起陸續進部實習，我再向交通部郵政總局批准工作至二月底。因此，我於民國五十年三月與高育仁、陳安瀾兩位同時進部實習，被戲稱爲「三劍客」；另有金樹基、錢復及張慶衍等人則於之後進部實習。

進外交部工作依例先實習三個月，分別在幾個單位、每單位實習兩週後，再視實際情形分配正式工作。我開始實習的第一個單位是亞洲司，第二個單位是情報司。當時情報司司長爲孫碧奇大使（也兼任蔣總統英文翻譯），幫辦（即後來的副司長）爲陳衡力參事兼第一科事務，二科為俄文專長的朱士熊科長。

情報司因人少事繁，檔卷未系統整理。我先請教同科汪應松祕書後，便著手將最近各藝術團體出入國審查卷宗分門別類，並撰呈摘要報告，其中包括復興劇團近期將出國公演，以及籌備參加一九六四年紐約世界博覽會等事項，這兩件事與外交部有關，且由情報司二科承辦或協辦。我在該司實習的第一週主動撰呈上述相關報告，並且經朱科長轉呈陳幫辦及孫司長核閱後，他們認為我文筆流暢工整，且此事在司內從未有人超前部署，尤其孫司長原預知此事為政府近期重要措施，所以立即召見我，並問我是否願意留在情報司工作，不必再到其他單位實習，頓時倍感榮幸，立即表明有意願。後經孫司長向人事處及部次長呈報後，部令立即發表我留在情報司工作並承辦此項業務，職級為委任一級科員。

後來我才逐漸瞭解，外交部有特任、簡任、薦任及委任等正式外交人員的敘階級別，本來高特考人員進部原則上為薦任第十二級起敘，因我進部時，已有四十九年第一批及第二批特考人員近四十名先行進部，薦任科員名額已滿，故自委任一級敘任，其後依序補進，一個蘿蔔一個坑，我只能坦然接受。兩個月後，金樹基也進部實習，同樣到情報司實習立刻被錄用，同為委任一級科員。

記得當時的名片寫著「外交部情報司科員」職銜，在威權體制下，外人不明白「情報」兩字性質，以為與情治工作有關，所以常對我另眼看待及尊重，令我哭笑不得。雖然外交部月薪不及我在郵局的待遇，但因符合自己的志趣，所以也甘之如飴。

在情報司工作後，對撰寫公文的格式及文字等基本架構有初步的瞭解，文筆不但要簡潔、條理分明，文字書寫也必須工整、不得塗改，以往要求用毛筆書寫，現在可用鋼筆，但呈稿內如發現有錯字或修改，則必須重新謄寫，否則必遭退稿重寫或譴責，有些長官甚至嚴詞責罵，將稿子怒甩地上。假如需要和部內其他單位會稿時，原則上交由各司處收發，依程序處理；但涉及緊急文稿，則須親自送到相關司處同仁或長官會辦，當然態度也要必恭必敬。一旦文稿經司長或部次長核可後，緊急文件還得親送總務司繕校室，請繕校室小姐繕打。

繕校室雖低階卻權重，工作人員都是女性，且因外交文件多屬機密，當時在繕校室工作的小姐大致已婚，夫婿也多爲軍方或情治單位的高官。記得當時只有一位年輕無特殊背景的蔡富美小姐，她是臺北商職高材生，每分鐘可打百字以上，聰明優秀，在部服務四十多年，以總務司副司長職銜退休。所以到繕校室央請繕打緊急文件，態度更須有禮貌。

事實上，繕打室的打字員爲人自重謙和，當時我年僅二十四歲，算是最年輕的新進部外交人員，也常被視如弟弟般開開玩笑。這些同仁，有的看我由科員外放又回部當科長，再外放又回部當副司長，之後外放再回部當司長，當我再回部當常務次長時，她們多已退休或離職了。我每次回部或在部內工作時，都會去探望她們，對她們這些克盡職守的基層同仁視如家人。

協助國際文化交流

我記得在情報司工作近半年，國內有關單位開始研議以我國故宮文物參加一九六四年紐約世界博覽會事宜，因此開始召集有關部會商議，除外交部外，還有教育部、故宮博物院及中央研究院等相關單位，外交部則由美洲司及情報司派員參加。首次會議約於民國五十年十月間，當時外交部美洲司由夏公權幫辦及情報司林科員的我代表參加，另教育部代表中有一位常松茂科長，至於其他單位及代表已不記得了。

其後相關籌備會議，外交部就派我代表出席，再將出席會議報告送相關司處卓參。我仍記得爲選取參展的故宮文物，曾隨同教育部、故宮博物院等單位的代表及專家，遠赴當時在臺中縣霧峰鄉北溝村山麓的故宮文物庫房，參觀珍藏的文物及相關文件，這對我而言，受益匪淺。

透過專家們的討論，我深刻瞭解到這批珍貴古物自北平故宮幾經艱難、輾轉嚴密保護抵臺的過程，也初步認識故宮古物的源流及奧祕眞義。我是剛起步的新手，除了努力吸收學習，還能親眼看到這些珍寶古物，何其有幸。至於文物的挑選，則由故宮專家及教育部單位負責，而行政院及層方也極爲重視。外交部雖只是從旁協助聯繫，但也要負相當責任。歷經一兩年的挑選文物及護送工作的籌劃，後來我於一九六四年外派途經紐約時，也曾前往參觀世界博覽會並看到故宮文物，爲這段歷史做見證。

當時平劇是國粹，因此復興劇校的出國公演，在出國的藝文團體中最為重要。劇團出國前，須由外交部、教育部、內政部及僑委會會同有關單位共同審查，每次出國公演，以宣慰僑胞及促進國際間的交流為目的，外交部負責聯繫駐外館處協調督導，也協助安排駐地僑團配合，頗受歡迎。

還有臺灣歌仔戲團體的出國公演也要審查，外交部依例為審查單位之一，都由我代表參加。歌仔戲團出國公演前，約有三天在臺北市的大橋頭戲院或基隆市的高沙戲院預演戲目。母親是標準的歌仔戲迷，平時因節儉成性，工作忙碌，只能利用下午上市場買菜時趕赴高沙戲院看戲，而且只買後半場券，所以她對一般歌仔戲的戲目劇情以及名角，都能略知一二。

據母親分析，歌仔戲的前半場都是略引前天戲碼拖戲，後半場才是當天正戲，而最後十分鐘最為精采，以「欲聽詳情，請看下回分解」作結，所以她如事忙，也會在最後十分鐘散場前免費入場觀賞。因此，如有歌仔戲團出國前在基隆預演，我必請母親列席，讓她坐在前排貴賓席全程輕鬆觀賞；如在臺北公演恰好是週末，我偶爾也邀母親同樂。

雞毛當令箭

這段期間，發生一件令我戒慎恐懼的事。

畫家田曼詩女士有意赴西班牙舉辦國畫作品展出，請我駐西班牙大使館協助安排，而此位女士也是我情治單位某將軍的夫人，我奉上級指示承辦此案。在民國五〇年代，外交部與駐外館處的聯繫以函件航寄往返爲主，當時電報費昂貴，必要時才用電報通訊，更不用說國際電話了。當一切安排就緒，田女士問我，假如途中班機延誤，或抵達西班牙首都馬德里時，臨時有其他狀況發生，要如何與駐館聯繫（當時還沒有手機）。我認爲她所提的問題都有可能發生，且此行上級也很重視，所以我將駐西班牙大使館的地址及電話和大使名銜寫給她參考，以備緊急之用。

未料事過一週，孫司長突然叫我到辦公室，笑著對我說，有時好人沒好報，並說近日有關單位正在調查我涉及洩漏國家機密一事，還通知他協助調查。孫司長當時爲蔣總統傳譯，頗受尊重，他認爲我平時爲人熱心，工作忠誠細心，怎麼會發生洩漏國家機密的事呢？

之後知道我提供駐西班牙大使館的地址電話及駐使名銜給田曼詩女士之事，孫司長即在辦公室的書櫃上順手找出我國觀光手冊，其中公開刊載駐外各館處的地址電話及館長名銜，可見並非國家機密文件，因此即以此答覆情治單位。這要感謝孫碧奇司長的才識過人，愛護部屬。當時爲戒嚴時期，情治單位人員，甚至居高位者，有些知識淺薄，不辨是非，陷人入罪。後來我向田女士查知，她因難得出國展出作品，深以爲榮，其丈夫爲情治單位高官，親友熱心設宴送行，她無意中說出我提供駐館地址電話資料，竟有人熱心過度，雞毛當令箭，認爲我洩漏國家機密，對此她也深感抱歉。若非孫司長即時提供資料證實此爲公開資料，不涉國家機密，否則一旦此事被坐實，我的人事資料將被註記「有紀錄」，那麼我的公職生涯恐將受很大的影響。

由此令我日後想到另一件事。我臺大法律系同班同學蔡顯榮，他畢業後回雲林中學教書，因有感同學如我高考進入外交部服務，因此也動念準備外交人員特考，努力不懈，屢戰屢敗。後來我聽錢復司長說，他當時擔任口試官，自他擔任北美司副司長至司長，約五、六年都面對蔡顯榮君，筆試成績都通過，口試成績也不錯，但何以一再重考？再查他是臺大法律系畢業，理應優秀，所以在第六年口試後，當時的錢司長認爲可疑，就要求查明緣由。後來才知道蔡顯榮的個人資料檔案備註「有紀錄」，所以主辦單位不敢錄取；而錢司長基於好奇，要求查明究竟是犯了什麼滔天大罪的事情。

原來是蔡顯榮在服預官義務役期間，因細故與連上的政戰官意見不合而被記錄下來，蔡君當然不知道，最後在錢司長的追根究柢下平反，順利考取外交官人員特考，也成爲一位優秀的外交人員。

當時我國有關全民的個人紀錄，均掌握在情治單位手中，無論是公職人員乃至留學生，常因被匿名舉報而不知，自是無法辯白。往後也逐漸耳聞，有些同學因出國留學，不知何時被列入黑名單，本人毫無所悉，導致有事想回國，甚至爲父母奔喪而不得返臺，也因此社會慢慢激起一股民怨。

國際情勢風起雲湧

記得自民國五十年起的國際情勢，尤其在非洲、加勒比海及太平洋海島等地區，正值風起雲湧的多事之秋，很多原來西歐列強的殖民地紛紛爭取獨立。而中共的崛起也造成我在聯合國內的代表權問題日趨嚴重。因此外交部的業務隨之逐漸增加，各司處的組織也重新整合。例如原來非洲司的一科管非洲地區，二科管中東地區，現在分成專管非洲地區事務的非洲司，以及中東地區及南亞地區業務的亞西司。再則，原來美洲司的一科管北美地區，二科管中南美地區，如今也分爲專管美國、加拿大及墨西哥的北美司（後來墨西哥又改歸中南美司管轄），以及中南美司，下轄一科管中美洲地區、墨西哥與加勒比海地區，二科負責南美洲地區。

除了前面的地域司外，原來的條約司也劃分爲國際組織司及條約司（後改稱條約法律司）。原來的禮賓司因業務拓展，也將專責本國護照核發及外國護照簽證業務的二科另設領事事務司。在這些改變中，最凸顯的是原來非洲司楊西崑司長，因積極拓展非洲事務，建立許多新興國家的外交關係，成績斐然，而榮獲「非洲先生」的尊稱，之後並升任常務次長。

我進部工作的情報司，雖然業務日增，但僅增加人員，基本架構不變。一科主管新聞業務，即後來外交部發言人的業務；二科業務即我所主要承辦的文化交流，以及全天候機器聲不停的新聞電訊收報工作，如UPI、AP、中央社、法新社等電訊，並隨時將緊急重要電訊彙整呈報。

司長孫碧奇大使多才多藝，文筆流暢，毛筆工整豪氣，經常赴總統府爲總統擔任傳譯，回辦公室立即埋首撰寫會報呈總統府。他爲人風趣謙和，喜好平劇。而陳衡力參事任幫辦，爲人敦厚低調，夫人是古典美人，日文甚佳，後來陳參事外派駐美大使館，聽說夫人也兼職美國務院或相關單位的日文教師。陳參事外派後，由劉達人參事接任，待人一團和氣，人緣甚佳。

至於專長俄文的二科科長朱士熊，爲人豪放不羈，有點不修邊幅的名士派，另一半是位可親的好媽媽型。其他同事多爲較資深的調部辦事同仁，而司中最年輕的就屬金樹基和我，都是大學在學就考取高考再進部。金兄爲臺大經濟系，我爲臺大法律系，他在一科，我在二科。我們情報司氣氛輕鬆，充滿笑聲，但一科爲外交部新聞發言重地，經常有各報記者造訪，偶爾還會隨手翻翻桌上文卷。當時報刊未如目前多如過江之鯽，記者的素養甚高，眼光敏銳且容易溝通。

進部稍久漸漸發現，部內各司處氛圍迴異，例如北美司及國際組織司，有人說連根針掉在地上都可以聽到聲音，可見氣氛寂靜嚴肅；反觀中南美司則像菜市場，符合熱情洋溢的拉丁美洲民族性。至於我們情報司，時而安靜，時而笑聲不斷，也很有意思。

第七章　緣分天注定

倉促赴約相親

初進部某日，有位同事約晚上聚餐，地點選在博愛路的外交部附近，步程約五、六分鐘的紐約大飯店，該飯店的吳經理爲外交部亞洲司同仁黃新壁原在宜蘭中學的同班同學，可以享受相對豐盛又價廉物美的盛宴。當時外交部內臺籍同仁只有五、六位，聚餐爲新進同仁接風以聯絡感情，大家交談甚歡，令我十分感激他們的盛情；只是萬萬沒想到，往後我竟然與飯店的殷家小姐結緣。

自考取臺大法律系後，因緣際會拜省議員謝清雲伉儷爲義父母，義父常有意無意以自身經驗爲例，要我在大學就讀期間用心讀書，暫時不要爲男女私情分心。大三外交領事人員高考及格，他們仍希望我完成大學課程、服完兵役後，再考慮婚嫁事宜。

義父母認爲我志在外交，需要有才貌雙全的太太扶助，所以對象必須視野廣闊，不一定以基隆女子爲限。我非常感念義父母的金玉良言，所以我在大學及服兵役期間，確實以學業和規劃未來爲重。

進入外交部工作後，義父母對我的終身大事極爲關心，也積極設法透過友人介紹適當的對象。記得是進外交部的隔年清明節，當天上午十一時左右，我到義父母家，他們才剛掃墓完回到家，突然接到基隆市警察局七堵分局長陳㚖孟夫婦的電話告知，他們已約好紐約大飯店殷老闆，當天中午將介紹我與殷家二小姐相親認識。

義父母與陳分局長夫婦爲至交，他們說將於中午十二時開車來接義父母及我前往臺北赴約。事發突然，事前毫無準備，義父母也剛掃墓返家很累，但因陳分局長夫婦的盛意，願意爲我的婚事打起精神；而我更狼狽，根本來不及回家換衣服，也沒時間理髮，就這樣出發赴約。

豈料我們一行趕抵紐約大飯店時，才發現分局長夫人電話聯繫出問題，殷家長輩及當事人殷小姐並沒赴約。在場的殷家女婿吳龍洲經理表達歉意，並希望我們延後一個半小時。我們一行即轉往臺北私立稻江女子中學大禮堂，原來分局長夫人是稻江女中老闆的千金，因其母日前仙逝，暫設靈堂於稻江女中大禮堂，我們事前也無所悉；向老夫人靈位祭拜後，稍事休息，就趕返紐約大飯店。

殷家誠意十足，在大飯店樓下餐廳設宴款待。席間殷家有二小姐淑美的祖父母、父母、伯父母及姊姊殷淑清及姊夫飯店吳經理；我方爲義父母與我，再來就是媒人陳分局長夫婦了。席中因分局長夫婦是雙方家長多年老友，雖因分局長夫人喪母聯絡不周，雙方都特別感謝媒人，才有今天的盛會，氣氛輕鬆融洽。

經雙方認識才知道，大姊殷淑清是臺大法學院商學系畢業，低我一屆，姊夫吳龍洲淡江英專畢業，應聘來紐約大飯店任職而與淑清相識結婚，他與外交部黃新璧是宜蘭中學同班同學，感情甚好。而殷淑美小姐自幼熱愛藝術，初中讀臺北市立女中，高中轉讀臺北師範學校美術科，畢業後任教於母校福星國小，教美術專科課程。當日殷淑美可能匆匆趕回家，只略施薄粉，因她長相甜美可愛，身著藍色洋裝，更顯清純。我內心自忖今天時辰不佳，不但清明節，又陪媒婆赴母喪靈堂祭拜，我自己又儀容不整，衣著簡便，可能有緣無分，因此態度反而泰然以對，席間大家相談甚歡，我確實對淑美印象甚佳。

盛宴近三個小時告一段落，殷家長輩走到大飯店門口臨街繼續談話。不料這時有一位騎腳踏車青年竟將殷小姐母親輕撞倒地，她為了避免場面尷尬，立即站起來頻說沒事……我心裡揣測應該是忍痛應對，雖心存感激，但猜想殷家長輩應為傳統家族，發生此事必有忌諱，所以我更覺得此次相親恐怕沒結果了。

事過兩週，媒人迄今沒有傳遞任何消息，感覺希望愈來愈渺茫，眞是度日如年。好不容易經過二十天後的上午，上班時突然接到一通電話，他自稱是紐約大飯店吳經理，是外交部黃新璧的中學同學，我立刻知道是殷小姐的姊夫。相互寒暄後，他問我對他小姨子的印象如何，為何事隔近三週還毫無回音？我坦誠告訴吳經理，我們也在等媒人的訊息。吳經理隨後告訴我，陳分局長夫婦可能忙於母喪無暇顧及，此事可以由他負責聯絡，並說淑美對我印象甚佳，如彼此有意就直接聯絡吧！

電話結束不久，我竟然接到世界溜冰團承辦單位贈送我兩張當晚首演入場券，眞是太巧了！選期不如撞期，我立刻打電話給紐約大飯店的吳經理，表示想邀請殷小姐同往觀賞。吳經理立即回覆沒問題，會立即通知淑美回家準備。

被亮晶晶的雙眼著迷

我於當日下班後前往紐約大飯店，殷小姐和家人已經在樓下大廳等候，對我笑顏歡迎；我向大家致意後，隨即和殷小姐搭三輪車到南京東路附近的溜冰場。由於該團爲首次來臺的首演，現場人山人海，我們進場坐定後，遇見亞洲司幫辦孫玉書參事夫婦，兩位也向我們打招呼，並稱讚女友漂亮。

首演節目精采，但我的心思主要放在淑美身上。散場後，因人多不易招到三輪車，淑美主動表示何不趁當晚夜色明亮，慢慢散步回家，我當然喜出望外，我想她應該也想趁機瞭解彼此。淑美大方誠懇，我們似乎有相識已久、無話不談的感覺，而且雙方已憑媒妁之約，知道今後要走的方向。

我們沿著南京東路走到中山南路，再經青島東路左轉到公園路，已經走了一個小時，我擔心她穿高跟鞋走會受不了，但淑美卻表示不礙事，並相偕走進臺北新公園，當下感覺特別有氣氛。其後沿衡陽路走到中山堂，在石椅稍坐歇息，沒多久，就送淑美回到紐約大飯店，淑美的母親及姊姊仍在等候。因時間已晚，我未再多作停留，約好明天再見後，就急赴臺北火車站趕搭公路局回基隆。

往後每天都和淑美見面，她也邀我午、晚餐到飯店用餐，尤其大熱天，飯後有冰涼的甜西瓜消暑，眞是一大享受。當時紐約大飯店由淑美的母親管理。淑美與父母、祖父母，以及兩位弟弟都住飯店的五樓，而一樓餐廳則由淑美的伯父母經營。淑美自幼由祖母作主，在名義上是伯父母的養女，但不同住。由於她天性善良討喜，備受家人的疼愛。

過了一週，處及清明節相親是由義父母出面，我提議淑美到基隆認識我親生父母，淑美也同意。我坦誠說明家道中落，但父母親有強烈的自尊心，也告知我另有一位姨母是父親的姨太太等家中狀況。

淑美表示瞭解，也細數他們來自鶯歌的家源，親生母親是祖父母從小抱養的童養媳，深獲疼愛；而父親在臺灣光復後，因緣際會在臺北有不錯的發展，所以雖與母親奉父母之命完婚，並生下淑清、淑美兩姊妹及清峰、國峰兩位弟弟，但在應酬上又認識當時臺北某酒家的名女侍，貌美且處事深具手段，爲了爭奪家產拚命生孩子，陸續生下三男五女。在民國三十五年光復後，父親殷木桂已是臺北市百貨公會理事長，同時迪化街住家擁有交易美鈔等錢莊，隨後在漢口街創建紐約大飯店，爲圓山大飯店之外，臺北市第二家國際飯店，早期香港明星來臺，大多住在紐約大飯店。之後，他父親也爭取到臺北市五家證劵行之一的日盛證劵行執照，但是父親所有資產事業多偏袒姨太太一家，淑美的生母則負責照顧祖父母。

淑美生母殷許寶貴女士雖然只國小教育，但天資聰慧，並教導子女要認眞讀書，不要想依靠父親產業及遺產，所以四名子女中，長女殷淑清北一女及臺大商學系畢業，在財政部任職；淑美的大弟殷清峰，建國中學畢業進臺大電機系，後來留學獲得加拿大滑鐵盧（Waterloo）大學電機系博士學位後在美國創業；二弟殷國峰當時就讀成功中學，後來政大會計系畢業後赴美留學，並從事國際金融工作。淑美從小熱愛藝術，對水彩及國畫極有興趣，初中就讀臺北市立女中，報考北一女差一點五分飲恨，之後決定報考當時臺北市僅有美術科的臺北師範學校，完成三年學業，依規定並爭取在母校福星小學任教美術課程約兩年。

在臺北師範就學期間，她曾以其興趣及專業，應聘在臺北各戲院開演前播出廣告片的繪製，賺些外快，也常暗中幫助經濟欠佳的同學。我曾問她：「何以出身殷實家庭，不找門當戶對的對象，而願屈就當清苦公務員的妻子？」

「其實看太多富門子弟爲了應酬上歡場，結識外妾情婦而冷落妻子。我從小就常爲母親和手足抱不平，自已寧可嫁給可靠的公務人員，享受單純的家庭生活。經過相親餐會後，長輩都覺得你老實可靠，出身清寒家庭，最重志氣，而且在大學還沒畢業就考取外交高考及郵政特考，實屬可貴，是不可多得的人才，所以全體投贊成票囉！」她笑笑接著說：「我個人認爲你雖非英俊，但爲人正派，不抽菸，不喝酒，而且沒戴眼鏡的雙眼亮晶晶，讓我覺得值得託付終身。」

哈哈，眞不知這些讚美是否肺腑之言？

感情急速升溫

週末，我帶淑美回基隆家拜見父母親，熱心疼我的姑媽來家裡幫忙，消息也馬上在村裡傳開，左鄰右舍都想看看從小是個野孩子、現在是外交官的林基正，他的臺北富家女友究竟長什麼樣子？是否眼睛會長在頭頂上的高傲？

那天，淑美略施薄粉，身穿合身洋裝，腳踩高跟鞋，右手拿著小洋傘，左手勾在我右手臂，一起輕步走進住家社區。這時只見左鄰右舍，特別是婦女們躲在門旁偷瞄，竊竊私語。淑美無論身段儀態都顯得落落大方，尤其在當時鄉下，首次出現年輕男女勾手漫步，可眞是開了大家的眼界。當天午餐，父母親及姑媽親切招呼，頻頻夾菜，而淑美有問必答，且對父母親及姑媽非常恭敬，時時面帶笑容，一頓餐下來，充滿歡樂的笑聲。餐間，鄰居有的站在門外圍觀，比較熟悉的鄰人則進來打招呼，趁機瞧瞧這位城市來的姑娘。餐畢，告別父母親、姑媽和鄰居後，我牽著淑美的手，邊走邊找三輪車到車站，再搭車回臺北。

途中，淑美主動提及此行愉悅又感動，她認爲雙親爲人親切坦率，姑媽也誠懇熱情，雖被鄰居私下品頭論足，但她明白這是鄉下淳樸的民風。當晚回到基隆家，父母親表示非常滿意淑美的個性及表現，直腸子的姑媽更是開心說：「很好，能吃必能生喔！」

鄰居也對這位儀態大方的都市小姐讚賞不已，而我與淑美手挽手、肩並肩同行，更爲鄉下年輕男女開創新風氣；鄰里長輩也鼓勵子女，要以我爲榜樣，用功讀書，娶得好妻子。

我們的感情發展快速，由衷感謝淑美在短短期間內就信任我，也有訂婚、結婚的心理準備。我還跟她提及，原則上我們新進外交人員，大約三年左右即將外派，當然也有外派前倉促成婚，出國後彼此適應不良而生變者。淑美認爲父親年近七十，母親也近六十，一生辛勞，應先改善生活，以盡子女孝道。在外交部工作，同事之間也要建立友誼，互相幫助，我對婚姻的疑慮，她都能替我考慮，而且有決心與我共同面對解決。這一切的理解和寬容，讓我提起勇氣建議及早訂婚、結婚，她也欣然同意。我對她的樂觀和勇氣非常佩服，雙方感情急速升溫。

雖然只相識兩個月，我們決定在我六月五日生日前後的一個週末舉行訂婚，雙方家長、義父母均表支持，並積極準備，而媒人也不必奔走雙方家長即輕鬆撮合，當個「便媒人」。訂婚後約一個月，正値七、八月大熱天，辦公室沒有冷氣，只靠幾台老爺電風扇，突然身體發冷發熱，應該是中暑了，趕緊打電話給淑美，她要我立即請假到飯店家中休養。本來岳母想在飯店內找一間房間供我休息，但淑美堅持要在她的房間，方便她親力親爲。她除了取藥餵藥外，當時我滿身冒汗，她也不辭辛勞替我換洗衣服。看到這般情景，淑美的家人也感慨，「淑美簡直變了一個人似的。從小雖不是嬌生慣養，但換洗衣物都是傭人代勞；現在只是訂婚，就爲未婚夫親手換洗，愛情的力量實在大啊！」

往後，對家人的稱謂我就跟著淑美了，有時因公忙碌或晚上應酬也留在淑美處過夜，以減少往返基隆通車之苦。而我服務的情報司同仁在司長孫碧奇大使領導下，經常舉行餐宴，有一次我藉機帶淑美到司裡拜訪孫司長及其他同仁，他們因爲我們已訂婚，就常邀請淑美參加活動，視爲外交人員夫人的期前培訓。

共結連理，喜獲麟兒

時至九月初，淑美告訴我好像有喜，旋由岳母陪同看臺北婦產科名醫徐千田醫師，徐醫師不但是臺北醫學院的創辦人，也是岳父的結拜兄弟。經檢查確認已懷孕一個多月，家人一致希望結婚日期早點確定。我也將此訊息告訴父母親，他們高興極了，並立即協調結婚日期，雙方家長決定在當年的十一月第一個週末在基隆結婚，所有結婚儀式及聘禮交換各事，也在淑美協調下順利達成共識，雙方積極籌備。

我父母親決定將基隆家大整修，無論地板、客廳、房間、廚房整個翻新擴建；除此之外，母親又標會、賣僅剩的首飾來籌結婚費用，只留下一枚鑽戒和一顆具有傳家之意的寶石，送給未來的媳婦當傳家之寶。父母親平時省吃儉用，除了讓我順利完成學業外，他們最大的心願就是盼望看到我結婚生子。

我們的結婚地點頗費周章，因要在基隆市舉行，而適當場所卻很難找，最後義父的友人建議，可以考慮基隆中正公園對面剛整建完成的大樓，這是當時基隆最高樓，其中一至四樓是酒家場所，五樓則是可擺放四十五桌的宴會廳，最後由義父出面才順利租用。當時依基隆習俗，結婚宴客只對女方長輩親友及部分重要貴賓分送請帖，外交部長官及同事都包含在內。當時的週六上午仍須上班，我請姊夫吳龍洲訂兩部大型遊覽車，當天下午四點在外交部門口等待，以迎接外交部長官及同事到基隆參加我們的婚禮。晚上婚宴結束後，一部遊覽車回外交部，另一部遊覽車則開抵新北投的外交部致遠新村宿舍。

我與淑美的結婚喜宴，如期於傍晚六點在基隆大酒家五樓舉行，由外交部情報司長孫碧奇大使爲證婚人，雙方家長亦上台舉行結婚儀式，熱鬧異常。參加賓客特別踴躍，超乎預期，以致五樓賓客已滿，臨時商請安排在四樓增加十多桌。外交部年輕同事及我大學、中學同學，大家都自告奮勇移往四樓，而四樓以下燈紅酒綠的鶯鶯燕燕，突然看到許多意氣風發的外交官，個個西裝筆挺，彬彬有禮，頓時笑聲連連，頻拋媚眼。這件事後來在外交部傳開，也成爲大家茶餘飯後的趣談。

我們結婚後沒幾天，淑美感覺廚房每天舊式生火煮飯很辛苦，而且母親年紀漸大，希望將廚房改爲新式的電爐和瓦斯爐。母親節儉成性，剛開始覺得費用太高，不過經過一段時間適應，也慢慢體驗它所帶來的方便。淑美也改善父母的飲食習慣，每天早餐請父母親喝牛奶和營養食品，平時在家會準備餅乾點心給父母親當零嘴，豈料母親捨不得吃，常拿來招待客人。

我們結婚後，鄰居經常一早藉機來家裡，探問臺北富家新娘是否也能晨起灑掃、備餐侍奉公婆？家母深知鄉下陋習會讓淑美不習慣，更何況有孕在身，所以常對淑美婉言，早晨就在客廳打掃做個樣子就好。我家平時訪客就多，現在多了新娘子，大家更喜歡七嘴八舌打聽，淑美個性原本就不喜歡這般吵雜，所以大部分時間躲在房間看書，讓母親看了相當心疼。最後母親跟我們商量後，鼓勵淑美以需要參加外交部晚宴為由，藉詞留在臺北娘家，也方便就近產檢。

父親年近七十歲，老年得孫，如獲至寶，希望淑美在基隆醫院生產，他可日夜監督，不會被誤換。所以我們在淑美即將臨盆前，才將資料移送基隆私人醫院，以安父親的愛心。感謝過程順利，我們的長子相如在隔年五月八日誕生，父母親至爲開心，當然雙方長輩及親友都很高興。之所以會取「林相如」這個名字，其實是我們夫妻討論時，我突然靈機一動，想到古代有位外交家藺相如，諧音又符合我們的期許，並經雙親同意而做最後決定。不過相如長大後，對前途有其規劃和志向，並沒走上外交工作之路。

婚後，我的薪水袋仍依例交給母親統籌，母親經過一段時間觀察淑美的盡心，認爲淑美可以接管家計，把我所給的薪水袋原封不動交給淑美處理，淑美也慢慢爲家裡添購冰箱、電風扇、電爐、電視機及收音機等家用品，讓母親在家看電視，尤其是歌仔戲當休閒。母親雖然繼續爲人縫製衣服，以排遣時間，但不需辛苦趕工了。

後來母親跟我們商量將家中頂樓租給一對來自花蓮阿美族的新婚夫婦，年輕人從事漁船工作，而新婚妻子個性溫柔善良，他們在我家住了好幾年。丈夫出海捕魚，每次經常數週，下船卸下漁獲，不數日又出海。在我家，我父母慈祥和藹，他也放心。年輕人刻苦耐勞，慢慢由漁船船員升爲二副，一路爬到船長。我們第一次外派多明尼加後，他們夫婦等於替我們陪伴雙親和愛兒，大家親如一家人，也算是我們的福氣。

淑美爲了增進外交部同事間的情感，她除了積極參加外交部的活動，以加強自身的見識和能量外，在長子相如出生滿月後，以岳父殷木桂名義邀請情報司全體同仁眷屬，在六月下旬的週末前往金山海水浴場一日遊，晚上住自家經營的金山海水浴場觀光大飯店。

週日上午九點，我們準備遊覽車在外交部大門口集合，由孫司長及陳幫辦夫婦帶隊，浩浩蕩蕩抵達飯店，岳父母及姊姊、姊夫和侄兒已經在門口竭誠歡迎，並特別安排八個面向大海的房間供大家休息使用。而我岳父又特別派人至附近漁港採購新鮮魚蝦貝類，請飯店廚師特別燒烤，並安排在餐廳午宴。大家盡情徜徉在碧海藍天，令人流連忘返；活動告一段落，上車前岳父又準備小禮物相贈，遊覽車再送大家回外交部和新北投的外交部宿舍，完美的結束這趟愉快旅程。

深感意外的派令發布

這段期間，外交部也陸續有新進同仁，我們情報司有位新科員程爲品，高中及大學均高我兩年，住在基隆市鐵道旁的眷村，可算是鄰居。其內弟邱進益，也出自同眷村，他畢業於政大外交系，民國五十二年特考進歐洲司服務。而另一位好友蕭萬長科員是新科特考狀元，也是畢業於政大外交系並就讀政大外交研究所，進外交部在亞洲司工作。我在外交部工作漸漸進入情況，而且也結交其他單位的新同事，大家彼此勉勵，是我一生的良師益友。

民國五十二年夏，我結婚又生子後，仍住基隆，而新同事邱進益進部後，幾乎每天清晨都搭同班車自基隆到臺北外交部上班。這段期間，邱兄積極遊說我一同報考政大外交研究所，他認為自大陸抗戰時期以來，外交部多為政大系統的天下，我如果要在外交部發展，最好有政大外交研究所的歷練。而他自政大外交系畢業後，很想報考政大外交研究所繼續進修；其次，據他所知，就讀外交研究所每個月有數百元補助款，我們都屬清寒家庭，當時在外交部薪水，每月不過新臺幣一千多元，所以不無小補。我們如果能同時考取，那麼上課日要搭清晨五點半的火車到臺北火車站，轉搭公車約在八點趕到政大，上課兩小時再趕回外交部上班，這樣也比較有伴。

我感謝他的好意，但是據我所知，政大外交系所頗為封閉，外交系主任李其泰教授極愛護外交系生，比較會排斥他校學生；而外交研究所所長杜光塤教授也很保守，所以近幾屆外交研究所錄取的研究生，幾乎是以該校外交系的學生為主，極少錄取他校生，而我又已經畢業兩三年了，實在不敢奢望。但是邱進益好說歹說，後來竟然替我報考，還熱心想提供他在外交系有關課程筆記及參考資料，但是我婉拒，以免影響他的準備。最後我決定略做準備，死馬當活馬醫，陪他應考，結果竟然成為唯一被錄取的外校生。我在外交研究所上課，不但認識一些青年才俊的同學，每個月還可以領到數百元補助金，眞要感謝邱兄的熱心。

後來孫司長及陳幫辦分別外派，情報司就由魏煜蓀幫辦接棒，再續由劉達人幫辦接任，而司長一職從缺。他們都是好長官，各有所長。其中，在外交部素有「聖人」美稱的劉幫辦，因長於協調合作，交友廣，人緣甚佳，經常有黨政機構委託編譯，他常安排文筆流暢的同仁協助翻譯外交專文或編撰書刊，讓我們年輕同仁賺點外快；他也是我離開情報司後，在外交部不同崗位工作時保持聯繫最久的長官。

民國五十三年四月下旬的某日下午，我跟邱進益到政大上課返抵外交部後，外放消息已經在部裡傳遍，包括好友非洲司陳炳宗外派駐雪梨總領事館副領事，當天晚上他還在故鄉麻豆舉行婚禮，剛升任常務次長的楊西崑先生特別將此派令當結婚賀禮。到辦公室不久，總務司文書科工友送來我的外派部令，我竟然被外派駐多明尼加共和國（**República Dominicana**）大使館三等祕書，頓時整個人腦袋一片空白，我壓根不知道多明尼加共和國到底在哪裡？一時心情複雜，經其他同事提醒，我趕緊依例致贈送部令的工友紅包。

一陣思緒混亂後，我要自己冷靜下來，查一下關於多明尼加共和國的相關訊息。原來是中美洲加勒比海與海地毗鄰的小島國，在當時衆多駐外館處中，被列爲貧窮落後的國家，我不知該如何對淑美及家人提起，而且依規定必須在六月間赴任，時間緊迫；情報司長官對我外派駐多大使館也感意外，但除非離職，也只能勇敢面對。

當天妻兒都在臺北，我下班後告訴淑美並表歉意，她瞭解後反而安慰我，認爲我們的志向在外交，任何館處都需要人，我們應該面對現實，也許這是我們外交生涯中最不順的一步，從此苦盡甘來也說不定。多明尼加共和國離臺灣很遠，無論工作環境、當地人文習俗、語言，乃至氣候環境都不熟悉，而雙親年邁，年幼的兒子剛滿周歲，我們又得在短短一個多月內赴任，這才是急需與父母親商量的事。

我們除了先告知岳母及祖父母外派消息外，當晚即提前回基隆家，先向仙祖公及祖先靈位燒香祭拜後，即與母親商量此事，想聽取思路敏捷的母親高見，母親想和父親商量後再說。當晚，父母親及我們都無法入睡，最後雙親表示，由於他們有了年紀，父親還有高血壓等慢性病，不利長途旅行，這是我們初次外派，要以工作為優先。他們可以等到我們在當地安頓好，一切就緒後，他們再研議出國團聚，我們也知道雙親最不捨的是愛孫不在身邊。聽完他們的意見後，除了感謝雙親的諒解，也對留下相如陪伴祖父母之事深感為難。

隔天到臺北，針對這件事與岳母、伯父母和姊姊夫婦商量，經過大夥研議，都認為長輩最需要愛孫的陪伴，我們夫婦二人先行赴任，等抵任後視實際情況再做進一步的打算。岳母也保證，每週會到基隆把外孫帶來臺北家住三、四天，之後再送回基隆家。既然雙方長輩都這麼建議，我們即朝此方向安排，立即全心準備赴任事宜。

我們於六月上旬自臺北啓程赴任。當年國人出國都從臺北松山國際機場起飛，歡送的親友很多。當時相如愛兒年僅一歲兩個月，淑美抱著他照相，他哭著硬把淑美的花環拉掉，似乎意識到我們獨留他下來，最後緊抱我母親並哇哇大哭，讓我們心如刀割。與親友話別後，機場人員前來催促該上飛機了，才由金樹基、蕭萬長及陳安瀾三位同仁陪送我們到機坪搭機，感謝他們溫暖的情誼。

第八章　外派多明尼加共和國（1964~1966）

途經日本、美國赴任

我們自臺北松山機場啓程，在飛機上，淑美思念愛兒直流淚。昨天才獲知岳母隨團訪問日本行程，今天由東京轉赴大阪，所以昨天臨時將臺北直飛東京的班機改爲大阪。依當年外交部密電傳送規定，是由外交部電報通知我駐日本大使館再轉知駐大阪領事館，而非同時分電，以節省費用，有點擔心駐大阪領事館是否能及時獲知。

飛機抵達大阪機場時，不出所料沒看見駐大阪領事館同事來接機。當我們兩人正徬徨東張西望之際，突然有幾位同機的僑胞熱情向我們打招呼，因爲他們回臺探親，並在松山機場看到我們有很多親友到機場送行，又有官員親送到機坪，所以猜測我們可能是出國赴任的外交人員。這是我們第一次出國即感受到僑胞的熱情，我們只好據實以告。他們立即表示，駐大阪領事林金莖先生是他們的好友，他們認爲在機場等待不是辦法，並邀請我們先到家中休息，他們再聯絡林領事來接我們，別擔心。

林領事接到僑領的電話後也立刻趕到，並先安排旅館；當晚林領事伉儷邀請我們吃日本料理，也設法聯絡上岳母。林領事曾任臺灣省政府山地科科長，主管當時臺灣省三分之一面積的業務，後來考進外交部，是當時部內少數熟悉日本領域的先進，對晚輩極為客氣和鼓勵，備受我國及日本政界朝野的推崇。

當天很晚才跟岳母見面，我們深夜對談，淑美依然捨不得離開幼兒以淚洗面，只能再三拜託岳母幫我們好好照顧相如。在之後兩年出國期間，岳母的確每週前往基隆接外孫到臺北住數天後，再親送相如回基隆陪祖父母，而相如也信賴外婆，形影不離，自幼就懂得要外婆抱。幸好臺北岳家人多，白天有曾祖父母、外婆、阿姨及飯店員工寵他，還有大相如兩歲的逸璋表哥作伴，晚上必定跟外婆睡覺，難怪相如長大後極感念外婆。記得岳母常誇讚相如一九八八年自麻省理工學院企管碩士畢業，應聘到紐約華爾街工作後不久，就買了一支兩千多美元的鑲金手錶相贈，雖平時捨不得戴，但也深感沒有白疼他了，很欣慰。

第二天我們轉飛東京，由年輕同仁李秀雄夫婦接待，他們去年才從外交部會計處外派駐日大使館，由於當時外交人員外派待遇差，生活拮据，李祕書夫婦提供很多初次外派的寶貴經驗供參考，十分感謝，可惜他們服務沒幾年就離職他就了。

我們離開東京經夏威夷轉赴舊金山。在臺灣從小都過慣炎熱生活，即使冬天，只要加件外套就沒特別感覺，心想現在是六月應該不冷，沒想到抵達舊金山後，可能太陽已下山，突然感受一陣寒意來襲，幸好有同仁借用大衣禦寒；隔天一早，我們立即到百貨公司購買冬衣備用。舊金山是旅美華僑重鎮，過去大陸僑胞初期以奴工受僱赴美國工作，首站多以舊金山登陸，無論挖金礦或修鐵路備受欺凌，只能想辦法死裡求生，經過一代代漫長的努力，現在總算稍有立足之地。我們的旅館在市中心，就近前往駐舊金山總領館拜訪參觀，由於歐陽璜領事剛好有公務要外出，只能匆匆寒暄幾句。次日轉赴紐約，也是我們旅途中的重點。

我國在紐約設有駐紐約總領事館及常駐聯合國代表團兩機構。我們在紐約受到駐紐約總領事館副領事李世傑兄嫂，以及常駐聯合國代表團三等祕書黃傳禮夫婦的熱情招待。李副領事原在外交部情報司多年，年初才外派，我們在情報司同事兩年，此次承蒙李副領事兄嫂在家接待住兩天，也抽空陪我們玩紐約遊樂場，以及參觀萬國博覽會，盛情永銘；可惜他們在紐約工作多年後另謀高就了。

黃祕書原在外交部條約司，後來又調到該司單獨分出的國際組織司工作，去年外派代表團，他們夫婦也在家招待我們兩晚，有一位一歲多的兒子，讓淑美觸景生情，思念愛兒的心情更加殷切，兩位初為人母的媽媽也徹夜聊天。聯合國大會多在九月舉行，所以隔天上午黃祕書有空陪我們上街採購。三十年後，我們與黃祕書兄嫂又在中美洲同任大使職務，他先到宏都拉斯，我後到尼加拉瓜，兩家交往密切，並多承他熱情指教切磋，即使後來退休後，我們仍經常來往。

之後，我們自紐約清晨搭機經邁阿密機場轉機，於當晚才飛抵多明尼加共和國首都聖多明哥（Santo Domingo），降落機場時幾無燈光，後來飛機慢慢滑行到有微弱燈光、猶如倉庫的地方，原來是機場停機坪，我們數日來在美國照明設備齊全的機場穿梭，一下子看到如此簡陋的情景，心都涼了一半。我們下機後，看到李琴大使伉儷及陳栗祕書和幾位僑胞，趕忙趨前感謝他們深夜接機，尤其有勞李琴大使伉儷更是不敢當。我們這一晚被安排在城中心「獨立廣場」（Plaza de Independencia）附近的旅館住宿，輾轉難眠，尤其淑美想家、想兒，她說：「眞恨不得立刻回去。」

抵任工作，順利租屋

次晨，我們漱洗完畢，陳祕書來接我們到大使館晉見李琴大使伉儷。一頭白髮的李大使滿面紅光，態度悠然熱情，而李夫人是位氣質高雅的蘇杭美女。他們對我們非常客氣禮遇，並事先爲我們洽商大使館斜對角、經營多國國營菸酒公司的董事長夫婦，希望他們住宅的二樓租給我們當住處，等我們看過後決定，長官如此爲屬下考慮周詳，眞是我們的福氣；可惜李大使伉儷已奉命調部接任外交部亞西司司長要職，約一個月內將離任，遺缺由駐薩爾瓦多劉增華大使接任。

我們到大使館後，淑美向李大使夫人請益生活上須注意的要點。我則由陳栗祕書帶領介紹館中雇員，一位是旅居多國數十年的華僑岑先生，協助館裡僑務及領務工作；另一位是當地的白人小姐約瑟菲娜（Josefina）雇員，主要業務是撰擬繕打西班牙文的文件、接聽電話及接洽當地人事務。陳祕書說這位雇員對我國極爲友好，甚至想嫁給他的前任祕書章德惠，我行前曾在部內聽聞章德惠祕書是位通才達識的先進，當時在外交部祕書處工作，惜行前匆忙未能拜訪認識。陳祕書因在三日內即將離任，所以盡快將承辦業務造冊與我辦理交接。當時，大使館部派人員僅大使及祕書各一位，所以祕書的職責包羅萬象，包括政務、領務、僑務、電報收發及會計庶務等，而此次本館大使及祕書同時更換，是外館少有的情況。

當時在大使館之外，還有駐紮在博瑙（Bonao）市的農技團，這是我國在非洲地區各國派遣農耕隊之外，首度在中南美洲派遣的第一個農業技術團，屬於農業技術顧問團，而非一般的農耕隊，據說我國當初成立駐多農技團的創團首任團長，是國內知名的農業專家，後來由臺大農學院的王國柱教授續任，即為現任團長。

我整日在大使館與陳祕書辦理移交工作，而李大使夫人似與淑美有緣，相談甚歡，讓淑美初次出國即獲得李夫人提供寶貴的經驗。當日中午李大使伉儷留我們在館裡用餐，席間，李大使偶爾垂詢移交情形。當日下午，李夫人陪我們拜訪對面鄰居的未來房東碧拉爾（Pilar）女士，也請大使館雇員約瑟菲娜擔任翻譯，洽談承租二樓事宜。

原來房東夫婦自結婚至今住在該房子多年，兩位兒子已長大成人，一位為律師，另一位當醫師，均已結婚生子，事業有成，家中只剩下夫婦兩老。當時老先生仍任多國最大國營菸酒公司董事長要職，生活富足，茲應李大使夫人所請，希望將其空間的二樓承租給我們這對年輕夫婦，他們原則同意，但要與我們面談後再做決定。所以李大使夫人特別陪我們拜訪後，即先返館，只留我們及女雇員續談；不久其長子律師回家看望母親，也參加會商，因通曉英語，所以過程順利。

大概房東太太與其兒子覺得我們年輕、誠懇又可靠，再加上看到淑美為人親切甜美，第二天早上立即回覆同意將二樓租給我們，且月租金只收美金壹佰元，並立即僱人修建，將原來室內一樓通二樓的迴旋樓梯封閉；另外在花園旁沿牆加上通往二樓陽台的樓梯，可單獨進出，工程竟然在一週內完成，這對生性散漫的拉丁美洲人而言，可說是特例，我們也隨即遷入。新居位在大使館斜對面的高級住宅區，環境幽雅，既方便又安全，這要感謝李大使伉儷對部屬的愛護與設想周全。

我駐多明尼加共和國大使館坐落在多京使館區，附近除了有自治大學校區，還有多國教育部和阿根廷等數家大使館，平行街道往海邊方向，則有橫貫多京的「獨立大道」（Av. Independencia）及沿海岸風景優美的華盛頓大道（Av. George Washington）。這區域的住宅多為西班牙殖民期興建的兩層花園住宅，也是名副其實的豪宅，經常歡宴，充滿拉丁美洲快樂昇平景象，讓我們在生活上倍感安全美好。

勤儉持家，一切從簡

在工作上，陳祕書離任後，我必須盡速進入狀況，而李琴大使伉儷近期又將調回部，內心不捨。週末，農技團王團長來使館向李大使匯報工作進展，王團長並代表全團同仁邀請李大使伉儷回國前到駐團視察，我們雖是首次見面，王團長也歡迎我們夫婦作陪，我們欣然接受。

我們抵多京未滿兩週，國內的毛人鳳夫人陪同田敏媛小姐來參加多國首次舉辦世界小姐選美活動，僑界人人為此興奮沸騰，我們也跟著熱鬧。僑胞中有位梁賢繼先生才從臺灣來多國不久，通曉國語、粵語，能言善道，擔任翻譯、主持節目尚可勝任。此地僑胞多來自廣東四邑，即台山、中山、開平、惠平等四縣，粵語方言有別於一般的廣東話，鄉音特殊，而且他在臺灣的工作也與僑務有關，更能得心應手。田小姐摘下此次世界小姐的亞軍殊榮，當地報紙也大幅報導，選美活動猶如一陣風，很快告一段落。淑美因思子心切，事後跟我說：「好想跟她們回臺北。」

我們因李大使伉儷即將離任，所以更加努力學習並安置新家。初到多京，每天上午同時抵達大使館，我處理公務，淑美則查詢安置新家所需的配備，因經費所限，僅能先購置床、冰箱、瓦斯爐及電爐等基本配備，而我們隨身帶來的大同電鍋非常實用，一切從簡。當時外交人員待遇微薄，無論單身或有家眷，都沒有眷屬補助和地域加給。

記得初次外派，外交部允許先借薪三個月，並於抵任後分十個月按月扣還。我們抵任後，月薪扣除借款，實領美金二百七十五元，而淑美堅持每個月從薪津預留五十美元供雙親和幼兒在臺家用，所以每月除去房租一百美元，留用五十元外，僅剩一百二十五美元可運用，足見淑美勤儉持家，甚至我的理髮也都由淑美操刀，連她自己的頭髮也是看書學著自理了。

抵任第三週，我們陪同李琴大使伉儷應邀前往博瑙視察我駐多農技團，受到熱烈歡迎，以送李大使伉儷離任和我們新到任。當時大使館只有一部館車，我還沒有能力買車，開車技術也沒把握，所以由李大使親駕前往。博瑙市屬於人口不多的小鎮，建設仍簡陋。我們到達農技團團部時，約十位團員全在場，但沒看見家眷。我們享用豐盛的午餐，全是團員親手張羅準備，以表達對李大使伉儷在任期間的照顧及指導。

我們在團部停留期間，發現一個特別的景象。在團部門前有棵大樹，自然形成小型廣場，十幾個小孩在玩耍。因天氣炎熱，有些小孩光著身子，較大男生只穿內褲，大女孩則有衣裙，面貌也不盡相同，甚至有個東方臉孔，大家玩得渾身是泥。突然從對面茅屋走出一位約三十出頭、衣著尚稱整潔的當地美少婦，孩子紛紛趨前叫媽媽，要吃要喝。我們覺得奇怪，於是問農技團同仁，大家起初笑而不答，更引起我們的好奇，後來才勉強說：「這位年輕少婦生性活潑，頗具姿色，三十多歲卻已生了十七個孩子，生父也不同，但少婦很厲害，都能迫使生父承認，並非要求結婚，而是小孩生父每個月須付十美元給少婦，絕不打折，所以這位年輕媽媽目前每月有一百七十美元的收入。」

「這群孩子中，好像有個亞洲臉孔？」接著我們又問。團員聽了更是笑成一團，互相指來指去，答案似乎呼之欲出。

馬不停蹄送舊迎新

我們陪同李琴大使伉儷拜會很多僑團，向僑胞辭行，接受熱烈歡送。僑胞旅外多年，極富愛國心。我們利用機會加深與僑界的聯繫及友誼，而繼任的劉增華大使伉儷即將到任，我們也要有所安排。到任一個月內，多次陪同李大使向外交團及多國有關單位辭行，特別是多國外交部禮賓司及農業部等重要單位。

我們追隨李大使伉儷雖然短短一個月，但所受的指導及協助何其多，眞有相見恨晚之憾。他們也瞭解我們對父母與愛兒的思念，體恤表示返臺後，將抽空去基隆看望我父母親及相如。我因爲基隆家簡陋又不在市中心區，多次表達謝忱並婉辭，但李大使伉儷返臺北後，果眞抽空到我們基隆家探望雙親。李大使來信提起他們只見到我母親，因突然到訪，我母親仍如平時爲客人縫製衣服，他們內心非常感動……看到這裡，我不禁痛哭。我也特別感謝李大使伉儷在大熱天仍到基隆探望我父母親及相如，情意深重，終生難忘。後來我們仍保持電話或寫信請安問候，李大使伉儷退休後定居美國加州生活，伉儷情深，是我們後輩的典範。

依慣例，前後任大使不碰面，李琴大使伉儷離任後第二天，新任劉增華大使到任，在機場接受本館人員、農技團及僑界人士的熱烈歡迎，並自機場直達大使館，官邸在大使館二樓，他們的愛狗Dolly也陪伴同行。之後，本館旋即向多國外交部接洽，希望盡速安排新任劉大使向總統呈遞到任國書。

劉大使呈遞到任國書儀式在其抵達多國後三週內舉行，算快速了。當日上午十一時，劉大使在我陪同下，前往多國總統府，由多國特派禮賓馬車隊及護衛前來我大使館迎接，禮成後，再送我們返回大使館。

多國總統府建築頗爲雄偉莊嚴。當時多國仍在軍政統治時期，並正籌備總統大選，政局動盪不穩。多國接受呈遞國書的臨時總統姓名已忘，但仍記得因要陪同劉大使呈遞國書前，淑美認爲我的頭髮需要整理，但是因初學又特別慎重，淑美竟將我前額頭髮愈修愈尖，剪完一照鏡子，差點昏倒。事隔五十多年，多次搬家，照片已經遺失，否則不失爲最深刻的印證。

其後，我陪同劉大使陸續拜會多國政府相關單位，我仍記得曾拜會農業部長巴拉格爾[1]洽談加強雙方農技合作事項。他對於農漁林業技術合作非常關心，認爲兩國都是島國，有高山、丘陵及平原，海岸線很長，天然環境頗爲相似，認爲我國應可給多國很多的借鑑及指導，而多國人民普遍貧窮，所以對我國稻米生產技術特別寄望。

首次外派工作，要學習的地方很多，我思考對外發展邦交並非一成不變，應該因時、因地制宜。我國本身的國力有限，亟須尋求推動與多國邦交最佳又節省的方式，而加強對多國的農業技術合作，的確是很好的門徑。當時的國際形勢，中共本身除內部困境外，對外先有一九五〇年初期全力支援韓戰，與美國爲首的西方國家爲敵；繼而有中共背後的支撐越戰，因此我派抵多國工作之時，美國正全力壓制中共，以致中共無法覬覦我國在中南美洲的邦交國。所以我當時認爲與多國並無邦交變化的問題，而是如何提供協助以加強兩國的友好關係，更何況農技合作爲我國強項。

我抵任約半年後，農技團王團長卸任，改派臺灣高屏地區的農家子弟謝英鐸接任。謝團長是位稻米專家，年輕有爲，與大使館也合作無間。他到任一年左右，即在多國研究出一、兩種適合多國環境的稻米品種，我已不記得名號，後來在多國全面播種，稻米產量翻倍，且能抗蟲抗旱，之後在中南美洲持續推廣，成爲多國著名的品種。謝團長擔任我駐多國農技團團長多年後改調，他後來告知，他應多國政府邀請，續留在多國擔任農業部農業顧問，也被譽爲「多國稻米之父」。我們夫婦在多國工作僅兩年，與謝團長於公於私有很深的交往，後來我們在中美洲其他崗位工作期間，謝團長無論在農技團任內，或後來應聘擔任多國農業部顧問期間，我們都保持密切聯繫。

當時多國僑胞多數爲旅居多年或數代的廣東四邑老僑，也有少數香港及臺灣新僑。由於主管僑務、領務，需要積極服務僑胞，但是因初期不懂廣東話，尤其是四邑方言，同時外派前也沒受過西班牙語文訓練，所以除了表達熱忱外，也須有人協助溝通。起初借助館內廣東籍雇員岑君，但他在館內服務多年，習慣獨霸僑界聯繫，後來才從多位僑胞中瞭解，他常藉機欺辱僑胞，但也無人敢過問。我除了積極學習西班牙語外，必須另謀他途。過沒多久，前

1 巴拉格爾（Joaquín Balaguer），後來於一九六六至一九七八年及一九八六至一九九六年兩度當選總統。

面提及從臺灣來多國發展的梁賢繼君，他在臺北與僑務委員會有業務往來，所以先在旅多國華僑會館幫忙，他表示願意協助大使館與僑社僑胞的溝通事宜。他原為四邑人，語言技巧及文筆均可，無論本館大使或我，以及國內前來拜訪會館及僑領時，他都能適時提供傳譯等工作，後來他也應聘在會館兼任祕書職務。我也透過梁君告訴僑胞，凡有護照簽發、延簽、更換等領務文件，可與我直接聯絡溝通，如此也有利我與僑界人士互通友誼。

我旅多國僑胞多平實低調，也有終年固守小小店面，創業維艱。有一次我接到緊急通知，警方據報發現有位單身老僑死亡，並請我以領事身分到場配合調查見證。原來這位老僑在多京老城中心經營一家雜貨店，貨物擺放牆壁四周或地面，中間有一大木櫃為其作息的工具，白天在櫃面計貨算帳，也當飯桌，晚上就當睡床，終其一生。他在多國並未結婚，也無家人，所以身故後，後事就由僑社協助處理。但有友人及警方發現，他睡覺的木櫃內藏有巨額現金，此時竟有多名當地女士立即出面提出與這位老僑有特殊的親密關係，目的不外乎想謀取遺產，可悲！

我這次外派多國純屬意外，以前從未涉臘西班牙文，為了今後工作需要，經朋友介紹到大使館附近的西班牙文化中心學習西班牙文，每週兩次課程，由略曉英語的西班牙當地老師任教，課餘則請教大使館女雇員，如此雙管齊下，成效事半功倍。

由於住在大使館斜對角，由我們二樓住家窗戶即可看到大使館全貌，也可跟大使館二樓官邸的陽台互望，非常方便。劉大使伉儷剛從中美洲薩爾瓦多轉任過來，對多國氣候、環境、語言習俗等都能適應。他們育有二子一女，長子比我們年長，已經在美國成家立業，女兒婚後也住美國費城，另有幼子還在美國就讀大學。劉大使伉儷原籍東北，是資深外交前輩，學經歷豐富，他們為人和善，待我們如子女，做麵食的功夫了得。

平時，我先來大使館上班，淑美稍後等夫人在陽台揮手後，立刻來大使館陪伴夫人，也學了不少實用的烹飪手藝。因為大使館只有我們兩家，所以週末或赴博瑙探訪農技團，大使伉儷會邀我們一同出遊，也由劉大使開車，夫人坐副駕駛陪伴，我們則坐後座，外人都誤認我們是大使的子女呢！淑美在多國懷孕到女兒育如出生，乃至育如長大在委內瑞拉申請美國大學，都承蒙劉大使伉儷的鼎助，是我們一家人的福氣，感激不盡。

命運捉弄人

有一件事影響我從事外交工作四十五年生涯的走向，在此不能不提。

我抵任多國一個月後，接到外交部好友陳炳宗一封厚厚的掛號信，而且是寄自臺灣麻豆鎮，令我非常驚訝；他和我是同批外派的同事，照理說，他現在應該在國外服務才對啊！前面提過發表外派部令當天，他在麻豆結婚，而剛升任外交部常務次長楊西崑先生還特別電報祝賀，並以外派他駐雪梨總領事館副領事為賀禮，與我外派多明尼加有天壤之別的感受。過幾天，他們這對新婚夫婦回到臺北還補請喜宴，我也跟其他同事前往祝賀，並由楊次長親致賀詞。

楊次長擔任非洲司司長時，陳炳宗為其屬下，也深得長官的信賴，新娘子據說是服務於我駐日本大使館，年輕貌美，是令人羨慕的一對佳人。此事在腦海記憶猶新，我也相信他們已經愉快赴任，享受澳大利亞的雪梨風光了，豈料現在卻收到炳宗兄自臺灣的來信。急忙打開信，信中第一句話竟是「我已離婚、辭職，也回麻豆家閒居，並向基正兄致歉！」信中用詞顯示他心灰意冷，應該是受到相當大的打擊。

他在信中強調，我們這批外派名單經人事處協調各司處長及初步請示後，原擬呈稿為「林基正派駐雪梨總領事館副領事，隔行列陳炳宗派駐多明尼加共和國大使館三等祕書」。豈料該稿呈至新任常務次長楊西崑時，楊次長為了愛護部屬陳炳宗，並祝賀其婚禮，竟在未經徵詢下逕行大筆一揮，將我與陳炳宗的外派單位互換，我相信楊次長必定自覺這是很好的安排，陳君也在信中強調，這絕非他的本意。

他進一步說，新婚妻子是經友人介紹認識，大概認為陳炳宗通曉日語，且獲楊次長賞識，近聞他將外派，私下揣測派到駐日本大使館或日本其他領事館應該沒問題，於是決定嫁給他。未料楊次長熱心過度，好意將他改派雪梨，導致陳妻未達目的，堅決離婚返回日本。陳炳宗強調，他如依原派令，在赴駐多明尼加共和國大使館途經日本東京，將新婚妻子留在東京單獨赴任，也許不至於離婚。在遭受此挫折情況下，他不但沒赴雪梨就職，甚至向外交部提出辭呈。讀完信後受到很大的震撼，內心也替陳君惋惜，如此命運捉弄人，毀了一位年輕有爲的外交人員一生，也促使我在外交生涯走向西班牙語系領域。這件事更提醒我在日後工作上，無論做人處事，或對外交部的部屬同仁，千萬不要自以爲是行事。

一般來說，外交部新進同仁都是經過多年準備，考取高考或特考進部服務。有者在進部乃至外派前還沒結婚，當外派發布後，匆匆經友人介紹認識結婚，這樣的婚姻往往不穩定，所以部內不乏新婚外派後，因不適應而以離婚收場。記得有位「初」姓男同事，年紀稍長才考進外交部，他爲人忠厚老實，當他發表外派巴西聖保羅時，賀喜盈門。他赴任前夕，突聞他竟與一位經常到外交部爭取安排機票業務的旅行社女子倉促結婚，大家對該女子並不陌生，同事私下多認爲他們兩人並不適合。沒多久，驚聞聖保羅當地新聞報導，我國外交人員於抵任時走私數百雙鞋而被查緝。原來初副領事抵任後，其新婚妻子稍後才到聖保羅，竟走私數百雙鞋子企圖進口販賣，爲當地海關查獲。外交部獲報後立刻將初君調回外交部懲處，後來聽說該名新婚女子堅持離婚，並設法留在巴西謀生。

第九章　工作漸入佳境

生活知足常樂

我們抵任兩、三個月後，我在大使館的工作也漸漸進入狀況，在李大使伉儷及劉大使伉儷的指導及協助下，對當地生活已能適應，因收入所限，生活須量入為出，但對外則能維持體面，與當地鄰居相處愉快。然而我們仍思親心切，掛念父母親的健康及孩子的成長，每週寫家書向雙方長輩報告近況，淑美再三請岳母務必到基隆接送相如，必要時就近協助我雙親。

我們原計畫在抵任適應當地生活後，再接父母親及相如來多國團聚；但經這次我們數度轉機始抵多國，旅途勞頓，對他們老少三人實在是一大負擔，再加上慮及多國當地的政局不穩，人心浮動，時有政變的傳聞。幾經考慮，他們決定仍留在臺灣，並希望我們多注意安全及努力工作，這也是我們心裡最感無力的難題。

到十一月間，淑美發現應該懷有身孕，經房東太太熱心介紹附近一家私立醫院的產科醫生檢查確認後，我們也請該醫生負責淑美的生產照護，該醫院院長的母親也是我們的鄰居。

事實上，鄰居都是當地白人，其中，我們對街的兩對兄弟與妯娌年輕夫婦，各有獨立豪宅和子女，兩位妯娌都很漂亮，氣質高雅，尤其弟弟的太太可說不遜世界小姐。他們家裡僱有數位男女僕人和園丁，每個小孩都有一名保母，所以他們出門上街採購或訪友，除女主人有隨侍女僕外，每名小孩也各有保母隨身侍候，非常熱鬧。這對妯娌對我們很親切，可能年紀相彷，尤其住在對街的弟弟妻子，經常注意我們的行蹤，如見到我們，必定主動熱情舉手招呼，可能與淑美有緣和品味相若，而有惺惺相惜之感吧！

多京聖多明哥氣候屬於熱帶，白天炎熱，但每天下午四時左右，大多會下一陣西北雨約半小時後，可能是靠近加勒比海的原因，和風煦煦，立即消暑，很適合出門散步。所以我們經常於下午五時大雨之後出門散步到海邊，遠眺一望無際的大海美景。走在種滿椰子樹沿岸的華盛頓大道兩旁人行道，或坐在人行道座椅上享受微風拂面，令人心曠神怡，十分愜意。

我們邊欣賞美景邊聊天，像每日持續彼此瞭解的戀愛進程中。我們當然也談到同事外派地點的差異及新婚感情的問題，體悟到這次外派來多國，雖然旅途經日本及美國各館同事在已開發國家，無論都市發展及文化社會水準上都很進步，但同事在生活相較下顯得辛苦，再加上住處與辦公使領館通常距離遠，必須早出晚歸，太太需要單獨處理家務及照顧子女，更難為了。

反觀我們派來多國，環境雖不如美、日，而生活也不像鄰居富豪的水準，但較諸一般百姓，我們的生活也相對安逸；再加上與大使館相對而居，上下班方便，三餐原則上都可一起用餐，隨時可以相互照應，這也是善良樂觀的淑美所希望過的生活。

有一次，我們沿著華盛頓大道散步約一公里半，發現一家透著暖暖燈光的「香港大酒家」中餐廳，看了一下手錶，也差不多該晚餐的時間，肚子有點餓，我們就進入用餐。當時用餐時間尚早，餐館老闆看到我們，熱切迎接，並依我們要求安排較安靜的靠牆小桌，我們點了兩道菜餚。沒想到老闆竟多送幾道可口小菜，後來一聊才知道老闆馮玉田來自香港多年，曾於多京僑團迎新任劉大使伉儷及我們夫婦的聚會中見過，今天我們來餐館用餐，他感到十分榮幸。

他邊說邊拉著在後面忙的太太過來，「平時忙餐廳營業，很少參加僑團活動，希望你們有空常來用餐，今晚這頓餐算我們請客。」在他們堅持下，我們最後只好留小費給服務員，再三謝謝他們的熱情招待。從談話中知道，原來馮老闆的父母也同住餐廳後院的住宅，已有六名女兒，他經營這家「香港大酒家」地點佳，景色好，而且菜餚頗獲客人喜愛，所以經常門庭若市。

餐廳距離我們住處不遠，所以利用週末前往正式拜訪，致贈我們從臺灣帶來的禮物，禮輕情意重。我們也認識了馮老闆的年邁父母，還有他們六個可愛的女兒。馮君為獨子，所以父母期望能有男孩傳宗接代，所以馮太太仍繼續努力以完成這個使命。我們認為馮君夫婦熱心善良又孝順父母，餐廳離住家也不遠，慢慢成為知心好友。

起初我們受西班牙語所限，加上我略諳日語，所以在外交團和近鄰的日本駐多大使館祕書大林夫婦比較熟。當時在多國設有大使館的遠東國家，只有我國與日本，而且兩國有友好的外交關係。我們兩家在某些外交場合經常不期而遇，再加上我姓林，他姓大林，倍感親切。他們常邀我們到住家作客，他們很滿意有兩位活潑乖順的千金，沒有再添丁的計畫。大林祕書得意洋洋發表他的女兒論：「等我們年老，女兒也結婚了，如果到女兒家比較能隨心所欲；如果是兒子結婚後，媳婦不一定瞭解我們的喜好，當媳婦問想喝什麼，如客氣表示不需要，媳婦可能就作罷，但是女兒會端來我們平常愛喝的飲品。」有時我們也會邀請大林祕書一家四口到「香港大酒家」品嚐中國料理，後來馮老闆跟我說，大林祕書已成為「香港大酒家」的常客了。

經過一段時間觀察發現，常有當地原住民或背或頂著魚蝦鮮果到大使館附近兜售，每件或每堆一美元，可選大小多寡，但價格不能討價還價，可能他們沒有零錢可找。就我們而言，貨品有貴賤之分，但在他們看來，海鮮就是海鮮，沒有貴、便宜之分；水果也是，橘子三十粒一美元，無分大小生熟。剛開始無法理解，久了也習慣他們的單純可愛。逐漸地，因為大使伉儷跟我們經常大批購買，有時也會指定喜愛的海產，他們認為我們言而有信，偶爾也會多給小費，所以也樂意配合，皆大歡喜。

另外，當地女傭多為單親媽媽，而且似乎也母女相傳；而高階軍警多為男性白人，基層警察和交警大多是男性原住民，經常看到女傭在閒暇之餘打扮得花枝招展，試圖吸引警察的注意，還不時遞上飲水食物，呈現一幅幅敬警愛民的畫面。通常主人看到警察到住家找傭人女友也已習以為常，只要在不妨礙工作的情況下，大多睜一隻眼閉一隻眼。在這裡主人有絕對的僱用權，所以傭人一般不敢做得太過分，這也就成為主僕人際關係的相容之道。

工作包羅萬象

大使館訂有當地西班牙文日報兩份及英文簡報一份，劉大使先看過後，我再研讀。我手邊永遠有一本臺灣出版的《西漢字典》，後來又買了一本《西英字典》，隨時翻閱，如此經過兩三個月後，也漸漸看懂報紙內容的五六成了。這兩本字典迄今五十多年，我仍然一直帶在身邊。

當時大使館只有大使和三等祕書的簡單編制，所以我這個三等祕書就須瞭解並處理所有事務。政務呈部的機密電報大多由劉大使撰寫，而我負責整理外交部、大使館和有關其他館處的往返電報，以及撰寫每月報部的政情報告、辦理僑務領務工作、大使館每月會計及出納的經費報銷，還有其他臨時突發事件等，工作可說包羅萬象。

當時大使館的辦公經費不多，館長交際費有限，更沒有館員的交際費、眷補費、住宿費及地域加給等等。後來慢慢增加配偶每月有十美元補助費，所以外交部同仁打趣說，如果想要補助費多一點，是否多娶幾個太太增加收入？劉大使伉儷宴客因經費受限，都在大使館舉行，也常須自行準備中式菜餚，一則節省經費，再則希望以中式宴席為特色；我們因為經驗不足，協助有限，反倒給我們學習的機會。

大使伉儷在大使館宴客時，會另請專業男侍服務。我們夫婦分工，我協助接待賓客，以及宴席上的座位安排和碗盤、刀叉、各式酒杯、水杯等放置，而淑美則在廚房協助夫人準備餐點。我們很少上桌，但從宴客中受大使伉儷的指導訓練，對我們日後當館長的待人、宴客之道受益良多。

在電報方面，由於須翻成密碼，所以要配合密碼本找出密碼組，而當時每組密碼由大使館電發外交部要價一美元多，非常昂貴，所以呈部的電報稿必須字字必較，用字遣詞也須研究，所以我在翻譯密碼時，有時發現某兩三字如運用密碼本上慣用詞，即可合成一組，如用其他詞句，雖意義相同，但須一字一碼，這時只好呈請大使核准更改文字，以節省費用。

有關領務工作，素來都由當地華僑雇員岑君處理，多年來已被縱容，上班遲到早退也無人過問。有時僑胞來辦理單純事項，也要對方多跑幾趟，以示權威，僑胞多敢怒不敢言。這種現象，我初到時更為嚴重，似乎在給我下馬威，讓我實難容忍，我也向女雇員側詢，經確認無誤。因此，我到任兩個月後，看到僑胞來大使館辦事卻久等岑員未到，至為焦急，我會出面詢問要辦什麼事？後來瞭解僑胞來自外地，往返費錢耗時，雖然我不諳廣東四邑方言，但是靠著比手畫腳的肢體語言，已大致瞭解急需大使館出具西班牙文文件，我就表明是主辦領務的新來祕書身分，而西班牙文文件照例由約瑟菲娜繕打，我協助代塡申請書並請其簽字後，立刻辦妥所需文件，再由我以領事身分簽名蓋章後交給僑胞，並請轉告所住地區僑胞，如需辦理護照或文件事項，倘岑員不在辦公室，可直接找我或問雇員，另外給對方我的職銜名片及不同格式的申請表帶回轉告其他僑胞。

我隨後也交代約瑟菲娜，今後倘有華僑來辦事，如岑員不在，或久候未處理，請即時告訴我。由於領務屬於我主辦的業務，所以事先並未請示劉大使，事後劉大使聽聞僑界的良好反應，對我表示讚賞及支持。不久之後，僑界慢慢盛傳大使館對僑界的領務已大幅改善，有時可直接找新任林祕書兼領事業務辦理，不必事事經岑雇員之手，而岑雇員日後的工作態度也有改善，不敢再狐假虎威。

至於僑務方面，我建議劉大使主動聯絡僑團、僑胞，而新到的梁賢繼君能幹負責，可以協助翻譯四邑方言，不需如往年受制於岑雇員。逐漸地，我們在當地僑界獲得很好的回應，與大使館的關係日漸拉近。

我們抵任約三個多月已近年底，工作及環境也進入情況，就利用一個週末，自行搭車到多京殖民時期的舊城區（Ciudad Colonial）觀光。我們在舊城區的「獨立廣場」下車，漫步到聖母教堂（Iglesia de Nuestra Señora de las Mercedes）參觀，再到祖國忠烈祠（Panteón de la Patria）、西班牙廣場（Plaza de la Hispanidad）與哥倫布堡壘（Alcazar de Colon），走到奧薩瑪（Ozama）河岸後，再往南經哥倫布公園（Pargue Colon）到聖多明哥港（Porto Santo Domingo）的加勒比海岸，景色宜人。

之後回到獨立公園附近，找了一家當地風味的餐廳午餐後，剛步出餐廳就碰到一位老華僑，他怪我們太客氣，怎麼沒到他們的中餐館讓他招待？只好委婉回以：「我們心血來潮利用週末認識舊城區，偶爾嚐嚐異國菜餚，以後必定專程前往用餐，十分謝謝！」慢慢感受僑胞對我們的認同，頗感欣慰。

隔年元月底，劉大使伉儷及我們前往多國第二大城聖地牙哥（Santiago de los Caballeros）拜訪僑社，也請多京中華會館梁賢繼祕書作陪，這是劉大使伉儷抵任近四個月來第一次到訪，受到當地僑胞的熱烈歡迎。我也趁機以主管僑務領務的大使館祕書身分，向僑胞說明大使館服務僑胞的新做法，並將有關申辦護照與文件等簡介，以及各式申請表提供僑胞參考運用。有數位僑胞特別感謝我在這方面親民的作風及快速服務的態度，因當地與多京大使館路途遙遠，交通不便，每次赴大使館辦事，都須清晨出發，有時到大使館都已中午，經常要等候很久，甚至改天再辦。現在新做法則配合不午休，即到即辦，並提供茶水點心，盡量下午辦妥後可於傍晚前趕回，或可另請人代取。有些僑胞甚至致贈家中自種蔬果，誠意難卻。我們這次轄訪，也是行程匆匆，當天往返，途經博瑙農技團駐紮地，也只能去程順道探訪，回程即直接返回多京。

第十章　多國政局不穩

殖民、獨立更迭的歷史

在十五世紀末，西班牙及葡萄牙趁義大利、法國、奧匈帝國等列強忙著歐陸內戰時機，紛紛謀求前往印度及遠東地區的貿易航線。其中，葡萄牙南向從非洲西海岸南下到南非好望角，再沿著海岸轉由非洲東海岸前往印度及東南亞，之後荷蘭也追隨。另外在西班牙，義大利人哥倫布（Columbus）以「地球是圓的」論點說服西班牙女王伊莎貝拉一世（Isabel I），最後女王決定聘用哥倫布率領船隊，由西班牙西南海岸進入大西洋繼續向西航行，以期環繞地球到東方的印度、東南亞一帶。

一四九二年十二月，哥倫布第一次率領西班牙船隊抵達中美洲，插上國旗宣示該島爲「西班牙島」（Isla de La Española），爲西班牙國土。後來，再到該島建立現在的首都聖多明哥。依當地人記載，「多明哥」一詞，來源爲他們抵達該城適巧是星期日，而西班牙文的星期日爲「Domingo」，前面加上「Santo」，有「神聖的星期日」含義，就以此爲首都之名。

自我們抵任後，感覺多國政局一直不穩，似乎隨時會有事情發生。其實該島自哥倫布發現後，一直處於動蕩不安的局勢。西班牙人占領該島後的十六世紀初期，對當地原住民施行奴隸統治，西班牙國王也核准自非洲引進黑奴。後來西班牙繼續征服中美洲及南美洲北、西海岸，重心放在拉丁美洲大陸，而英國、法國及荷蘭等國，鑑於西班牙及葡萄牙人在非洲及美洲開疆闢土，也開始覬覦美洲地區，其間英國及法國橫渡大西洋，後來促成美國及加拿大的建國，對加勒比海地區也全力爭奪，紛紛建立各自的殖民地，在你爭我奪的情況下經常易手，海盜也趁此動亂日漸猖獗。

多明尼加所在的「西班牙島」，中間有高山沙漠隔離，而西班牙人初期只著重發展島的東端，未料十七世紀初，法國、荷蘭及英國的海盜首先在該島的西部海岸活動，尤其在一六四四年，約有四千多名法國人正式在該島西部設立十一個村莊群居。

自一六八八年起，法王路易十四與包括西班牙在內的大同盟爆發戰爭，最後於一六九七年在荷蘭簽訂「勒斯維克條約」（Tratado de Rijswijk），西班牙正式承認法國擁有「西班牙島」西部（即現在的海地）的主權。法國並引進非洲奴隸從事農業經濟的發展，人口達五十萬人，其中四十五萬名為黑人；反而該島東部的多明尼加人口僅十五萬人。

一七九五年，法國與西班牙在瑞士簽訂「巴塞爾和約」（Tratado de Basilea），同意該島東部讓給法國，使「西班牙島」全部成為法國殖民地。不過六年後，海地黑奴之子杜桑．盧維杜爾（T. L'Ouverture）率領當地黑奴起義革命，驅逐法軍，統一海地島。其後法國、英國及西班牙各國派軍隊鎮壓，原東部多明尼加部分也恢復爲西班牙殖民地，但到了一八二二年，海地總統布瓦耶（J. P. Boyer）又率軍征服東部，統一西班牙島，並對東部地區採高壓政策，沒收白人財產，全國農地收歸國有，解放所有奴隸，以致上層階級的白人紛紛逃往古巴、波多黎各等國。

到了一八三八年，出生聖多明哥的杜瓦特（J. P. Duarte）及其同志爲了爭取獨立，祕密成立「三位一體」（La Trinitaria）組織，後來又有梅利亞（M. R. Melia）及桑切斯（F. R. Sánchez）加入，於一八四四年二月二十七日成功脫離海地統治，同時成立多明尼加共和國，該日則成爲多國的獨立紀念日，而三位志士被後人並稱爲開國國父。

往後數十年，多國政不通，人不和，內憂外患頻仍，在一八六九年，當時多國總統拜亞茲（B. Báez）因外債高築，曾徵求時任美國總統的格蘭特（U. S Grant）同意讓多國併入美國聯邦，但最後遭到美國參議院的否決。其後，數位多國總統不是被推翻，就是被謀殺，而法國及歐洲列強等債權國對多國素來都是虎視眈眈。

到了二十世紀初，美國爲了預防歐洲列強干預美洲事務，再加上保護興建中的巴拿馬運河，於一九〇四年提出其「羅斯福推論」（Roosevelt Corollary），確定美國有權利介入拉丁美洲事務。兩年後，美國與多明尼加共和國簽訂協定，由美國管理多國海關事務五十年，美國必須將部分海關稅收用於償還多國外債。接著美國威爾遜（T. W. Wilson）總統因數次斡旋多國內戰無效，於是在一九一四年協助多國舉行總統大選，選出希門尼斯

（J. Jiménez）回任，卻受國防部長的杯葛而辭職。此事令威爾遜總統大爲不滿，決定在一九一六年五月派遣美國海軍陸戰隊登陸多國，並於七月占領。然而美國軍事管理也引起不滿，所以到了美國總統哈定（W. G. Harding）主張撤軍，到了一九二四年由親美派巴斯克斯（H. Vásquez）當選，美國陸戰隊終於在九月完全撤出。

一九六三年由左派的胡安．布希（J. Bosch）當選多國總統，同年九月又被軍事政變推翻，實施軍事統治，左派人士蠢蠢欲動，似有古巴政權在幕後支持，而美國政府也密切注意多國的局勢發展，深恐古巴介入，在拉丁美洲產生第二個共產國家。

生死一瞬間

一九六五年四月的一個週末下午，我們夫婦偕友人到機場附近著名海灘「少女小嘴」（Boca Chica）一日遊的歸途中，突然槍砲聲隆隆，也有空軍飛機的轟炸聲，頓時情勢緊張，尤其進入市中心區前的奧薩馬河上鋼鐵大橋（Puente Ramon Matias Mella），前後進出口已經有軍隊管制檢查，我們因持外交牌照順利通過，立即先趕到大使館向劉大使報告，並匯集資料，以電報緊急向外交部報告多國發生軍事政變的情勢。

初步瞭解，此次政變是左派軍官卡曼紐（Camaño）上校率部隊發動，且獲得部分空軍支持，因此當日下午有空軍向多國總統府轟炸。據聞叛軍以原左派總統當選人胡安．布希復位為號召，幕後應有古巴卡斯楚共產政權的支持。而執政的軍事當局立即宣布全國戒備，面對叛軍來勢洶洶，也敦請右派威興將軍（W. Y. Wessin）政府軍出面對抗，當晚並實施宵禁。

整夜槍砲聲不斷，我們先留在大使館工作，並簡單用餐，直至深夜才回家。其時全市已實施燈火管制，當我們摸黑從大使館穿過馬路到對街住家時，突聞槍聲擦身而過，可能是因為宵禁，軍隊看見有黑影過街，立刻開槍，眞是生死一瞬間，嚇得我們趕緊進門，關閉門窗，只點個小燭燈，避免光線外洩。

心神稍定後，趕緊思考日後生活的應對之策。首先要檢查我們的日常生活用品及食物，並預防停電而引起無法使用電爐冰箱等問題，因槍砲不斷，一夜難眠，尤其半夜過後，自後窗陽台微弱燈光下，發現美國軍機往返頻繁，更增加緊張氣氛。當時我們家中沒電話，更沒有電視，只能收聽廣播，播報約有兩萬四千名美國海軍陸戰隊官兵連夜登陸，並將外國使館區、多國總統府與國會等重要中央機構，建立安全保衛區，以配合多國部隊共同駐守，防止叛軍或左派恐怖分子滲透。

第二天星期一，清晨天稍亮，我們簡單漱洗、觀察街道動靜後，牽手過街趕到大使館。劉大使伉儷也早已清醒，他們的幼子傑米（Jamie）日前剛來多京度假，也整夜難眠。我們先查看外交部是否有電報及指示，不久竟有僑胞打電話來查詢：「劉大使及林祕書是否仍在大使館？想申請我國護照，不知大使館是否照常上班？」由於旅多老僑長年守著家園，很少旅行，又多持有多國護照，所以平時較少申辦我國護照。我立即回覆：「大使館全日上班，必要時，週末也會加班。」

未料，隔天清晨八時不到，已經有多位僑胞倉皇失措來大使館申領護照，而首位申辦者竟是大使館岑雇員。幸好外派前，在領務司等各單位實習頗為認眞，到大使館抵任後，也熱心為僑胞做領務、僑務工作，已日漸駕輕就熟，否則本館主辦領務的岑員先落跑，將不知如何因應？整個上午申辦護照者已有數十人，經報告劉大使後，立即開放館內大客廳，以供僑胞休息及塡寫申請表，也請大腹便便、即將臨盆的淑美及女雇員協助，並提供茶水以安撫僑心。

申請我國護照仍需具備必要條件，有需旅多國中華會館出具證明者，我即以電話聯絡會館梁祕書協助，梁祕書也熱心配合。僑胞平日對申辦程序及要件大多不知，只希望需要時可立即取得；有些僑胞沒耐心，還要委婉解釋。再加上，我國護照的老式製作工序，必須將護照內頁塗上護蠟，再以紙張逐一擦除後才能用原子筆寫上，所以得費一些時間。

發生政變次日，消息稍見明朗，登陸的美軍逐步向外擴大保衛範圍，以解除斷水斷電的困擾。由於以煤發電的發電廠，位在靠近奧薩馬河的鋼鐵大橋下附近，而港埠也在加勒比海沿岸的奧薩馬河出口處，所以發電廠及港埠這兩個地方非常重要，是政府軍控制的首要；而該區域不但是老僑胞平時生活範圍，更是雙方軍隊處於拉鋸戰之地。隔天，聽說美國開始撤僑到多京外海的海軍軍艦上，再運往波多黎各安置；之後又傳出美國考慮接受外國友邦要求，協助撤離其他外國使領館人員及眷屬。

當時情勢緊張，白天我接受僑胞申辦護照及領務文件，因為申辦案件過多，先將容易處理的護照延期與加簽於當天設法核發，傍晚趕忙翻譯及拍發電報，深夜再由我們在家徹夜為僑胞趕製新護照，以期盡早發給，以免僑胞冒著生命危險往返。

婉拒撤離，共守崗位

當時在多京的外國駐多使領館，除有外交團外，總領事館及大使館內負責領務的外交人員另有領事團的組織，我因為大使館兼理領事事務祕書，所以經常參加多京領事團活動，也收到美軍撤離使領館人員的信息。政變後第三天，美國政府決定協助撤離其他國家使領館人員及眷屬，並請盡速登記以備美軍安排。因為當時多國局勢極為危急，內戰可能延長，美國政府亦將視情勢發展，加強兵力。我即將此信息立即報告劉大使伉儷及淑美，大家心情都極為沉重。

日昨又接到淑美的婦產科醫生電話，因他居住在美軍保衛安全區外，而醫院在我們住家附近的安全區內，他本人不能隨時進出入醫院工作，所以這兩天在大使館用餐時，劉大使伉儷與我們就是否接受美方協助撤離之事深入研商。

原則上，劉大使和我必須堅守大使館崗位，主要考慮劉大使夫人和兒子傑米，以及淑美的去留問題。劉大使因子女都住美國，所以到美國後沒有安置的問題，而我們在美國並沒有親戚，劉夫人說他們的女兒夫婦住美國費城，淑美待產可請女兒就近照顧，淑美在旁一直沉默不語。過兩天後，美國領事館承辦撤離工作的好友知道淑美產期已近，又鑑於多京局勢危急，到時候恐怕沒有醫生和助產，更何況安全區內的公私立醫院現在都是傷患，床位難求；她建議洽請美國有關單位協助淑美在波多黎各醫院生產，之後再決定去留，非常感謝她的熱心和友誼。

政變後第七天，美軍撤離該國使館人員，而友邦外交人員及眷屬也進行得如火如荼。當天晚上，我與淑美冒著流彈自大使館回家、繼續為僑胞製作護照時，在燭光閃爍下，淑美經過多日的深思，抬起頭對我說：「生死有命，我們既然結為夫婦，自然應該福禍相倚，不能單獨在此危難中離你而去，所以我決定繼續留下來……」她含著淚光、神情堅毅的表達她的想法，令我感動，我們不禁相擁而泣，久久不能自已。

淑美的個性是既然做了決定，態度會轉而泰然。當晚，我們也談到，幸好沒有接父母親及愛兒來多國，倘使我們在多國不幸有難，林家也有相如可傳宗接代，我也不致成為林家罪人。次日，我們將此決定報告劉大使伉儷，大使夫人也決定：「那我們兩家共同在大使館固守崗位，共度危難。」

軍事政變後一個多星期，因叛軍占據多京發電廠，以致我們安全區內遭受斷水電之苦，尤其適值炎熱夏天，白天汗流浹背，傍晚陣雨後稍能消暑。內戰事出突然，大使館及我們住家存糧不多，還好農技團可以供應米食，我們平日也有中式罐頭儲糧，所以與劉大使兩家及傭人生活尚能支應。而平時來叫賣魚蝦、蔬果的原住民，為了謀生，不計危險來大使館叩門叫賣，我們幾乎全部收購，並要他們設法來販賣，雙方都滿意。

多京戰事愈演愈烈，死傷慘烈，美軍和多國政府軍繼續推進，一週後占領城中心舊區及新區，也克復多京發電廠與港埠，以及前往飛機場的鐵橋和通道，我們安全區內也恢復供應水電。同時，美國政府幕後積極透過外交途徑，召開美洲國家組織（西文簡稱OEA，英文簡稱OAS）會議，號召各會員國與美國盡速組聯軍以消滅叛軍，進而由該組織協助舉辦多國總統大選，成立民選新政府。

急如星火的趕製護照

歷來旅居中南美洲及加勒比海地區國家的僑胞，無論老僑、新僑，無不夢想能移民美國。這次多國軍事政變極為嚴重，美國先行撤離使領館人員及絕大多數美僑，繼而協助撤離他國外交人員，最後也決定協助友邦僑民撤離。我旅居多國僑胞在多國辛苦多年，最大願望就是有朝一日能移民美國，所以聽到美軍將協助撤離友邦僑民先到波多黎各，再避居美國的消息，簡直如獲至寶，不過得要先找出或向本館申辦我國護照。

僑界訊息互通快速，已持有我國護照僑胞，如本館原雇員岑先生已先到多京「大使大飯店」的撤離據點聚合，續由美方直升機載到沿岸軍艦撤往波多黎各，再轉赴美國親友。而近日美軍已占領多京舊城區，所以許多住在該地區的僑胞，紛紛擁至本館申請新護照或辦理舊護照延簽，其他城市的僑胞聞訊也趕緊申辦，急如星火，就怕美軍可能隨時關閉撤僑之門。

我鑑於申辦新護照者甚多，已逾數百人，而本館庫存空白護照有限，當時郵電都已中斷，外交部或鄰近館處一時也無法緊急支援空白護照，所以我決定請示劉大使核准，凡持我國舊護照者，無論過期多久，都可延期加簽，此節也急電外交部同意從權處理。因此，許多僑胞因持過期又重新延期的我國護照，前往美國領事館申請美國簽證時，引起美國承辦領事的質疑。幸好美國領事與我素有交情，經我婉為說明緣由，並請體諒本館的實際困難；該領事最後決定，凡經我證明爲眞實者，均予以通融接受。僑界對本館的積極任事與用心協助，更了然於心了。

當美軍及政府軍逐步收復發電廠及運煤港埠等處，也逐漸恢復水電供應後，很多居住城中心僑胞才得以設法來大使館申辦，旅多中華會館也恢復聯絡，並配合僑胞辦理相關案件。

約三個星期後，僑胞申辦護照及撤離工作已告一段落，但多國情勢仍甚緊張，美軍爲了安全，決定將協助各國僑民撤離工作宣告結束。同時，熟識的美國領事友人也將撤離，她行前一再確認我內人淑美是否需要她最後協助撤離，她會盡力照顧，我與淑美在電話中十分感謝她的美意。時過境遷五十多年，至今對這位美國友人仍心懷感激。

教廷介入休戰

多國自一八四四年獨立建國以來，各派勢力互相爭奪，政治謀殺層出不窮。這次左派軍事政變，雖有美國再度大軍壓境，但要撫平也非易事。軍事政變後第三週，因戰事劇烈，叛軍及其群衆反抗對峙，造成不少傷亡，因此由駐多國教廷大使館出面，協調政府軍及叛軍雙方暫時休戰一週，以便天主教會及國際紅十字會出面清理戰區，傷者各自或由紅十字會救治，死亡者集中就地焚燒，並進行消毒；當時常見美軍飛機在多京上空盤旋，施灑消毒藥品，我們在安全區內也能聞到怪異的氣味。

猶記得在此緊張局勢下，軍事政變的第二天下午，突然有兩輛私家車停在大使館門口，數位當地男女下車進入大使館，請見大使或祕書。當時由我先客氣探尋前來大使館的用意，他們雖衣著整齊，但形色緊張，初步表示是想請求政治庇護，經我請示劉大使後，即婉言表示，我們是中華民國駐多明尼加共和國大使館，來自亞洲，與多國政府並沒有簽訂政治庇護協定，實在愛莫能助，請他們轉向拉丁美洲國家大使館請求政治庇護，或有可能。對方聽後互相交換意見，表示謝意並隨即上車離去。我事後揣度，他們可能是當地左派政治人物，計畫前往智利大使館尋求政治庇護，但是錯把馮京當馬涼，將我國大使館位於聖地牙哥路（Calle Santiago）和智利首都聖地牙哥（Santiago de Chile）弄混了。

政變第二週星期二中午，突然有部軍車，車上坐滿持槍士兵駛經大使館門前，其中一名軍官指定兩名士兵下車，向我們大使館報到，聲稱奉命保護各大使館。我們事前並未接獲多國外交部或其他單位的通知，連該士兵的姓名及所屬單位都無所知；更離譜的是，該士兵本身也一問三不知，我立即報告大使，最後只能接受。經查該兩名士兵，身著美軍新發軍裝，持用舊式步槍，似有數發子彈，但無其他彈匣及裝備，看起來好像是未受過嚴格軍事訓練的新兵。後經瞭解，他們根本未曾實彈射擊，對槍枝性能也不懂，只說匆促應徵分發到大使館。

當時多京時有槍砲聲，該兩名士兵起初在大使館走廊閒坐，一聽到遠處槍聲，竟然立即跑進大使館躲在門後發抖。多國軍方意思明顯，只將士兵送到大使館，之後就不管其他，也無明確期限，明顯要求各大使館供養士兵三餐及住處，又沒有其他軍服可換洗，眞不負責任。

我們對該士兵的來歷也不清楚，又躲在大使館，反而造成二樓大使官邸的安全威脅。幸好劉大使伉儷非常勇敢，還有就讀大學的兒子剛好回來作陪，所以我們決定該兩名士兵晚上不能躲在大使館內，只能在大使館走廊休息，而我們則從住家隨時注意動靜。爲了強調我的軍事常識，暗示我是曾受過嚴格軍事訓練的退役軍官，索性將對方所持步槍當場迅速拆解再重裝，技術熟練，兩位年輕士兵看得目瞪口呆，知道遇到高手了。這要感謝我國的兵役制度，讓我曾經在鳳山步校接受爲期五個多月的期前步兵基本訓練，沒想到現在竟然能派上用場，從此這兩名士兵見到我會立正、敬禮。

寶貝女兒來報到

淑美臨盆在即，產科醫師也找機會趕來醫院，並設法聯絡我們前往醫院產檢。當我們到醫院時，目睹到處躺滿傷患，醫師利用狹小的房間為淑美產前檢查，認為預產期約為八月上旬，還有一個多月，希望上帝保佑，屆時能有休戰期，他再設法前來為淑美助產，並當場要求我們夫婦跟他一起祈禱，他也告知我們生產需要準備的物品。我們對這位醫生的善心及負責態度心存感激，他當天也看診其他產婦後即匆匆回家。

其實，淑美生產所需用品及嬰兒用品，在政變前已有準備，非常感謝劉大使夫人赴美探視其女兒時，在美國也為我們代購並攜回。而在華盛頓大道開設「香港大酒家」中餐廳的馮玉田老闆夫婦，在戰局稍緩後，設法來探望我們。他們由僑界聽到我們最近為僑胞夜以繼日的忙碌，尤其淑美大腹便便還協助僑胞的情形，令他們非常感動。馮老闆主動提及：「我們同住在安全區，又有車子，可代為採購生活用品。我們已經有六個女兒，育兒經驗豐富，我太太可以來幫嬰兒洗澡，我也可以準備麻油雞酒送過來。假如生產時產科醫師沒來，我內人也可來家幫忙助產協助。」我們當時對馮老闆夫婦的熱心非常感謝，這也印證淑美經常安慰我說：「一切聽天由命，天無絕人之路。」

到了六月下旬，教廷及天主教會再度斡旋，雙方也同意再休戰一週以清理戰場、救治傷患。就在這休戰一週中，有一天淑美突然感覺要生產的陣痛，我們的房東立即聯絡鄰居醫院院長的母親，緊急開車陪同我們趕赴醫院，由院長緊急安排產房，因醫院房間傷患已滿，最後院長將他的辦公室臨時當淑美的產房；更幸運的是，淑美的婦產主治醫師也因休戰來醫院，所以能及時爲淑美檢查，認爲產期雖尚未成熟，但可以催生，而且休戰期限將至，醫生無法多作停留；最後經我們同意，立即爲淑美施打催生針，期間大使夫人也來關心。

由於醫院到處是傷患，環境欠佳，我請房東及醫院院長的母親先回家，有消息立即回報。期間，院長及醫生也不時前來探望，淑美不耐久候催生，我在一旁則不斷安撫，終於當天晚上八點左右，在醫師及護士的細心處理下，順利產下寶貝女兒育如，我也設法向劉大使伉儷、房東與院長母親報此佳音。我們百感交集，欣喜萬分，兩人緊握雙手感謝上天保佑和基隆家的仙祖公與祖先的庇佑。次日清晨，經過院長及主治醫師同意，由大使伉儷開車來接我們回家；休戰當晚結束，而醫師住在安全區外，必須即時趕回家。這一切的安排，似乎冥冥中「天地有靈，天公疼憨人。」

我們回家後，大使夫人及房東暫時陪伴淑美，並安排一些事情，我立即先回大使館處理一些公務，也設法告知「香港大酒家」老闆馮玉田夫婦，他們不久即帶來麻油雞酒和一些菜餚食品來看望淑美。淑美身體狀況不錯，恢復相當順利，育如寶貝雖呼吸平穩卻嗜睡，我們百般無奈，連大使夫人、房東以及育有六位女兒的馮家夫婦也不知所措，因爲從未遇到這般情況，淑美也急哭了。

最後，房東邀請一位退休小兒科名醫的鄰居來，我們和這位醫生平時只有點頭之交，但知道他非常熱心，從醫多年，經驗豐富。醫生帶著醫具經過仔細診斷，最後幽默地說：「寶貝一切正常，也很健康，因爲經過長時間催生，讓她還想呼呼大睡，補眠足了，自然會清醒，我們不要吵她美夢啦！」這位老醫師的話，雖然讓我們暫時釋懷，但內心還是有點忐忑不安。

如此經過一星期，我們在睡夢中突聞嬰兒嚎啕大哭，原來我們的寶貝女兒已睡飽肚子餓了。我們一時手忙腳亂，淑美馬上餵母乳，看到寶貝慢慢在媽媽懷中努力學習吸奶，不久又呼呼大睡，這下子我們總算安心了。淑美抱著育如哺乳喜極而泣的模樣，眞是一幅令人動容的溫馨畫面。

一暝大一寸

房東天天來探望，馮玉田夫婦也每天按時送來準備好的麻油雞酒及代購食品，馮太太開始爲育如洗澡，淑美也漸漸熟悉如何替愛女洗澡，大使伉儷當然每日垂詢嬰兒情況。兩個多星期後，由於淑美奶水足，每日哺乳數次，育如仍然邊吸乳邊睡覺，有時還吸得滿頭大汗，看著她白裡透紅的皮膚，胖胖的小臉蛋愈發可愛。

因爲戰情逐漸穩定，僑胞申辦護照及領務文件熱潮也稍退了，所以劉大使要我多留在家裡幫忙，有事隨時找幫傭招呼一聲，再回辦公室處理即可。我在家最重要的任務是清洗寶貝的尿布，育如的尿布及內衣，都是由大使夫人在政變前赴美探親所代購帶回來的，布料細緻潔白，我得用心清洗並在陽台上曬乾，房東看到還誇我把尿布清洗得這麼乾淨，非常不簡單。

從第三週起，我們就請馮老闆夫婦不用每日爲育如洗澡並煮麻油雞酒了，因爲淑美已可起身爲育如洗澡；至於煮麻油雞酒，我已經學會了，所以只託代購一些食物用品即可。馮君夫婦經過數天觀察，認爲我們的確可以勝任，再加上局勢漸穩，他們餐館生意也慢慢恢復，才答應不再天天來家幫忙。

育如彌月時，已經是個白白胖胖的嬰兒了，淑美爲她細心打扮，穿上潔白絲質衣服，看起來像個可愛的小天使。我們帶她先到樓下拜訪碧拉爾房東，她好像對待自己的孫女般又親又抱。我們帶育如再到大使館拜見大使爺爺及大使奶奶，劉大使伉儷非常高興，尤其劉大使奶奶抱著胖嘟嘟小可愛不忍釋手。我到辦公室向女雇員感謝這段時間的幫忙，她也盛讚育如可愛討喜，對這次淑美順利生產，她認爲眞有上帝保佑。

育如出生回家後，我們爲她的命名研究討論，首先確定名字中必須有一個字和哥哥相如一致，先定這個「如」字，再則因此次在戰亂中順利生產，就考慮到希望她一生能順利平安，養育成長，共同商定取「育」字，最後決定爲她取名爲「林育如」，西班牙文名爲

「Elena Lin」。一旦確定育如名字後，我們雙手合掌向臺灣方向默拜，敬向基隆家中「仙祖公」及祖先們呈報並請庇佑。

育如健康成長，大使夫人常說育如若長得像媽媽是美人一個，可惜長得比較像爸爸，還好比爸爸漂亮，又活潑可愛。淑美及育如幾乎每天上午漱洗完，並穿好漂亮乾淨的衣服後，大約十時半來大使館陪伴大使夫人，大使伉儷對育如疼愛如親孫女，畢竟我們兩家在戰亂中相依為命，患難見眞情。下午淑美等育如在家午睡後就做點家務，準備晚餐。幾個月後局勢平靜，我們每日下午四時多雨過天晴後，推著育如的嬰兒車出門散步。有時到馮玉田夫婦的「香港大酒家」餐廳探望他們，兩家的情誼愈發深厚。

「地下超級總統」協調大選

多國戰事經過三個多月的混亂，美軍及政府軍逐步控制局面，擴大區域，到了第四個月，所住區內的郵政電信也漸漸恢復營業。我們立即寫信給基隆父母親及臺北岳父母、伯父母與祖父母報平安，並將生活近況及育如寶貝女兒順利出生情況和照片，以特快信件航掛郵寄，希望能順利寄達家鄉，分享喜悅。我們知道外電對多國軍事政變三個多月來的情勢危殆，報導必定極為聳動可怕，再加上有三個多月無法通信，他們必定非常擔憂，尤其我父母親更會因此夜夜難眠。我們耐心等待約一個月後才有回信，他們表示接信後瞭解狀況比較寬心，尤其育如順利生產，感謝神明祖先保佑，希望今後局勢安定，並要我們注意安全。往後我們也每週寫信報平安。

大使館的工作，隨著多國政局的逐步穩定日趨正常，領務工作不多，對僑社及僑胞的聯繫及聯誼則增進不少，而我駐多農技團因遠居博瑙，未受戰事影響，在謝英鐸新團長率領下，努力工作，尤其在稻米選種方面有突破，培育出適合多國氣候土壤的抗旱抗蟲新品種，頗獲多國政府及農民的重視和肯定，劉大使伉儷也常偕同我們一家，利用週末前往博瑙探視農技團並聚餐。

此次多國政變，我在危難中固守崗位，努力救助並協助僑胞脫離險境，獲得外交部記功，這在當時外交部對同仁吝予記功的大環境下，實屬難能可貴；當然劉大使全力坐鎮，臨危不亂，也獲得外交部的嘉勉鼓勵。

美國政府對這次多國軍事政變，深恐鄰近的古巴共產政權幕後介入，緊急派美國海軍陸戰隊兩萬四千名登陸救援，隨後為聯合中南美洲地區國家共同防止共產勢力入侵，呼籲「美洲國家組織」召集緊急會議，共商派兵防禦，並研商多國盡快恢復民主秩序，舉辦多國總統大選事宜。

在美國政府運作下，「美洲國家組織」決定共同派兵到多國組織聯合軍隊，實際上以美軍為主力，並負責統一指揮，其他會員國僅派遣象徵性軍隊或軍事人員參與。同時，美國也急徵調當時處理越戰問題的邦克（Ellsworth Bunker）特使轉任美國駐多國特使，主導多國事務，包括戰後推動多國總統大選，當時大家都暗稱他爲多國的「地下超級總統」。

幾經折衝樽俎，終於一九六六年六月初選出曾爲農業部長的巴拉格爾爲新任總統，並於六月下旬正式就職。爲此，各國均派重量級官員出席就職典禮。例如美國詹森（L. B. Johnson）總統即指派副總統韓福瑞（H. H. Humphrey, Jr.）爲特使，率同國務卿范錫（C. R. Vance）等高級官員出席；而我國也特派當時駐聯合國常任代表劉鍇大使爲中華民國特使團特使，率同駐多國劉增華大使爲副特使，而我爲特使團祕書共三人出席，有幸向巴拉格爾新總統道賀，也與美國韓福瑞副總統及范錫國務卿等政要握手致意，深感榮幸。

後記：我於一九六四年初任駐多國大使館三等祕書不久，曾陪同新任劉增華大使拜會當時的農業部長，即是後來的巴拉格爾總統。巴拉格爾總統在任十二年，於一九七八年卸任，並交棒給民選的古茲曼（Antonio Guzmán Fernández）新總統，當時我政府特派行政院副院長徐慶鐘先生為我國慶賀特使，我當時任外交部中南美司副司長，也奉派為特使團顧問陪同前往多國，有幸再向卸任巴拉格爾總統致意，並向新任古茲曼總統握手致賀；新總統就任後，立即任命胞弟為駐我國大使推展兩國友好關係。算一算，我前後曾三度與巴拉格爾總統握手交談，實屬難得。

第三篇

調部和再次外派

往後工作逐漸加重，王司長偶爾也要我為他撰寫專文，不經他人之手。我回部六個月後，約在民國五十六年初，條約司的人事有了大幅調整。副司長由錢愛虔參事補實，一科科長由國剛升任，而我的人事命令很長，寫著「三等祕書回部辦事林基正升任專員並暫兼代二科科長職務」。

一九六九年參加維也納舉行的「聯合國條約法會議」。胡慶育大使（前排右）、舒梅生參事（前排左）與林基正（後排）攝於會場。

第十一章　緊急請調回外交部

千里迢迢返臺

約在一九六六年六月下旬，接獲岳父母緊急電話及電報，告知我母親因病情嚴重，緊急到臺北臺大醫院救治。這消息對我們而言，如同晴天霹靂。我們平時擔心父親的身體，但母親個性堅強，有事往心裡藏，對外表現得一副若無其事的樣子。母親對我至為重要，無論如何我一定要返臺陪伴。

我立即向劉大使伉儷報告，並請同意我急電外交部請求立即調部，以便服侍母親。劉大使伉儷深表關切，理解母親在我心目中的分量，只好同意電部。外交部接到電報後，先派人事處主管科長親赴臺大醫院探視我母親，瞭解實際病情嚴重後，外交部基於我進外交部及初次外派駐多大使館工作期間，表現稱職且護僑記功，初步擬將我改調駐菲律賓大使館，讓淑美留在臺北照顧母親，但我婉謝外交部美意，仍堅持急速同意調部。

最後外交部勉為同意調部，但希望我能參加多國新總統巴拉格爾就職典禮後再返國，我也知道慶賀團還有許多事情急須接洽，因此，我與淑美只好耐心多等約十天，待參加多國新總統就職並迎送劉鍇大使抵離。劉鍇大使是我國外交界聲望極具盛名的耆宿，這次能有機緣服務也是榮幸。後來我回部工作後，劉大使曾有意要求外交部調我至常駐聯合國代表團工作，惜因我已發表外派西班牙，因此失之交臂，但我對劉大使因一面之緣仍記得並有意錄用，非常感激，此為後話。

我們一家在劉鍇大使離多國後的隔天清晨，於多京機場告別劉增華大使伉儷及馮玉田等僑胞，搭機飛往邁阿密。本來預定即刻在邁阿密機場轉機洛杉磯，已約好淑美小學好友許美勝夫婦接機、過夜後，再搭機飛往夏威夷、東京回臺北。豈知飛抵邁阿密機場時，當天上午美國五大航空公司聯合宣布罷工，我們立即在機場接洽櫃檯獲知，當天只有一班達美（Delta）航空公司班機先飛抵芝加哥機場，再立刻銜接最後一班自芝加哥到洛杉磯的班機，因為我們乘坐頭等艙能順利安排，立即完成轉機手續。

育如可能不習慣飛機的封閉空間，上機後有點拗，只要媽媽抱著走動，不讓媽媽坐下休息，而我們都盛裝，旅程極為辛苦，待在邁阿密機場辦完轉機手續還有一個半小時才上機，於是在免稅商店隨意逛逛。淑美發現有一件男士風衣很適合我，且因我原有的風衣已經老舊，執意要買給我。我們登上達美航空飛芝加哥班機後，因我們手提行李好幾件，機上航空小姐好意將我身穿的舊風衣及新購風衣一起放在衣架上，說好下機時會交還給我們。

我們飛抵芝加哥機場時，因育如仍非得要媽媽抱不可，我也雙手拿著隨身行李，沒有仔細檢查，等到轉機往洛杉磯時才發現前一班的航空小姐可能竊取我的新風衣，故意沒將新風衣交還給我，也怪我自己在忙亂中疏忽，但已後悔莫及。

此類不良航空小姐日見增多，約二十年後，我們夫婦返國述職途中，自臺北搭華航在阿拉斯加首府安克拉治機場，淑美在免稅商店買了一件貴重的貂皮大衣，機上航空小姐服務殷勤並要求代爲保管，等下機時再交還給我們。可惜下機時，該小姐避而不見，我們因長途旅行也忘了此事，當育如在紐約接機回到住處時才發現，也即刻打電話向紐約機場中華航空公司人員交涉，結果不了了之，也不願賠償。後來育如轉向所持美國信用卡公司交涉，該信用卡公司同意負擔該件大衣共三千多美元的價款，這也再次給我們很好的教訓。

我們飛抵洛杉磯機場時已是深夜，因各大航空公司罷工，而我們又是最後一班班機，所以機場內空蕩蕩的沒什麼人，當然美勝夫婦也不可能還在機場等。當我們一家三人在機場出口附近緊張的東張西望之際，忽然一位身材魁梧的白人空軍上校走向我們，我依稀覺得他好像跟我們同班機，他很客氣問我們有何需要幫忙。我們約略告知緣由，當他知道我們是外交人員並趕回臺灣探視母病後，立即請我們稍等，不久，他終於找來一部計程車，司機是位拉丁裔，這位上校向司機表示我們是他的朋友，請他負責送我們到美勝夫婦住處才能離開，並將美勝地址字條要司機記下，再將字條還給我們。

這位空軍上校提及對臺灣印象很好，今晚他有事且前往的方向不同，所以無法親自送我們抵達，不過相信經他嚴正囑託司機，司機應不敢任意亂來；之後向我們道別，匆匆離去，我們至今仍深深感激這位素昧平生的上校。司機一路平安送我們到美勝家，等美勝夫婦應門，又幫我們將行李搬到門口才離去，我們當然也表達對他的謝意，並多給小費回報。有時回想當晚洛杉磯機場的奇遇，眞感謝冥冥中似乎受神明的庇佑，對洛杉磯的印象也特別好。

美勝馬上準備宵夜讓我們祭祭五臟廟，而育如也很快入睡。他們夫婦當天下午曾依約到機場接機，但獲知今天剛好遇上美國五大航空公司大罷工，機場亂成一團，他們等了很久，當時也沒手機聯絡，只好回家靜待我們的消息。他們猜想夜已深，或許我們事前獲知罷工一事而取消行程也說不定，沒想到我們竟然能深夜到達，又有好人相助，眞幸運！我因旅途勞頓很快入睡，也不知淑美與美勝整夜沒睡聊到天亮。次日清晨早餐後，由美勝夫婦送我們到洛杉磯機場，依原定行程搭乘日本航空公司班機到東京機場，旋即轉搭華航班機飛回臺北松山機場。因爲班機銜接緊湊，我們匆匆在東京機場免稅店爲愛兒買一架大飛機模型，淑美也趁機買一些小禮物餽贈親友。

感慨父母衰老，一夜難眠

我們抵達臺北，先到岳家紐約大飯店將行李卸下，略作休息。整個飛機旅途上，育如都要淑美在機上抱著走動，有時也不讓我抱，也許是周遭環境變化太大，沒有安全感。當我們抵達飯店家裡，她還是緊抱淑美，只肯讓外公抱，外公得意地說：「這個『小番婆仔』可愛，只肯讓我抱嘞！」

我們看到相如愛兒，他也感生疏不肯讓我們抱，只緊跟在外婆身旁偷偷瞄著我們，對妹妹也不願親近，讓我們深感警覺。不久，我們一起趕到臺大醫院看望母親，母親已經能坐起來，而育如坐在母親床上顯得安靜，也願給母親抱抱，母親頗感安慰。我們看到父親，他神情激動，一直流淚，我們趨前安慰父親，他也緊緊抱著育如，高興又添了孫女。

我請淑美先陪同岳母、相如及育如回飯店後，我單獨留下來向父母親報告這兩年在多明尼加的生活及工作情況，也提及多國發生軍事政變，很慶幸沒有接他們過去，以免遭受戰事驚險。我請母親躺下休息，也請父親坐下，眼前兩位老人家衰老很多，深深刺痛內心，而父親天天基隆臺北奔走，夜不成眠，滿臉通紅，頗有嚴重的高血壓現象。母親神智依然鎮靜，她認為在臺大醫院住院多日，已過危險期，現在每天只需注射、吃藥和休養；她覺得父親每日清晨自基隆趕來醫院，傍晚才回基隆家，舟車勞頓，飲食也不正常，希望我能盡早替她轉院到基隆醫院，這樣她才能安心。

我們回來後，淑美一人要照顧一雙兒女，我又須立即上班，必定非常辛苦，所以母親希望拜託姨母能夠回來幫忙照顧父親和兩個孫兒，我允諾將會和臺大主治醫師商量轉院事宜。稍晚，母親要父親先回基隆，明天不需再來，而我今晚就暫留臺北岳家，等明天向外交部報到後再回基隆，並要我感謝岳家在這段期間每天派人送東西來醫院，以及我岳母經常單獨或帶愛孫來臺大醫院探望。當晚我拜別雙親後，即趕回漢口街紐約大飯店接受岳父母接風，當然祖父母、伯父母、岳父母、淑清姊姊、龍洲姊夫，還有姪兒逸璋及寶貝兒女齊聚一堂，也爲我母親轉達她的謝意。相如依然緊跟外婆寸步不離，淑美已將我們在東京機場所買飛機模型拿給相如，他也一直抱著，就是對我們仍有陌生抗拒的感覺。

當晚相如仍要跟外婆睡，育如和我們一起睡。睡前，我先把母親在醫院跟我所說有關轉院基隆以及請姨母回家幫忙一事告訴淑美，我深恐如此重擔讓淑美倍感辛苦。淑美聽完說出她的看法：「我再苦也要撐起來，姨母如果能回來幫忙最好，侍奉父親比較適宜，若有需要，也可多僱個人手幫忙。現在我最擔憂相如的調適問題，因爲我們這兩年沒有帶他出國，又在國外生了妹妹，更增加他心理上的不平衡，必須想辦法解決。相如雖只有三歲，但非常聰明，尤其我們平時不能表現偏愛育如，以免加深他的疏離感。」想著淑美的話，內心五味雜陳，一夜難眠……

次日清晨，我先到醫院看母親，再到外交部人事處報到，原則上可能安排到中南美洲司工作，但有一週的安家假。當我再回臺大醫院看望母親時，父親還沒到，原以爲父親可能聽從昨天母親說的話，在基隆家休息或去找姨母回來幫忙。未料近中午時，忽然接到基隆鄰居游里長通知，父親今天一早因高血壓導致腦中風，已緊急送往附近的基隆海軍醫院救治，要我趕回照顧。這個消息如同雪上加霜，也是我所擔心的事，母親要我立刻趕回基隆。

我離開臺大醫院後，先到飯店告知家人父親突發之事後，即刻搭車趕到基隆海軍醫院。主治醫師說，我父親因連日在烈日下往返奔波，再加上夜夜難眠，導致原有的高血壓加重而腦中風，幸好及時送醫，已初步打針用藥控制病情，但是要住院觀察及治療至少兩三週。

安頓好父親後，我抽空回基隆家向房客阿美族新娘子及游里長致謝。新娘子告訴我，在我們出國期間，尤其多國發生政變後，我母親白天看似一切正常，但每晚等父親及相如入睡後，她常獨自坐在客廳看著我們的照片流淚。新娘子又提及，最近母親所參加的「標會」好像被倒了，心理壓力更大。母親生性節儉，我們所寄的錢，母親都捨不得用，要存起來為今後不時之需；生病也不看醫生，只吃成藥或偏方以致生病。

這對富有愛心的阿美族房客因先生工作賣力，獲得漁船船東信賴，一年前已升為船長，漁獲增加，收入也多，已經在中正區買了房子，因為我們在國外沒敢跟父母親提起，希望能多陪陪兩位老人家；現在我們回來了，他們夫婦及小孩也可安心搬到新家，很感謝父母親這幾年的照顧，實在捨不得離開這裡。我感激他們在我們出國期間陪伴父母親，並祝福他們新居一切順利，也要保持聯繫。

回臺北第一個禮拜，我在基隆海軍醫院忙著照顧父親，後來醫院給我一張布椅可坐可躺。好像是第三天晚上，雖然一直被蚊子叮咬，但因太累竟然睡著了，我在睡夢中好像聽到父親叫我的聲音，後來又被人搖醒過來，原來父親不知何時溜到地板上，驚醒後立即將父親扶上病床，這時我發現父親並非全身癱瘓，而是左手及右腿行動受影響。

我幫父親小解後，他慢慢也能說話了。他認為住醫院會讓我們很辛苦和不方便，如果主治醫師同意，他希望回家吃藥治療，經過一週治療穩定後，主治醫師同意父親出院回家，但是叮嚀除了吃藥，也要自行復健。不久，母親自臺大醫院轉回基隆的一家私人醫院住院治療，而淑美也隨後帶著相如和育如回基隆家。我們夫婦非常感謝姨母允諾回來幫忙，以分擔照顧父母親。

第十二章　積極任事獲肯定

依專長分派條約司

母親一生為我犧牲奉獻，是我一生至敬至愛，所以我這次因母病堅決請調回部，以便就近照顧家人。我外派僅兩年，這次回部對仕途已無奢望。

大約一週的安家假結束，我必須到外交部上班。我先到中南美司向桂宗堯司長報到時，承桂司長面告，由於外交部近來業務發展快速，尤其聯合國及其他國際組織的業務需求，日前已經將原來的老條約司分為「國際組織司」及「條約司」。國際組織司司長由原條約司司長劉蓋章大使擔任；另新的條約司長也剛任命甫回部辦事的王森參事擔任。而王司長基於條約司業務需要，發覺我畢業於臺大法律系正回部分派職務，立即向當時的許紹昌政務次長要人，爭取我自美洲司改分派到條約司工作。桂司長又勉勵我，「這兩年在多明尼加共和國工作，表現優異，本已安排到中南美司，現因公務需要，改派條約司工作，希望一本初衷、戮力從公，請立刻到條約司報到。」

我隨即到條約司向王司長報到，立即轉囑新任代理幫辦兼任一科科長的錢愛虔參事安排我在一科辦事。其時，條約司初創，人員不多，也暫分兩科，一科主掌條約事務，二科主掌法律事務，既是初創，業務並不明確，而且一科在三樓一角上班，二科則在四樓一側上班。一科同仁除錢幫辦兼科長外，只有一位自阿根廷回部辦事的二等祕書國剛，及一位新進特考科員劉廷祖，再加上我這位三等祕書回部辦事。而二科則僅有一位代理科長的陳專員而已，我回部兩個月後，一科又增加剛獲法國巴黎大學博士學位回國的生力軍黃秀日。所以當時的新條約司實際人員僅七名，再加工友及收發。

我到條約司工作，因父母病重，心情極爲沉重，但因個性使然，我仍提醒自己要專心上班。剛開始還沒有固定業務，我就將司裡卷櫃所有檔卷和文書，尤對英文版《國際法季刊》等常看的書刊仔細閱讀、整理，並將雙邊及多邊條約分類註記。

記得是七月某日傍晚，司裡同仁都已下班，我因整理的檔卷尚未完成，希望能告一段落再下班。突然，王森司長匆匆回到辦公室，發現辦公室只有我一人，當即告知以色列剛剛對鄰近阿拉伯國家發動「六日戰爭」攻擊，情勢危殆，王司長頃奉上級指示，必須立即趕寫一篇說帖緊急上呈。王司長認爲我是臺大法律系畢業，平時對國際情勢應有涉獵，所以要我在一個半小時內完成說帖，他一個小時後回來就要。

這也是我到司上班後與王司長有較長時間的接觸。當時沒有手機，同事也於回家途中無從聯絡請教；而王司長本身專長在禮賓，我只能立刻靜下心來思考如何下筆。我記得日前看過《紐約時報》報導該地區複雜及以色列建國處境，另外在最近的《國際法季刊》，似有提及關於以色列與鄰國糾紛，以及英法兩強在二戰後放棄中東殖民地時，故意埋下遺毒，以期日後有機操控等專論。我立即在司裡檔櫃中翻閱相關資料，因是說帖，必須簡潔，所以整理思路後，運筆如飛，也記得文字要工整。

果然，王司長一小時十五分鐘後回來，而我所撰說帖已大致完成，立即呈上。王司長看了這份約有六頁的說帖，而且眼前司裡確實沒有其他人，對於我獨力完成頗感驚訝。他閱讀後，要我在辦公室稍候，立即上四樓呈報部次長，約半個小時王司長回到辦公室，並告訴我可以回家了。事後，我所撰說帖經部次長酌為修改後，即由專人以毛筆謄寫，當晚分呈行政院及總統府。我因太晚下班，立刻趕往臺大醫院看望母親，並向淑美說明加班原因後，再搭公路局趕返基隆海軍醫院照顧父親。

很長的人事命令

往後工作逐漸加重，王司長偶爾也要我為他撰寫專文，不經他人之手。我回部六個月後，約在民國五十六年初，條約司的人事有了大幅調整。副司長由錢愛虔參事補實，一科科長由國剛升任，而我的人事命令很長，寫著「三等祕書回部辦事林基正升任專員並暫兼代二科科長職務」。也就是說，我是資淺的三等祕書，因成績優良晉升為「專員」，但因資格仍不能實授科長，所以就以專員身分暫兼代理科長職務，當然，這是人事制度的問題，而我實際上已是擔任科長職務了。我上四樓二科辦公室上班，空蕩蕩的二科辦公室只有我一人；不久，二科增加特考新進同仁曾義明。

有一次，我因公務前往南港的中央研究院近代史研究所訪晤郭廷以所長，因郭所長很忙，我就利用等待時間，進入該所存放資料的房間，在堆積如山的舊資料隨意翻閱，竟然發現慕名已久的珍貴條約原本，例如「瑷琿條約」，乃至「琉球疆界圖」等原本，眞是如獲至寶。但這類資料隨意放置，已受嚴重的溼氣而損壞，應該及早搶救。

郭所長撥冗接見談完公務後，我以審愼誠懇的態度提及該所存放的條約已受損，有待及時整理，並探詢：目前外交部條約司因業務需要，亟須條約原本佐證，不知郭所長可否同意將這批條約原本及原始文件交由外交部協助整理？郭所長回說：「我才新接所長職務，百廢待舉，目前缺乏經費及人手可以整理，若是外交部能接手整理，於公於私都是好事一樁。」於是我就再次確認：「假如承所長同意交由外交部整理，將立即返部呈報長官，一旦批准後，會正式備函前來領取。」

我返部後，立即簽呈說明上述情形，並極力建議，由外交部承接該所現存我國近百年來的珍貴條約原本，以及相關原始文件史料。當時外交部部長為沈昌煥、政務次長為許紹昌、常務次長為蔡維平，兩位次長均曾任條約司司長，最後部次長一致認為外交部有其歷史使命，機不可失，立即批示，要我即刻撰寫呈行政院函稿，就本案始末並附編列預算表，建請行政院核准並撥專款預算，以期及時執行。

行政院也迅速核覆同意，並核撥專案預算新臺幣三十多萬元執行。我喜出望外，立即在條約司二科辦公室增聘兩名臨時雇員，直接在我督導下完成此事；另外在外交部致遠新村宿舍辦公室另建立「外交部檔案庫」，請檔資處配合派員保管條約原本和有關歷史文件（如今該檔案庫已擴建為「外交部檔資處檔案庫」）。這在當年經費極度困難下，能籌撥專款實屬不易，也足見政府對本案的重視。

另外，外交部原設有法規委員會，由曾任政務次長的胡慶育大使擔任主任委員，但無常設委員，也沒有固定議程，而祕書一職則暫由人事處一位科長兼任。外交部法規委員會職掌非常重要，負責外交部有關法規制定及修訂事宜，包括「我國護照條例」及「外國護照簽證條例」等，而且也需要代表外交部出席其他部會或相關機關的涉外法規問題。

某次，胡大使召集部內各單位共商外交部有關法規修訂事宜，由各司處派員參加，而兼任法規會祕書的人事處科長可能公忙，準備資料不足，導致會議鴉雀無聲，胡大使就請各出席代表表達意見，大多表示沒意見；當點名到條約司代表時，我自認職責所在，發現問題不少，也許是初生之犢不畏虎，就坦然表達看法及意見，引起胡大使的注意，旋即問我的單位及職稱，又知道我是臺大法律系畢業後，就當場指示法規委員會祕書一職，由我以條約司二科科長身分兼任。

我當下深感受寵若驚，以胡大使才學淵博，資望甚高，曾任條約司司長、常務次長，公認是國際法及條約事務專家。其後，我除了條約司的工作外，對於法規委員會的職務也盡心盡力。不久，行政院下令全國各部會機關，都要成立法規整理委員會，徹底整理各部門的現行法規。而外交部則由法規委員會負責，胡大使就責成我負責規劃每月召集委員會議一次，由各司處長擔任委員，徹底整理修訂或廢除外交部所有現行法規。

召集委員會議前，我須先行全盤研議，並充分準備議程及會議資料，先呈請胡大使核准，再分發各司處長，每月會議的進程也很順利，並有出席津貼以資鼓勵，所以各司處長的出席率甚高，胡大使對於成果頗爲滿意。經過幾次的觀察，胡大使也信任我的處事原則和能力，後來將其私章及法規委員會章戳都交給我保管。由於胡大使年紀已大，原則在家上班，一般事務交代我直接處理；至於重要案件則囑附我事前研擬意見，再送到他的外交部宿舍批示。時間一久，自然而然其他單位有需向胡大使請示或其他事宜，就直接跟我聯絡轉呈或交換意見。

條約司二科負責國際法及國內法涉外事務等法律的解釋，部內各單位洽請解釋案件日漸增多。不久在外交特考新進人員中，有位曾任臺灣地方法院檢察官及臺灣高等法院法官的吳天惠專員加入陣容。吳專員是我臺大法律系學長，夫人蘇岡律師是他的同班同學。他報考外交領事人員特考的考量因素之一，應該是慮及外派時，可偕同子女出國，對子女未來生涯規劃有幫助。所以我們條約司二科在國內法的解釋，有了吳專員這位實務經驗豐富的專家主筆，更具權威，而我則負責國際法及條約的專案和解釋。

身兼多項職務

我於民國五十七年已獲科長實授，並轉任條約司一科科長職務，主管多邊及雙邊條約事務，但仍須督導條約原本及文件的整理；而胡大使也要求我繼續擔任外交部法規委員會祕書職務，再加上原來二科的國際法及條約的解釋工作，仍舊由我暫時繼續兼任。

民國五十七年起，我國航空事業逐漸起飛。中華航空公司開始積極拓展國際航線，首先須取得國際航權，以致我國政府要與他國政府談判雙邊航空協定。為此，政府成立五人談判小組負責推動，由交通部民航局毛瀛初局長擔任召集人，其他四名成員包括交通部航政司副司長、中華航空公司總經理，以及外交部條約司國剛副司長與擔任第一科科長的我，其中民航局及中華航空公司為幕僚單位，涉及航權的取得，首先由外交部為觸角先遣試探，而協定初稿就由我操刀。

當時兩三年內與我國談判雙邊航空協定的國家，有美國、菲律賓、泰國、日本、印尼及南韓。記得民國五十九年夏，外交部指派條約司國副司長及我前往南韓首都漢城（今稱首爾）與南韓外交部初步談判航權問題。回程途經日本大阪參觀一九七〇年的日本大阪萬國博覽會，我也趁機買了一部剛出產的Sony牌十四吋彩色電視機回家。這部小電視機至今已經五十年了，畫面仍然清晰，色彩鮮艷，目前仍放在我們臺北家，可當骨董級紀念品。我政府首先談判生效的是中美航空協定，美國由環球航空（Trans World Airlines, TWA），我國則由中華航空公司承運。在這之前，我國與美國已先完成「中美軍郵協定」，外交部由當時北美司一科科長錢復主導，條約司協助交通部郵政總局完成。記得我進外交部前曾任臺北郵局高級郵務員，所以當我和交通部郵政總局協調時，因總局長是我當年在臺北郵局的直屬長官，多年後為公務協調相逢，合作甚為愉快。

此外，維護我國在聯合國及國際組織的代表權事宜，也是外交部的重要工作，因此積極參與聯合國相關國際會議與活動；而聯合國這幾年也大力召開國際會議，以制定國際海洋法和條約法等國際條約。我曾於民國五十八年三月奉派隨從胡慶育大使及當時在駐比利時大使館工作的舒梅生參事，參加聯合國條約法會議，我任代表團祕書。

該會議在奧地利首都維也納舉行，為期三個月。這是我首次參加如此大型的國際會議，除了學習在會前彙整會議資料外，也要注意蒐集會中各代表發言資料及大會文件，並瞭解會議的運行、大會祕書處的運作及緊急情況的應對、各代表的發言及幕後操作，以及大小國之間的勾心鬥角，甚至口蜜腹劍，爾虞我詐，讓我上了幾堂活生生外交課。

偶爾利用機會參觀維也納名勝古蹟，跟著舒參事塞紅包給維也納歌劇院紅衣門房，以便能臨時入場觀賞。記得有一次，我們只能從歌劇院頂樓向下觀賞《茶花女》（La dame aux camélias）歌劇的演出。我也在開會閒餘時間，先後旅遊西班牙首都馬德里、義大利首都羅馬及梵蒂岡、瑞士的日內瓦、希臘首都雅典及香港，以增廣見聞。此行途中，承蒙分派各地的同仁好友接機照顧，十分感激。

外交部基於國家利益，非常重視海洋法等國際領域方面的問題，尤其大陸礁層及經濟海域皆涉及國家主權，所以我常須廣集國內外資料及外文學術刊物，深入研究後，適時撰寫專題報告，以供上級卓參挑選決定。而我在條約司二科科長兩年半任內，二科工作一再拓展，人員也適度增加，最後兩年，轉任一科主管多邊及雙邊條約，而當梁鋆立博士剛自聯合國法制局長任內退休，蒙向來重視法律的魏道明外交部長禮聘來外交部擔任條約司長一職，就我個人而言，在國際法方面的學養及工作，得此名師指導，受益良多。

老蔣總統召見

依外交部慣例，原則上同仁在部內工作大約三年左右即可外派，我因父母健康關係，一再延後外派機會。到了民國六十年春，外交部鑑於國際組織的重要性，亟須在維也納的我國常駐國際原子能總署代表團及時提供資料，而當時該代表團代表，為曾任經濟部長及駐賴比瑞亞大使的楊繼曾大使，由於年事已高又是老蔣總統的親信，不敢調動。該代表團的平時報告不多，無法配合外交部的需要，經部次長再三考慮，決定派我為駐國際原子能總署代表團一等祕書，嚴令我到任後必須配合訓令積極匯集資訊，以適時提供外交部所需資料。當時，我已回部近五年，而母親已過世，臥病的父親有姨母照顧，我們夫婦也比較安心了。所以接到部令後，我們夫婦及三名子女就利用青年節假期，前往臺中及日月潭旅遊，在臺中接受臺大法律系同班同學李兆祥律師一家的熱情招待，陪同遊覽臺中市景點及霧峰省議會。

豈料假期結束後，突然接到外交部的通知，老蔣總統令飭外交部盡速安排林基正科長晉見，事出意外，外交部也深感突然，因一般駐外館處一等祕書外派，總統向來不接見。四月初某日上午，我由外交部派車前往士林官邸晉見蔣總統，記得全程嚴肅安靜，總統背光而坐，態度安詳，語氣平和，僅詢問數句，我恭敬作答，最後只記得他說我很好，年輕有為。

回部後，立即撰呈報告晉見蔣總統實況，並靜待府方的指示。大約一星期後，梁司長叫我進辦公室告知我的外派需要另做安排，並詢問我有沒有想去的館處。我據實報告我內人胃寒嚴重，原本對維也納有半年的嚴冬頗有顧忌，滿想去陽光普照的西班牙。梁司長到條約司工作兩年多，爲人和藹，平時對我工作頗多鼓勵提攜，所以我能坦然表達我所喜愛的館處。

梁司長跟我談話，應該是魏道明部長授意徵詢我的意願。兩日後，在國際組織司長的辦公室門口巧遇劉蓋章大使，他是有名的嚴厲長官，平時也難得見面，這次他卻不尋常地對我笑著打招呼，並告訴我不是他主動搶我位置，一時令我語塞，無言以對。原來他剛奉派爲我常駐國際原子能總署代表團代表，以接替楊繼曾大使的職位，也暗示我會另外改派。

我回到辦公室，梁司長立即告知我，因部次長肯定我多年來在條約司擔任科長的工作表現，魏部長已同意改派我駐西班牙大使館一等祕書。後來我才知道，老蔣總統獲悉外交部將派一名年輕科長出任駐國際原子能總署代表團一等祕書，等於副館長的重要職務，又是臺籍，似有疑慮，所以破例特別召見我，事後再約見魏部長詢問緣由。魏部長在大陸早期，年僅二十七歲即出任司法部長，來臺後又曾獲蔣總統任命為臺灣省主席要職，甚受尊重。此次魏部長可能坦承報告實況，認為楊繼曾大使德高望重，但年事已高，而林科長年輕幹練，科長任內負責國際法及條約事務，表現良好，學經歷也符合要求，所以指派前往協助楊大使。蔣總統聽後已有領會，最後命令魏部長另派大將接替楊大使職位，至於林科長年輕有為，可酌派其他適當職位；所以魏部長就改派國際組織司長劉蓋章大使接替楊繼曾大使職位。後來我改派駐西班牙大使館一等祕書，從此我更肯定走向西班牙語系的中南美地區路線了。

當梁司長與我談話時，常駐聯合國代表團劉鍇大使突然來訪梁司長，他們是多年好友。劉大使曾於一九六六年率團參加多明尼加共和國新總統巴拉格爾就職典禮，我擔任特使團祕書，因此有幸與劉鍇大使多日相處的機會。這次劉大使返國述職，得知我將外派，即向外交部要求指派我為駐聯合國代表團一等祕書，以便負責代表團處理有關聯合國第六委員會業務，他回國即直接向魏部長要人，但因為我剛二度更改人事命令，不便再度更動；最後，外交部徵獲劉大使同意，改派條約司副司長國剛出任此職務，在此也要感謝劉大使的器重。

第十三章　父病母逝的生活安排

慈母仙逝，痛不欲生

這段期間雙親接連病倒，淑美任勞任怨，令我十分感動。我記得剛回臺北，淑美自岳家趕赴臺大醫院，適逢下雨，淑美用圍巾背著女兒，一手牽著兒子，另一隻手撐傘，自紐約大飯店出門，岳家父母、祖父母送到門口，看到從前在家事事都有傭人幫忙、從不下廚洗衣的寶貝女兒，婚後竟有如此大的改變，內心疼惜又不忍，立即要家裡的司機駕車接送到醫院，所需食物用品也另派飯店員工送達，看到這般情景，令我終生感念。

我們這次返臺回部一個月後，我每天到臺北上班，相如剛三足歲，育如也滿周歲，我們夫婦分身乏術，最後只好情商姨母回家幫忙。姨母爲人賢淑，從我小時候就疼愛我，此次她二話不說，馬上答應。姨母表示，初期由她在醫院照顧我母親，再抽空回家幫忙照顧父親，淑美則留在家中統籌一切，當然岳家也經常支援。後來母親病情逐漸穩定，而父親的脾氣也愈來愈難控制，所以母親常請姨母回家幫忙淑美，有時白天，姨母就叫淑美到醫院陪伴母親，姨母則在家照顧父親。而我每天下班回基隆即先赴醫院看望母親，陪伴一陣子後再回家，如此將近一年。

民國五十六年六月間，母親執意要回家，可能自感病情有所變化。我與淑美及姨母商量後，就依母親所願出院回家。如此，我們全家團聚約一個月後，母親在家中安然仙逝，享壽六十歲。母親自我有記憶以來，母子相依爲命，含辛茹苦養育我，無怨無悔，貢獻一生，她爲人聰明、正直、義氣、容忍，素爲鄰居親友所欽仰。現在我剛成家立業即別離，想到母親一生沒享過福，令我痛不欲生。我們依習俗，在住家鄰近空地搭棚舉行家祭公祭，我因擔任外交部科長職務，有中央首長、外交部部次長等輓聯，外交部並派員來參加公祭，而基隆地方官員及民意代表，我義父母謝省議員夫婦以及各親友鄰居，都來參加公祭，鄰居也主動熱心幫忙，母親可說備極哀榮。記得母親臨終前交代兩件事：

慮及你任職外交部，必須經常奉派出國，恐怕無法每年如期掃墓，所以我決定死後火葬，並將骨灰安放在我父母親一脈單獨建造的墓園靈塔內，這也是你祖母的遺願。另外，你是單傳，希望能盡早至少再添一個男孩，以免日後孤單。

母親仙逝後，我們就在八堵地區的基隆公墓園區買一塊墓地，背有山巒，旁有小溪，前可遙望五指山設立靈塔，塔內可安置十個以上骨灰罈，我們就把母親骨灰罈先行安置。父親說以後過世，也要比照辦理。說也奇怪，在我母親骨灰罈安置靈塔不久後，我們發現在靈塔右後側竟長出一棵桑樹，數年後已成長數尺高，高大的枝葉自然形成一個墓蓋，正好蓋在我家靈塔上方，猶如菩薩修行上的菩提樹蓋，眞神奇！[1]

為了協助照顧父親及幼兒，姨母仍然繼續和我們同住。我們在隔年的結婚紀念日又添了次男晏如。晏如的出生也有點奇妙，預產期間為了安全起見，我們一家四口住在臺北岳家，但晏如已過預產期近兩週仍無動靜，淑美很掛念父親及姨母，心血來潮想回基隆家看看。到家後，先向仙祖公及林家祖先（特別是母親）燒香祭拜，不意沒多久，淑美突感有生產的強烈徵象，我們便將孩子留給姨母照顧，我和淑美立即搭計程車趕回臺北岳家拿所需用品，再趕赴臺北婦幼醫院，次日順利生下晏如愛兒。

在這次回部工作五年期間，承蒙岳家上下的幫忙外，也要特別感謝姨母的親情照拂。我母親生病住院，她仗義支援；母親逝世後，她繼續留下幫忙照顧中風的父親及我們年幼的子女。相如從基隆聖心幼稚園到小學二年級，育如也上了聖心幼稚園，他們上下課都需要姨母在鄰近接送校車，而晏如自出生後即由姨母帶大。我們三個小孩都喚姨母為「阿嬤」（背後叫「街仔嬤」，以與我親生母親的「阿嬤」區別），對從小被帶大的嬤孫關係很親。

1 到了二〇〇〇年，我們夫婦偕相如於清明節去掃墓，發現該顆大桑樹可能被後面或右側新建墓園而被移除，非常可惜。不過，相如決定，我家靈塔已有三十多年，乃決定並請示我父母親聖杯同意，由相如出資約新臺幣六十萬元，委請墓園管理單位負責幫我們改建更寬廣高大的靈塔，地基提升兩公尺，前面祭壇也高達兩公尺，四周圍牆有彩色瓷片，我們站立其間，光線明亮，靈塔外型以藍色為主，頗顯莊嚴有靈性。其時我在外交部已是常務次長，而相如也是美國跨國國際大公司ＡＩＧ遠東分公司七名執行董事之一，所以希望父母親繼續保佑我們事業順利，家運興隆。

兼職貼補家用

我們這次回國五年，因父母生病，先有兩名子女就學，後又生下老三晏如，家庭經濟開支增多，而我薪資有限，淑美主掌家計日漸困難。所以淑美初期和姊姊經常利用父親開設的「日盛證券公司」做點股票賺外快。但股票買賣並非百戰百勝，有時會有虧損，岳父就責怪她們不應為股票傷神，事後就把股票收回代付損失，淑美後來去健保局工作。

因我們的辦公地點相隔不遠，所以原則上一起從基隆到臺北上下班，每日上午同車赴臺北，先送淑美上班，我再到外交部，下班時，也由我去接她一起回基隆；如果有公務晚宴就住臺北岳家，但到週末或國定假日，姨母都鼓勵我們帶三個子女到臺北岳家住，表面上說她可以稍微輕鬆一下，其實是想讓我們與岳家家族相聚，尤其三個小孩能跟表哥表姊一起玩，非常開心。

在公務之餘，我也想賺點外快貼補家用，所以自民國五十六年起，每星期六下午三點到五點到銘傳大學前身的銘傳專校觀光科上課，講授「法學緒論」的法律基本概念課程。另外週四晚上七點至九點到大同工學院（現在的大同大學）夜間部上課，講授憲法課程。

當時銘傳專科學校為鼎鼎有名的包德明校長初創，專收女生，並請外交部情報司徐斌科長負責設計觀光科的課程及師資，徐科長在大陸時期曾是上海名記者。我當時已經是外交部條約司主管法律事務的二科科長，也漸漸小有名氣，加上又是臺大法律系畢業，因此徐科長有一天到辦公室找我，請我助其一臂之力，我就因勢答應。

我在銘傳專校自觀光科第一學年教起，因為學生都是二十歲左右女生，個性活潑又充滿好奇，而我當時年僅三十一歲，上課時間又是一星期的最後一堂課，學生比較無精打采。我為提高學習的興趣，教學方式靈活，並常引用國內外實例佐證，有時加上國外見聞，學生一般反應不錯。

包校長素以管教嚴厲著名，經常巡視各科系上課情形。首度到我班上巡視，頗為驚訝，因為我太年輕，又是男性，而女學生們也顯得上課很有趣，事後曾質問系主任徐斌。後經徐斌主任解釋，告訴校長我是外交部優秀科長，品格好又已婚，家庭美滿，徐主任保證絕無問題，最後證明我在該校觀光科教學三年半，一切正常。事後我心裡揣測，可能是因為該校初創時，曾發生不正常的師生戀風波，難怪包校長會特別小心謹慎。

我所教的每班女生均甚優秀，畢業後，在當時臺灣旅遊業屢有傑出表現，也有日後創業成功，往後在國內外場合遇見學生，她們也會主動趨前問候。當然，在校上課時，有些個性外向調皮的學生會帶頭追問：「老師結婚了嗎？師母是否漂亮？家庭生活美滿嗎？」讓我不得不隨身攜帶淑美和全家福照片供學生共賞，女學生看了都驚嘆師母漂亮賢淑，子女可愛；至於她們要求拜訪師母，這就免談了。

相反的，大同工學院只招收男生，年齡稍大，因在夜間上課，教學內容又是一般性的憲法及法律基本概念，比較枯燥，因此，我爲增加學生的學習興趣，就以比較憲法及比較政府的教學方式，除了我國憲法及相關法令外，也多列舉歐美及拉丁美洲國家的相關案例，以增廣學生見聞，希望不負所望。

民國六十年夏，我奉派前往西班牙，姨母也跟我們商量，她決定負責照顧生病的父親，讓我們夫婦無後顧之憂。她也知道我們經濟情況，所以同意將基隆住宅出售，可以把父親帶回她自己的住處，和養女一家共住有個照應。我們非常感謝姨母疼愛我們的善意決定，也很快有買家搶購我們的房子，認爲這是間福祉吉屋。淑美將屋款的一半面交姨母，而當時外交部沒有房屋津貼、子女教育補助費，乃至海運行李補助等福利，所以我們將屋款另一半兌換成美金，以備出國之需。

父親因高血壓而中風已臥病五年了，姨母跟父親有三十多年的夫妻之實，也只有她才能應對脾氣日益不耐的父親。就在我們外派到西班牙當年十月，在基隆姨母家安然辭世。姨母以妻妾身分將父親遺體依其遺願，比照我母親火化，並將其骨灰罈安放在我家墓園靈塔，與母親骨灰罈並列。舉行家祭時，由我義兄張孟濟代我親奉父親骨灰及靈位辦理祭祀。

我想姨母主要是顧及我剛外派出國，旅途遙遠，父親遺體在炎熱的天氣也不宜久放，等事後再告知我，以免我爲難。我們夫婦非常感念姨母的好意及明智決定。事實上，我自幼即受姨母疼愛，婚後迄今，我們一家和姨母很親近，尤其這次回臺北所受姨母無私的愛及協助，感受至深。

第十四章　外派西班牙（1971~1973）

租屋安頓家人

民國六十年六月下旬，我們一家五口偕同岳母自臺北啓程到西班牙赴任。岳母陪我們前往西班牙，主要是因爲她不放心也捨不得三名孫子女，打算在西班牙待三週後，再搭機飛往美國探望在匹茲堡工作的長子殷清峰一家。

我們這次出國首站是香港，由羅致遠兄張羅招待，安排我們住香港九龍半島的富都大飯店。我是第二次造訪，岳母與淑美孩子們則是初次到香港九龍，當時港九比臺北進步，參觀主要景點也享受粵式美食，尤其是潮州菜。因爲羅致遠是我在政大外交研究所同班同學，也是外交部同仁，聰明幹練。

我們行程第二站是泰國曼谷，感謝熱情的沈仁標兄款待，淑美及岳母都是第一次參觀曼谷，雖然天氣炎熱，但一切感覺新奇有趣；而我是第二次路過，也趁此機會和沈兄交換意見，他原在部內國際組織司工作，外派曼谷主要負責聯繫亞太組織事務。此次一別近二十年才又見面，期間沈兄任駐薩爾瓦多大使，我任駐尼加拉瓜大使，同在中美洲鄰國。

我們一行人離開曼谷飛義大利羅馬，班機半夜降停印度首都新德里機場，一片漆黑，但強制下機，以便清掃機艙。下機前，航空小姐一再叮嚀，務必將隨身行李全部帶走，不要留任何東西，雖然空服人員會留幾個人監視，但無法防止被順手牽羊。當地治安不良，官箴敗壞，有時也只能睜一隻眼、閉一隻眼，不能得罪。

我們途經羅馬機場時，好友邱進益兄帶我們在機場附近的海邊吃飯敘舊後，接著搭機前往西班牙馬德里任所。邱兄是我基隆獅球嶺腳的鄰居，他們夫婦都住在成功國民小學附近的眷村，我們自高中一年級就認識，雖不同校但同年級，大學時我讀臺大法律系，他讀政大外交系，後來我們進外交部後也同時赴政大外交研究所就讀，其後他外派駐教廷大使館。我在兩年前赴維也納出席聯合國條約法會議時，兩度途經羅馬，也都蒙邱兄接機照料，幾乎所有遠途班機都在凌晨飛抵羅馬，接機非常辛苦。

我們於傍晚抵達西班牙馬德里機場，駐西班牙大使館一等祕書劉恩第、三等祕書顏秉璠及華裔雇員王安博接機，並送我們到旅館，約好明天來接我到大使館報到。所安排的旅館四周靜謐，但鄰近沒看見超市或餐廳。我們自曼谷經停印度首都新德里，到羅馬稍停留數小時又轉機來馬德里，經過二十多小時的旅途勞頓，突然放鬆，一股勞累疲倦襲來，所以決定在旅館簡單吃點東西後，大家躺上床立刻進入夢鄉。到了次日凌晨醒來時，飢腸轆轆，由於還不清楚西班牙的作息習慣，又不知道何處可買餐點，只好忍耐吃點餅乾充饑。

第二天上午，同事來接我到大使館報到時，我請他先設法買些食物飲料供家人食用。到大使館後，立即晉見薛毓麒大使，他也剛到任兩個多月，接著再拜會首席館員周宏藩參事與我將接替職務的劉恩第兄，還有剛新婚半年的顏秉璠祕書、主辦文化事務王惠珍專員、經濟組李之英參事和武官孫柏世上校，以及館裡數位雇員和在大使館工讀的留學生舒立彥。

周參事告訴我，依薛大使指示，我是排名第二位館員，依例兼理領務及僑務工作，所以我將以大使館一等祕書兼理領事事務名銜對外，也希望盡速與劉恩第祕書辦理移交，因劉祕書三日內將離任返國。我隨即與劉祕書約定次日辦理移交，大概半日內即可辦妥。

由於住在旅館極不方便，再加上日後子女也須上學，我請託周參事及顏祕書協助盡快租到房子，周參事立即請雇員王安博幫忙。當晚我們一家接受同仁共餐，主要談租屋安排。很快在第三天，有人介紹在大使官邸、周參事及顏祕書等住家附近，步行約二十分鐘範圍內有一間公寓出租。我們於傍晚全家出動參觀該公寓大樓，附近燈火通明，非常熱鬧，有美國Woolworth百貨公司、各名店，以及櫛次鱗比的餐廳和咖啡廳，生活機能好，交通方便，雖然房子對我們稍嫌小了一點，但是爲了解決眼前及小孩就學等問題，我們唯有接受。後經洽商，房東堅持合約效期至少一年，王雇員認爲依西班牙慣例，承租者有優先權，必要時，租方可解除合約。最後我們就決定簽一年的租約，高高興興搬進新家，不必在旅館受困。

這段期間，剛新婚半年的顏秉璠祕書夫婦很親切，他們常利用週末開車載我們一家出遊馬德里鄰近城鎮，例如聞名世界的大十字架「烈士谷」（Valle de los Caídos）及夏宮（El Escorial）等名勝。我們非常感謝顏祕書夫婦在我們初抵西班牙，人地生疏又還沒買車的情況下熱心幫忙。我岳母陪我們三個星期後就轉赴美國看望她的長子，相如從出生起都由外婆照顧，現在要暫時分離，祖孫難分難捨。

負責領務僑務工作

在公務上，我在大使館負責領務和僑務的領務組，成員除我外，還有一位司調局的同仁處理國安案件，以及一位優秀的古巴籍雇員，名字也是約瑟菲娜。後來經彼此熟識，知道其父為工程師，當初他們全家離開古巴時，放棄所有的財產，身無分文的離開。

當時我國留學西班牙的學生不多，初期多為天主教在臺灣的中國籍樞機主教帶過來，而旅西臺灣僑民也不多，所以領務還算單純。之前在駐多明尼加大使館對領務工作已有經驗，再加上過去五年在外交部擔任條約司二科科長，以及兼任法規委員會祕書時，曾依行政院訓令各部會修訂所屬法規，也主導外交部的所有法規，其中包括含護照條例的領務法令修訂工作，因此對大使館的領務職務自信應可勝任。我認為大使館領務組的領務、僑務工作，必須以加強和留西學生及僑胞的聯繫為優先，更應主動關心。

我先拜會協助我留學生來西班牙的主力「曉星書院」（Colegio Mayor Siao-Sing）熊建成院長，因為教育部承認馬德里「曉星書院」所發邀請函即視同獎學金，而據以核准出國，但事實上該書院實則為學生宿舍，而我教育部以該書院的西班牙文中有「Colegio Mayor」

一詞，就誤認為國內一般大專學院的「學院」。

「曉星書院」是由天主教在西班牙有領導地位的鮑克俊先生創辦，可能跟我國極具名望的于斌樞機主教有關，而于斌樞機主教與老蔣總統伉儷的情誼密切，所以我認為應該不是教育部誤判，而是故意放水，保留一條我國學生留學西班牙之路吧！

熊院長年輕有為，原為香港留學生，受來自香港的鮑克俊董事長賞識而任命為院長。他介紹未婚妻李雙飛女士與我見面，我眼睛為之一亮，她不就是在臺北松山機場同班機來西班牙的那位小姐嗎？當時有朋友介紹她也是前往西班牙，我們僅寒暄一下，沒有特別在意。熊院長及李小姐表示，希望邀我們一家在週末前往「曉星書院」午餐，一方面表達歡迎之忱，另一方面有重要私事請託幫忙。由於盛情難卻，再加上也希望透過他們認識更多的留學生及僑胞，所以答應赴約。

據事前瞭解，「曉星書院」內有一間設有兩三百個座位的劇場，每年我們大使館與留學生及僑胞都借用該劇場舉辦「中國之夜」，由留學生及僑胞共同演出，盛況空前。我回家與淑美商量後，我們雖不知所託私事是什麼，但由他們的懇切態度，應該是好事，所以我們全家在那個週末前往「曉星書院」午餐，接受他們親切的招待。

原來他們預定近期在「曉星書院」舉行婚禮，用天主教儀式舉行。而熊建成隻身在西班牙，所以懇請淑美為其「代母」，並希望以我們家為新娘李雙飛小姐的娘家，結婚當日禮車即前來我家迎娶新娘，我們夫婦商量後立即答應；惟淑美當時僅三十二歲，而熊建成也三十歲左右，是否有資格當「代母」？他們爲此解釋，在西方習俗與我國不同，「代母」並非須年齡大一輩，而是依聲望及新郎新娘的心意而定，經此釋疑，淑美就大方接受了。他們又看到我們女兒六歲，幼兒兩歲半，活潑可愛，也希望我們同意兩位子女當婚禮花童，我岳母認爲這是喜事，我們應該欣然接受，一旦確定，他們就著手籌備婚禮。

熊院長及李雙飛珍惜兩家相談甚歡，希望今後多往來，也可慰李雙飛思家之苦。此次午餐會，他們也介紹在「曉星書院」大餐廳中多位香港僑生及臺灣留學生，其中留學生裡，余由紀是淑美小學同學，陳玉女是中學同學，特別有緣，淑美也趁機請她們有空來家小聚。

租屋一波三折

我們因初臨馬德里，一家大小過不慣旅館生活，所以匆匆租了鬧區的公寓，雖然房子小了點，因生活機能好，一開始很喜歡，但是接著考慮八歲相如和六歲育如的上學問題。幸好有位到西班牙留學後繼續留在馬德里工作的陳薰洋君，和我同年，他與我臺大法律系同班同學陳朝海是中小學的同學，又同娶一對姊妹爲妻，兩人是連襟關係，因此我們很快聯絡上陳薰洋夫婦。他們已婚多年並育有四名子女，老大與相如同年，所以想就有關兄妹兩人的學校問題請教他們。

陳君夫婦認爲到西班牙應該先接受當地教育，把西班牙語先學好，建議可與他們的子女上馬德里私立天主教教宗保祿六世（Colegio Pablo VI）小學，他可先代洽學校。不久，學校同意相如及育如入學，惟淑美到校後，附上相如在基隆聖心小學讀完二年級的成績單，以及育如就讀基隆聖心學校幼稚園班結業證書，希望兩個孩子能接續就讀小學三年級和一年級。原來學校認爲相如及育如都不識西班牙文，應該從小學一年級學起，等語文到達某程度再正式入學；關於這點經淑美力陳，由於她是師範學校畢業，瞭解兒童心理學，堅持如依語文能力類推，則永遠無法跟上同歲年級。最後，學校同意讓相如自三年級、育如自一年級試讀半年，若確實無法跟上，只好降級，這是我們與學校妥協的結果。

幸好該私立天主教小學由慈祥的修女姥姥主導，比較有彈性。結果，相如及育如就學三個月後已能適應，六個月就成績斐然；而我們老三晏如當時未滿三歲，但學校修女覺得晏如乖巧可愛，因此在確定可以由姊姊育如協助下大小便，數月後也同意晏如就讀幼兒班，他是幼兒班破紀錄最小的孩子。

陳薰洋又表示，我們現在所住的公寓雖然生活機能好，但在鬧區，小孩上學交通不方便，生活環境也欠佳，最後他才明確提及，他在西班牙生活十多年，發現我們所住的公寓只供短期外來客，該大樓也有不少從事色情職業的應召女郎居住，隨時可招男客。關於這點，我們也有發覺，因爲經常有不明男性來叩門，有時白天我上班，淑美會碰到男性叩門騷擾的情形，所以我們決定必須設法趕快搬離，並託陳君代覓租屋。

不久，陳君告訴我們，在他住家附近有一戶公寓出租，經由陳君協助下，在數日內即約晤房東，一旦約定日期，我們一家五口由陳君開車帶我們到國王大街（Calle de Clara Del Rey）的出租處，女房東已在等候。房東原是空服員，經常飛國際航線，離職後回地中海度假勝地的故鄉阿利坎特（Alicante）居住；當她瞭解我們是剛外派當地的外交人員，又有三名可愛的子女，相談甚歡，立即答應出租給我們。

我們參觀這間公寓，三房兩衛浴，另有客廳和飯廳的開放空間，後面也有廚房、洗衣機等設備，木地板的建材不錯，我們全家都喜歡。房屋四周環境也很好，樓下臨街有一些店鋪及小市場，隔條路也有大市場，生活機能方便，又與陳君近鄰，距學校不遠，一起接送上學方便，因此我們決定承租，雙方快速簽約入住；至於現住鬧區公寓則設法退租。

我先請原協助簽約的大使館王安博雇員向房東說明，以同棟公寓大樓有甚多住客為單身色情女郎，造成諸多不便為由，要求退租。但房東因與西班牙外交部禮賓司高官為友好關係，便向我大使館施壓，為此薛大使及周參事要求我妥善處理，以免影響大使館與西國外交部的關係，而王雇員也表示事出意外，他也無能為力。最後，我親自與房東談判，因租約為一年，我們已住約兩個月，尚餘十個月，我再多付五個月房租為條件，終於獲得房東同意解約。

留學生之家

我們抵任馬德里兩個月後搬到「國王大街」新家，相如及育如也及時上學，而我家也逐漸成爲留西同學之家了。當時西班牙的臺灣留學生主要學習西班牙語文、藝術、音樂及觀光等領域，年齡介於二十五到三十五歲之間，與我們年齡相近，好溝通，再加上有服務熱忱，淑美更是無私奉獻，三個可愛懂事的兒女更受歡迎，所以我們家向來對留學生敞開大門，傳遞家的溫暖。

不但對來自臺灣的同學，也歡迎來自香港的同學。我們與香港僑生結緣，主要的媒介就是鮑克俊先生及熊建成院長。如前面所述，鮑克俊先生憑其原爲天主教神父身分，在于斌樞機主教的授意下，於馬德里大學園區創立「曉星書院」，自任董事長，而熊建成也來自香港，被鮑董事長聘爲「曉星書院」院長。

我們對鮑克俊董事長爲人驕傲專橫、眼睛長在頭頂上素有所聞，但鮑克俊對我們夫婦之所以另眼看待，與一次在機場助人的事有關。某日，我們夫婦到馬德里國際機場歡送友人後，無意間在機場出境口附近，發現一位氣質優雅的修女神情緊張，到處張望，似在尋找來接機的朋友，讓我們想起一九六六年在美國洛杉磯機場深夜獲得協助的情景，淑美就趨前問她有什麼需要幫忙，並自我介紹是大使館祕書的眷屬。她原本猶疑一下，但當時機場已漸漸沒人，又看我們夫婦似非惡人，最後表示她是來自香港的修女，因途中班機銜接發生問題，以致延誤抵達時間，無法聯絡接機人。

我們一聽，回說我們也認識一些香港住在馬德里「曉星書院」的留學生，或許可幫上忙。她一聽到「曉星書院」，就問我們是否認識鮑克俊先生？我們立即表示認識但無深交，不過我們有鮑先生的電話留在家中，請她考慮隨我們回家後再打電話給鮑先生，必要時也可請熊建成院長設法聯絡。經此一說，她才放心跟我們回家。

到家時，三個孩子也剛放學由陳薰洋送回家。我們請修女稍坐後，立即電話聯絡鮑先生，打了兩次電話才接通，原來他心急如焚，到處打聽這位修女的消息。我先請修女與鮑先生通話後，我接著跟鮑先生說我們可以馬上送修女到他住的地方，鮑先生千謝萬謝，當時我們不知道原來是神父的鮑先生跟這位修女的實際關係。

我們搬了新家後，爲解決子女上學接送及上班的問題買了一部德國賓士車代步，也開始利用週末邀請留學生來家用餐，接著就是協辦我們已答應「曉星書院」熊建成院長及李雙飛小姐的婚禮了。

「熊李婚禮」在馬德里的曉星書院舉行，由張神父主持。當天一早，有同學先送李雙飛到我們這個臨時的「娘家」。女儐相是幾位臺灣留學生及僑胞，而男儐相則爲香港留學生。我家育如及晏如當花童，我們新購的賓士轎車爲禮車，請臺灣留學生袁凱聲權充司機。淑美爲新郎熊建成的「代母」自然盛裝出席，我也帶著相如參加。

在婚禮中，我們看到鮑克俊董事長與他的未婚妻（呀！不就是我們夫婦在機場協助的那位修女嗎？）再次接受他們的道謝。很多臺灣留學生都參加這場婚禮，因此認識了梁君午、王能章、吳炫三、洪俊河等人，大家相約週末有空到我們家聚餐。依稀記得，在我們駐西班牙一等祕書兩年半的任期中，共有六對留學生在西班牙結婚，新娘都以我們家爲娘家出嫁、我們的私人轎車爲禮車、我家小孩爲花童，眞是「呷好逗相報」。其中有兩對迄今仍保持聯絡的畫家梁君午與歐陽湘夫婦，以及後來進入經濟部服務，曾任駐西班牙代表處經濟組組長及駐洛杉磯經濟組組長的劉志英夫婦。

我們經常在週末招待留學生來家餐敘，當時留學生生活勤儉刻苦，所以每次聚餐都由我們提供食材飲品，男女同學不但協助淑美在廚房烹調餐點，餐後也會幫忙清洗碗盤等收拾清潔工作。我們三個小孩尤其高興，趁機學習國語臺語，而老三晏如更是大家的開心果，他主要負責分發糖果給叔叔阿姨，每次將糖果盤一一遞送，每走完一圈就自己吃個糖果，吃完後再走一圈，非常受歡迎。

記得到西班牙的第一年中秋節，幾位同學到我們家餐後吃月餅應景，月餅也是由淑美看食譜完成；洪俊河帶來二胡演奏，大家唱和，感染這群異鄉遊子「每逢佳節倍思親」的情景，到現在仍記憶猶新。留學生中學畫居多，例如吳炫三、洪俊河、梁君午等，他們在出國前已是臺灣頗有名氣的畫家，到西班牙繼續深造西洋藝術以提升實力。聊天中，知道淑美對作畫素有興趣，也經常趁機鼓勵淑美進修，才不會有身入寶山空手而回的遺憾，頗令淑美心動；但我們剛抵任所，三個小孩也才入學，又要配合我在大使館的工作，所以淑美只能暫時以公務、家務為先，殊不知她已經默默蒐集進修藝術的相關信息了。

父親安然辭世

當年的九月初，薛大使奉命到紐約協助常駐聯合國代表團維護我國在聯合國代表權，尤其當年正面臨關鍵性的一年，外交部及駐外各館都奉命嚴陣以待，如果維護代表權失敗，將立即影響我國對外邦交的問題。可惜不幸失敗，我代表團由周書楷部長率領退出聯合國大會會場，場面慘烈。

在此段期間，我們接到基隆姨母家書，如晴天霹靂般獲知父親中風坐床五年後，十月間在睡眠中安然辭世。姨母認為我公務在外，不克及時趕返，於是以妻妾身分當機立斷，決定盡速火化，將靈骨灰與我母親一同安置在基隆公墓的家族靈塔內，如今已辦妥，希望我在外安心工作，不負殷望。

回憶之前因父母親生病的關係，自多明尼加共和國調部返臺，通常回部三年即可外派，但因父親病情，特別情商外交部同意延展。我們在臺灣時，曾向基隆有位外號「盲眼神卜」的相師代為卜卦，他說我父親「無子命」，意即沒有親生兒子送葬山頭。後來在出國前，又向西門町天后宮有位外省籍老先生問卜，他也說我父親無親生兒子送殯等讖言，難道眞的是天意？

我們每個月寫信給姨母，所以一接到姨母來信後緊急快遞回覆姨母，感謝她的果斷決定及多年的辛勞，希望有機會回報。往後我回部工作的時間都很短，外派期間每次返國述職必定抽空向姨母探望問安，但時間有限，根本無法親身奉養，難以報答她為我們家的無私奉獻。後來姨母逝世後，我們將她列入祖先牌位祭拜，以表心意。記得以前常跟姨母開玩笑說：「天底下像您如此心地善良的女子，應該多娶幾位。」即使我已經步入中年，她還是笑著罵我：「你這個頑皮的孩子！」

身兼全歐領務、僑務重責

同年十一月，比利時政府宣布與我國斷交並同時與中共建交，因此我駐比利時大使館必須關閉；除了有邦交的西班牙、葡萄牙及教廷之外的有關全歐洲領務，奉外交部訓令，立刻移轉到駐西班牙大使館兼理，也就是交由我兼理的領務組負責。同時部令原駐比利時大使館的三位館員，即二等祕書郭明德、三等祕書鄭博久及三等祕書熊健改派本館，後來薛大使與周參事商量後，指派郭祕書及熊祕書在我領務組工作，鄭祕書則擔任藝文職務。因此，我所負責的領務組必須兼理全歐領務僑務，成員有三位部派祕書和司調局一名專員，以及一名西班牙女雇員，占大使館人員的一半了。隨後原駐比利時大使館所有檔卷在兩週內運抵本館，立刻整理分類，對全歐領務僑務工作無縫接軌，一切順利。原則上我安排郭明德二祕負責外國人簽證工作，而熊健三祕負責我國護照事宜，並請司調局同仁配合審查。

薛毓麒大使鑑於本館奉命兼理全歐領務和僑務，且剛退出聯合國，爲安撫並穩定僑心，指示我籌劃並陪同轄訪西德及義大利兩國，有西德的波昂和漢堡，以及義大利的米蘭和首都羅馬共四個城市，後經外交部核准後，於一九七二年的春天成行。我陪同薛大使首訪波昂，先拜會新聞局駐德辦事處葉梅生主任並交換意見，接著到旅德僑胞最大的漢堡市中華會館，由張大勇主席率同當地僑胞熱烈接待，鄰近城市的僑領也趕來參加，就僑務領務問題交換意見，強調今後將加強與僑界間的聯繫與服務，特別對如何改善對僑胞的領務工作，包括護照的簽發、加簽，以及相關的服務態度及效率，並立即研議改善。

旋即轉抵義大利北部大城米蘭，除了與會館僑胞交換意見外，也拜會經濟部駐米蘭辦事處萬賡年主任，商討對當地僑界的服務問題。其後赴羅馬，首先拜會駐教廷大使館（當時在歐洲無邦交國家尚未設立目前的代表處，包括義大利）。在羅馬的僑胞不多，主要爲神職人員，所以有關羅馬地區的僑務領務由教廷大使協助處理。此次德義宣慰僑界之行，發覺旅德僑胞實力雄厚，有事業基礎；而旅義僑胞則經營「菜刀、剃刀及剪刀」的三刀小本生意，一般言之，大多爲第一次世界大戰時期，我政府宣布對歐參戰，所派遣搬運彈藥等後勤作戰的勞工，戰後留在歐洲謀生的浙江青田地區的僑胞。當時中國大陸尚未開放人民出國，而歐洲國家反共意識仍然存在，而我國在臺灣對人民乃至留學生出國仍有嚴格限制，所以當時歐洲僑胞相形單純，絕大多數僑界人士及會館對我政府忠誠。

另外，我也留意要加強爭取外國人士赴臺旅遊、投資及工作等外國護照簽證問題。多數西歐國家與我斷交後，尙未談及相互承認護照簽證等問題，所以無法在沒有邦交國的護照發給簽證，得研議如何改善核發西歐人士持該國護照前往臺灣的簽證問題，因此建議由我大使館領務組發給外國人士簽證介紹函的初議，後報經外交部核准後執行。換句話說，針對西歐人士持本館所簽發的介紹函，在我國入境時，我境管海關單位會視同正式簽證。如此實施數年，後經我駐歐機構逐步建立後，初期也比照簽發介紹函，不失爲一項過度折衷的辦法。

協助國際運動賽事

一九七二年夏，奧運在西德慕尼黑舉行，發生震撼世界的謀殺以色列代表團恐怖事件。我國政府曾派參加該奧運代表團，除參加奧運比賽外，同時也參加許多相關國際會議，所以外交部臨時調派我從西班牙、虞爲自奧地利前往協助。我想此次奉派，可能與我之前在外交部條約司擔任五年科長期間，經常奉派支援我國奧會有關單項運動協會，接待拉丁美洲國家奧會、單項體育協會高級幹部訪問臺灣，以及屢次應邀參加相關會議及宴會有關。

我主要負責西班牙語系的中南美洲國家代表團的聯繫，而虞爲則負責法語系的非洲國家代表團的聯絡，後來因業務需要，我們也協助其他相關代表團的維繫工作。當時我國代表團參賽選手都住選手村，而我代表團少數高層住宿大飯店，並在大飯店內設立代表團總部及會議室，為節省經費，其他團員則分住民宿，我也被安排住在一對年邁夫婦空出的一個房間約兩個月，每天早出晚歸，這對夫婦單純親切，雖然我僅略通幾句德語，但比手畫腳也溝通無礙。

他們每天清晨約五點起床，男主人六點半即摸黑出門工作，而女主人為我準備早餐，有咖啡、鮮奶、麵包、乳酪和果醬，並請我將需換洗的衣服留下。通常我陪同友邦代表團晚餐及參加我國每晚檢討會議後回到住處都已半夜，原則上房東夫婦會等我回家後詢問有否需要協助之處，若我太晚回家，則會留些點心在桌上。一進房間，我換洗的衣服襪子都已洗燙完成置於床上，而床上被褥也是乾淨潔白，足見德國一般老百姓有著求好求美、勤勉節儉的良好傳統。

據說西德政府為了籌辦此次慕尼黑奧運，由於各代表團參加的人員衆多，盛況空前，當地旅館不足，所以慕尼黑市政府依各國代表團的人數需求，事先向民間徵求民宿或民間住房供出租，可謂結合民間上下，群策群力，而且有意提供房間出租者，要事先登記並經政府單位審查和教育，成為當地的全民運動。

某天晚宴結束，要到選手村探訪我國選手時，突然看到德國軍警到場戒備，直升機在空中盤旋不已，在場多數人都不知道發生什麼事。整個選手村範圍甚廣，我們首先確認我國選手平安無事後，幾位主要幹部立即趕返代表團總部的大飯店交換信息，原來是巴勒斯坦武裝組織持槍潛入選手村，襲擊以色列代表團，導致十多名選手傷亡，造成奧運史上最悲慘的一頁。

我國代表團經常在代表團總部舉行幹部會議，檢討工作進程及相互配合事項，所以有機會跟田徑好手紀政小姐一同開會。有次，某位長官突然叫著「基正」，結果紀政和我同時應聲。後來紀政小姐對我說，她之前曾聽到有人叫我「林基正」，她以爲我姓林，職銜爲「技正」，眞是一場美麗的誤會。之後我們見面都會點頭或互打招呼，可惜當時沒和這位慕名已久的「飛躍羚羊」合照留念。

一九七四年世界足球總會（FIFA）在西德法蘭克福舉行，我又從葡萄牙奉派出席協助我代表團參加相關國際會議數週。當時法蘭克福市中心正在大興土木，擴建地下捷運系統，工程浩大。該次國際足球總會各項會議也非常熱烈，尤其選舉國際足總新會長更是世界大事，因爲國際足總會長可主導世界足球大賽或區域性如歐洲杯比賽，其中牽涉主辦和轉播經費，包括電視、廣播及廣告等款項是極其龐大，這也是我參與運動賽事的一次難得經歷。

祕密營救

一九七二年秋天，有幾位旅居紐約的僑領專程來訪本館領務組主管，由我接待。他們說此趟目的是希望大使館能協助救援旅古巴僑胞脫離險境，他們也已經和美國移民有關單位協調同意，請本館核發我國護照，交由美國駐西班牙大使館設法轉送古巴僑胞，再由歐洲有關救援難民組織派專機自古巴接到奧地利維也納難民營。經數月相關手續審查核准後，另派專機自維也納送這些人到紐約，由紐約中華總會館負責接待分送難胞的親友，此事經當時美國參議員鄺友良先生介入協助，請本館全力配合。事實上，所擬拯救旅古巴難胞都是我旅美（尤其紐約地區）僑胞的親友，事關重大，我立即報告薛大使及周參事，也奉指示由我負責全權處理。

我初步查詢無誤，並與美國駐西班牙大使館領務部門友人確認後，因須以極機密方式進行，所以沒有告知其他同仁。而所有申請證明文件，由紐約中華總會館蓋章出具，事前也獲美國鄺參議員辦公室致函「中華民國駐西班牙大使館一等祕書兼理領務林基正先生」，我曾事先密電呈報外交部，經核准後辦理。

歷經兩個多月，分批核發我國護照約三百本左右，親交美國駐西班牙大使館領務部門轉發。約三個月後，大約在十二月間，我接獲美國大使館邀請，於某日凌晨三時前往馬德里軍用機場，迎接探視兩架運送旅古巴難胞專機，期間僅停約兩個小時即轉飛維也納，被安置在難民營，將來再派專機轉赴紐約，完成救援的祕密任務，事後想想，還有點像電影《不可能的任務》情節。

我看到難胞衣服單薄，幾乎沒有隨身行李，內心甚為難過。本館只負責核發護照，至於本案如何接洽諸多機構參與救援，相信過程是非常複雜機密的。事後，我曾接獲美國鄺友良參議員致我個人的親筆信，感謝我排除困難，全力配合救援同胞的熱忱及努力，也接到紐約中華總會館的感謝函。我覺得這是一件助人爲樂的好事，更何況是血濃於水的同胞，可惜我把各函件併入卷宗，未留影本紀念。此事，我曾詢問領務組雇員約瑟菲娜小姐，三年前她跟父母自古巴逃難來西班牙，離開古巴時，除了身上衣物，不准攜帶任何行李出國，眞是慘無人道。

第十五章　生活小插曲

簽發「三毛」的結婚文件

一九七二年初，大使館配合留西同學會在「曉星書院」大劇院舉辦「中國之夜」，由留學生演出舞蹈、音樂、歌唱等精采節目，也邀請已學成的前輩回來參加，場面盛大熱烈。大使館及同學會也邀請西班牙各界友我人士，以及僑界、學界有關人員共襄盛舉，佳評如潮，足見我國留學生人才輩出。

隨後，我們家又協辦留學生梁君午及新娘歐陽湘的隆重婚禮，由梁君午夫婦自行安排教堂及儀式，我們家依然權充新娘歐陽湘的娘家，我家轎車仍爲禮車，女兒育如及小兒晏如也是花童。梁君午當時也邀請西班牙元首佛朗哥將軍的胞妹參加婚禮彌撒，難能可貴。在儀式進行中，我家兩歲多的小兒晏如竟毫無聲息的默然走向前，又自行坐在新郎及新娘座位的中間，令我們措手不及阻擋，觀禮貴賓紛紛被眼前這一幕給逗笑了，新郎新娘也輕輕環抱晏如，婚後，他們就認晏如爲義子。我們一家在他們新婚前一夜應邀參觀新房，又依習俗請我們長子相如坐床，以求早生貴子。婚後，他們眞的生了聰明傑出的兩個兒子，事業有成。

在近幾年衆多領務中，筆名「三毛」的作家値得一提。著述等身的三毛原名陳懋平，後改名爲陳平，在西班牙時大家都叫她Echo，是陳嗣慶律師的千金。我們夫婦初次認識她，是在一次同學會舉辦的服裝秀中經同學介紹的，當時她從西德回到西班牙，表示希望在西班牙定居。對她初步的印象，感覺是位秀外慧中又兼具眞性情的女青年，社會經驗也頗豐富。

約在兩年後，我剛到葡萄牙不久，突然接到她自北非來信，希望我能協助發給她一些必要文件，因爲她決定跟一名西班牙潛水師荷西（Jose M. Q.）在北非結婚，因受限於某些困難，她無法親自到駐葡萄牙公使館申辦，請我務必幫忙。我查驗她所提的資料，請她盡速補足所缺文件後，即從權簽發所需的結婚文件。後來聽說他們順利結婚了，也陸續從同學口中知道她開始寫北非甜蜜新生活的散文。後來三毛著作漸多，從臺灣走紅到全世界，成爲一代才女。後來驚聞丈夫荷西不幸遇難去世，但她感情極深，更多至愛至情的故事陸續出版，風靡全球華人社群，似乎是臺灣繼瓊瑤之後最暢銷的女作家。

約十七年後的一九九一年初，我因奉派爲重新建交的駐尼加拉瓜大使職務，行前依例做體檢，我往年都在臺大醫院，這次因緣際會改在榮民總醫院住院一夜，當晚約九時左右，驚聞名作家「三毛」竟於榮民總醫院的隔棟病房自縊身亡，讓我深受震驚，當下默念爲她祈禱，希望她一路好走。雖然她的死因衆說紛紜，但著作仍深受各地華人的歡迎，應可告慰此生了。

熱愛藝術的夢想

我們一家人到了一九七二年初，工作及子女上學已步入正軌，尤其三位小孩的功課都能跟上，與同學相處也漸入佳境，深感慶幸。據長子相如說，他初上學因語言不通，導致功課難趕上進度，加上班上有些同學會欺生，曾多次找麻煩，我們當父母的也無法強勢介入；後來相如自認一再禮讓不是辦法，有一天想到留學生叔叔在閒聊中提到李小龍上演的中國功夫動作片風靡全球，突然靈機一動，心想必要時應該也可以比劃比劃。果眞有一次在學校遇到同學霸凌，於是一鼓作氣擺出李小龍功夫的架式，並大喝一聲，讓那些同學誤以爲相如眞的會中國功夫，從此以後對他尊敬有加，再也不敢欺凌，而且也依此「特長」保護妹妹弟弟。後來這些留學生叔叔也聽說了，大家哈哈大笑，並將武俠小說借給相如閱讀，以增強「功力」。

家中既然一切就緒，三個小孩白天上課，下午三、四點才放學回家，所以淑美二月間就向我表示，她一個人白天在家沒事，不免無聊，幾經審愼思考，決定設法在西班牙進修藝術，這也是她從小的志趣；但若直接往純藝術的西洋藝術油畫沒嘗試過，近月來跟一位在實用美術學校就讀的同學李菊蓮請教後，覺得自己可從實用美術學起，這領域她在臺北師範美術科就讀時已有接觸和興趣，所以希望我同意她去就讀美術實用學校課程。

在結婚前，我已經知道她對藝術的喜愛，當然欣然同意，但是顧及淑美要照顧子女及我工作，又去學校上課，體力能否負荷？然而她表示對自己有信心，一定妥善運用時間克服困難，我知道淑美外柔內剛，決定的事都會設法完成。之後，她自二月起到馬德里實用美術學校上課，初期可請教已在該校上課的李菊蓮留學生，必要時也可以請她協助。

留學西班牙的學生多為出類拔萃的藝術人才，例如梁君午、吳炫三及洪俊河等，他們認為以淑美的才華，應如同他們直攻純藝術，不要浪費在實用美術上。因此他們商量後，就由梁君午跟學校交涉，同時搬來畫架和畫布、畫筆，要協助淑美參加大學城校區的「馬德里皇家藝術學院」（Escuela Superior de Las Bellas Artes de San Fernando de Madrid）插班考試。淑美剛開始有點猶疑，自忖從小學水彩畫及中國畫，從未畫過油畫，但梁君午他們認為淑美的素描基礎佳，只要勤練油畫的技巧及調色等入門功夫，即可應戰。在他們幾位名師指導及鼓勵下，淑美利用週末及暑假在家練習油畫，而插班考試的畫作須以眞人尺寸為準，所以三位小孩，後來加上我，都成為她練畫的模特兒。在梁君午等幾位嚴師的指導下，考試放榜，淑美竟列在少數考取的插班名單中，眞是喜出望外。

淑美自一九七二年上學期正式就讀「馬德里皇家藝術學院」，到多少留學生心目中的藝術殿堂上課。西班牙最偉大的十大畫家大多曾就讀該學院，或在該學院授課。自此，淑美全心投入，可說已達廢寢忘食的地步，但她從未因上學而疏忽照顧教育子女及配合我工作的責任。她終於在一九七五年夏完成所有課程，取得馬德里皇家藝術學院正式畢業文憑，達成碩士學位的夢想。

我西班牙留學生中，正式取得該學院畢業文憑者不多，主要受時間及語文所限，而梁君午為最早取得該學位的佼佼者，畢業後以畫油畫維生，在歐洲及後來在臺灣、大陸畫壇均富盛名；而吳炫三也是位臺、日、美、歐等世界畫壇的名家。然而淑美只是將取得學位當實現她一生的夢想，為了配合我的外交生涯，犧牲自己繼續往藝術領域進修，以求我們家庭的完整和穩固，非常感謝她的奉獻與付出。

與藝術家結緣

我們與梁君午、吳炫三、洪俊河、江明賢等幾位曾在西班牙深造的藝術家，自一九七〇年代初期結緣以後，迄今四、五十年的友誼仍保持聯繫，也感謝他們的鼎力協助。他們當年在西班牙留學時期所贈送我們的畫作，都隨著我們的外交歷程中周遊歐洲及拉丁美洲各國，布置在我們任所官舍牆上供賓客共賞，蓬蓽生輝。

此外，名聞國際畫壇的臺灣鄉村風景水彩大師藍蔭鼎先生，也是我們時常感念的一位長輩。他的畫作曾在亞歐美展出，一九七一年，歐洲與美國藝術評論學會將他選入第一屆「世界十大水彩畫家之一」，而我的中學同班同學謝里法（學生時期的原名是謝理發）在所著的《日據時代臺灣美術運動史》一書中，對藍先生的藝術成就寫出「雙腳踩的是鄉野的泥土，雙手沾的卻是社會最上層的光和彩」的高度評價，認爲他堅持故鄉農村是他的生命，而以水彩繪畫臺灣鄉村風景爲職志。

藍先生的夫人吳玉霞女士是淑美姊夫吳龍洲的姑母，所以淑美婚前經常隨姊姊淑清及姊夫往訪藍蔭鼎姑丈及姑母伉儷，與藍家子女也很熟識，並時蒙藍姑丈鼓勵向藝術之路邁進，偶爾也曾蒙特准看他作畫運筆用彩，這是無上的殊榮，因爲藍先生除了曾爲蔣總統夫人宋美齡女士示範作畫外，似未聞有人看他作畫。

我與淑美結婚後，曾多次參加他們家宴，我們於一九六四年第一次外派多明尼加共和國時，藍姑丈特別賜贈一幅有別其他臺灣鄉村風景畫，它是一幅小舟渡過萬重高聳山崖的水墨畫，寓意深遠，迄今五十多年，我們都帶在身邊。我們這次外派西班牙前夕前往辭行時，他特別在家中找出一本《鼎爐小語》並當場親筆贈書勉勵，這本精裝小冊是他自身體驗的爲人處事哲理，在我外交生涯中隨時拜讀，受益良多。我們深知藍姑丈爲人低調嚴謹，所以我們很少對外人提及與藍姑丈伉儷這段緣分，但我們對他們的疼愛及鼓勵，永生感懷。

全家人的教育規劃

有天晚上等孩子睡覺後，我與淑美兩人討論全家今後在教育方面的因應。

孩子就讀西班牙私立天主教小學滿一學年，已經慢慢適應，成績也不錯；當時外交部對外派人員還沒有子女教育補助費、地域加給及房屋津貼等福利，然而顧及孩子往後發展，只要在財力允許下，我們決定先讓相如就讀馬德里的美國學校，並爭取就讀四年級。周參事的三位兒女都在美國學校就讀，所以先請周參事協助向學校洽商，初期情商周參事就讀八年級的大女兒周開瓊為相如補習英文基礎課程。囿於該學校每學年學費約需五千美元左右（記得當時我們購賓士220 D轎車，因外交人員免稅，只需三千五百美元），為了家計，決定暫時讓育如及晏如姊弟繼續留在西班牙文小學，以節省開支。

此外，淑美插班「馬德里皇家藝術學院」順利錄取，九月就要正式入讀，油畫從頭學起，其他學科都要以西班牙語教學，想必得全力以赴。而我因「國立馬德里大學」法學院（Facultad de Derecho, Universidad Compultensa de Madrid）同意我先在博士班選課旁聽，等我將在臺灣的大學及研究所就讀學籍資料送該大學審核後，再決定是否批准我正式入學。我希望把握機會，利用公餘旁聽就讀，此事應感謝我留學生王能章兄，因他剛取得該大學法學院的博士學位，為我先跟學校說項。

全家人的上課時間各有不同，除了老大有美國學校校車接送外，其他都需要自行安排。所以我們決定由我接送育如、晏如上學，而淑美原則上自行搭地鐵上下課，如果時間能配合則一起出門，我先送小孩上課，再送淑美到校後再上班。

相如上美國學校四年級相當辛苦，英文方面由學校特別安排ＥＳＬ初學英語課程，晚上請周姊姊補習。剛開始，相如有點抗拒，因為他到西班牙學校上課一年，剛趕上進度，也好不容易有新朋友了，現又要他改上美國學校學習英文，也要重新認識朋友。我們當然知道他的辛苦，雖然學費一年就比我們的轎車還貴，但是爲了他的前途，全家人都節省度日以支持他上美國學校；相如很聰明懂事，經過一學期就克服初步困難，第二學期就趕上課程。育如及晏如繼續上西班牙文小學，姊姊在校盡責幫忙照顧弟弟，而弟弟晏如也乖巧聽話，據說女老師常抱他吃午餐，校長有時也會拿個蘋果偷偷塞給他。

淑美爲了節省家用，以應付教育費用，會從飲食及衣著方面著手，但她對兒女的營養非常重視。她購買勝家縫紉機，到百貨公司覓尋零頭布料，再參考雜誌或專書，或與留學生好友研究，自行製作三個小孩的衣服，甚至大衣外套。週末全家與同學出門郊遊，多自行準備食物，大家都玩得愉快，吃得健康。

家中最辛苦的應該就屬淑美了，她離開學校多年，但到享譽世界的「馬德里皇家藝術學院」深造是她的夢想，所以她全力以赴，每天清晨五點起床爲全家準備早餐，六點冒著寒冷出門搭地鐵，趕在八點前到校上課，主要以藝術課素描油畫爲主，學科都是西班牙文，研讀不易。有時全班外出寫生再回校作畫，經常到家已經傍晚六、七點，忙完家事並等兒女睡覺後，再準備自己的功課到半夜，經常只睡三個小時，但她常說從小睡眠就不多，所以不以爲苦；反觀我利用工作之餘到馬德里大學法學院博士班旁聽，有車代步，可以說是最輕鬆了。

一樣米養百種人

薛毓麒大使有其領導風格，以單線領導而不召開館務會議為原則。大使館本部事務，包括政務（周宏藩參事）、領務僑務（由我主導領務組）、會計電務（顏秉璠祕書）及其他事務，多由大使直接交代周參事統籌轉達。至於其他部會派駐單位，包括經濟參事處李之英參事、武官處孫柏世武官與中央社記者莫索爾，都由薛大使聽取對方報告或給予指示；至於司調局所派人員直屬我的領務組，是否要另外單獨向大使報告，我就不得而知。

我做事向來謹守本分，除了其他單位要我協助外，是不會主動打聽干預；我的業務必要時要向周參事聯繫報告，除非薛大使有特別交代，否則我也不會找機會向大使報告，謀求同仁之間的和諧是我做人處事的原則。

大使館外交部同仁不多，其中薛大使、周參事及顏祕書是我抵任前已先到者，大使官邸及周參事與顏祕書等租屋均在附近，我初抵時也住附近，但因大樓住房問題而賠款搬離到現址。後來因駐比利時大使館閉館而改調到此的郭明德二祕、鄭博久三祕及熊健三祕等三家都住近郊新建的公寓。

周參事為人謹慎細心，夫人賢淑、子女優異，可稱得上是模範家庭。新婚的顏祕書夫婦為人熱心謙和；而熊祕書夫婦兩人原都是外交部同事，熊祕書為國際組織司科員，熊太太王景麟任亞西司科員，都在博愛路舊外交部大樓三樓上班。結婚當日，同仁覺得他們兩人同日結婚，且喜宴地點又同飯店非常巧合，後來才知道原來是他們兩位結婚，在部裡一時傳為佳話。

至於郭祕書有小聰明，喜歡打麻將；而鄭祕書頗具才華，但城府深。一九七二年底，部令調郭祕書回部辦事，並調駐賴比瑞亞大使館二等祕書曾義明為駐西班牙大使館二祕接替。曾祕書到任後告訴我，因不久前，外交部周書楷部長率團訪問賴比瑞亞，他曾向周部長報告深談，周部長返國後即部令改調曾祕書至本館服務。曾祕書特考及格進部時派在條約司，到我擔任科長的二科服務，他是臺灣屏東縣萬巒鄉的客家籍，他到館後，也派到我的領務組接替郭祕書的工作，再度共事。

除了公務應酬外，我們也會拜訪同仁，尤其向周參事伉儷請益餐敘，也和顏祕書夫婦互訪；當然也會應僑界的夫婦和有年幼兒女的家庭餐敘郊遊，例如前面提過與我大學同學是連襟關係的陳薰洋君，他們夫婦曾協助我們安排新家及子女的小學。另外還有新鄰居許明修及蔡玉瑛夫婦，他們是從臺灣先移民新加坡再來西班牙（後來又移民加拿大、美國，兩家在洛杉磯又碰面）。

許家父親與我岳父是好友，而蔡玉瑛的二姊又與淑美的姊姊淑清曾經是同學，大家年齡相仿，有緣齊聚馬德里，又住附近，所以常辦家庭聚會郊遊。我們常想起在多明尼加共和國內戰期間生下育如女兒，受馮姓僑胞夫婦的幫忙，所以當許太太生小孩坐月子時，淑美也去幫忙為嬰兒洗澡、煮麻油雞酒。我們跟許明修夫婦的友誼保持至今，退休後無論住洛杉磯或臺北也經常餐敘。

第四篇

外交情勢跌宕起伏

後來，外交部每三個月要我繼續暫留觀察，這一留，長達兩年。我們有幸獲得貴人相助，像梅老闆夫婦同意我們繼續住在他們的公寓，還有葡外部大禮官協助我們一家在葡國的居留簽證，他甚至打趣說可協助我們取得葡萄牙國籍了。

一九七三年在工作動盪中，特別珍惜一家人相聚。

第十六章　與西班牙斷交

大使館被迫關閉降旗

自從一九七一年退出聯合國後，我國的外交處境更顯艱難。到了一九七三年，我國與西班牙間的友好關係頗多傳聞，一股山雨欲來的詭異氣氛瀰漫。我們領務組在大使館一樓忙碌如常；而薛大使和周參事、顏祕書及鄭祕書等人在二樓，尤其薛大使及周參事更見形色日益沉重，進出頻繁，也經常在官邸宴請西班牙友我人士，包括鮑克俊等僑領，因與領務無關，從未邀我參加。而經參處李參事和武官處孫武官以及中央社記者莫索爾，到二樓會見薛大使及周參事的次數也漸多。他們通常會順便到領事組打招呼，莫索爾記者偶爾會與我交換點信息及看法，但多點到為止。依我在旁默默觀察，也感受到外交情勢恐有變化，心中深感當此情況，為何薛大使從不召集館務會議呢？

該年三月十日，這個號稱全世界最反共的國家西班牙，竟宣布與我中華民國政府斷絕外交關係，並同時與中共建交，而且限我駐西班牙大使館在一個月內要閉館。西班牙政府雖然同時派特使到臺北，但「斷交」大事對我國內外實為驚天動地的消息，令駐西班牙大使館同仁及旅西留學生和僑胞感到痛心沮喪。

單獨留守西班牙

外交部決定要薛大使立即返國，周參事改調駐美國大使館參事，顏祕書及鄭祕書也改調他館；本館原主管全歐領務的業務及相關檔卷盡速移交駐葡萄牙公使館，而領務組曾義明二等祕書及熊健三等祕書改調駐葡萄牙公使館協助辦理全歐領務。本館所有人員除了我這個一等祕書暫留西班牙協助籌辦成立新機構外，全都離任，對我而言，眞是倍感壓力和震驚。

據聞西班牙外交部原希望本館所有人員，尤其是一等祕書以上的官員必須離任，而外交部爲何決定獨要我留守呢？此事無從問起，也無法證實。既有此決定，薛大使及周參事爲何沒有在事前預做安排，讓我事先與西班牙友我人士及僑領鮑克俊等多加認識呢？反正這是外交部命令，離任同仁都忙著處理自己的行李及行程，或許有些同仁更高興能改調心目中理想的新館處呢！

我回家後與淑美商量此事，不免感慨萬千，因爲我們沒被告知在西班牙留守多久？以後將赴何處？是調部或改調他館？我們只能靜下心來照部令行事，更何況我們也要子女安心讀書；至於淑美，依然繼續拚命上課，而我也決心盡全力完成外交部所交辦的使命。因薛大使拂袖而去，我請示周參事，也沒有明確的答覆，只建議我全力配合鮑克俊。事到如今，只能靠自己應變，我決定留下原駐西班牙大使館的國慶酒會宴客名單，以及薛大使與周參事平時在官邸的宴客名單，作爲我聯繫西班牙友我重要人士的參考。我深知鮑克俊先生的性格，他凡事都想掌控全局，這是我到任一年八個多月來對他耳聞目睹的觀察。

當然，我到西班牙任所以來最感痛心悲壯的，就是我駐西班牙大使館閉館降旗的場面，我們偕同子女、大使館同仁，以及留學生和僑胞，隆重參加這場降旗儀式。由留學生代表降旗，大家噙著淚水大聲唱國旗歌，隨後並相擁痛哭，尤其是必須繼續留在西班牙的我們一家、留學生與僑胞們，也感謝一些熱情的香港留學生，認同我們國家來參加降旗儀式。

本館同仁陸續離館趕赴新任所，我們家又成爲留學生及許多僑胞之家，因爲已經沒有大使館了，只剩下我們這個家。很感謝他們抱著安慰我們、支持我們的心情來看望，也眞心與他們互相慰勉，因爲路還是要走下去。

我們爲了繼續留在西班牙，就得先解決一家五口的居留簽證問題，將所持的我國外交護照改爲普通護照。我們以在西班牙繼續求學及處理相關事宜爲由申辦居留簽證，當然大家彼此心知肚明，順利迅速辦妥，因爲當時絕大多數西班牙朝野人士對我國非常友好，甚至認爲不應該與我國斷交。

設立「駐西班牙孫中山中心」

關於我在馬德里設立新機構一事，西班牙外交部明確表示必須為非官方的民間組織，而西班牙政府初期也沒有在臺北設立機構的計畫。經請示我外交部也無明確的指示，唯一要求就是要成立機構，後經與西班牙友我重要人士及鮑克俊等協調，並向西班牙外交部全力進洽，原則上同意可使用「孫中山中心」（**Centro Sun Yat-sen**）名義成立民間社團組織，因為孫中山先生為西方人士所熟稔，對我方而言是我國的國父，關於此點我外交部也同意。至於要如何成立「孫中山中心」的組織結構及成員問題，西班牙外交部要求我方此後直接向西班牙主管機關申辦。因此，鮑克俊協調西班牙友我人士的想法，是由他們籌組董事會，掌控新機構的決策，而我政府所派人員則成為董事會轄下的執行單位，此點是我所不能接受的，我的想法是該機構應由我政府掌控，至少可參與並影響決策權。

不久，外交部發表部令，指派王飛科長為我將來駐西班牙的「孫中山中心」主任，約於當年六月間抵任。王飛原為我駐葡萄牙公使館的三等祕書，曾任臨時代辦，而現任外交部長沈昌煥先生是當時我駐西班牙大使，因西葡兩國毗鄰，所以與王飛時有接觸，對王任臨時代辦的才華能力頗為賞識，後來王飛調回外交部擔任科長迄今，頃奉沈部長之命出任西班牙「孫中山中心」主任。

我對王飛主任的到任竭誠歡迎，因未來新機構由他接手，所以和鮑克俊先生及其他西國友我人士有關新機構的洽商自然由王主任負責，我則從旁協助。我只問王主任有關我的去留問題，並請告知外交部對我在西班牙去留有何決定？王主任答覆說外交部並無指示，務必請我這位先進能繼續協助。

事到如今，我與淑美再次研商後決定，原外交牌照的車輛早於四月依規定處理了，因得繼續留西班牙，所以必須另購沒有外交免稅待遇的新車。另外關於三名子女繼續上學，也要立即繳納長子相如的美國學校下學年五年級的全年學費約五千美元，而女兒育如及幼兒晏如則繼續在馬德里天主教「教宗保祿六世」小學就讀，下學年學費也要繳付。至於淑美則繼續「馬德里皇家藝術學院」課程，而我私忖今後應更有時間到「國立馬德里大學法學院」博士班旁聽。

我們在馬德里的住家續約居住，房東也表示歡迎。我們一家五口也在同年八月上旬利用暑假假期，安排爲期一週的旅行。我們從馬德里家開車向東北，先抵薩拉戈薩（Zaragoza）城參觀兩座大教堂，再往西到巴塞隆納（Barcelona）住三晚，接著向南經薩洛（Salou）小城住一晚後，繼續朝南達瓦倫西亞（Valencia）過一宿，即向西駛回馬德里，結束這趟難忘的親子遊。

我國「駐西班牙孫中山中心」終於在同年的十月五日正式成立，其組織架構幾乎完全接受鮑克俊與西國友人的意向，自此歷任該中心主任到一九九三年更名爲「駐西班牙臺北經濟文化辦事處」（Oficina Económica y Cultural de Taipéi, Madrid,España）代表，都受鮑君等掌控達二十四年，直到我於一九九七年八月奉派出任駐西班牙代表處代表後，才將鮑君等權力全部收回。

第十七章　改調駐葡萄牙公使館（1973~1977）

急急如律令

我竭誠協助王飛主任在「孫中山中心」工作，而王主任夫婦對我們全家也以禮相待。我們家依然爲留學生及僑胞之家，假日熱鬧非常，直到該年十二月中旬，我突然接到部令改調駐葡萄牙公使館一等祕書，負責全歐洲的領務及僑務。王飛主任立即告訴我，他事前僅獲悉全歐洲各地對葡萄牙公使館半年來的服務工作不滿，無法跟之前駐西班牙領務組相比，因此串聯向外交部要求派我到葡萄牙公使館繼續爲全歐僑界服務，且一再表示事前外交部並未就我改調一事問他的意見。

此次改調造成我們極大的困擾，我對仕途一向秉持順其自然的態度，凡事不強求。但是前不久才爲續留西班牙買了新車，而且全家人的學費也剛繳納不久，尤其相如美國學校五千美元的學費不能因中途離校而退費。此外，留學生劉志英夫婦將於近期內在馬德里結婚，也講好比照前例，新娘以我家爲娘家，幼兒晏如爲花童等承諾。

最後，我跟淑美研商後決定，由我單獨先赴任，淑美與三名子女暫時續居馬德里，等明年六月完成這學年的功課後，再赴葡萄牙會合。我們一家從未如此分離，如今爲現實所迫，只好先做此打算，往後淑美要更辛苦了。經常來我們家的留學生及僑胞對我們的境遇頗爲同情，紛紛表示會好好陪伴我家人，請我安心去葡萄牙爲全歐留學生及僑胞服務，因此我決定依規定在部令發表一個月赴葡到任，私下慶幸還有三、四週可陪伴家人，至少全家可以在馬德里共度聖誕節及新年。

豈料在十二月二十四日的平安夜清晨，我送兒女上學後返家約早上八點左右，突然接辦公室「孫中山中心」電務同仁電話，並經由王飛主任電話告知，剛剛接到外交部兩封特急密令，要我必須於今天下午前趕抵葡萄牙公使館報到，並於抵任時，即刻請駐葡萄牙公使館電報向外交部報告。

這兩封外交部電報，猶如急急如律令的連發十二道金牌催趕，難道外交部上下沒人知道，在歐洲聖誕節是多麼神聖重要的節日嗎？猶如我們過農曆年，是一年當中全家團圓的日子；更何況這個節日爲歐洲各國的國定假日不上班，爲何非得趕在當日啓程和抵任呢？兩地的距離又不是從臺北到臺中，更何況當日機票也無法訂購，眞令人感到悲憤塡膺，但部令難違，只好由我單獨自馬德里開車赴任。

我們立即整理隨身行李及必需用品，並以電話向王主任報告，請電外交部我已自行開車履新，並在電話中向王主任辭別。我約上午十點從住家出發，也沒有時間到學校跟兒女話別，但淑美陪我同車到城中心的西班牙廣場，我執意要淑美在此相擁吻別，互道珍重。

唉！只能收起悲傷與離愁，要自己靜下來整理紛亂的思緒，專心開車踏上遙遠的六百五十多公里路到里斯本（Lisboa），度過孤單淒涼的平安夜。

特急電的隱情

我於當天傍晚六點左右抵達駐葡萄牙公使館，館內當然沒有人上班，因為當晚是十二月二十四日的聖誕節平安夜。當天晚上，杜本鑣代辦夫婦在官邸邀請同仁聚餐，我在公使館附近的小旅館先安頓，再電話報告杜代辦，我已奉部電趕來抵任，並請即刻覆電外交部。杜代辦在電話中甚表驚訝，我竟然能遵守外交部不合理的部電開車趕來，且在我執意請託下，立即請同仁到館趕發呈部電報告我已如期抵任，之後並邀我到官邸參加餐會。其實我自上午一路趕來，除中途停留半小時加油並以麵包咖啡簡餐果腹外，頓時也感饑腸轆轆；更何況平安夜是家家歡聚一起的團圓日，餐廳也不營業，眞心感謝杜代辦夫婦的好意。

自杜家官邸晚餐回到簡陋的民宿房間，整夜好想家，尤其在闔家團圓的平安夜，非常想念淑美及三位寶貝兒女，恨不得立刻飛回馬德里的家。但當我冷靜下來細想，深感外交部這次的特急電似有隱情，絕非無故，但又是爲什麼事呢？百思不解，徹夜難眠……

隔天聖誕節，各餐廳依然關門。清晨起床整理行李，發現淑美在匆忙中還記得放一些食品、奶粉、乾糧，以及熱水瓶、小煮具等簡單廚具，讓我不致挨餓。早餐之後信步走到駐葡公使館，巧遇負責電務的何祕書加班，以防外交部臨時發電報。何祕書當時是臺北縣人，昨晚在官邸已經見過他們夫婦，但未深談，直覺為人平實。他告訴我，曾祕書向杜代辦說，外交部派我來是接替代辦的位置，並問我是否屬實？我據實回說：「我不知這次調動的原因，對於外交部急電要我必須在一天內趕到里斯本也感費解？怎麼會說我是來搶代辦的職位呢？」

今日看到外交部來電暗示，原來近日在臺北舉行有關僑務、黨務及國建會等相關會議時，全歐各代表串聯要求外交部調派林基正一等祕書即刻到駐葡萄牙公使館主管全歐領務，再度為民服務，因為對該館半年來的領務工作極度不滿，同時部令熊健祕書調回外交部。何祕書即先以電話向杜代辦報告部電內容，並告以我正在辦公室，杜代辦立即在電話中要何祕書邀我一同到官邸午餐，並將有關部電一同攜往。同時何祕書也讓我知道我在辦公室的領務組位置，並介紹辦公室內部環境，隨後我們一起到杜代辦官邸。

杜代辦夫婦熱忱招待，我想他們也想瞭解實況。我們在閒聊中，他們初步知道這次改調葡館是應歐洲僑學界的要求，單純為全歐領務一事，而昨天催電要我克日履新，並要西班牙及葡萄牙兩館即時報告我的行程，極可能是外交部受其他部會及中央黨部的強力催促，只好犧牲我個人權益。外交部向來如此，常把部內外同仁當成部隊士兵，隨時待命，唯命是從。杜代辦也是部內資深同仁，時有感受。

我也利用此機會表示：「有人猜測我來葡館是取代杜代辦的位置，這絕非事實，若我有此強力的背景，也不至於被視如棄卒般當日調動和抵任。」杜代辦伉儷也體會我們夫婦情深，子女乖巧可愛，他們同意我可利用新年連假回馬德里團聚。我也告訴他們，淑美及三位子女均已繳付全年學費，尤其相如就讀美國學校，所以必須要到明年夏天學年結束後才能搬來葡京任所。杜代辦夫婦表示諒解，並同意我平時在駐葡公使館週末加班，每月可利用週末請假一次往返馬德里探親。

我回民宿後，打電話給淑美，約略告知我新年回馬德里團聚，並將寫信詳細告知淑美有關今天與杜代辦夫婦談話情形，讓淑美有所籌劃。次日正式上班，立即從曾明義手中接辦領務組職務，而熊祕書也移交工作事宜，準備離任。

歸心似箭

記得該年的十二月三十日是星期六，我在凌晨五點、尚未拂曉的冬日，獨自從葡京里斯本開車回馬德里，只在西班牙邊境巴達霍斯（Badajoz）城加油、喝咖啡用餐，約停二十分鐘後繼續趕路，又在西班牙境內途中休息三十分鐘後，歸心似箭趕抵家門已是下午四點了。見到淑美立刻緊緊擁抱，深深體會「一日不見如隔三秋」。不久三個兒女放學回家，高興全家又團聚，大家相擁一起，又蹦又跳，尤其老三晏如一直要我抱抱。

我原本提議外出吃飯，但淑美早已備妥晚餐，只希望我們一家五口能團聚共餐，在家既方便又開心。孩子聽到我在葡京住在民宿（pensao），葡語發音類似臺語「便所」，個個面露驚訝問：「爸爸怎麼住在『廁所』呀！」

次日是新年除夕，幾位留學生及年輕僑胞好友知道我回家，立即來家聚餐，淑美又要辛苦了，但內心卻充滿溫暖喜悅，雖然我去葡京僅僅一週，但好友歡聚，特別珍惜。大家避談傷心事，只請我在外安心，他們會好好陪伴我家人。新年過後，我於元月二日一早即自馬德里家出發開車回葡京里斯本，下午五時多到公使館。

這次回到馬德里家，我與淑美多次談心，並對未來初步做了幾項決定。既然決定從事外交工作，又無任何背景及高人支撐，就安然認命，唯部令是從，毋須怨天尤人。淑美和兒女安心在馬德里上課，就當來西班牙留學。我們最擔心的長子相如已九歲，逐漸瞭解父母的用心，尤其我這次突然奉命趕赴葡京，他自覺應負起長子的責任，主動幫忙媽媽照顧弟弟妹妹，尤其當媽媽上課晚歸，也能和弟弟妹妹上課回家後，把媽媽備妥放在電鍋內的菜飯加熱，拿出來與弟妹先用餐。而相如在美國學校四年級的課程，除了英文力求加強外，其他功課已能趕上。育如與晏如也更加乖巧聽話，姊姊懂得照顧弟弟。

淑美期許在今年六月學年結束能完成所有課程順利畢業，這樣的毅力超乎我想像，因爲學科都爲西班牙文有難度，但她表示會全力以赴。教授及同學對她初到西班牙，除了平時要照顧三名子女，還要排除萬難努力攻讀，學科方面受西班牙語文所限稍差，但藝術素描、寫生、人物、油畫都表現很好，所以大家對淑美至爲欽佩，學科可能給予通融，馬德里皇家藝術學院的教授均有崇高地位，只要教授核可，大抵無人反對。至於我在國立馬德里大學法學院博士班旁聽課程，已向學校報備，因改調里斯本工作暫時作罷。

無論相如的美國學校，育如及晏如的西班牙馬德里天主教教宗保祿六世小學，以及淑美的馬德里皇家藝術學院，到六月都可告一段落，屆時再申請三名子女的轉學成績單和相關證明，因此我們決定今年七月中旬左右全家搬遷到里斯本，已經先向外交部報准，屆時再正式使用赴任機票。

在七月前，我預定每個月底的週末開車回馬德里，再於週一自馬德里駛回里斯本。由於一人開車，可將行李裝滿車內後座、前座和後車箱，如此共運六次，大概可將大部分行李搬到里斯本了，不需再另僱車搬運行李，當時外交部還沒有轉任行李補助費，如此也可節省運貨費用。我至葡萄牙不久，即申辦葡萄牙轎車外交牌照，所以西葡邊境海關可通行無阻。

我個人在里斯本生活單純，可以繼續住民宿以節省費用，到駐葡萄牙公使館步行僅五、六分鐘，方便又省錢，不會增加太多家庭開支。等七月，淑美及子女搬來里斯本再覓租房。

爲外交找活路

一九七四年新年伊始，杜代辦就公使館各同仁的工作，因人事更動重新調配。領務組依部令改由林基正一祕負責，搭配一名華裔女雇員，曾二祕改管電報及會計，何三祕改辦出納及其他庶務，並協助政務。杜代辦也特別強調，原則上工作分配是依外交部指示來調度。

我同意杜代辦的安排，並主動提議目前單身在葡，必要時可加班，以求即時辦妥公事。曾祕書已知此次調動，主因是他主管全歐領務九個月來引起僑界和留學生公憤，他人甚聰明，也不敢有何意見。我和他是第三度同事，第一次是他初次進部，即在我任科長的條約司二科工作，第二次是一年前他改調駐西班牙大使館在我主管的領務組工作，這是第三次在駐葡公使館工作，也算有緣。

我全心投入領務工作，並做工作調整。凡親至公使館申辦我國護照核發、加簽、延期，以及有關領務文件，除護照核發者外，原則上即到即辦；而申辦外國護照之入境臺灣簽證，也是隨到隨辦。另外，自葡國境內及他國郵寄或快遞寄送，除了核發護照外，原則上也隨到隨辦，於第二個工作天辦妥寄出，若所附費用不足者，會先辦妥並付補繳費用單寄出。基本上，申辦的僑胞、學生，甚至外國人，幾乎會立即補寄規費並附感謝函。

鑑於葡萄牙向來對我不友善的情勢判斷，與該國的外交關係可能隨時發生變化，將使我國全歐領務退無可退了（雖然我國在歐洲還有駐教廷大使館，但領務性質不同）。因此本館建議外交部通令歐洲無邦交國家已設處或正爭取設處的單位（無論是外交部、新聞局、經濟部或貿協等），應盡速爭取當地政府同意，即使未明確同意，也應即刻試辦優先核發外國人士入境臺灣簽證的介紹函，以及有關申辦我國護照代轉呈外交部和護照的加簽及延期；倘不能就地授權，也可代轉呈外交部辦理。

這些超前部署的建議，杜代辦雖有猶疑，但因我表示這是個人職責所做的建議，後來杜代辦也同意。有關領務案件的法令及做法，我經常建議外交部或先行從權處理，因爲我在外交部擔任條約司科長並兼外交部法規委員會執行祕書時，親自經手整理修改，所以對此類的法令甚有把握。由於上述新做法，本館領務案件因簡化快速處理而減少許多工作，例如遲延作業而使申請者心急一再催詢，或因未寄足規費款或補款後再辦等事已不再發生。

從此以後，我國在歐洲無邦交國家陸續成立各形式的駐外單位，大多能承辦領務案件，自然逐漸減少本館的領務工作量，以致我一人承辦並有雇員協助，無須經常加班並行有餘力了。我除了利用週末徒步參訪並認識葡京，也加入葡京外國駐葡萄牙領事團活動，雖然友邦不多，但設法逐步擴大友誼範圍，在領事團量力而爲。

軍事政變

一九七四年的四月二十五日下午，午餐後休息時間，散步到里斯本「自由大道」（Av. de Liberdade）知名的蒂沃利（Tivoli）劇院附近時，突然全市騷動。只見許多年輕軍官及士兵持槍在「自由大道」上大呼革命口號，人心惶惶，緊張萬分。因爲當時在葡國軍政獨裁政府統治下，這是非同小可的軍事革命。

原來，葡國自前軍權獨裁者薩拉查（A. Salazar）將軍於一九三二至一九六八年擔任總理，實施極權統治，後因病交出政權，由卡丹奴（M. Caetano）接任總理以來，葡萄牙受其非洲殖民地政策所累，已陷入政治、財經及社會動盪，全國民情思變。一九七三年十二月曾發生軍事政變失敗。到了一九七四年初，葡總理卡丹奴即任命前駐安哥拉殖民地司令戈麥斯（F. Gomes）將軍及前駐幾內亞比索殖民地司令斯皮諾拉（A. Spinola）將軍，分別擔任葡國三軍參謀總長及副總長職務。但是到了三月十四日軍方內部又發生叛變，上述兩位將軍因未強力支持現政府又遭免職。

因此從該年的四月二十五日凌晨起，葡國中下級軍官再次有計畫組成「武裝部隊運動組織」發動軍事政變，立刻獲得全國多數軍隊支持。就在當天傍晚六點左右，卡丹奴總理在軍方同意下，緊急任命授權斯皮諾拉將軍與政變組織談判，談判結果，斯皮諾拉將軍於當日晚間發布第一號令：解除葡總統托馬斯（A. Tomás）及總理卡丹奴兩位的職務，並盡速派遣軍機將總統及總理等流放巴西。這是一場以「康乃馨」代替槍枝的不流血政變，在葡萄牙史上稱爲「四月二十五日革命」（Revolução de 25 de Abril），也稱爲「康乃馨革命」（Revolução dos Cravos）。

軍事革命成功後，立即成立「全國救國委員會」（Giunta do Salvezza Nacional），並於五月十五日推選斯皮諾拉將軍爲總統，卡洛斯（A. Carlos）爲總理。但卡洛斯總理七天後辭職，而由幕後親葡共黨的貢薩爾維斯（V. Gonçalves）上校繼任總理掌權。之後，斯皮諾拉將軍也因與軍方實權派日見不和，九月被迫辭總統職並流放巴西，另由軍方推選前參謀總長戈麥斯將軍為傀儡總統。

事實上，此次軍事政變主要為左派的葡國共產黨幕後策動，同時葡萄牙在非洲的殖民地也因葡萄牙左派新政府決定放棄海外殖民地，撤離葡國軍隊返國，於是紛紛宣告獨立，例如莫三比克（Moçambique）、安哥拉（Angola）、維德角（Cabo Verde）及幾內亞比索（Guinea Bissau），乃至亞洲東帝汶（Timor-Leste）等地。

由於當時非洲大陸爭取獨立運動為世界潮流，因此葡萄牙在聯合國維護其非洲殖民地統治備受抨擊，也是這次革命獲得成功的主因。其實，在非洲各殖民地實施殖民統治極須葡國兵源，然而葡國地狹人少，幾乎中下階層都須當兵，傷亡慘重，在鄉村到處可見截肢傷殘的退役官兵，所以這次中下級官兵發動軍事政變，立即獲得多數中下級軍官、士兵及非洲地區駐軍的支持，如此可立即撤軍返鄉，不願在非洲殖民地為葡國軍事獨裁政府當犧牲品。

當日政變後，三十多年的軍事獨裁政府目睹大勢已去，未再做軍事壓制及對抗而投降出國，因此全國未有慘烈的流血內戰。其後，葡國政權逐步順利落入左派勢力，尤其葡國共產黨手中，如此維持約一年，軍中的中間及偏右軍官又逐漸起而反對極左派勢力，以致政權及軍中勢力又逐漸向中間偏右勢力和平轉移。也就是說，葡萄牙此次軍事革命成功後數年，政治勢力的轉變都是以和平選舉方式達成，這也是葡萄牙的國運及人民之幸。

由於起初當權的共產黨左派政府採取放棄殖民地政策，引發非洲及東帝汶等殖民地人民起而爭取獨立，並驅逐在當地生活數代的葡萄牙人，因此造成數十萬葡萄牙人返國的難民潮，也導致葡國政府的財經困境。據當時統計，全世界前十名最富有者，有四名為殖民地的葡萄牙人，但一夜之間卻化為烏有。

舉家搬到里斯本

在葡國政局緊張但無流血革命情勢下，我們全家也如事前計畫，於當年七月間順利搬到葡萄牙里斯本，並在近郊本菲卡（Benfica）區租到一間不錯的公寓大樓。淑美依「該用則用、該省則省」的原則，認為寬敞舒適的居住環境，對生活以及子女教育非常重要，所以即使該租金稍貴，但仍承租。社區共有六棟建築群，環繞一座廣場；我們這棟大樓有十二層，我們住在第八層，屋主因出國而出租，我們運氣真好。

新家共有三個房間、一大廳、兩衛浴，以及飯廳和廚房。主臥房有個宮殿式華蓋及四個床柱的大床，均以同色系的彩緞布料包裹，孩子都搶著睡主臥大床，想像自己是王子和公主呢！此後，若有西班牙的留學生或僑胞朋友來訪，也有客房可住。

除了住家解決外，三個孩子也安排在葡京里斯本美國學校就讀，初期由哥哥輔導妹妹弟弟的英文，哥哥本身在馬德里已經上了兩學年的美國學校，所以在里斯本的美國學校就讀毫無問題且成績優良。三位子女上下課也安排校車接送，所以我們夫婦比較有時間參加公務上的交誼活動。

在此要特別一提，淑美在西班牙沒有白費多年早起晚睡、焚膏繼晷的苦讀，終於完成「馬德里皇家藝術學院」的課程，獲得彌足珍惜的畢業文憑，並經我駐葡萄牙公使館領務組給予中文翻譯認證，由我親自依法蓋章簽字，這應是我們在西班牙最大的成就。

僑胞的愛國情操

葡萄牙四月二十五日革命後，原殖民地紛紛爭取獨立風潮中，其中印尼群島最東角的葡國原殖民地東帝汶，也在爭取獨立過程中發生嚴重的內戰，印尼政府趁機派軍入侵企圖吞併。我國僑胞旅居東帝汶衆多，在戰亂中紛紛逃亡澳大利亞西北角的達爾文港（Darwin），因兩地中隔帝汶海，因此葡萄牙政府最後決定人道救援，於一九七四年秋，派遣專機前往接運有意願來葡萄牙的僑民，其中我旅東帝汶僑胞約有六百餘人，多數在葡萄牙本土有親友。

我們在里斯本住家的社區，認識原住東帝汶並曾任華僑學校校長多年的鄰居鍾老先生，因他的次子移民葡國多年，已結婚生子，現爲陸軍上尉，年前鑑於東帝汶局勢欠佳，就接已退休的父母等家人來葡京定居。我由鍾老先生那邊得知，旅東帝汶僑胞向來擁護我政府，於是電呈外交部，建議政府撥專款由本館於僑胞抵葡京後及時救濟，幸蒙外交部協調國內有關機關同意立即撥專款，並由本館轉致。

當葡國撤僑專機飛抵葡京並暫時安置後，即請鍾老先生等僑領陪同前往探視，並擬轉致政府的救濟款。但他們均執意表示，東帝汶僑胞歷來對政府效忠擁護，傳統上只有捐款救國，從未接受政府撥款救濟之事，況且目前已有葡國政府安置救濟，並將在葡政府及親友的協助下，就地謀求發展，他們無論如何困難不能違背傳統，接受我政府撥款救助，請代向政府轉達心意。

忠貞僑胞的愛國情操讓我深受感動，最後只能據實呈報外交部並請轉國內有關機關。往後，即使我國與葡國的友好關係發生變化，許多僑胞仍然繼續支持我國政府。

第十八章　葡萄牙宣布與我斷交

日漸動搖的邦交

葡國左派勢力爭取政權後，對我國政府態度更加冷淡，我政府雖然立即承認葡國新政權，但仍難挽回對我方的態度，兩國邦交日漸動搖。

事實上，自我政府遷臺後，葡萄牙政府多年來雖仍保持外交關係，但對我政府態度不友善，相信這和葡國殖民地澳門的情勢發展有關。從一九六四年八月，我駐葡萄牙公使館的公使離任後，葡萄牙政府就不再接受我派遣公使，僅接受派臨時代辦駐守駐葡公使館了。

一九六六年十二月上旬，葡殖民地澳門發生暴動，葡政府就查封我政府及中國國民黨在澳門所設置或支持的所有機構及民間組織，並全面清除中國國民黨在澳門的勢力。其後，並將我闖入澳門海域的漁民，乃至特務，悉數移交給大陸中共政權，並查封懸掛我國旗的澳門總工會。因此，我政府於一九六七年一月六日召回我駐葡萄牙臨時代辦吳文輝參事，僅留唯一館員三等祕書王飛為駐葡萄牙公使館臨時代辦，以表抗議。

一九七一年十月二十五日聯合國大會就我國代表權案舉行投票，葡萄牙也與絕大多數歐洲國家支持「中華人民共和國」取得聯合國「中國」席次，以致我代表團退出聯合國。由種種跡象可知，葡萄牙歷年來對我政府的不友善態度，到了前述「四月二十五日革命」，葡萄牙政權由葡國共產黨爲主的極左黨派取得政權後，兩國的邦交更是岌岌可危。

在葡國外交部的最後一杯咖啡

一九七五年的元月上旬，杜代辦應葡萄牙外交部緊急召見後，立即以特急極密電部，並獲我外交部急電訓令再向葡外交部交涉。其間杜代辦形色緊張焦急，我看得出兩國邦交必定極度緊張，甚至發生變化，但因杜代辦並未告知，我也不便探詢。不數日，大約元月中旬，外交部電令杜代辦調部，盡速返國報告，並訓令立即將館務移交給我處理善後；杜代辦這時才告訴我，葡萄牙外交部已告知與我國斷交，但情況又沒有非常明朗等語。

沒多久，外交部又訓令我再向葡外部探詢其政府的明確意向，我才洽獲葡國外交部禮賓司大禮官明確告知：

葡國外交部已於一九七五年一月六日對外發表兩項聲明，其一明確表示「葡萄牙承認中華人民共和國為中國唯一的合法政府，而臺灣為中國領土不可分割的一部分」，另一項即宣布與我政府斷絕外交關係。

隨後，立即召見本館杜代辦告以葡政府已正式承認中華人民共和國政府，並決定與我政府斷絕友好關係；但未如一般斷交模式，在宣布與我斷交之際，並未同時宣布與中華人民共和國建立外交關係的聲明，於是我將葡國外交部上述明確立場呈報我外交部。

我奉外交部訓令向葡外部初步交涉。我初步的想法，外交部認爲本案杜代辦向葡外部交涉所作的報告，尙無葡方立場的明確答覆與解釋，尤其中共政權反應冷淡，態度曖昧，且未同時宣布兩國建交。其次，我與杜代辦辦妥移交後，因杜代辦從未就兩國關係交涉向我提及，只好立刻研究卷宗以瞭解案情。

同時我也請見葡外交部大禮官（依葡、西等國體制，葡外部大禮官掌管葡外部及總統府的禮賓事宜），約兩日後接見。剛開始，對方的態度頗爲嚴肅，我首先感謝撥空接見，並請確認「葡政府此次僅宣布與我中華民國政府斷絕外交關係，並未同時和中華人民共和國互相宣布建立外交友好關係嗎？」

「是。」大禮官簡短回答。

「這跟其他歐洲國家宣布與我斷交，同時與中共政權宣布建交的慣例不同，是什麼原因呢？」我再提出疑問。

大禮官表情已顯不耐，只表示：「這是葡政府的決定，並不需對你說明。」

當下我也感謝他的明確答覆，還特別請他耐心聽我再說明五分鐘，他點了頭。

「就我個人的長期研究，中共政權目前應該還無意與貴國建交，這是涉及到香港地位的問題。」我繼續就我個人的疑惑提出說明。

該大禮官聽我這麼一提，突然感興趣了，請我說出看法。

我隨即表示：「不知大禮官有否注意到葡政府一月六日對外聲明，承認中華人民共和國政府為中國唯一合法政府，並認為臺灣為中國領土不可分割的一部分，暗示貴政府希望與中華人民共和國政府建交後，勢必會將葡國殖民地澳門歸還中共政權。此消息連帶涉及香港歸還中共政權問題，所以近來數日，香港金融市場，特別是股票市場已有劇烈波動，《*New York Times*》及《*Financial Times*》均有報導。」

「中共政權一再宣稱統一中國為其歷史任務，一再恐嚇要統一臺灣，也想先收回香港及澳門。我們都知道香港為國際金融中心，由於中共大陸本身對外封閉，且二、三十年來在大陸實施文化大革命及其他恐怖統治措施，現在想要改革發展，而其國際資金及國際貿易將近百分之七十以上依賴香港，所以香港地位對於中共政權至為重要。如今香港租期已近，英國政府與中共政權正談判香港歸還問題，因中共政權收回澳門立即影響香港地位，而中共對澳門的處理也會馬上影響英中對香港的談判。我想中共政權對收回澳門事宜，恐怕還沒想好，且中共政權認為澳門為囊中之物，並不急迫。」我頓了頓，繼續說。

「反觀葡萄牙革命政權明示放棄殖民地政策，龐大富有的非洲殖民地都願放棄，更何況彈丸之地的澳門；又據最近報導，目前葡政府財政困難，對澳門也要有相當軍警以維持治安，年需七百多萬美元，負擔很大，所以有意盡早將澳門歸還中共，但中共反而頗為遲疑，這應是中共還不願同時宣布與葡萄牙建立外交關係的原因吧？」我發覺該大禮官在聽我說明的過程中，並無不悅或看錶，雖知時間已過，但仍把握機會將我個人觀點表達出來。

至此，我再向大禮官致歉，因超過原先說的時間太多了。未料，該大禮官表示當日隨後沒有特別行程，認為我所述觀點頗有見地，並問我一起喝杯啡如何？我旋即表示很樂意，因為這可能是我在葡萄牙外交部的最後一杯咖啡了。

隨後我們輕鬆聊天。他說年輕時曾是軍官，駐紮過澳門，其後也數度到過香港，知道香港繁榮及國際金融中心的地位，後來他也曾駐節印尼，但對遠東事務的瞭解不是很深入。我也略述我的外交經歷不多，但對國際法及國際情勢很有興趣及涉獵，我又說我自幼生長在臺灣北部基隆國際港口，看過西班牙及法國砲台的歷史古蹟。

「臺灣島在第二次世界大戰前，世人只知『Formosa』，這就是葡萄牙人所命名。葡萄牙人是最先到達中國及日本的歐洲民族，當然必定先到過或經過臺灣島的歐洲人，且歷史上葡萄牙人是世界上最敢冒險、最有智慧的民族，否則怎麼有辦法開先鋒在十五世紀從歐洲南下，沿著非洲大陸西岸經過波濤洶湧的非洲最南端麥哲倫海峽，再沿非洲東海岸前往東方的航線呢？因為我到任葡萄牙的時間太短，很希望有機會在葡萄牙深入研究，這也是我個人的願望。」我一口氣說完，對方聽完非常驚訝，並希望有機會再與我私下交換意見。

我最後抓緊時間再提問：「葡外部已召見本館杜代辦正式告知與我國斷絕外交關係，而杜代辦也已奉命調回，請問何時是本館關閉的期限？」

「由於中共政權尚未表達建交日期，所以還沒考慮這個問題，一般慣例是一個月，但貴館閉館日期目前不急，等上面決定再通知你。」他坦誠回覆。

我回到館內，快速將此次拜會情形電部：

（甲）葡外部確認葡政府承認中華人民共和國為中國唯一合法政府，臺灣為中國領土不可分割的一部分；（乙）葡外部確認正式宣布葡政府斷絕與中華民國政府間的外交關係；（丙）葡政府與中華人民共和國目前尚未宣布建立外交關係，至其建立時間仍在談判之中；（丁）本館閉館日期並未確定，不限於一個月之內，可能稍緩，確期另通知。

結束館務紛擾

當然，我政府也宣布與葡萄牙政府斷絕外交關係，並調回我駐葡萄牙公使館臨時代辦杜本鑣參事，嗣後也發表該館一祕林基正及二祕曾義明均調部辦事的部令。另外又發一道部令，將館產妥爲處理列冊報部；至於檔案有的運回外交部，部分領務檔案運往駐教廷大使館，均須盡速辦理。

杜代辦二月三日離任，其後本館檔卷順利處理完畢。但館產部分，曾祕書認爲本館因兩國斷交，外交部雖然訓令杜代辦將館務移交林祕書，但林祕書並非臨時代辦，所以曾祕書執意館產及電務都爲他所主管，當然電務密碼也是他保管，館產也由他全權處理。在此危機下，我未再與其理論，只希望他盡速處理館產並列冊報部，出售款項應如數繳部，他稱售款已繳部，但不讓我過目。

之後接獲葡外部大禮官通知，本館應於五月底前閉館，我立即電部。不久，葡國外交團好友菲律賓駐葡代辦巴爾馬塞拉（Balmasela）一祕夫婦邀我們餐敘，其夫人是華裔菲籍，通曉閩南話，兩家通好。他們說曾祕書夫婦經常出入葡京附近觀光名勝埃什托里爾（Estoril）賭場，我聽了之後甚感驚訝，以曾祕書夫婦家境，怎麼可能有錢豪賭？眞不知如何勸阻。

五月上旬，曾祕書夫婦來我家表示，由於手頭緊，無法支付返國費用。我納悶提及：「外交部不是會核發機票，更何況外交部亦已如期電匯薪資了。」

「最近在埃什托里爾賭場輸掉鉅款，必須籌錢歸還才能返國，想向你們借五千美元。」這時他才坦白說出實情。

我們感到非常不可思議，再問缺款細節，沒想到對方立即變臉：「到底借或不借，一句話，不必問太多。」

大家都是公務員，薪資有限，再加上我們也有三名子女就讀美國學校，所費不貲，儲蓄有限，只好表示最多僅能借兩千美元給他們應急，若要再多也無能力，最後他只好接受了。我們思之再三，因爲密碼本在他的手中，只好以私人長途電話報告外交部主管次長，次長以此事機密，不要在長途電話中多談，外交部將以密電指示。

不日，外交部密電請本館立即將館產售款即刻電匯外交部，並將有關各文件列冊盡速報部，曾祕書將部電給我看，我則詢以館產售款事，他說處理情形日前剛報部，而售款日內電部，會對外交部負責。約兩週後，已近五月下旬，外交部又電報指示我及曾祕書速報返國程期，以便核發兩家返國機票。曾祕書要求我們兩家同時啓程返國，至於有關行程細節各自處理，想必外交部應已收到館產售款。我隨即自行辦理行李海運回臺事項，請做進出口生意的葡京香港行梅老闆協助幫忙，以及到航空公司安排回國行程；為了保險起見再跟曾祕書確認，他說會依我所訂啓程日期及航空公司，再配合啓程日期另行安排行程統一電部。

到了五月下旬，部電催促返臺程期，並要我等待曾祕書啓程立刻電部，且於第二天再檢查確無任何遺漏並電部後始能離開，也要曾祕書立刻將電報密碼本交我保管，便於做最後必要的聯繫。曾祕書接到部電第二天才將部電給我看，我也未催促電報密碼本之事，只詢問他們的行程，曾祕書仍不明告。最後我曉以我們有緣十年間在部內外三度共事，這在外交部不多見，希望能多珍惜，今後也可能有再共事的機會。

曾祕書確知我家海運已交運，程期也報部。一直到五月三十一日駐葡公使館閉館前一日下午，他才將密碼本面交，也才告知他們返國航空公司名稱，但仍不說啓程班機及時間。次日一早，我電話聯絡曾祕書，無人接聽，再詢他的房東，才知道他們全家當天清晨已返國，我立即緊急聯絡航空公司，承告曾祕書夫婦及子女已於清晨最早班機啓程直接飛回臺北，途中僅轉機未作停留；知道他們抵臺北日期及班機後，我立即電部。

第十九章　留守待命

臨時取消班機行程

一九七五年六月一日下午，外交部特急電訓令我「暫留葡萄牙三個月待命」，並另用電話請我即刻取消返國行程，暫留葡萄牙待命，這又是一樁出乎意料之外的事。我在西班牙閉館後留守，如今再一次於葡萄牙閉館後突如其來被要求留守，只能繼續遵令待命。難道我是外交部的備用人員？要用即用，不用則暫時留置。

當下，我們必須立即電洽航空公司取消返國行程，還有和房東商量房子續租或暫緩數日以另覓新租房。至於海運行李如尚未登船，請梅老闆立即協助停運；還有請外交部核發我們普通護照，再請葡外部大禮官協助發給全家五人的葡國居留簽證。最後得一一取消此次返國途中計畫停留馬德里、巴黎、羅馬及香港各站機場接送及旅館預訂事宜，外交部自然不會補償損失。

房東決定公寓收回自住，僅可延續一週。有關停運行李，到梅老闆辦公室拜訪，適巧夫人也在，梅老闆當場向海運公司查詢，獲知行李還在倉庫，同意立即送回改期再交運。

這一年來和梅老闆夫婦相識較深，也瞭解我們目前的困境，立即提及兩個月前，他們適巧有機會和前旅非洲莫三比克僑界好友在葡京里斯本美國大道（Avenida dos Estados Unidos da América）新建公寓大樓各買一戶，都還沒入住。

「如果願意，可以讓你們暫住。」梅老闆提議。

新建公寓大樓離公司不遠，於是由梅太太帶我們參觀，全家人都很滿意，不但交通方便，生活機能良好，離葡京國際機場也近，更何況可立即入住，家中用品臨近採購即可。感謝梅老闆夫婦幫了大忙，我們在第三天入住，並付了合理的租金。有關兒女在葡京美國學校復學，學校也立即同意，並改校車到新家接送。

至於申請居留簽證一事，則約晤葡外部大禮官請他幫忙。我首先告以我駐葡萄牙公使館已如期於五月底正式閉館。我因子女在葡京美國學校學期中，且我對葡萄牙當年首度航行遠東地區開闢新航線，尤其葡國早期發現臺灣島等史料頗感興趣，所以決定向我外交部請長假半年，暫留葡萄牙進修，請協助發給我們全家五人在葡國的居留簽證。他立刻允予協助，並保證毫無問題，待我們改持普通護照後，馬上發給居留簽證。

他又提及葡國與中共國建交談判尙遙遙無期，頗感困惑：「我瞭解職業外交人員的使命感及困難，今後在葡國的居留簽證問題，無論任何理由，我都會竭力協助解決的，放心！」

後來外交部每三個月要我繼續暫留觀察，這一留，長達兩年。我們有幸獲得貴人相助，像梅老闆夫婦同意我們繼續住在他們的公寓，還有葡外部大禮官協助我們一家在葡國的居留簽證，他甚至笑稱可協助我們取得葡萄牙國籍了。

「蘇武牧羊」的流放感受

外交部在斷交閉館後，令我暫留葡萄牙觀察三個月時，我曾建議向葡外部交涉我在葡京另設立機構，但外交部電覆毋須交涉，我政府無意在葡京設立類似我駐西班牙民間機構，也未說明原因，我也只能遵命留守。

外交部未指示我留守期間應做何事，因此我決定要對葡國政情觀察，除了特別重要信息隨時報部外，我就按月撰寫葡國的政情報告，包括葡國的政治情勢、政黨活動、外交活動、財經形勢及僑情近況等項，每個月底撰寫完畢於次月一日郵寄外交部。

到了首三個月到期前兩週，我又電部請示核發機票以便安排返國程期，但外交部則電覆繼續留守觀察三個月。如此三次後，我也不再請示。而自第四個月起，外交部除按月核撥我薪津外，另主動加發三百美元作爲雜支之用，也許外交部認爲我每月撰寫政情報告，並於葡國政局有特別情勢發展時即以函電報部，尙有作用，所以不再給我每三個月繼續留守的指示，這也讓我有「蘇武牧羊」的流放感受，尤其三名子女的美國學校費用必須按學年預繳，如果突然調部，豈不就全泡湯？當時外交部尙無子女教育補助費的編列，學費預繳當然是自家的事，我們也只能聽天由命，走一步算一步了。

賢淑明智的淑美與我同心協力，讓我無後顧之憂。我平時也不需辦理一般公務，時間可自行充分運用，因此我們陸續與旅葡僑胞保持聯繫，例如來自東帝汶的鍾老先生夫婦，因其次子服務於葡國陸軍，官拜上尉，在當前軍方掌握大權下，時有若干信息可供參考。而原自香港前往非洲莫三比克殖民地經商的梅老闆夫婦，再轉來里斯本從事進出口及店鋪多年，最近大批旅非葡屬殖民地國家的僑胞陸續逃亡葡萄牙，也常有信息。其他如經營中餐館的陳遠卿老闆娶葡國女子為妻、經營餐廳的香港僑胞厲老闆等，日益交往親密，他們大多是逃避中共而移民葡萄牙，十分關心葡國與中國大陸的情勢發展。

至於原來外交團方面，因人員變動頻繁又頗現實，與我們繼續保持密切聯繫者，僅剩菲律賓駐葡大使館臨時代辦巴氏夫婦，也常餐敘交換意見。而旅西班牙的留學生及僑胞，知道我們一家暫留葡萄牙，也經常來探訪。因此我們夫婦日常生活，除每日讀報研析政情外，也經常於子女上學後、下課前，趁機在葡京及近郊參觀以解悶，同時對目前面臨的處境和因應交換意見。

為了認識生活在葡國的這片土地，我們常利用週末全家出遊，像著名的夏都辛特拉（Sintra）、有美麗海岸線的小漁村卡斯凱什（Cascais），以及稍遠的海邊度假勝地納札雷（Nazare）都有我們的足跡。其中緊靠卡斯凱什漁港名勝地西邊的「地獄之口」（Boca do Inferno），也是我們經常觀賞大西洋日落美景的地點。岩石海岸有階梯可下，在海面上有個黑洞，深不可測，當海浪衝擊時所造成的聲音有如厲鬼慘叫，所以被稱為「地獄之口」。在其上岸邊有塊大岩石，我們常在這塊岩石上靜坐，一面聆聽岸下波濤拍洞的奇特聲音，一面靜靜觀賞波光粼粼的落日奇景，讚嘆上天造景如此美妙，若非世上最著名的畫家，想必都難下筆呈現。

有時也會來個宗教之旅，驅車前往距里斯本約一百三十公里的天主教聖地法蒂瑪（Fátima），參訪著名的聖母顯靈聖母大教堂，一窺葡萄牙的迷人景致。

細說葡萄牙

據說在公元十一世紀，當時西班牙諸王國中的雷昂王國（Reino de León）國王，將公主嫁給法國諾曼第公國（Duché de Normandie）的王子，並將雷昂王國在目前葡萄牙北部波爾多（Porto）及哥因布拉（Coimbra）等地區的部分領土，即在當時西班牙西北部的加利西亞王國（Reino de Galicia）南邊，送給公主當嫁妝，而逐漸造就目前的葡萄牙，所以目前的葡萄牙語與加利西亞方言極為接近；也就是說，葡萄牙語是以諾曼第地區的法語與西班牙的加利西亞地區的方言混合而成，所以葡萄牙語傳統上受法國文化的影響大，直到今天，葡萄牙基本上與法國比較接近，而與西班牙時有摩擦。

葡建國之初，雷昂王國的公主後來與諾曼第公國王子所生的兒子發生戰爭，最後竟為其子所擒，眞不可思議。此外，依記載，葡萄牙的首位國王阿方索一世（Afonso Henriques）

陵墓安葬在葡國科英布拉（Coimbra）大學城的修道院內，而科英布拉大學始建於一二九〇年，為歐洲最古老的大學之一。

以歐陸而言，葡國南邊隔著地中海與北非相望，而在地中海西邊進出大西洋，則由包括西班牙與葡萄牙的伊比利安半島（la Península Ibérica）南角的英屬直布羅陀小半島，與北非大陸西北角的西班牙屬地休達（Ceuta）小半島，兩要塞南北挾制，而直布羅陀又在西班牙領土南端，所以英西兩國數十年來為直布羅陀半島的主權問題糾紛不斷。此外，因西葡兩國的伊比利安半島東北邊與法國南邊銜接為界，所以在第二次世界大戰前，歐洲人士大多認為歐洲大陸並不包括伊比利安半島，當然也不包括西邊隔著英吉利海峽的大英帝國了。

細看之下，伊比利安半島的地圖猶如橋牌K國王面向西邊的側面像。若以面積比例來說，葡國約占西邊的六分之一，而西班牙占六分之五。葡萄牙的位置在國王的眉毛至耳朵前直下到下顎部分，而葡萄牙首都里斯本剛好位於鼻孔下方和嘴舌、牙齒上部之處，下齒部分約在阿爾馬達（Almada）區，而開口處及口腔部分則為特茹（Tejo）河，在上下齒接合處有一座在前述軍事革命的三十多年前，獨裁時期的薩拉查將軍興建一條長達數公里的鋼鐵大橋。

我初到葡萄牙任職時，有位葡萄牙友人駕車載我由里斯本市過橋南下，他幽默說：「這座鋼鐵大橋長達數公里，且分上下兩層，上層是汽車行駛的六線道，而下層為火車軌道，由特茹河南北兩邊分別興建到中間銜接，當初我們不知如何著手，所以就委託美國公司設計建造，可惜美國人笨，只蓋目前這一座；如果是我們聰明的葡萄牙人自己興建，勢必會興建兩條，就不會像現在交通這麼擁擠了。」的確，我很驚嘆這是一座巧奪天工的鋼鐵大橋，我當時覺得應可媲美美國舊金山的金門大橋。

後來我們自行駕車通過多次，也曾特別由河的南岸卡其利亞斯（Cacilhas）碼頭連車搭乘渡輪開回北岸里斯本碼頭，尤其在夕陽西下時渡輪過河或開車過橋，目睹大西洋一片金光閃閃、燦爛壯闊的景致，此生難忘。這座鐵橋於一九七四年四月二十五日軍事革命後，改名爲「四月二十五日大橋」（Ponte 25 de Abril）。

二十世紀末，葡萄牙在歐盟金援下，在里斯本東側國際機場之東又修建一條較長的二線道大橋，名爲「達伽馬大橋」（Ponte Vasco da Gama），以紀念葡萄牙航海家達伽馬，以舒緩四月二十五日大橋的流量。事實上，里斯本附近六十公里半徑範圍內美景名勝甚多，包括歐洲大陸最西角，即在距離里斯本以西約六十公里大西洋海岸的岩石岬（Cabo de Roca），海風很大，但有一個郵亭可加蓋紀念章。

葡萄牙是東西狹、南北長的地形，南北長約八百公里，東西寬平均約二百五十公里。而北、東邊皆與西班牙爲界，西邊臨大西洋的東海岸，因海洋冷流的關係，海水冰冷，少有遊客。而南邊海岸阿爾加維（Algarve）大區，適位在地中海西邊進入大西洋的出海口，即直布羅陀半島以西的海灣，海水溫暖，整個海岸線約二百公里，幾乎全爲戲水沙灘，是葡萄牙全年的度假勝地。

我們全家曾應邀驅車南下到波爾蒂芒（Portimao）海邊，探訪來自臺灣的李小姐，她嫁給德國先生，當時育有一女兒，平時難得有臺灣友人到訪，大家都很高興，尤其是小朋友們。波爾蒂芒鎮距離首都里斯本約二百七十公里，我們也利用這次機會往西約二十公里到葡萄牙最西南角的「聖文森岬」（Cabo de São Vicente）及其鄰近的沙葛雷斯點（Punta de Sagres），該點是葡國號稱「航海家恩里克王子」（Infante D. Henrique）籌劃發現新世界之處，似指到非洲西海岸經麥哲倫海峽，再沿非洲東海岸到東印度群島的亞洲新航線計畫。我們開車再沿海岸往東到首府法魯（Faro）市，中午吃了一頓美味的牛肉大餐。記得我們長子相如當時值十三歲發育時期，一盤牛肉不夠再加一盤，才滿意地眉開眼笑。

第二十章 部令調部辦事

交涉核發禮遇簽證

一九七七年五月間接外交部訓令調我回部工作，並由史克定參事接任，更訓令我向葡國外交部交涉，發給史參事夫婦「禮遇簽證」。這項訓令，我們一則以喜，一則以憂。我們很高興終於可以回臺北家了，但是對外交部兩年前令我臨時留守，根本未考慮我們一家以什麼身分向葡萄牙有關機關申請居留簽證；而如今又要交涉史參事前來接任，是接什麼任？又如何向葡外交部正式交涉發給史參事夫婦的禮遇簽證？還好，我已習慣外交部常有出人意料的訓令，我也瞭解史參事是外交部沈昌煥部長的愛將，無論如何必須完成使命，也只能硬著頭皮再向葡外部大禮官求援了。

當時，中共政權尚未同意與葡萄牙建交，我就準備私函及史參事夫婦有關文件請見葡外交部大禮官玉成。該大禮官表示近兩年來相處融洽，也適時向他提供有用的資料及意見，目前奉命交涉，他表示同為職業外交人員，知道我的苦處，並表示會鼎力幫忙，發給史參事夫婦的「禮遇簽證」。最後，他還私下笑著問我，是否我們全家願意繼續留在葡萄牙，他最近有機會可以協助我們一家五口取得葡萄牙國籍[1]。我含笑感謝他的盛意，但我志在外交，尤其我國正面臨國際困境，我無法棄國他就，他點頭讚許。

不日，葡外部發給史參事夫婦來葡萄牙的「禮遇簽證」，我迅即報部，並請示我們一家的回國機票及程期。外交部也迅速回電，史參事夫婦六月間抵任交接，並望我呈報程期以便核發機票及返國補助費。我們決定在史參事夫婦抵任並安排陪同會晤葡外部大禮官後三天內啓程返國。而需要和史參事移交的只有電報密碼本一套，以及我兩年來的政情報告與函件原稿，並無其他館產可移交。

記得之後回部辦公後約三個月，我在外交部大樓遇見史參事滿顏喜色，承告他已報奉部次長同意核撥專款擬在葡京有大作爲；不意約又過三週，再於外交部遇見史參事則行色匆匆，言詞閃爍，後來才知道他們夫婦是被葡政府要求離境而再回部辦事。

神奇的「法蒂瑪聖母」

返國一事確定後，我與淑美即快速處理海運行李，仍請梅老闆夫婦協助安排船運公司辦理，也著手中辦子女在里斯本美國學校的所有成績單及SAT考試各項資料，以及安排餐敘

1當時葡萄牙在非洲各殖民地及東帝汶等原葡籍華裔人士回葡萄牙甚多，他可以伺機為我們辦理。

拜別里斯本僑胞及外交團朋友。同時，還得處理回國行程和中間行經馬德里、巴黎、羅馬及香港等各站機場的親友接送及旅館預訂等。

在此期間，美國駐葡大使卡路奇（Frank Carlucci）有意請我家老大相如留下來，繼續陪同班兩年的兒子Anthony在葡萄牙的美國學校，以後再一起返回美國就讀，所有費用及手續全由他負責。我們考慮到相如出生周歲即外派駐多明尼加共和國大使館時，獨留他在臺灣陪伴我們的父母，在他心理已經造成影響，如今若又讓他離開我們，則後果將不堪設想，經與相如討論後，決定予以婉謝。約半年後，卡路奇大使也奉調回美國出任美國中央情報局（CIA）副局長再轉任國防部副部長，並於雷根總統時期出任國防部長及國家安全顧問。

在我們要離任葡萄牙前三個月內，我家的私人轎車三度失竊，三度祈求法蒂瑪聖母幫我們找回來，不禁令我回想在葡國兩年餘來，全家人跟天主教聖地法蒂瑪聖母（Nossa Senhora de Fátima）的神奇結緣。

早於一九七二年春，我們駐西班牙大使館全體同仁眷屬利用聖週（Semana Santa）假期，共同租遊覽車到葡萄牙旅遊時即已仰慕盛名，但受限時間關係，未能前往朝聖。其後，我單獨於一九七三年的年底趕抵葡萄牙就職之後，經常在內心裡祈求法蒂瑪聖母能保佑我們全家兩地平安，因此，當我們於一九七四年七月全家來葡萄牙團聚後，即利用九月的一個週末上午，開車出發北上，先到距里斯本一百二十公里左右的巴塔利亞（Batalha）小城休息和參觀該城教堂，適巧遇見教堂舉行婚禮，而且遠看新娘似有鬍鬚，等婚禮結束後近看，發現是眞的長鬍鬚，非常奇妙。

之後，我們沿狹窄山路開車約二十八公里就到了法蒂瑪小鎮。沿途山路看到虔誠的天主教信徒，包括自非洲殖民地戰爭回國受傷的年輕退伍軍人，一步一跪的前往朝聖。我們進入法蒂瑪聖母朝聖地（Santuário de Fátima）大教堂前的廣場，這座廣場約有臺北中正紀念堂前廣場兩倍大，人潮絡繹不絕，還有用大理石鋪成的白色長道供信徒跪行祈禱，場景震撼人心。

自廣場正面向前看到一座馬蹄形的雄偉建築，正中央爲拜占庭（Byzantine）風格的大教堂，兩翼是有屋頂的迴廊和拱門，而在靠近大教堂前有一棵橄欖樹用鐵柵圍起。整座廣場到處是一步一跪叩的信徒，據說有的已經走了幾天幾夜，令人感動。我們懷著虔誠的心情走過大廣場，再進入大教堂，因非舉行彌撒時間，可隨意進入坐在木長椅上，肅靜默禱，祈求保佑。

據記載，一九一七年五月十三日，三名牧童露西亞・桑托斯（Lúcia dos Santos）及其表弟弗朗希斯科・瑪爾托（Francisco Marto）與表妹哈辛塔・瑪爾托（Jacinta Marto）在科瓦達伊利亞（Cova da Iria）地方看見一道強過太陽的光芒後，一位身著白衣的聖母顯靈，要他們告知世人應該祈求和平，避免戰禍天災，並表示到十月十三日之間的每月十三日會有六次顯靈。

露西亞也依聖母所囑，披露三大世界祕密，包括一、二次世界大戰的爆發，並稱兩位表兄妹即將死亡，靈歸天堂，獨留露西亞為聖母及上天向世人傳遞信息。果不其然，她的表弟於一九一九年、表妹於一九二〇年都死於當時大流行的西班牙流感，兩人也於二〇〇〇年五月十三日被教宗若望保祿二世（Ioannes Paulus PP. II）神封為真福品。而露西亞本人則進入修道院，後來成為修女，其間公布許多神蹟，於二〇〇五年二月十三日逝世，享壽九十七歲。

聖母初次顯靈不被重視，被認為是一派胡言，隨後村民參與顯靈場合日漸增多，乃逐漸相信。到了該年十月十三日，即聖母答應的最後一次顯靈時間，包括媒體記者及攝影記者約有七萬人到場。當天原本下大雨，據說有許多在場人士表示，他們看到太陽突破雲層射出色彩繽紛的光芒，還突然像盤子旋轉到地面再回到空中，人們本來全身淋濕的衣服也完全乾了，因此被稱為「太陽奇蹟」（Milagre do Sol），在現場的葡國主要報刊記者也大幅報導，接著天主教教廷也進行調查。

當地人民於一九一九年在顯靈地點建立一座屋瓦石牆的小教堂，此後即以此為中心興建大教堂，直到一九三〇年正式獲得教廷的承認。後經庇護十二世（Pio XII）到若望保祿二世（編按：於二〇一四年封聖）等歷任教宗，都表示接受法蒂瑪事件的超自然性。而聖若望保祿二世更表示，在一九八一年的法蒂瑪聖母節時遇刺，蒙法蒂瑪聖母救了他的性命，此後曾三次訪問法蒂瑪聖母大教堂，並將其體內取出的子彈和他的第一枚樞機指環奉獻給法蒂瑪聖母，這顆子彈也已嵌在法蒂瑪聖母像的皇冠中。

轎車失竊記

自一九七四年九月首次到法蒂瑪聖母大教堂朝聖後，全家幾乎每兩個月必去朝聖一次。我們的轎車平時停在距住處約五分鐘路程的大樓停車庫內，因當天我們在中餐廳有晚宴，就將車子暫停在公寓大樓旁的停車格約一小時，等到我們要外出晚餐時突然消失了；後來赴宴，也將此事告訴餐廳的陳遠卿老闆。

我們這部轎車是在西班牙馬德里買的，買這部車的時機有點怪，因一九七三年三月，西班牙政府宣布與我斷交，外交部令薛大使回國，其他館員均外調，獨命令我暫留守西班牙待命並籌辦成立機構；及至新機構王主任六月間到任，我也未獲調派指示，而王主任也告知沒有我調動的消息，並希望我繼續留任協助，因此原有外交牌照車輛依規定必須處理，我只能臨時緊急尋購其他車輛代步。當時七月間已過購車熱潮，幸好有友人介紹某車行有一部新車代售，全家人去看車，是一部福斯公司的紅色半跑車型轎車，因車型及顏色關係，原有人已訂購，因近期將外調而退貨，但仍為新車，可以優惠價格出售。孩子們都非常喜歡，我們也覺得價格可親，就決定購買。而車行及友人都說我們一家好福氣，能買到這部轎車。

說來奇怪，我們全家對這部車子也愈來愈喜歡，不但性能好，孩子們也覺得坐在車上拉風神氣，尤其到較為保守的葡萄牙，這部轎車也很引人注目，特別是年輕人。一九七七年四月間，我們車子首次被偷後，寸步難行，尚好子女有校車接送，不影響上學。當晚我們全家晚餐後回家煩惱不已，突然有人提議我們除了向警局申報遺失以防壞人利用此作奸犯科引起麻煩外，應該向法蒂瑪聖母祈求協助尋回，因此我們全家虔誠祈求。

次日，中餐廳陳老闆急來電說我們的車找到了，是由另一家餐廳老闆友人一早發現一部紅色轎車整晚停在飯店門口，他們印象是幾名年輕男女所停，該老闆見車門沒鎖，就在副駕駛座前置物箱內找到陳老闆的餐廳名片，於是打電話給陳老闆查詢，陳老闆一聽，就趕緊通知我們前往取車；我們趕到現場，果然是我們的車子，喜出望外。之後，我們也立即向警察局銷案，警方認爲我們的車沒損壞，只是汽油用罄，很可能是被年輕男女「借用」而已，哈！眞令人啞口無言。

我們把車開回車庫，車庫老闆提醒我們要留意，以其經驗，我們轎車的外型和顏色都是年輕人喜愛的，要特別小心。我們也告訴車庫老闆，我們車停在他的車庫並須留存車鑰匙，最近其員工似有更動，是否爲新員工將車鑰匙拷貝偷盜？車行老闆當然不會承認，但表示會特別留意，因該車庫平常都有數十部車輛停放，員工流動率大，又多爲年輕人。隔天剛好是週末，我們全家便開車前往法蒂瑪聖母大教堂朝聖感謝。

五月間，我接到部令調部，並辦理史參事夫婦來葡「禮遇簽證」，同時也與里斯本美國學校洽談子女因須回臺灣繼續就學，必須申請該校核發成績單、相關SAT等成績及所需學業文件。其後也忙於處理海運行李與回國程期機票等事，非常忙碌；豈料在五月底，我因急氣。

著回家拿有關文件辦事，因此將車暫停在公寓樓下不到十分鐘，竟然又被偷了，眞是又急又

當晚全家又誠心祈求法蒂瑪聖母幫忙找車，同時也緊急報警。如此盼了三天，音訊全無後，突然有找到車子的預感，立即告知淑美及子女，大家也都很期待。果然不到一小時，家中電話響起，警方在距離家六公里的地下行車道發現我家轎車，也是汽油用罄，違規停放，被交通警察查獲，要我盡速前往警局同往查證帶回，並稱最近有一批年輕人經常竊車遊蕩，警方查獲多起，會繼續密切查緝，我們當晚全家喜不自勝。

次日，子女上學後，我們上午再駕車前往法蒂瑪聖母大教堂，向聖母叩謝庇佑。回家再與車庫老闆談及此事，他覺得我們運氣眞好，也知道我們即將返國，試著問我們是否願意賣車，因爲他的大兒子很喜歡我們的車，我們回以只要價格合適可以考慮。六月上旬談妥價格，不過我們回國程期決定在六月中旬，還有很多事情必須處理需要用車，車庫老闆認爲沒問題，如果返國之前需錢應用，願意預付車款。我們感謝他的美意，但表示還是交車時付款較佳，其後數日，我們車開得格外小心。

有天傍晚，我們全家外出晚餐與友人道別，我因有急事在外面處理結束後，返家接家人赴宴，當時沒有手機，所以返抵家門後上樓叫家人，就如此短短十幾分鐘，待我們下樓，車子又不見了，眞是太奇怪了！我當然立即報警，因治安日漸敗壞，假如不幸遭人利用此車運毒犯案，在返國前受到牽連，曠日廢時，脫不了身則更倒楣。我們不願破壞友人歡送美意，

表示錢財乃爲身外物，能盡快回國已是幸事。我們回家當晚全家再度誠心祈求聖母幫忙，但不存奢望，並感謝前兩次找回失車。

次日，設法定下心來，整理行李並繼續處理待辦的事，子女仍須上最後一天的課程。我和淑美互相安慰，當然心情未免不甘。下午在家難免時時祈求聖母，我們又突然心有所感，似乎失車又被找到了。不久，小孩下課返家，淑美爲他們準備點心及晚餐，突然家中電話又響，全家緊盯著電話，心存最後希望；果然又是警方來電表示剛剛接獲同仁訊息，他們在Benfica鬧區路旁看到三、四名年輕男女正要上車，警方發現這輛紅色轎車曾有報案紀錄，立刻趨前盤查，這群青年立刻警覺一哄而散。警方於是打開車門，看到車內前座有一大串車鑰匙，並有女用皮包，他們依規定不能搬動，一經查車型車號，知道是我們昨日報案的失竊車輛，即請我們立即前往確認，並告知明確地址。

我們馬上搭計程車趕到現場，確認是我們的失竊車輛，但車上女用皮包及一大串車鑰匙並非我們所有，我們也不願打開，於是請警方保管，當場辦妥有關手續，並檢查車輛絲毫無損，一再感謝警方的辦案效率，之後將車開回車庫。看到車庫老闆仍在，當即告知此事，並約好隔天我們赴法蒂瑪聖母大教堂朝聖回家後，約於下午兩點在車庫交車，一手交錢一手交車。車庫老闆立刻同意，並盛讚法特瑪聖母靈驗，也恭喜我們竟有如此難得的幸運。

親眼目睹奇景

次日適逢週六，我們吃過早餐後，全家驅車前往法蒂瑪聖母大教堂。將近上午十時半左右進入教堂，心存感激，靜坐在長排木椅上默禱，不久奇景出現，眼前突見一道強光，透過教堂狹窄的彩繪玻璃照在聖母像的皇冠上，再緩緩映在聖母慈祥的面貌上，光彩耀眼，接著逐漸下移到聖母的白衣袍及腳底雲座，前後約有數分鐘。我們每個人被眼前這一幕震撼，不禁感動流淚，怎麼會如此巧合？

據說一年只有數日上午在某個時段，陽光才能由窗戶直射聖母聖像數分鐘，如今親眼目睹，令人難忘，這是否為聖母顯靈呢？我們繼續靜坐默念祈禱感謝三度找回失車，也希望今後繼續庇佑我們全家。全家人懷著感恩的心，依依不捨離開大教堂，因為此次離開葡萄牙，不知何時才能再來朝聖[1]。

我們離開前，女兒育如希望買一尊與教堂聖母像同型的法蒂瑪聖母聖像，全家人都贊同。之後育如隨身攜帶這尊聖母像，自回臺北上聖心初中，再到哥倫比亞上聖心高中，以及委內瑞拉美國學校高中，其後又到美國上威斯康辛大學及美國南加大MBA研究所，以至洛

1 我們於一九九七年底任駐西班牙代表兼駐葡萄牙代表時，我們一抵里斯本任所，即刻趕往法蒂瑪聖母大教堂朝聖，當時自里斯本已有直達的高速公路，更為便捷了。

杉磯及紐約就業，均隨身攜帶不離身。我們當日自法蒂瑪回到里斯本即直接開往車庫，與車庫老闆交車收錢，完成交易。我們永遠記得這部轎車跟我們四年，最後竟演出三失三得的奇蹟，非常感念法蒂瑪聖母的庇護及協助。

盡享友誼盛情的歸程

我們約於一九七七年六月二十日自里斯本搭機返國，程期已在啓程前電呈外交部。記得在里斯本國際機場，與歡送僑胞及當地友人難分難捨，最後航空公司派人催促告知飛機起飛在即，卻不見我們人影，幸好我們是一家五人，所以立即派車將我們送至停機坪，上機後立即關機門起飛。短短不到一小時，即飛抵馬德里國際機場，親朋好友又是一大批在機場歡迎。事前他們說會安排，不用訂旅館，結果就安排我們先住梁君午及歐陽湘伉儷的家。

回想我們以前在西班牙的家，曾經是歐陽湘新婚的娘家，他們又是小兒晏如的乾爸乾媽；而淑美能進入「馬德里皇家藝術學院」深造及完成學業，全有賴梁君午的鼓勵鼎助，至今四十多年仍保持密切聯繫。其時梁君午夫婦雖完成學業，仍在以作畫謀生階段。他是當年在臺北工專就讀時，依其才華獲得蔣經國先生賞識而來西班牙深造的；我們此次經過時，他仍繼續爲以後懸掛在臺北市中正紀念堂內的國民軍革命事蹟十多幅大型油畫創作階段，國內所給的費用有限，但作畫所需基本材料如畫布、原料、畫筆等均極爲昂貴，所以他們平時節儉省用，以期完成使命。

我們相識已六年，感同身受，當晚我們等三名子女入睡後，兩對夫婦交談至深夜。我們表示此次奉命回部，部內並無職務安排的任何信息，一切聽天由命，天應無絕人之路，而他們也刻苦努力，開創前程。最後，我們彼此互勉。此時我們發覺有一幅似以歐陽湘背部為景的油畫創作，他們才告訴我們：「為了今後生活，我已獲馬德里某畫廊老闆同意試賣我的創作，但目前還沒能力僱用模特兒，所以由歐陽湘為創作初期的模特兒，先試著以背面作畫。」

這幅似為梁君午的首幅作品，我們聽了非常不捨，而歐陽湘身材高䠷優雅，面貌純美，無論才貌均為首選。我與淑美商量後，表示我們非常喜歡這幅作品，因為存款有限，請同意以一千美元價購，這差不多是我當時的月薪了。他們一時不知如何回應，但在我們懇求下終於感激同意，彼此互釋善意，我們捨不得歐陽湘為模特兒的油畫被賣，而他們也實在為生活謀生不得不做此安排。

這幅畫一直放在我們身邊，直到一九九〇年女兒在紐約華爾街工作，我們在紐約買了公寓，就掛在公寓牆上，為室內增色不少，並資紀念。我們在馬德里僅住兩晚，但僑胞和留學生均盛情邀宴歡聚。隔天他們都到機場歡送，這次我們未驚動辦事處，實際上也沒有多餘的時間了。

下一站是巴黎，也是住兩晚，除了接受大學同學的照拂，後來辦事處得知也熱心接待。

我們遊歷了協和廣場、塞納河、羅浮宮、聖母院以及凡爾賽宮，都是驚鴻一瞥，不知何時再來。接著到羅馬，也停留兩晚。我們參觀羅馬市政廳、圓形競技場、許願池，以及到梵蒂岡城國的聖彼得大教堂，一路走馬看花，也不知孩子記得多少？

其後飛機經停巴基斯坦的卡拉奇（**Karachi**）國際機場直飛香港。在香港有政大外交所同學的外交部羅致遠祕書接待，他堅守香港十多年，因局勢關係無法派人接替。羅致遠兄安排我們住九龍半島的富都酒店，這是僑界名人徐亨先生所創，既安全又方便。羅兄接機時告知，外交部因不知我回國行跡（可能我沿途不麻煩外交部駐處同仁而未獲報），訓令他如有我的消息立即電部，所以我們抵香港當天，羅兄立即電部告知我們將依之前所報程期班機如期抵臺。

此次外派西班牙和葡萄牙剛好滿六年，是該回家的時候了。

第五篇

再度臨危受命

隔天，幸有我駐哥漁技團人員自駐地卡達赫納結束準備他調，途經波哥大，發現我一個人獨自焚燒卷宗，當瞭解實際情況後，立刻加入幫忙焚燒卷宗。原來官邸存在數十年，歷任館長只知住宿，似從未聞問，因此檔卷堆積如山。總算皇天不負有心人，在我們同心協力下，終於在三月八日結束清理工作。

如非奉命留守交涉，必須忍耐；否則當時真恨不得一把火把官邸及館車都燒了。

感情豐富的畫家吳炫三與我們結緣於西班牙，友誼歷久彌堅。

第二十一章 出任中南美司副司長職務（1977~1980）

被當活棋，伺機待動

我們飛抵臺北松山國際機場時，外交部除歐洲司同仁外，意外竟有人事科一名科長到場迎接，該科長告知錢復次長要我於當日上午盡速到外交部報到，並立即到錢次長辦公室有事相商，這點倒是有點意外。所以我們先回到臺北市漢口街紐約大飯店岳家，我略事盥洗後即刻趕到外交部，先到人事處報到，並由該科長陪同到錢復次長辦公室。

錢次長先表慰問之意與熱烈歡迎回部歸隊後告知，經與沈昌煥部長、楊西崑政務次長商討決定，即日發表部令由我接任中南美司副司長職務，並當場以電話告訴桂司長，也要我一小時後陪同巴西眾議院訪問團晉見部次長，當晚還參加部次長晚宴。

錢次長交代完畢後，又叫我坐下交談十多分鐘，他說：「這幾年兩度讓你分別在西班牙及葡萄牙留守，實不得已，因部次長認為你是顆活棋，一時不知如何調派，而西班牙及葡萄牙分別斷交閉館後，為期存續，還有待交涉，而你刻苦耐勞、負責任，又有談判經驗，雖然對你個人而言可能有所不公，但這也是磨練的過程，尤其在葡萄牙暫留期間，你每個月自動自發寫政情報告，詳盡分析的內容頗具參考價值，因此才要你繼續留守，伺機待動。目前我國須積極推展對中南美洲國家的外交活動，所以經與沈部長及楊次長商量後，決定調你回部擔此重任，因桂司長年紀已大，需要年輕有活力的幹才配合。」

聽完這些勉勵的話，也解開數年來在我內心的困惑，無論如何，一切遵照長官交代行事。我旋即到中南美司向桂宗堯司長報到，徐斌副司長也於同日發表調任駐薩爾瓦多大使館參事。徐副司長是外交先進，在大陸南京時代已是名記者，之後進外交部工作。十年前，我自駐多明尼加大使館三等祕書調部擔任條約司專員兼代二科科長職務時，他獲臺北市私立銘傳專科學校包校長禮聘初創該校觀光科，曾聘我擔任觀光科法律課程教席近四年，非常感激。

返家後將詳情告訴淑美，她也甚感欣慰。

培養語文人才的長年之計

當時中南美司有司長、副司長及幫辦各一名，我到任後就未再任命位階副司長的幫辦。中南美司下轄三科，第一科主管中美洲及加勒比海地區各國事務，當時由巴拿馬調部的吳仁修一等祕書為科長；第二科主管南美洲各國事務，科長由智利調部的藍智民二等祕書擔任；第三科主管中南美洲及加勒比海地區各國的技術合作及有關業務，由王旭晨專員任科長。不久，本司科長也略做調整，一科吳仁修科長外派，由二科藍智民科長接任，而二科科長則由南美地區調部的二等祕書蔡德三接任。

慮及當時西班牙語文人才缺乏，已有斷層的現象，因此我接任副司長職務後，鑑於外交部有指派報考法語新進人員到比利時接受一至兩年的法語進修，而報考西班牙語卻沒有。針對這部分，我極力建議並推薦報考西班牙語新進同仁的一科郭永樑和二科柯森耀科員，前往中美州哥斯大黎加進修兩年西班牙語文，由駐哥斯大黎加共和國大使吳文輝督導。

本來，部次長曾顧慮到中南美司工作增多，而人員已經不足，我則力陳培養西班牙語文人才是長年之計。最後部次長勉強同意，並表示我們要負責推動中南美司工作，不能以人員不足當藉口而有所怠慢。往後，特考西班牙語文新進同仁即開外派深造西班牙語一年之例。而上述郭、柯兩員後來也沒有辜負期望，二十年後均屬中堅幹部，曾擔任中南美司司長及駐外大使及代表職務，柯員並擔任次長職務。

中南美司內部人員及工作推動，在司長桂宗堯大使的領導下逐步進行調節，業務也在司裡同事努力工作下順利展開，部次長也日漸重視與支持中南美洲地區工作。

馬不停蹄專訪中美洲六國

到任中南美司一個多月，奉命單獨前往中美洲六國為期三星期的考察，以加強對該地區的認識，作爲推展工作的參考。錢次長說這是部次長的特許，行程及目標由我自己安排，事後提出完整的考察報告。我決定去程在洛杉磯過一夜，其餘每個國家三夜，回程在洛杉磯再過一夜。由於時差關係，返回臺北正好是二十一天。行程既定，家裡安置及子女安排則請淑美偏勞，我即日啓程。

此行目的在考察瞭解，著重與我各大使館同仁交換意見、聽取當地政經各方面發展近況，以及農、漁技團的工作與成績；至於與當地官員拜會則非重點，當然各駐在國大使倘能提出意見更顯重要。

首日上午自臺北搭乘中華航空班機飛抵洛杉磯，承蒙我進部初期在情報司擔任幫辦的老長官劉達人大使接機，並陪同旅館共進午餐，對我近十五年來的工作情況表達關切鼓勵，每思及劉大使在我們剛進部期間的提攜磨練，以及設法爲我們在公餘之暇尋找翻譯工作以增加收入，無比感激，他永遠是笑容可掬，親切待人。回程經洛杉磯過一夜，又蒙劉大使接待。

次日上午搭機前往首站瓜地馬拉（Guatemala）首都瓜地馬拉市停留三天，突遇半夜大地震，造成相當的災害。而駐瓜武官處張連元空軍中校曾在家中招待水餃大餐，他是我一九七一年外派駐西班牙大使館工作時，國防部所派陸海空三軍各一名學員的空軍學員，他當時是少校。我也去參觀附近的古城安地瓜（Antigua），頗具古文明特色。

之後再往薩爾瓦多（República de El Salvador）首府聖薩爾瓦多（San Salvador）三天。薩國雖爲中美洲最小的國家，但工業發展快速，工業產品分銷中美各國，而總部設於薩爾瓦多的中美洲航空（Lacsa），航班連接中美洲各國及美國，且首都的大賣場規模相當大，可能是美商投資或合資。某日中午在大使館時，首都突然發生大規模槍戰，據說是游擊隊所爲，足見當時治安已不穩定。

接著到尼加拉瓜（Nicaragua）首都馬納瓜市（Managua）三天，看到首都市容殘破，滿目瘡痍，據說是一九七二年十二月的大地震重創造成，當時首都人口約十萬人，有兩萬人死亡，將中美洲美麗的城市瞬間化爲烏有。據說原本大多是五層樓房、紅瓦白牆的繁榮市容，地震後，只剩市中心的中央銀行十層大樓及金字塔形的洲際大飯店（Hotel InterContinental）兩棟屹立未倒。在尼加拉瓜時，北部山區已有游擊隊活動猖獗，我農技團人員均撤守首都附近，且首都氣候炎熱，館內同仁極爲辛勞。

繼續前往哥斯大黎加（Costa Rica）首都聖荷西（San José）停留三天。哥斯大黎加海拔較高，素有中美洲的「小瑞士」稱譽，社會安定，市貌完整，較前三國進步。

下一站到巴拿馬（Panama）首都巴拿馬市三天。巴國近赤道，溫度高，但有巴拿馬運河區所帶動的繁榮，看到靠近美軍特區及運河區的黃昏景色，倒是有世外桃源的感覺。巴拿馬首都地處巴拿馬運河在太平洋端的出海口，另在巴拿馬運河靠近加勒比海的河口一端則有該國第二大都市科隆（Colon），我國設有總領事館。科隆市容有些雜亂，治安較差，但爲該國重要的商港。

巴國另一特色則爲當地貨幣一概使用美元，也因此促成巴拿馬市成爲地區性的國際金融中心。我到時，巴拿馬政府正與美國政府談判巴拿馬收回巴拿馬運河主權的「巴美條約」（Torrijos-Carter Treaties）尾聲，該條約是一九七七年九月七日美國卡特（Jimmy Carter）總統與巴拿馬強人托里霍斯（Omar Torrijos）將軍簽署，也因此民心高漲，舉國歡騰。我自巴拿馬市搭乘巴拿馬航空公司（Copa Airlines）前往最後一站宏都拉斯（Honduras），飛行途中降停哥倫比亞屬地的加勒比海觀光勝地聖安德列斯（San Andrés）珊瑚島。

最後飛抵宏都拉斯首都德古西加巴（Tegucigalpa）。宏都拉斯比起哥斯大黎加、巴拿馬、瓜地馬拉、薩爾瓦多等國顯得落後，首都日夜溫差大，最大商鋪是當地華人所經營，華商勢力雄厚。我也參觀駐宏漁技團在太平洋沿岸的豐塞卡（Golfo de Fonseca）海灣養蝦業有成，但卻分別為東北段的薩爾瓦多、中段的宏都拉斯、西南段尼加拉瓜三國共有包圍的海灣。我在宏國段海灣的駐宏漁技團所在地，可遙望右段的薩爾瓦多海岸及左段的尼加拉瓜海岸，所以偶爾三國會發生海灣主權之爭。此外，宏京機場的跑道狹短，經常發生風雨來襲時，飛機降落而滑出跑道的意外事件，頗令旅客提心吊膽。

我於中美洲六國考察行程完畢後，回到臺北第二天即提出完整的考察報告，並初步提出改善建議呈報部次長鑒核。

恢復中南美洲地區使節會議

經過數月的工作，我深感中南美洲爲政府今後推展外交的主要地區，但多爲外交部與各館處的單線作業，而非整體作戰。仔細一查，外交部已有十多年未召開中南美洲地區使節會議，缺乏整體協調推動工作的管道。所以，我大膽建請部次長及桂司長盡早恢復召開「中南美洲使節會議」提議。由於此事牽涉甚廣，除了外交部所派大使及總領事的人員外，也涉及其他部會，例如經濟部、國防部、教育部、行政院新聞局、農委會等駐外人員是否也參加的問題。

此外，在召開中南美洲使節會議的同時，除主持會議的外交部部長、次長外，其他相關部會首長是否要列席，也須呈報行政院及總統府，敬請總統及行政院院長頒發訓詞等，當然也涉及龐大的預算經費，必須由外交部呈報行政院核撥專案經費以資支應，可以說是茲事體大。最後經過多方協調，此項建議終蒙層方核實確有需要，並須盡早舉行，讓整個中南美司動了起來。

我再搜尋舊有檔卷，雖然所留卷宗資料不多且已久遠，但有前例可參考，最後決定於一九七九年在哥倫比亞共和國的卡達赫納（Cartagena）舉行。該市爲加勒比海的海岸勝地，除了特有的歷史文化，觀光旅館設施完善，而在該市也設有駐哥倫比亞漁業技術團，有當地的人力支援。

卡達赫納是由西班牙遠征軍司令埃雷迪亞（Pedro de Heredia）自一五三三年六月一日於卡拉馬里（Calamari）小漁村首建軍營開墾發展而成，十七世紀西班牙國王核准該港可進行奴隸貿易。但是到了一八一一年，該城在哥倫比亞爭取獨立過程中出力甚多，且是第一個向西班牙宣布獨立的城市，不久西班牙派兵征伐。到了一八二一年再度成爲哥倫比亞向西班牙宣示獨立的第一個城市，迄今仍爲重要的貿易及漁業城，而舊城區的聖費利佩（San Felipe de Barajas）城堡，是西班牙殖民期間建造的最大軍事堡壘，完成於十七世紀，錯綜複雜的地道防禦工事仍保持良好。

一九七九年六月，我國「駐中南美洲地區使節會議」在哥倫比亞的卡達赫納順利舉行。由外交部政務次長楊西崑主持，國內各部會派次長級的副首長參加，總統及行政院院長均頒訓詞。包括我國派駐各國大使、總領事與代表處代表、辦事處處長、農漁技團團長、各經參處、新參處、武官處等主管出席參加，陣容龐大。我是主辦者，當然另派幾位中南美司同仁協辦。事後，我也陪同楊次長飛至哥倫比亞首都波哥大（Bogotá）拜會哥外部等相關首長。

往後，每年或每兩年繼續召開此類使節會議。

新進同仁口中的「小鋼砲」

一九七八年八月，多明尼加共和國總統大選，多國革命黨（PRD）總統候選人古茲曼（Antonio Guzmán Fernández）當選新任總統，接替已擔任總統十二年的巴拉格爾總統職位。政府特派行政院副院長徐慶鐘博士為特使，率領慶賀特使團前往慶賀，我被指派為特使團顧問，陪同徐特使伉儷出發，途經舊金山及紐約，回程則循原路再經夏威夷，並接受美國太平洋海軍總司令接待，參觀軍港軍艦。

此行對我個人而言具有特別意義。一九六五年多國內戰，美國立即派軍介入並促由美洲國家組織主持該國一九六六年大選，選出巴拉格爾總統。各國均派重量級政要為特使，其時美國特使為韓福瑞副總統，由國務卿范錫陪同；而我國則派我常駐聯合國常任代表劉鍇大使為特使，原駐多國的劉增華大使為副特使，當時我在駐多大使館三等祕書任特使團祕書，參加巴拉格爾總統的就職典禮，曾握手致賀，現在結束十二年任期卸任之際再度握手，倍感榮幸，當然也向新任古茲曼總統握手致賀。其後，古茲曼總統指派其胞弟為多國駐中華民國大使，表達對我友誼的重視。古茲曼大使抵臺北任所不久，即大力在臺北及香港推動鼓勵港臺人士移民多國投資計畫，並出售多國護照，引人注目。

擔任中南美司副司長兩年半期間，據說當時新進同仁對我單刀直入的積極任事作風，在背後幫我取「小鋼砲」外號，直到二〇一八年卸任政務次長及大使職務的董國猷大使在臺北賓館退休使節餐會中，當面跟我提起這件事，我才知道……哈！不知這個外號是褒還是貶？

解決住家與子女教育問題

我們這次調動回到臺北後，立刻面臨無家可歸的問題，因爲在一九七一年出國時，已把基隆住家出售了；而爲了三名子女教育問題，淑美是不贊成申請外交部的北投宿舍。我因忙於公務，一切都由淑美安排。我們初期回臺北，當然暫住岳家的「紐約大飯店」。後來淑美跟其父母商量，我岳父說在臺北火車站後站近華陰街有一間年久失修的日本舊宿舍可暫借住，淑美看過後，慮及此處便利子女上學便答應。因宿舍老舊，院子雜草叢生，淑美馬上僱工清理庭院並修補房屋，備極辛勞，手腳都破皮受傷了。豈料等一切修理就緒，岳父竟將其出售，並請我們改住中山北路國賓大飯店對面的巷弄內舊房子。淑美雖然心中不快，但仍然忍耐再次修繕入住，因距原住華陰街不遠，也不影響子女上學。

住家決定後，立即安排老大相如就讀靠近臺北火車站的市立建成中學初中三年級，距家很近。老三晏如則安排在外交部附近的臺北女師附小四年級，與金樹基大使的小女兒同班，每天早晨跟我一起走路上課，下課後自己步行到外交部三樓我的辦公室等我，原則上一同走路回家；假如我因工作忙或晚宴則另安排他回家。

至於女兒育如的教育問題最麻煩，她聽得懂國語、臺語，但不識中文，而她初步被分配到臺北市民夢寐以求的市立金華女中初中一年級。但淑美認爲該校雖好，育如必定無法適應，爲此淑美多方設法，終於獲得淑美的義父監察委員王澍霖先生伉儷的協助，就讀臺北縣八里鄉的私立天主教聖心女子中學初中一年級。該校由天主教老修女主導，有愛心，而王委員爲聖心女中董事長，安排入學沒問題，僅須將育如戶口遷入臺北縣即可，這點也很快解決。

接著便是該如何協助子女上課與跟上進度的問題。最沒有問題的當然是老三晏如，天生樂觀又喜歡交朋友，學校師生因他剛自國外回來，國語原則可溝通，中文就由老師從頭耐心教導，同學也樂意幫忙。

老大相如就沒這麼容易解決了。他本來以爲回國上學，英文程度比同學好，數學也很拿手，所以可全心專攻國文。哪知道，臺灣一般現象（尤其升學較佳學校），大多在初二時將初三課程教學完畢，初中三年級都在複習初中課程。英文必須依標準答案才算對；至於數學，相如說臺灣的解說太複雜更難懂，而國文課老師則嫌相如寫字太慢與潦草，以致相如信心備受打擊，愈急愈難，導致頭長熱瘡，健康欠安。爲此，淑美親訪校長，說明相如因剛自國外回國升學，中文書寫沒經過正規訓練，程度自然不能與國內同學相提並論，請校長及班上老師諒解，並請校長勸導相如不要對自己的課業操之過急，以免有害身心。

之後，校長親自對相如循循善誘，也告知各科授課老師注意，並改請有美國學校背景的陳老師為班導師，續予輔導。經過這樣六個月，相如逐漸跟上進度，陳導師也鼓勵相如發揮在美國學校自由思考的訓練方式，在作文創作上發揮所長，有助提升相如的國文寫作興趣與能力。所以在初三學年畢業後參加高中聯考，成績已達成功高中標準，後來加上外交人員子弟由國外返國就學在一年內的加分規定，相如順利進入臺北市立建國中學高中一年級。

好朋友永遠可擠在一起

我們返國之初，吳炫三夫婦及兩名子女常來探望，常於週末帶兩家共九人擠他的金龜車出遊。他常說：「好朋友永遠可擠在一起。」車子真的不大，但我們兩家人也擠得進去。他會特別選在週末黃昏時刻，駕車到他的母校淡水中學欣賞淡水河的夕陽美景。說來有緣，我們於一九七一年派在駐西班牙大使館工作，我們家成為留學西班牙的同學之家，我們與當時的留學生年齡相仿，尤其淑美隔年考入「馬德里皇家藝術學院」深造，而吳炫三也巧於此時進入該學院進修，大家個性相近，觀念無隔閡，我們三名子女跟這些留學生叔叔阿姨更像一家人。

吳炫三才氣橫溢，經常有神來之筆，他於一九七三年在馬德里近郊小鎮所畫一幅深夜教堂景物小油畫，非常出色，他也慷慨贈送我們夫婦留念，此幅珍貴小畫與我們夫婦相隨至今四十多年，常掛在我們西班牙、葡萄牙、委內瑞拉、尼加拉瓜及義大利，乃至臺北的官舍和住家（著名畫家吳炫三原則上不贈畫，以堅守聲譽，保障客戶的權益；我們雖是至交好友，但從未主動要求贈畫）。

我記得在一九七三年秋的某個晚上，吳炫三行色倉皇趕到我們在馬德里的住家，因有特殊情況必須借用我家電話打回臺北，我們夫婦立即讓他單獨在我們臥房打長途電話，結束後，他告訴我們須設法次日購買機票趕回臺北，因爲他多年的女友緊急住院中。

我們聽了很訝異，先安慰他靜下心，接著問：「那麼學校的課該怎麼辦？」

「我也顧不了那麼多了。」他說。

吳炫三的感情豐富，人緣極佳，我們常說他感情如泉湧，個性猶如大畫家畢卡索。此後數年，我們由西班牙轉至葡萄牙到現在返國已有四年未見。後來得知他回國不久，就與多年女友李旻芳小姐結婚，後來我們都暱稱吳太太爲「皮蛋」，有兩個年幼子女，老大男生吳依伸，我們喚他「吳醫生」；老二女孩吳吉娜，我們用臺語發音叫她「有錢人」。他們夫妻很熱心，經常來看我們，並瞭解我們的居住情況，尤其淑美爲整理舊屋而受傷，他們非常不捨。

幾個月後，他們說：「我們在石牌榮總附近買了一戶公寓剛完成交屋，我們暫時不會去住，雖然還沒裝潢，但比起你們現住的屋況好，交通也方便，請務必接受我們的好意，立刻搬進去住吧！」還沒等我們確認，便不由分說地開車來搬家了。

我們當時處境艱難，只好接受他們的美意，盡速搬進去住，這樣便解決了女兒到臺北縣八里鄉私立聖心女中的上學問題。由於育如諳中文，只會聽，不會寫，原本該校周校長執意要女兒從小學基礎學起，此點引起淑美極度不滿，親赴學校與校長據理力爭，認爲語文僅爲教學工具，不能以中文識字程度來決定上學的年級，更何況育如在葡萄牙美國學校已經完成小學課程，並有成績單爲憑；後經孫姆姆老修女協調，同意就讀該校初一，但是第一年走讀，初二才開始住校。

往後，育如白天在學校上課，晚上回家由淑美依課本配合教學，並同時學習中文；而學校也安排有美國學校經驗的陳導師在校協助，例如一年級時，學校考試先用口試，再由陳導師代爲塡寫的方式。我們搬至石牌後，育如早上自住家走路到石牌火車站搭淡水線火車到關渡站下車，接著步行到關渡渡船口轉搭渡輪過淡水河至對面的八里鄉渡口後，再走路到聖心女中；下課後，育如再依原路線回家，如此初一搭乘車船往返上課，備極辛苦，她總是默默承受，從未叫苦，卻令我非常心疼。而老大相如則早上到石牌車站搭淡水線火車到臺北火車站，從後車站出口很快就到建成國中。至於老三晏如則改到石牌國小上課。如此，承蒙炫三夫婦美意，解決我們的困境。

一九七八年六月學期結束，吳炫三夫婦又以房子須裝潢的理由告訴我們：「石牌的房子另有用途，請搬到我們在敦化南路的大樓，好嗎？」該棟白色大樓的樓下爲咖啡廳，第三層樓爲吳炫三夫婦所有，其餘則爲大樓建商謝老闆的住家，環境單純安全，交通更爲便利。這是一棟豪宅，美輪美奐，這般好意實在讓我們無以回報，簡直比自己親人還好。他們這次也是不容我們推辭，直接又派車來搬家，我們內心十分感激。

新家由淑美布置妥當後，子女新學年也開始。新家靠近敦化南路及忠孝東路四段的交叉口，公車非常方便。長子相如升上建國中學高一，附近有公車直達學校；女兒育如升上聖心女中二年級開始住校，班上同學也有劉伯倫大使的女兒相伴。每星期一清晨，由我陪同坐公車到北門的公路局，再搭車前往臺北縣八里鄉站，之後走到聖心女中很近；每星期六下午，午餐後再搭公路局車回到北門站，也是由我到車站接她轉北市公車回家。至於老三晏如，則改讀臺北市立敦化國小，距家不遠，步行上下課，主要由淑美負責。我平時上班更方便，有公車直達。一切都拜吳炫三夫婦的好意，永遠心存感恩。

我們此次回臺的生活總算安定下來，新家也常有親友貴客臨門，其樂融融，大家都盛讚吳炫三夫婦對朋友的情誼非常難得。

第二十二章　外交重擊下的應變

臨時奉派赴哥倫比亞救急

一九八〇年二月八日，哥倫比亞共和國宣布與我政府斷絕外交關係，同時與中共政府建立外交關係，並且限定我國所有外交人員必須於一個月內，即同年三月八日之前離境，所有館產包括大使官邸及館車，必須完整交由哥外部轉交中共政府，條件極為苛刻，這對外交部，尤其中南美司是一大重擊。

當時我駐哥倫比亞大使館為大館，由重量級大使沈錡坐鎮，除了政治參事及數位祕書外，還有經濟參事處、新聞參事處及武官處，並另派駐哥漁業技術團。沈錡大使力爭無效，我政府也決定宣布與哥國斷交，關閉大使館及所屬經參處、新參處及武官處，並裁撤駐哥國漁技團；唯一獲得同意的部分，是我大使館人員兩、三位，必要時可於離境三個月後，以私人身分重回哥國。因此，部令撤離所有人員，並令政治參事章德惠及三等祕書許洪濤兩人轉赴巴拿馬，暫停三個月後再回哥國首都波哥大，他們的眷屬則暫留波哥大；另外，大使館主事周深煙因非正式外交人員，所以可留守波哥大任所。

至於外交部擬在哥國首都籌設非官方機構一事，到二月底仍不得要領。鑑於沈錡大使交涉無望，且我人員須於三月八日前全部撤離，至感失望，而沈大使也決定於二月二十八日或三月一日離任。

最後外交部部次長於該年二月二十五日決定，由人事處以處函發表「派中南美司副司長林基正前往哥倫比亞公幹，爲期三個月」，並於同日召見我立即準備單獨緊急前往哥倫比亞處理事務。因爲是臨時決定，我立即趕辦前往哥倫比亞的我國普通護照，並請哥倫比亞駐華大使館立即發給我赴哥倫比亞禮遇簽證，效期三個月等手續，當時哥倫比亞駐華大使與我友好，對於斷交之事，他表示事前毫無信息，就其個人而言，也深表遺憾。

由於二月只有二十八天，我看航班最快只能於三月三日自桃園搭華航班機出發，而沈大使也於該日凌晨搭華航班機抵臺；我在桃園國際機場迎接沈大使，並請示有何交辦事項，但無明確指示，我知道這次又是一件救急苦差事，必須自我籌劃與臨機應變。沒有想到此次奉派出國，並非外交部正式部令，只憑人事處一張處函，而且於結束哥國任務後，又被派往駐委內瑞拉代表處接任代表職務，人生際遇實在不可預測。直到一九九〇年三月三日回到臺北接新職務，這一去竟是整整十年，此爲後話。

申請公教人員公寓風波

我在民國六十八年曾參加外交部簡任職人員分配行政院公教人員公寓計畫，必須符合未曾居住部內宿舍及公務貸款購屋等條件，外交部簡任職人員經核定包括我在內共四名參加。此次行政院興建公寓有南港中央研究院附近、通化街及臺北工專附近的建國南路等三處，年底經初步由外交部代表抽籤，抽到中央研究院附近外交部共兩戶，由房金炎及葉家格獲得；我則抽中通化街一戶，在建國南路工專附近由趙再興抽得。因此，我跟淑美曾於年底到仍在興建中的通化街公寓群參觀。

該處是由兩位將軍住的日本宿舍用地改建，一共建八棟四樓公寓，而其中一棟爲簡任級人員，其餘七棟爲薦任及委任級人員。我們參觀已完成架構的簡任級人員公寓，分爲兩門號，該棟中間二、三、四樓共用一個大門，中間設有樓梯，左右各四戶。據說一樓的兩戶將分配給原住戶兩位將軍的家眷，該工程由榮工處負責興建，因此應該不會有偷工減料之事。我們看中二樓中的一戶，後來由主辦單位依抽籤方式決定，而我們獲得的正是淑美心目中理想的那一戶。

豈料，在我因公務出國期間，差點被別有用心的人事處某科長爲了取悅長官，藉我奉派出國的理由而「搓掉」，幸好被總務司副司長張鴻藻兄路見不平，暗中設法通知淑美，淑美再經高人指點，直接緊急致函外交部朱撫松部長申訴：

該公寓已決定分配給林基正，今因中哥斷交，臨危受命趕赴哥倫比亞救援，卻遭人以外派為由擬竊取我們應得的權利，如成事實，將無天理。

後來朱部長接到淑美親筆陳情函後，立刻阻止不法行為，指示應依原定配給林基正副司長，終告結案；而淑美也等到正式取得該公寓的所有權，並與土地銀行簽訂貸款合約，且將家具搬入後，因我後來由外交部新派令，暫派在哥倫比亞工作，才偕子女赴哥倫比亞團聚。

人世間處處有陷阱，但也有正義，感謝神明保佑。

解決長子棘手的教育問題

相如進入建中高中一年級後，仍受某些老師的不理解，尤其國文及歷史課程，老師認為相如寫的中文字很潦草，字形也很怪，後來經淑美與老師溝通後，才逐漸獲得諒解。

建中有很多留美返國工作的校友，經常到建中向在校學弟們講解留學美國的經驗以及生活工作問題。本來相如在西班牙及葡萄牙上學的六年期間，對歐洲建築有興趣，後來回到臺灣，看到進行中的十大建設，也常參加救國團冬令營及臺灣橫貫公路健行等活動，又轉而對土木建設感興趣。

他曾向留學的校友、學長請益，以他的條件，建中畢業後在臺灣升學，或是直接到美國攻讀大學，何者為佳？校友瞭解相如是外交人員子弟，如果攻讀理工科，當然是直接到美國上大學最好。我們也有所顧慮，因為當時在臺灣外交人員子弟，男生如年滿十八歲，除非已完成兵役義務，否則就不能出國。雖然相如原本想在國內讀大學，後經建中校友建議，如攻讀土木工程，最好申請美國大學，如此也動搖兒子的原先想法了。

後來我出差到哥倫比亞三個月，因公務必須延長以繼續向哥國政府交涉設立非政府機構，外交部最後決定發表部令將我正式調派哥國工作，因此全家又須到哥倫比亞團聚。假如相如要在臺北完成高中教育，屆時不但因兵役年齡不能出國，且以建中成績想申請美國大學也有實際上的困難，更不可能申請到好大學。

最後由淑美在臺北溝通協調，以我岳母即相如最敬愛的外婆要到美國探望大舅，希望相如陪伴前往美國為理由，終於說服相如同意先到美國，再安排相如在洛杉磯就讀當地私立高中，並拜託我臺大法律系同班同學張迺良夫婦就近當監護人並寄住，總算解決這個棘手的問題。

第二十三章　外派哥倫比亞（1980~1981）

燒燬堆積如山檔卷

由於臨時被派往哥倫比亞當救火隊，行前在桃園國際機場會晤自哥倫比亞返國的沈錡大使，沈大使也無任何交辦之事，因此我在華航班機上即自行研議抵哥國後如何進行工作。飛機抵洛杉磯休息一天，承蒙進部時在情報司的老長官、現駐洛杉磯辦事處劉達人處長接機款待並給我鼓勵，次日上午再親送我上機轉赴哥倫比亞首都波哥大。

在洛杉磯當晚曾聯絡從小在基隆長大，自國小、中學，乃至臺大高我一屆的學長林基源，他臺大畢業後即赴美國麻省理工學院深造，並取得博士學位，現在任南加大博士生考核主任。我們年齡相仿，名字又只差一字，大家以爲我們是親兄弟。事實上，我們一直維持如兄弟般的感情，他的太太在基隆追求他的時候，還請我從旁協助呢！此次匆匆來洛杉磯，他們夫婦深夜也來旅館敘舊。

我自洛杉磯搭機抵達波哥大國際機場時，已是當地的三月五日上午。因爲大使館同仁必須於三月八日下午離境，每個人都忙著整理自己的事，新參處李參事一家眷屬決定繼續定居波哥大，因其兩位女兒均已在哥國讀大學與就業，而經參處及武官處人員全部撤離。另外交部章參事及許祕書僅本人撤離至巴拿馬三個月後再返哥國工作，眷屬仍留在波哥大，只有非正式外交人員的主事周深煙留任，因此有關公務均諱莫如深，諒沈大使回國前，已與外交部朱部長談妥，將來章參事三個月後回哥國出任新機構主任一職。

「反正我只是臨時在波哥大幫忙交涉成立新機構三個月，等章參事回任後即可回外交部繼續工作。」我心想。

章參事為我外交部先進，無論能力及經歷都是勝任新主任人選，而大使館結束後所有館產，包括官邸及館車均須交由哥國外部轉交中共，所以沒有處理館產之事，因此有關舊館檔卷等，章參事認為都已處理妥善，無須我介入，還留下一個租用的辦公室可供今後使用，所以我應該沒什麼要事需要處理。

但是當我到官邸實地察看時，卻發現官邸的閣樓堆滿無數的舊檔卷，也頗多我認為如轉交中共極為不妥的卷宗。我趕緊問章參事此事該如何解決？豈料他沒表示，也無意處理，如此回應，讓我這個「多管閒事」的個性實在無法接受。當時沒有碎紙機，時間緊迫，也不容考慮太多，於是我一個人把這些檔卷一卷卷搬到官邸院子空地，就開始在院子燒卷宗，當然也無從電報請示外交部。

隔天，幸有我駐哥漁技團人員自駐地卡達赫納結束準備他調，途經波哥大，發現我一個人獨自焚燒卷宗，當瞭解實際情況後，立刻加入幫忙焚燒卷宗。原來官邸存在數十年，歷任館長只知住宿，似從未到閣樓，也不知這裡檔卷堆積如山。最後總算皇天不負苦心人，在我們同心協力下，終於在三月八日結束清理工作。

如非奉命留守交涉，必須忍耐；否則當時眞恨不得一把火把官邸及館車都燒了。

設法與哥外部官員洽談

三月八日，原駐哥大使館全體人員，除周主事外都如期離境。而我因須留守三個月，又無特別經費，只能租一間房暫住。因我在半年前，主辦「我國駐中南美洲地區使節會議」，曾與哥外交部若干司長級官員有所接觸，所以就設法請見。哥國在拉丁美洲也自認爲大國，外交人員訓練有素，他們大多表示個人雖有友我及同情我的私心，但政府政策已定，也都無能爲力，最後大概內部協調決定由哥外部祕書長隆多紐（Londoño）上校接見我洽談。

我第一次獲隆多紐祕書長接見已在一週之後。他對我政府如期撤離人員表示滿意，但對我提的「希望哥政府直接由哥外部同意我設立非政府機構」一節，認爲無前例，恐有困難，所以希望我能依設立民間團體方式向哥國有關單位申辦。我立即表示，我政府希望兩國雖因國際形勢所迫斷絕外交關係，但仍希望維持非正式的實質關係，也不希望我僅以民間私人機構來維繫，深望哥方能再審愼從優考慮。

我當時實在爲難，因爲只臨時奉命來哥國留守三個月，等章參事返哥即回外交部，但又要我協助交涉成立機構，也未獲告沈大使及章參事等曾與哥外交部談判情形。後來我獲部內消息，外交部確定由章參事回哥倫比亞出任駐哥倫比亞機構主任，這是由沈大使向朱部長極力推薦確定。又部內中南美司因業務需要，已先任命顏秉璠爲幫辦，副司長似仍保留給我公務完畢回任。因此章參事六月八日回哥倫比亞後，就全面聽從章參事的決定，果然早有腹案，但未曾告知我。

外交部也正式發表我爲派駐哥倫比亞新機構參事級顧問，而中南美司副司長一職則由詹憲卿出任，又恢復一位副司長及一位幫辦的安排，而章主任也懇切希望我留任協助。部令已正式發表，我只能安然接受，這是我十年來第三度當救火隊了。也好，子女也趁機早點接受國外的美國學校教育，尤其相如的教育及兵役問題能一併解決。

再談長子的就學問題

正式改派駐哥倫比亞新機構顧問後，老大相如於五月上旬同意陪外婆前往美國探視大舅舅，以促使相如順利到美國上學；又經淑美力請我至友臺大法律系同班同學張迺良夫婦同意在洛杉磯收留照顧相如，且協助選定私立天主教高中就讀，有關此事須稍微說明一下。

相如自葡萄牙回臺北後逐漸適應國內讀書環境，尤其進入臺北建國中學後更有信心，想繼續留在臺北升大學，此點我們及其外婆有所顧慮。我第一次外派駐多明尼加共和國大使館工作時，因我父母年邁，因此暫時將他留在我父母親身邊作陪，不意多國發生政變，後來也沒接他前往，我們雖然出國僅兩年就請調回部工作，但在他幼小心靈中卻留下陰影，所以此次我們不想再把他單獨留在臺灣就學。

再則因國內有兵役義務的限制，如果不及早出國，等到他在臺灣讀完大學再服完兵役義務，前後至少要在臺灣八年之後才能出國，讓之前單獨留他在臺灣的陰影好不容易有所改善，今後恐將功虧一簣。另一方面，相如當時正值高中階段的叛逆期，他若單獨留在美國，也很可能發生問題，幸好張迺良法官及其夫人王月女士，因生涯規劃決定離職，全家前往洛杉磯深造，修畢博士學位，因此淑美在臺北就請託他們夫婦能允許相如寄住他們家，並擔任監護人，因他們年輕正派，有熱情，也有兩位較相如年幼的兒子，我們兩家相識多年，他們也勉為其難接受，令我們終生感念。

張迺良夫婦並在五月間設法找到洛杉磯橙縣一家頗具盛名的天主教私立高中，千辛萬苦終獲同意相如入學。其困難在於依美國學制，學年在每年五月間結束，而相如在五月初才到，所幸張迺良具有法官身分，在美國社會地位崇高，因此由法官出面，學校校長特別禮遇。另一則為相如本身的實力，因相如在西班牙及葡萄牙均上美國學校共五年，尤其在葡萄牙美國學校八年級時，曾參加美國的SAT考試，英文成績良好，而且數學成績竟高達十二年級（即高三）的實力。淑美均將所有的成績單分年備妥，然而遺憾的是臺北建中成績。因建中成績如得八十多分已算不錯，但英文則列為B，而相如在建中高二並未參加期末考試，成績也不完整。

幸好該美國私立高中校長年輕又有愛心，特別在他的辦公室接見張迺良法官及相如，並破例親自面試相如。根據相如事後表示，他知道這是決定他能否被准許入學的唯一機會，於是以破釜沉舟的決心，勇敢面對，竟能對答如流，並說他初一剛到西班牙馬德里就讀私立天主教「教宗保祿六世小學」，深知天主教具有愛心，協助弱小，希望能有機會進入貴校。校長似乎被相如打動了，看到相如在西、葡美國學校的成績及SAT考試成績均佳，且能以英文對答如流，所以當場決定破格錄取。

然而鑑於相如在臺北就讀高中成績不是特優，為顧及相如即將申請大學，如以臺灣高中成績很難上好大學，所以建議降級一年，即自十年級讀起，如有好成績，則至少以美國的十年級及十一年級的成績申請，才能爭取好大學。張迺良立即跟我們商量，我們也表示同意，請其就近從權決定。後來，相如在該私立高中就讀成績特優，有利大學的申請。

此外，當初為何必須就讀私立高中呢？這是我駐美國館處同仁的寶貴意見。因為相如當時並無美國身分，假如沒身分而貿然就讀美國公立學校，就屬非法，因此必須從國外先獲得美國使領館發給F1學生簽證，才能正式入境美國就讀私立學校，以免將來影響在美國的申辦簽證以及定居等長遠計畫。基於上述原因，我們於相如抵達洛杉磯獲得當地天主教私立高中入學許可後，立即安排相如飛到哥倫比亞首都波哥大，由我陪同到美國駐哥倫比亞大使館領務組申辦學生簽證。當時我已抵達哥京兩個月，與美國大使館官員建立適當管道，因此相如順利取得美國學生簽證並趕返洛杉磯，在該私立高中學年結束前完成入學手續。

此事順利解決，對相如及身爲父母的我們而言，是件大事。

認命就是福

自從我告知淑美部令已正式調派我續留哥倫比亞工作，她認爲我們認命就是福，雖然我們在臺北住吳炫三夫婦的豪宅生活固然舒適，但其實內心難安，現即又派在外館工作，新取得的臺北通化街公寓就當我家倉庫，等以後回部工作再說。而子女教育問題，老大相如已初步解決，老二育如，我也在波哥大因緣際會找到「聖心女中」，我即前往拜訪。女兒育如之前就讀臺北的私立「聖心女中」，又曾在西班牙馬德里「教宗保祿六世小學」及葡萄牙美國學校就讀，在語文上懂西班牙文及英文，因此波哥大聖心女中負責校務的修女姆姆極表歡迎，於是交給我所需必備文件轉寄臺北「聖心女中」填寫，並隨同成績單直接寄波哥大的「聖心女中」。

在雙方「聖心女中」配合下，育如在波哥大聖心女中就讀問題迎刃而解。至於老三晏如，則由淑美將其在西班牙和葡萄牙以及臺北所讀各小學的成績單英文譯本備妥，等帶到波哥大再議。我則事前洽請章主任夫婦向其兩位子女所就讀的波哥大美國學校，協助洽獲同意我家晏如自下學年起入學就讀小學六年級，如此子女教育都解決了。

另外，依淑美習慣，雖然我們外派的住處外交部沒有房屋津貼，一切自行負擔，但舒適的居家生活是必要的，因此她由家人陪同到臺灣中南部及花蓮，採購有品味樣式且價格合理的家具及用品，再交由海運公司承運。而我在淑美抵達波哥大之前，已請仲介公司看好數處公寓，等淑美決定。因此淑美七月中旬抵達波哥大後，立即決定一間靠近辦公室與章主任住處，也較爲安全區域的公寓，內有三房二衛浴，也有廚房、客廳及傭人房，價格比較貴，但求舒適安全，巧與哥國會議長圖爾瓦伊（Turbay，爲當時哥倫比亞總統Julio César Turbay Ayala的胞弟）爲鄰。一切既然已大致安定了，我們即請在洛杉磯的張迺良夫婦讓相如利用暑假，在新學年開學前來波哥大團聚。

相如約於七月底來，在他自洛杉磯搭機前來波哥大當天晚上，我們突接張迺良兄緊急電話說，相如當晚因所搭班機超額預訂乘客，所以臨時改搭次日清晨班機抵波哥大。我們頗爲納悶，尤其相如半夜單身留在機場不知如何，因張迺良當日親送相如至機場，並辦妥登機手續，且看相如已安全進入機場入境關口就安心回家，僅知班機起飛時間過後不久，才接相如電話告知已改搭次日清晨早班飛波哥大。因在機場內外人不得進入，只能緊急用電話告知我們。

次日，我們全家到波哥大機場接相如，看他精神奕奕，似很得意。他在車上興高采烈說明緣由，原來他所搭班機超載，爲此該航空公司機場主任徵求志願者，如願改延次日凌晨早班飛機飛波哥大，會予金錢補償。相如當時在機位上猶豫不定，突然有旅客表示因特別事故須乘此班機才趕得及，相如心想，他時間比較不急迫，且該班機改搭次晨班機僅差六、七小時，又有補償，何樂而不為？因此他舉手表示願意退讓。

後來相如隨該公司機場主任退出班機回到辦公室後，主任就讓相如及若干位退讓旅客靜坐辦公室。此際，相如冷靜思考並詳閱機票說明後，觀察那位主任似無後續處理的傾向，在忍無可忍下，就走進該主任辦公室提出抗議：「我是外交人員子弟，有事赴波哥大，因基於善心讓位，且依機票說明規定，航空公司必須立即處理膳宿及賠償問題，更何況當您要求讓位時也說過賠償的承諾。」該主任看到相如年紀輕輕，態度卻很堅定，而父親又為外交官，萬一最後正式向該公司提出抗議，茲事體大，加上自覺理虧，因此為了安撫相如，立即提出五百美元現金作為賠償，並提供次日早班飛機登機證，且同意相如在辦公室打電話給張迺良叔叔轉告我們改班機之事。其他旅客知道相如獲得順利解決後，也紛紛要求，但都未能獲得如同的賠償金。

相如在車上講得天花亂墜，弟弟妹妹也佩服萬分。我們對他的臨機應變和積極維護自己權益感到欣慰，又獲巨額賠償（當時五百美元的確是大數目），確實不簡單。在此期間，我們一家五口重聚，欣喜萬分，也趁機參觀黃金博物館、國會大廈及附近的鹽礦教堂等名勝。

老天的神奇安排

就在這段期間，我之前在駐多明尼加共和國大使館工作時認識劉增華大使伉儷的小兒子傑米來找我們。一九六四年我初次外派駐多大使館三等祕書時，在內戰前夕，於美國讀大學的傑米利用暑假到多國探望父母，沒幾日卻發生內戰，所以我們相處數個月。後來，我們外派西班牙時，劉大使也奉派爲駐賽普勒斯大使，傑米又在黎巴嫩就讀大學，曾陪同劉大使夫人來西班牙與我們歡聚，不意今日在哥倫比亞首都波哥大又重逢。

傑米已結婚，新婚妻子是新加坡籍華裔小姐，因在阿拉伯航空公司當空服員時相識而結婚，他們夫婦剛到波哥大，爲阿拉伯銀行工作。我們好高興能夠重聚，孩子們最高興了。相如也利用機會請教在美國申請大學相關問題，傑米提出很多寶貴意見，尤其建議申請美國東岸的常春藤大學系統，這對相如今後發展影響很大。他們也很喜歡育如和晏如，記得育如周歲前，傑米曾抱過她。

相如當時在洛杉磯就讀高中，很多師友建議都是美國西岸大學，好像東西岸學府都互相排擠。其後，相如在寒假及次年暑假都來波哥大，也一再請教傑米升學問題。我們也瞭解劉增華大使伉儷退休後，與其長子住在一起，其長子現任美國威斯康辛大學史蒂芬斯角分校（University of Wisconsin-Steven Point）數學教授，就住在史蒂芬斯角，而我們也有了劉大使現在的地址及電話，並取得聯繫，說起來也神奇，這無意中又幫助了育如之後申請美國大學時的大忙。

外交部調整外派福利

一九八〇年七月，我國新會計年度起，外交部大幅調整駐外同仁的待遇，包括眷屬津貼、房屋補助、子女教育補助津貼、地域加給，以及搬遷運費津貼等等。如此，就我們家計而言，由於每家子女教育補助費限兩名，所以我們決定申請老大相如及老二育如兩人。至於我們這次來哥倫比亞海運費用，經向外交部申請補助，外交部以我家海運行李在發布命令前兩週已交運，故不在補助之列，我們也只好認了。

另外，我們所租的房子因屬當地安全地區及新發展重劃區，所以租金較高且自行負擔，現在有房屋津貼，也減少了家庭負擔。而眷屬津貼也增加收入，地域加給更是意外收穫。總而言之，這是政府德政，同仁都額手稱慶。

第二十四章　雪泥鴻爪憶往

令人懷念的波哥大

哥倫比亞首都波哥大位於哥國中央，在安地斯山脈（Andes）西陲，海拔二六四〇公尺，是南美洲海拔第三高的都市，僅次於玻利維亞首都拉巴斯（La Paz）及厄瓜多首都基多（Quito）。因地勢高，附近有片大草原，所以雖靠近赤道，氣候卻涼爽。波哥大在紀元前已有人跡，但正式建城，卻為公元一五三八年八月六日為西班牙遠征軍統帥希門尼斯．德．達薩達（Gonzalo Jiménez de Quesada）所建立，並確立為格拉納達新王國（Nuevo Reino de Granada）的首都，正式命名「聖達菲德波哥大」（Santa fé de Bogotá）。

這裡之前已有原住民穆斯卡（Muisca）族盤踞數百年，其後軍閥爭奪不已，終於在十九世紀初期，因西班牙與法國發生戰爭，為拿破崙打敗，因此西班牙在拉丁美洲各殖民地紛紛起而爭取獨立。哥倫比亞也在革命英雄西蒙．玻利瓦（Simón Bolívar）的領導下，於一八一九年八月七日的波亞卡戰役（Batalla de Boyacá）脫離西班牙宣布獨立，成立了「大哥倫比亞」（Gran Colombia），仍以波哥大為首都。

當時整個哥倫比亞地區首先爭取獨立的城市爲加勒比海海岸的卡達赫納城，而且「大哥倫比亞」是包括巴拿馬。據記載，巴拿馬人已於一八二一年十一月十日自行宣布脫離西班牙帝國，從不承認是「大哥倫比亞」的一部分，但內部也政爭不斷。一八八二年由法國公司開始開鑿巴拿馬運河，但到了一八八九年因工程困難重重和瘟疫蔓延，以致宣告破產，直到一八九四年才重啓爐灶，不過又面臨巴拿馬內部政爭及哥倫比亞軍隊進入。

此時美國老羅斯福總統（Theodore Roosevelt Jr.）政府趁機派兵介入，由美國國務卿海約翰（John M. Hay）與巴拿馬代表於一九〇三年十一月十八日簽訂《美巴條約》（Hay-Bunau Varilla Treaty），重新建築巴拿馬運河，美國並取得十六公里寬、八十公里長的永久使用權，並橫跨巴拿馬運河西岸的運河區主權，承擔建築、管理、強化及防禦彎運河區的權責，造成巴拿馬脫離哥倫比亞及巴拿馬獨立的事實。但巴拿馬政府其後對上述條約有爭議，直至一九七七年由巴拿馬軍政府領袖托里霍斯與美國卡特總統簽訂《巴拿馬運河條約》（Torrijos-Carter Treaties），促使美國於一九九九年底將巴拿馬運河區主權交還巴拿馬共和國。

波哥大首都的發展，因爲人口的增加而逐步擴充，以棋盤式來規劃街道。東西走向爲街（Calle），南北走向爲路（Carrera），「街」由中間往南稱南一街、南二街逐步數，往北則北一街、北二街；而「路」則由東往西數，很有規劃。而且人口也逐漸增加，例如一八〇〇年有兩萬一九六四人，到二〇二〇年已經增至七七四萬三九五五人，可見人口增加快速。一九八〇年我們在波哥大生活時，人口約爲三二〇萬人左右，雖然政局糾紛不斷，但城市建設則日漸繁榮。

我家住北九一街（猶如當時臺北的敦化南路），其時北第一〇〇街爲界（如當時基隆路），爲了規劃新區向北發展，就在郊外北第一三〇街左右設立統一購物商圈（Unicentro Shopping Mall）及名店街，猶如當時的臺北西區新光三越等名店大商場；惟把地點推到南港，如今因人口日增，豪華新區已超過當時的統一購物商圈了。在二十一世紀初期，由於委內瑞拉卡拉卡斯（Caracas）首都區的沒落，哥國波哥大的埃爾多拉多（El Dorado）國際機場有七平方公里之大，已成爲拉丁美洲第三大國際機場，僅次於墨西哥的墨西哥城國際機場（Mexico City International Airport）及巴西的聖保羅國際機場（São Paulo-Guarulhos International Airport）。首都波哥大人口達七百多萬人，市區廣大，但迄今無市內捷運或地鐵，也沒有火車，僅能依賴公私營公路及市內公車等支應；而對外聯絡雖有國際線的公路與委內瑞拉、祕魯、厄瓜多等國連結，但終非長遠之計。

輕鬆順意的日子

一九八〇年暑假結束，相如回洛杉磯正式就讀私立天主教高中，適值叛逆年齡，淑美時時與張迺良、王月夫婦保持密切聯繫，在相如行爲上適時給予糾正，眞是辛苦了迺良兄嫂。

不久，相如在學校逐漸適應，成績甚優，各科GPA多達滿分四點，也曾代表學校參加理化州際比賽，讓我們甚感欣慰。

而在波哥大，育如上私立聖心女子高中，也很快能適應，因她品行優良，認眞讀書，自己解決難題，且母女感情好，有事都能商量解決。至於老三晏如，更是天天都是快樂天，善於交朋友。而我們與章主任夫婦眞心相待，公務上全力配合，有事商量解決；我因是副手，不必負太大責任，也比較輕鬆，所以公私方面，以平常心面對，都覺得順遂。

我們平日有較多時間結交一些朋友，再加上華僑不多，自臺灣來的更少，主要由章主任及許祕書負責僑務領務，所以我們與僑胞交遊純屬友誼，沒有利害關係。實際上，我們也不知能在哥倫比亞待多久，因目前的安排似爲臨時性的，我們可以趁機享受哥國的風土民情。我們也參加了一個私人俱樂部，因哥倫比亞首都波哥大在海拔二六〇〇多公尺，地勢較高，空氣稀薄，我們經友人介紹，參加在波哥大往南海拔一二〇〇公尺左右的私人俱樂部，規模頗大，會員約一、兩千人，內有游泳池、騎馬場及其他休閒處所，又有美食餐廳，內部安全，距波哥大約一小時車程，尙稱方便。

此外，哥倫比亞以盛產祖母綠、鑽石及黃金著名，鑲工精美，正合淑美的愛好，所以我們也認識了幾位業者老闆，他們會熱心介紹，在我們經濟能力許可下，也有點收穫。因此，我們在哥倫比亞波哥大的日子，生活過得輕鬆順意。

接任駐委內瑞拉代表處代表

一九八一年五月間，部令調我接任駐委內瑞拉代表處代表，不知這次是要我救火，還是給我機會。

茲經協調，我們於一九八一年六月二十一日上午離開哥倫比亞，兩小時後飛抵委內瑞拉首都卡拉卡斯，正式接任駐委內瑞拉代表處代表職務。其時，適有我國對外貿易協會（簡稱貿協）所組貿易團，於前一晚在哥京波哥大的特昆達瑪大飯店（Hotel Tequendama）舉辦產品展示會，我應邀參加並協助。次日下午當我抵任委內瑞拉後，又應邀出席主持貿易團在委京卡拉卡斯希爾頓大飯店舉辦的臺灣產品展示會開幕式，共展出三天，盛況空前，我廠商應接不暇，滿載而歸。

當時，團員在波哥大對我表示，我國人申辦到委內瑞拉的簽證極爲困難，例如，我貿易團人員託有力的旅行社向委國申辦入境簽證，簽證費高達每人一千美元，而核准日期卻無可預測，一旦獲知簽證核准，則必須趕在一週內入境，否則簽證失效。但何以我國廠商都願意爭取前往？因爲委內瑞拉富有，如獲訂單則一本萬利，猶如蒼蠅聞到蜜，可以放棄一切，趨往參展。當時，委內瑞拉首都卡拉卡斯，如同非洲的奈及利亞首都拉哥斯（Lagos），因盛產石油及其他天然資源，物價高昂，常居世界之首，但購買力極強，極獲商人爭取。難怪我們部內同仁都不願被派往委國，因依當時我外交部同仁待遇，抵任工作期間，大多居住困難，生活拮据。當時很多哥倫比亞的年輕人都去委內瑞拉打工賺錢，再寄回哥國家人，足見哥、委兩國的經濟情況及貧富懸殊。

我接到改派委國部令後，即與淑美商量有關搬遷及家具處理事宜，認爲私人家具須盡快在哥國處理以免與委處館產混淆。淑美對處理自用家具已有經驗，她在我們派駐西班牙大使館時曾帶木刻家具頗受當地人歡迎；當我們改調葡萄牙時，她就順利處理並有進帳。此次在哥國處理自用家具及車輛，因當地友人早就預訂，所以很快處理妥當，至少將運費賺回並有點利潤。我們也考慮到此次赴委國任職，因屬主管，舉凡家具、官邸、館車乃至僱用傭人均屬公務範疇，但因公費有限，都要樽節開支。

在私人花費方面，外交部已有兩名子女教育補助費、眷屬津貼及地域加給，比諸過去事事自行負擔，寬鬆許多。但子女讀私立中學，也是大筆費用，仍需淑美加以細心支配。以上私事想定後，就利用行前一個月時間處理其他事情。

首先感謝駐處同仁的和睦相處，尤其章德惠主任夫婦的善待，我們兩家也屬有緣，當我們第一次外派駐多明尼加共和國大使館三等祕書時，他是我前任的前任，那時館內雇員約瑟菲娜小姐年輕貌美，傾心章祕書，但終事與願違，當我們抵達多館任所，她仍然對章兄念念不忘，足見用情之深。

章兄回國後認識章夫人，是臺灣南部某中學校長的千金，賢淑達觀，他們婚後美滿，已有一子二女，都很優秀。我們兩家有緣在哥倫比亞再次相聚，也是人生一大幸事。外交人員同事本來就是分分合合，此次離別當然依依不捨；後來，我們再見面時已是十六年後了，我接替他駐西班牙代表職務。再過十年，我們都已退休，在臺北仍時常相聚。

第六篇
歷經生命中的重重考驗

寧靜的小鎮，明亮的鐘聲，在柔和的月光下，讓我們內心萌生一股無名的感動，無限的寧靜……也許晏如不想讓爸媽看到他現在的模樣，希望我們永遠記得他那永恆可愛的笑容。

晏如生前常黏著吳叔叔，攝於一九七二年西班牙。

第二十五章　改派委內瑞拉（1981~1990）

飛抵委京展開工作

我政府在委內瑞拉除了代表處外，就只有呂昭雄祕書所屬的貿協了，而駐委代表處也僅有代表及主事各一名，人單勢弱。我接任後，因經費受限，無力擴張，暫時維持原來狹小陳舊的代表處。

我們一家住進前代表林享能夫婦所租的美洲大廈（Edificio Las America）十二樓A戶，鄰居B戶是德國籍費雪（Fisher）夫婦及兩位子女。公寓雖不大，兩房，廳、衛、廚各一及傭人間，但地點甚佳。該大樓在當地頗有名氣，由兩棟大樓各十六層並排和共同的地下停車場。大樓前到道路之間有一大片廣場，設有銀行、旅行社、家具店、藥房及花店等，前面另有空地爲停車場。

事實上，我們很喜歡這棟大廈，共有兩個進出口，每個進出口各有兩部電梯，也設有寬敞明亮的樓梯，所以這棟大廈雖由兩座大樓並排而立，但從正面看，有點像紐約聯合國大廈的縮小板，大廈後面有高圍牆，內有兒童活動空間及設備，安全無虞。從大廈遠望面對大公園，再連接數百公尺外的市內卡洛達（Carlota）機場及軍用機場聯合跑道，視野遼闊；若在家宴客，賓客停車也沒問題。

我抵委內瑞拉任所時，林享能代表已先離任，因此沒有新舊任交接或介紹酒會。代表處僅有主事王年陸承辦會計、報銷及電報收發工作，因此我對推展工作幾乎無人可問，必須另起爐灶。我們夫婦抵任當天晚上即商量，以我們的認知及交友經驗，認爲在有限的經費下，對熱情的拉丁美洲人可以從「請客」和「送禮」兩項先著手。請客方面，必須以「我家客廳即餐廳」做起，這得倚賴淑美設計適合的菜單及辛苦親自下廚了。

爲了廣交朋友，我們計畫朝幾方面做起。首先針對當地委國友人，我需要先從前任代表請客名單及報銷單據中尋找，也要逐步開拓客源，例如以往比較欠缺的媒體記者和軍方人士，或是從曾參加宴客的僑胞中探尋。其中以委國移民局長最急迫，因爲我們一家四口必須盡速申辦居留身分證。

至於僑界，據悉委京有中華會館，主席爲陳晏圖先生；另有臺灣來的僑胞，例如排球謝天性教練及黃教練。又有應聘在委國政府有關開發古里（Guri）大水壩及發電廠的劉叔慈及楊福良兩位臺灣籍工程師，還有原本處同仁調部後離任留在委京經商的蔡水諒。我們抵達當天及次日，在貿協訪問團展示會期間，也遇到若干位旅居委京及外地僑領，趁機交換名片，之後再請貿協呂昭雄協助拜訪。

抵任次日，我們立即到代表處瞭解辦公室實況，並請王主事安排我們拜訪中華會館陳主席。我也與雇員約瑟菲娜小姐交談後發現，該雇員白天上班，晚上在中央大學夜間部攻讀法律課程，很珍惜本處工作機會。從言談中也發現她自尊心甚強，但頗具實力，文筆不錯。我藉機查尋她的工作檔案，與本處有交往且曾在我之前的代表宴客及交往名單還保存完整，實在難得。因此我當即表示希望她能繼續在本處工作，而我也是攻讀法律，支持她努力完成夜間部法律課程，考取律師，她當場情緒激動致謝。

我另外聯絡呂昭雄，希望參加此次貿協所組貿易團訪問的檢討會。此次團員因所獲訂單頗多，對此行成績甚表滿意；唯一希望請代表處今後能協助解決申辦來委國入境的簽證問題，我即刻表示交涉簽證是本處職責，當全力解決。由於這是長久以來無法解決的問題，因此從他們的表情看得出對我的答覆將信將疑。我事後也請貿協呂昭雄盡速將此類簽證問題彙整，再提供書面資料給代表處參考。

加強僑界的聯繫

委京中華會館陳主席立刻答覆，歡迎林代表夫婦於星期天中午前往會館，接受盛大歡迎。我們與女兒、幼兒偕同王主事一家、貿協呂昭雄夫婦及子女準時參加。

到了會館現場才知道中華會館設在陳主席所辦武術館之內，當天陳主席夫婦與數位僑領，並安排舞獅隊表演歡迎，十分熱鬧，而且還準備豐盛午餐。餐後，由兩位自臺灣聘請來的武術老師戴師父及萬師父，主導武術館學員舉行各項表演，場面盛大。我們除了表達感謝外，並請諸位僑胞繼續支持代表處。

當時也商討本處還能協助什麼？陳主席夫婦及僑胞都非常客氣，他們最大希望是請我政府能提供更多影片，尤其功夫片以及相關文宣資料供其運用。事後我立即建請外交部及僑務委員會提供更多影片，特別是功夫片。

往後，陳主席的武術館經常與本處舉辦週末影片欣賞，以加強僑胞的向心力。陳主席為廣東人，旅居委內瑞拉多年，與旅居委內瑞拉其他大城，如Maracay、Valencia、Barquisimeto、Maracaibo等地僑領、僑商均為廣東同鄉，此後也協助本處加強與各地僑界的聯繫，並經常會同前往拜訪，對凝聚我僑胞認同感，貢獻很大。我們與陳主席夫婦經常往來，私交甚殷，兩家就結為通家之好。

解決子女的教育大事

再來，就先安家。我們到任不久，即往訪卡拉卡斯的美國學校，立獲該校接受女兒育如下學年就讀十一年級以及幼兒晏如就讀八年級。因淑美已備妥育如及晏如自西班牙馬德里教宗保祿六世小學、葡萄牙里斯本美國學校、臺北聖心女中、臺北公立小學，以及哥倫比亞波哥大聖心女中和美國學校等各校的英文成績單，提供給卡拉卡斯美國學校作為申請入學的參考。該校校長及老師非常滿意，因為從未有其他外來學生申請入學，準備如此完整的就學資料。他們當場向育如及晏如握手歡迎，並陪同參觀學校設施，對我家而言，這又是一件大事。

我們也於搬入新官舍當天，準備小禮物拜訪住家大樓管理員碧拉爾（Pilar）女士，並請介紹適當的女傭（因當地聘僱女傭費用高，我們只能請算鐘點的臨時幫傭）。碧拉爾女士除了表達歡迎，並說明大樓共十六層，約有三十多位住戶，都是社會上階層人士，維護治安的門禁甚嚴。至於幫傭，會馬上聯絡本大樓比較可靠的女傭。

當日下午，有一位女傭來訪，自稱是哥倫比亞人，目前為隔壁棟第十層某單身女士幫傭，她可每週來幫傭三次，價格比照原雇主。名叫托馬薩（Tomasa）的女傭來委幫傭多年，年約三十五歲，身材瘦長，皮膚略黑，有禮貌且態度誠懇。此事仍交由淑美決定，之後談妥價格，並約定每週來家清掃三次，經試用數日後，淑美感覺滿意。

其後並詢以我們如有晚宴可否來幫忙？她也表示可以。因為她在另一家也是按日計酬，時間可調整，而且工作時間通常下午告一段落，所以晚上原則上可幫忙；她也提及有晚宴幫傭的經驗，有時主人會另請一位男侍幫忙，必要時，她可以幫忙聯絡。她並指點我們附近的超市和傳統市場，以及採購宴客所必要用的菸酒及材料店家位置。後來她跟我們工作長達八年半，有如家人。因此，我們在到任的一週內，便積極瞭解住家環境及附近超市、餐館，以及如電影院等休閒活動場所，並快速採購平日生活及宴客所需用品，一切準備就緒。

積極拓展朋友圈

我們到任的第二週末即先自僑界開始宴客，邀請中華會館陳主席夫婦及若干位僑領到家裡餐敘，包括來自臺灣師大的謝天性排球教練夫婦及原外交部派駐委代表處離職同仁蔡水諒夫婦等，並請貿協呂昭雄夫婦及本處王主事作陪。不久，我們也認識了由美國芝加哥工程顧問公司派駐委內瑞拉與建委國中部古里大水壩的兩位工程師，即劉叔慈工程師和夫人范大宇，以及楊福良工程師與夫人陳彩妙。這兩位工程師及其夫人，原均自臺灣大專畢業後赴美國留學取得學位加入美國公司。

劉工程師夫婦有兩位女兒，正在卡加卡斯美國學校就讀；而楊工程師夫婦也有兩位女兒正上幼兒園，不久又生了一位小女兒。我們約到任一個月左右，即邀約他們兩對夫婦，之後又經他們介紹，再加邀任教於西蒙・玻利瓦爾大學（Universidad Simón Bolívar）的陳其儀教授及其西班牙籍夫人瑪爾塔（Marta）等。

後來，又經他們介紹認識退休企業界人士譚先生夫婦，以及港僑羅後俊和來自臺灣的夫人張桂葉，分別邀請前來官舍餐宴，以期逐步擴大朋友圈，也為兩位子女結交新朋友，更藉此訓練新僱用酒保及女傭。女傭托馬薩慢慢由淑美教導幫忙油炸食物及準備一些餐點，甚為得力。而酒保路易斯（Luis）是年約五十多歲的白人，專業有經驗又能配合。我家女兒育如也逐漸能在餐前協助擺放餐具和準備蛋糕甜點等，而老三晏如則在訪客到訪後，笑咪咪地服務餐前佐酒的小點心及糖果等。因此，我們對於在家宴客逐漸得心應手。

約於八月下旬，陳其儀教授夫婦在家邀請午宴，除了我們家四口和劉叔慈工程師夫婦外，另邀請年輕的鄭醫師夫婦及已退休的譚先生夫婦等。陳教授的住家位於西蒙・玻利瓦爾大學附近的山頂上，猶如一座半島，午宴以啤酒和現烤牛、雞肉、香腸為主，夫人瑪爾塔準備豐盛的水果蔬菜沙拉，因家有大片菜園，自產自吃，還可送人。

鄭醫師夫婦為廣東人，為人誠懇，父母兄姊都住委內瑞拉；而譚先生夫婦為江浙人，原在企業界服務，談吐間頗有氣勢，都屬於社會名望之士。這頓午餐，採自助餐方式，男士及女士自然分成兩群交談，自中午吃到傍晚，餐後又有新鮮蔬果可帶回家，非常盡興。後來我們這四家經常相邀在家餐宴，交情由淺入深，終成無話不談的好友。

拜訪委國移民局長

我到任後，馬上請雇員約瑟菲娜整理出委內瑞拉友我人士，或曾參加我國慶酒會等活動的中外人士名單，再和貿協呂昭雄及王主事商討，最後我與雇員就其所認識及判斷，協助我整理出較有深交可能性的委國人士名單，如此也僅羅列二、三十位而已，其中沒有軍方及新聞界人士，政界人士也不多，這些都是我要盡速突破的地方。

其中移民局長拉蒙（Ramon）曾有接觸，因此我請雇員立即查明這位移民局長的背景資料，獲知局長住家就在附近，於是我們決定親自先到局長家拜訪。我們帶著禮物於次日下午四時左右親訪，依我們經驗，拉丁美洲人士除非事前有約，原則上不宜於上午拜訪，而一般午餐時間約在下午一、二時，因此午餐後如有午睡，約在下午四時過後較爲清閒。

我們很幸運，經傭人應門後說明來意，幸蒙局長令堂接待，因家中適巧只有她在家。她年約六十，白人血統，很慈祥親切，我們說明是新任駐委內瑞拉代表處代表，甫到任又剛好住在附近，算是鄰居，也知道局長素來對我國人協助良多，感激之餘冒昧造訪，承蒙接見，非常感謝。她因當天下午沒有其他事情，對我們印象不錯，就請我們進門入座，繼續交談，並詢問臺灣情況，也從交談中知道我們曾經派駐西班牙及葡萄牙工作多年，甚感興趣。

我們因初次拜訪已聊了半個多小時，乃表示告辭，她說沒事，多聊了一會兒。這時剛好局長夫人外出返家，又一起再聊十多分鐘，我們即起身告辭，並邀約另日餐敘；她們表示將與局長商談後答覆，我也趁機留下名片及住家地址及電話。隔日上午，我們就向住家大廈樓下花店訂購名貴花籃，並請即刻送往拉蒙局長家，同時在謝卡上特別註明感謝局長母親及其夫人接見。未久，移民局長辦公室即來電話告知，局長將在辦公室接見我的日期及時間。

移民局在城中心，比上市場還熱鬧喧嘩，入口前人山人海，有員工、又像是工友把關，非「錢」莫入。我比約定時間提早二十分鐘到達，要進入大門仍須略費口舌，局長室在四樓，但每上一層樓的辦公室，都有工友把關，討價還價，要取每一項表格都有價碼。我終於到達局長辦公室，有工友和兩位女祕書，我先將所備小禮物分贈兩位女祕書，也給工友略施小惠，這是進門規矩，辦事才方便，女祕書立即「賜座」並奉上咖啡。

當時局長室內也是高朋滿座，笑聲連連。等我進入後稍微安靜，拉蒙局長英俊挺拔，年輕有幹勁。

「你第一次來移民局，一定感到這裡鬧哄哄，雜亂無章。」局長先開口。

「哈！的確印象深刻，但這也表示局長『親民沒架子』啊！」說完，我們倆相視而笑。話入正題，我首先感謝他百忙中接見，並利用機會提供此次貿協貿易團來委京展覽交易盛況的照片，顯示兩國加強貿易實有必要；也感謝發給我貿易團簽證，才能成行，但深望今後申辦來委簽證能更加便利。

「因我初到任，發現委國各方面進步神速，而我國也快速發展，希望能有機會邀請拉蒙局長伉儷訪臺，以增進彼此瞭解。另外，我們一家四口剛抵任，亟須請局長核發居留簽證，以利工作的推展，也希望近期有機會能邀請局長夫婦及令堂家人餐敘，以表我們的感謝之忱。」

拉蒙局長接著表示，對我國在臺灣的發展時有所聞，百聞不如一見，願意伺機接受我邀訪。他並立即叫祕書進來，就我們全家申辦在委國居留簽證事即刻協助辦理，並要祕書安排餐敘日期。鑑於下批訪客已在門外等候，局長即向我致歉不能多談，但可在餐敘時詳談。其後，該祕書立即很客氣遞給我申辦居留簽證表格及有關文件，待我填妥並備妥相關文件後交辦即可；至於我們邀請局長全家餐敘時間，也會盡快安排告知，總算一切順利。

邀請拉蒙局長夫婦及其母親餐敘時間既定，我跟淑美審慎商量後，大膽決定在官舍宴請，客廳雖不大，但氣氛較為溫馨親切。菜單由淑美仔細研擬，並要女傭和酒保提早來家幫忙準備；至於客廳餐桌的布置則由女兒育如幫忙，育如已十六歲，平時訓練有素，甜點也做得不錯。

當天是週末，局長另請兩對夫婦好友參加，我們則另請貿協呂祕書一人，所以當晚賓主共十位，其間淑美偶到廚房走動，而廚房則有育如及女傭負責，當然育如及晏如事前也幫忙招呼客人，酒保也盡責，酒類飲料及上菜均掌控得宜，晚宴應算成功，賓主盡歡。席間，我與呂祕書利用機會略為介紹我國進步及當前對外貿易發展，最後我向拉蒙局長夫婦提出正式邀訪，在歡愉氣氛下，局長也欣然接受。告別時，淑美又將早已備妥的貴重飾品親贈拉蒙局長的母親及夫人，其他客人也都有適當的禮物留念。從此，我們夫婦與局長一家逐漸建立深厚友誼，經常餐敘，或在餐廳或在我家。

舉辦國慶酒會，爭取友我人士

我們於六月二十一日抵任，不久就須準備我國慶酒會，首先要預訂國慶酒會場地，因希爾頓大飯店費用高，日期也難訂，所以經我們實地參觀後，最後決定在洲際大飯店（Hotel

InterContinental）宴會廳舉辦。首先拜訪該飯店總經理，談妥價格及菜單，他頗具誠意，因當時在該飯店舉行國慶酒會尙無前例。其實飯店地點好，視野寬廣，爲外國人喜歡旅居的休閒旅館，有游泳池、吧台、餐廳及宴會廳，後來我與總經理逐漸建立友誼，有些餐宴乃至我貿易團舉行展示會，也常在此舉辦，因其停車場大且方便。

一旦地點確定，接著就是研擬邀請名單，以「寧缺勿濫」爲原則。除了僑界外，對於外國友人，暫以與我有邦交的外交團爲主，以及當地友我人士，初步列入名單約一百對。

我首先密集拜訪與我有邦交的駐委國使節，再來就是爭取當地新聞媒體。說到拜訪外交團，尤其在八、九月間仍是暑期休假中，談何容易？因爲委內瑞拉以石油致富，當時對於中美洲及加勒比海地區國家，多以富有大國的姿態而居，每年以石油援助款及其他支援爲數不少，因此在該地區國家派駐委國使節多屬政界高層，以爭取委國援助款爲主要任務，兩國距離又近，所以平時大多留在自己國內活動。瞭解此情況後，拜訪使節的機會自然不多，僅能與其參事祕書聯絡，因此我拜訪重點就放在爭取委國媒體了。

當時，整個中南美洲地區的媒體約有兩個中心，一爲阿根廷首都布宜諾斯艾利斯（Buenos Aires），另一個即爲委內瑞拉首都卡拉卡斯。據瞭解，當時卡拉卡斯所發行的雜誌刊物約有七十多種，銷路廣及整個拉丁美洲、美國與西班牙。所以，我初步計畫拜訪對象設定《*Ultimas Naticias*》、《*Panorama*》、《*El Tiempo*》等中型報刊雜誌，以社長、總編輯及主筆爲主，名記者爲輔，獲得不錯的回應。

當年，依行政院新聞局所配名額一名，推薦一位總編輯專案訪臺，事後有兩、三篇報導，逐漸引起委國新聞界對我國的關注。而我在抵任當年的國慶酒會，也邀請數家日報、晚報，乃至娛樂性質的報刊社長、總編輯或記者參加。原則以照片為主，外加文字報導我們夫婦主持國慶酒會的概況，以引起當地媒體注意作為起步。往後，我們逐步邀宴新聞界人士，建立友誼。

記得該年在洲際大飯店舉辦的國慶酒會，參加中外人士約有一百七八十名，參加者均盛裝與會，氣氛熱烈，凡來參加的僑胞及當地友我人士，均以我國與委內瑞拉國旗為背景與我們夫婦合照，之後再分別寄贈照片，大家都非常高興，並以參加我國慶酒會為榮。事後，我們檢討酒會舉辦方式及要點，並分析參加的名單，有需加深交往，則再分別邀請餐敘，再請他們介紹值得爭取的友人，以擴大交友圈，當然經費有限，必須量力而為。

剛正不阿的領務司長

我們初到委京先住前任的公寓，房東為委內瑞拉最後一任駐我國代辦，兩國斷交後，他又轉任他國。一九八二年初，他趁返委述職機會前來探望，我們即請渠夫婦餐敘。他們表示因外派多年，可能將調回部任職，但他們對我國友誼不變。我請他幫忙介紹委外部官員，尤以委外部領務司長W公使優先。他告訴我新任領務司長W公使是他舊識，為人剛正不阿，不易親近，他將試探是否願意與我相識。我提議希望先約邀宴，由我們夫婦宴請他們兩對夫婦，承蒙W司長同意，我們夫婦就約在委京最好的法國餐廳共進晚餐。

交談後獲知，W司長新婚不久，對其夫人疼愛有加；而淑美在晚宴中也瞭解夫人熱愛藝術，無意中談及淑美畢業於馬德里皇家藝術學院，兩人志趣相投，並約日後多往來以交換意見。不知不覺間，交往日深，司長夫婦也接受我們在官舍晚宴。

司長的個性雖特別，卻也是性情中人，私務方面很尊重其夫人意見。我在交往中經常介紹我國情形，他知道我國政治已完全走向自由民主，更清楚我國自一九八〇年後經濟大起飛，對外貿易逐步拓展。經過三個多月交往後，我嘗試邀請司長伉儷是否接受我政府邀請前往我國訪問？他表示曾經外派歐洲多年，經常耳聞我國政府發展情形，願意考慮適當時機接受我政府邀訪。

因此，在一九八一年底及一九八二年春，我們終於邀請委國內政部移民局局長夫婦及外交部領事事務司司長夫婦先後訪問我國，接受我政府熱忱接待，他們驚訝我國各方面進步神速，人民自由民主，印象極佳。

「落地簽證」的突破

後來，我們再邀請這兩對夫婦在官舍餐敘，趁機敦請改善對我國人來委內瑞拉的入境簽證問題。經過兩個多月的醞釀催化，他們兩位密切研商後，委內瑞拉政府終由內政部移民局及外交部領務司共同簽報核定，於一九八二年六月間宣布，委內瑞拉政府對持我國護照來委國一律發給「落地簽證」，這在當時可說是突破性的成就。自此，國內廠商由往年申辦委國簽證有如久旱求雨般的渴望，如今天降甘霖可以「落地簽證」，除了出乎意料之外，也對代表處的努力和委國的德政感激不盡。

此後，我國貿易團體一年有數批來委國舉辦展示會，大力拓展貿易，而個別廠商也經常到委國接洽客戶，進出便捷；再加上我旅居委國各地僑商，特別由委京卡拉卡斯及Maracay、Valencia和Maracaibo等四大城僑商組成的「四人幫」，經常到臺灣直接向國內廠商採購貨物，尤其在聖誕節進口近四、五百個貨櫃的聖誕禮品，以供應委內瑞拉市場，甚至轉口給拉丁美洲其他國的廠商，實力可見一斑。我記得在一九八〇年代初期，我國的宏碁及華碩電腦在拉丁美洲市場強占前五名內，而聖誕禮品價廉物美，充分展現我國實力。

拓展軍方關係

一九八二年下半年，我抵任已滿一年，也全力拓展委國軍方關係，因緣際會邀請到委國陸軍情報署長S少將及委國三軍參謀總長M海軍上將，先後訪問我國，之後同意我派遣軍事人員駐委，我國防部立即派遣曾任駐瓜地馬拉武官的張連元空軍上校出任本處軍事小組組長。張武官是我於一九七一年初任駐西班牙大使館一等祕書時的空軍少校受訓學員，已屬舊識，後來他們夫婦抵任後，才曉得都是淑美在臺北師範的學長姊，夫人梁丹平是淑美同屬美術科的學姊，而張武官爲普通科，有了這層關係更加親切。後來我們也與委國首都國際機場的軍警單位建立關係，以方便本處人員進機場接送。

第二十六章　完成「不可能的任務」

人不可貌相

偶然促成我國與加勒比海西印度群島的多米尼克（Commonwealth of Dominica）建立外交關係，是我此生難忘的一件事，而起源點就在委內瑞拉首都卡拉卡斯。

當時委內瑞拉盛產石油，國富民強也財大氣粗，經常舉辦盛大的國際會議。記得一九八二年元月在卡拉卡斯舉行「國際婦女法協會」，由委國婦女法協會主辦，而該協會會長M夫人是一位委國貴氣美麗又有才華的夫人，一共邀請世界約七、八十個會員國參加；我國由當時國民黨婦工會主任錢劍秋博士率團參加，事前我積極與M會長聯繫餐敘，當時因本處部派人員僅我及王主事，所以有關對外交涉聯繫都由我負責。我們夫婦也竭誠接待我代表團，而所有會議也都由我陪同參加，因此我也陪同參加委內瑞拉總統坎平斯（Luis Herrera Campins）在總統府舉辦的歡迎酒會。

參加酒會的貴賓眾多，大家盛裝與會，盛況空前。其間，我發覺有位衣著簡樸、頭髮灰白的女士獨處角落，無人與其交談。我一時好奇，並直覺此位女士雖衣不光采，但氣質不凡，既能應邀參加總統酒會，應非等閒之輩。於是我面帶笑容靠近致意，並表示我是陪同我國代表團參加酒會的駐委國政府代表，因本身研讀法律，尤其對國際法深具興趣，並遞上我名片。聽完自我介紹後，這位女士漸漸解除戒心，並就此次會議交換意見。後來，她才告訴我是多米尼克總理查爾斯（Maria Engenia Charles）的眞實身分，我頓表驚訝，並祝賀其一九八〇年當選多米尼克總理，且對該國遭受一九七九年大衛（David）颶風及隔年艾倫（Allen）颶風兩次重大災害表達關切。

查爾斯總理對我有關多米尼克的瞭解頗感意外，我回以：「因奉派駐委內瑞拉代表，自然對鄰近國家情勢關切，尤其總理在此地區表現卓越，不但委國報刊雜誌時有報導，而且在美國新聞也曾讀到美譽您爲『加勒比海的柴契爾夫人』（Madam Thatcher of Caribbean Sea）的報導印象深刻，令我深感景仰，不意今晚竟能親自拜見，實感榮幸。」

查爾斯總理見我言詞懇切，也表示幸遇知音。我趁機介紹臺灣也經常飽受颱風的侵襲，對於防災救災極有經驗；同時，我國經過多年努力，在財經農漁業及中小企業等均有長足發展。我國與多米尼克都是海島型國家，地理條件類似，應可供查爾斯總理發展多國的參考，深信我國政府如有機會，必定竭誠提供我國經驗及資源協助多國。查爾斯總理深思片刻後表示：「我在英國深造時以及近年來對臺灣的發展略有所聞，我目前正爲多國今後發展覓尋良策，有人建議可以到香港找機會……」

聽到總理這番話，我抓緊機會說：「相信我政府必竭誠歡迎您前往我國訪問，這與總理到訪香港也是順道，如蒙首肯，我將呈報政府。」

「這只是我的初步想法，仍須與顧問團研議，不過我可先邀請林代表前往多國訪問以增進彼此瞭解，屆時再研議進一步的做法，或許可與我的機要祕書聯絡到訪日期，以做適當安排。」查爾斯總理邊說邊遞給我名片和聯絡方式。

我立刻表達謝意，並稱會將此次會晤情形呈報我政府，再電告我造訪多國程期。這時候剛好有接待人員邀請她赴其他的行程，我即與總理握手道別，「我們後會有期。」

隨後，代表團錢主任也結束與其他貴賓談話，我趨前會合，她也注意到我剛與查爾斯總理相談甚歡，好奇問我：「剛談話的這位女士是否舊識？」

「才剛認識，她是多米尼克總理。」我回答。

錢主任等人均表驚訝：「眞是人不可貌相，看她衣著簡樸，不像參加此類總統酒會貴賓啊！」我報以微笑，隨後陪同回旅館。

外交諜對諜

次日，我以急極密電報部此事。由於月前報載，我政府近與西印度群島的安地卡島國（Antigua）談建交，因事前洩露，中共即派聯合國中國籍副祕書長趕往阻擋而致功敗垂成。外交部數日後電覆同意我擇期祕訪多米尼克，並伺機邀請總理、有關部長及高級顧問訪華。因查爾斯總理已返多國，我依其所示與其機要祕書瑪麗亞（Maria）聯絡。機要祕書告訴我已奉指示，但因總理二月有重要行程，可否請我於三月中旬往訪？經數度電話聯絡，終於敲定訪多日期及班機。

我計畫自卡拉卡斯搭乘委國航空班機到巴貝多（Barbados）轉機，改搭地域性背風群島（Liat）航空的螺旋槳飛機往返。因班機不多，來回必須在巴貝多各過一夜，這是因爲多米尼克機場跑道狹窄又短，無法起降較大型飛機。我隨即訪晤認識多時的巴貝多駐委大使館代辦，他表示凡持中共護照必須事先申辦簽證和國內核准，但持用臺灣護照則可享落地簽證。

「我抵達巴貝多是星期日，而我國護照用『Republic of China』，雖內頁載有發照地點爲臺北，但恐機場證照單位官員可能會誤認爲『中國』護照，又適假日，無法向貴館查證，所以務請協助發給我簽證。」我解釋。

最後基於友誼，他在我護照上簽發「禮遇簽證」。我隨即購買機票，並電請查爾斯總理的機要祕書代爲在多京羅索（Roseau）預訂最大飯店的套房及禮車接送機場往返。

一九八二年三月上旬的某星期日上午，我自委京卡拉卡斯搭乘委內瑞拉航空（Aeropostal）班機飛抵巴貝多首都橋鎮（Bridgetown）國際機場已是下午兩點多，立即搭車前往海邊的洲際大飯店，心神甫定後留在旅館休息，未敢外出。因爲我剛抵機場時，巧遇中共駐巴貝多大使館人員三、四名也在機場，我遠遠看到似乎已被注意，不料其中一名突然過來用中文問我來此有何事？

我為防意外，乃以日文不客氣地回答：「我聽不懂你說什麼？」

「是個日本鬼子！」他轉身而去對其他人說。

我也沒回頭，就到機場門口搭車到旅館，我在旅館餐廳用點心並注意周遭環境，沒看見有東方人。但遠望窗外海邊，卻發現美國軍艦兩三艘停泊在海邊，突感此地區情勢有點緊張，後來提早用過晚餐後，在房間留意電視新聞，也未見特別報導。

次日提早一個小時到機場以防有變化，結果我所搭背風群島航空班機如期起飛，途經聖露西亞及馬丁尼克兩島國首都機場都降停，再到多米尼克島東北角的峽谷小機場，原來背風群島航空班機是延西印度群島飛，途經降停每個島國。班機到多米尼克島國機場正下著陣雨，據事前瞭解，多國溪川多而短小，幾無河流出海口處的沙洲沖積平原，且多國地形很像上下顛倒的臺灣本島。小機場在該島國的東北角，而首都羅索則在西南角，中間有條崎嶇的縱貫山路，海拔高達一千多公尺。我看飛機降落的機場狹小破舊，下機旅客十多人，大多有家人開車來接；而我盼望的禮車，竟是一輛破舊計程車的其中一個座位，連司機共四人。

我們沿途看到樹木不多，很多香蕉樹多已斷頭，可見前兩年大衛及艾倫兩次颶風災害的嚴重；道路也殘破不堪，有段路乘客還須下車幫忙推車。路途遙遠又崎嶇不平，車速甚緩，到首都羅索已是黃昏，司機直接送我到旅館，旅館像大型的民宿。我正登記住房時，查爾斯總理機要祕書瑪麗亞匆匆趕來致意。

「多國百廢待舉，加上她這幾天公務繁忙，未能到機場接機，請多見諒！我國僅有七部計程車，我也特別交代計程車司機在機場接您並送到旅館。我明天上午九點來接您到總理辦公室晤談。」瑪麗亞秘書交代完後即匆忙離去，神色緊張。

我感謝她百忙中仍趕來看我，交代明日上午訪晤總理之事，看她神色似有要務待理，我也懷疑此行原擬洽談之事是否有變。但既來之則安之，凡事明日見面再說。因天色已晚，外面正下大雨，而旅館燈光昏暗，我因全身淋雨，趕緊沖洗後換上乾淨衣服，草草晚餐後就上床休息，但久久無法成眠……

砥礪前行

次日早起準備，竟是陽光普照的好日子，一掃昨日陰雨天氣。瑪麗亞祕書準時開車來接我，對昨天怠慢再致歉意，確因有極重要公務待辦，查爾斯總理昨天週日也加班。我們到了一棟猶如我國區公所的辦公大樓，外觀是米黃色鋼筋水泥建築，有點老舊，人員進出頻繁，瑪麗亞祕書說這是多國中央各部會集中辦公的大樓。查爾斯總理辦公室在三樓，我們到達總理辦公室外的接待室等待。到上午十時左右，從總理辦公室出來一批訪賓，是多國政要人士。不久又有多位人員進入總理辦公室後，瑪麗亞祕書即請我進入。

查爾斯總理立刻趨前歡迎，並介紹在座八位多國內閣閣員，大部分都兼一兩個部會，例如總理本人兼任國防及外交兩部會。查爾斯總理請我坐在她的右手邊，其他閣員則圍坐在一張橢圓形的大桌，牆上只掛著一台發出嗡嗡作響的電風扇；環視四周，整座辦公大樓應該都沒有冷氣裝置，在如此燠熱的環境工作，令我深受震撼和感動。

總理先致詞表示歡迎，並請我就此行向全體內閣說明來意。我先分發準備的我國各項英文簡介說明書後，扼要表示：「首先感謝查爾斯總理邀我來貴國訪問。本年初，委國坎平斯總統在總統府舉辦的酒會上，我很榮幸有機會與查爾斯總理認識，事後並將交談情形呈報我政府，今奉政府轉達竭誠邀請查爾斯總理率領代表團訪問我國，以認識近年來在臺灣的各項發展實況，所有費用由我政府負擔。我政府有誠意於洽談後，全力支援並協助貴國的復興計畫，尤其在農漁業技術方面。查爾斯總理如果認爲有需要，也可指派部會首長先行訪問，爲總理訪問預做安排。」

嗣後，我即席答覆在座各部會首長的詢問，經過熱烈問答，其間機要祕書兩度進來向總理耳語，並指指手錶。查爾斯總理請助理轉告訪賓稍等後，即席做出結論：

原則上，我決定接受貴政府邀訪，適時率團訪華，但因當前局勢有點緊張，近期恐難成行；惟當於本年內成行，會隨時與林代表保持聯繫。另外關於技術合作方面，倘貴政府能先派員前來考察最佳，因多國無此方面的經驗及人才。至於林代表所提是否由貴國駐美代表處等其他單位聯繫一節，我認為為求保密，目前仍以和林代表單線聯繫較妥。

我即席致謝，並表示當將此次談話情形及結論立即呈報我政府，深信我政府必定竭誠歡迎查爾斯總理適時訪華。因知外面有其他重要訪賓，於是起身告辭並告以等待總理佳音。查爾斯總理才告訴我，外面是美國駐本地區各國大使所率領的十六人代表團，並問我如何返委京任所？我告以等明日背風群島航空班機飛回巴貝多轉機。她即回以：「背風群島航空班機不可靠，此次美國大使有專機來，您僅一人，我將請美國大使是否可順道隨機載您回巴貝多。」

查爾斯總理親自送我到門口，並歡迎美國大使進辦公室時，美國大使一行均面露驚訝，因事前不知何方神聖，竟與總理率全體閣員洽談，並延誤近十分鐘，讓他們在門外久等。

當我由多政府派車送我抵達旅館時，瑪麗亞祕書即來電話稱查爾斯總理已洽獲美國大使同意讓我坐其專機回巴貝多，她在二十分鐘後來旅館接我趕搭專機。我行李簡單，即刻辦妥旅館結帳退房手續等候。果然瑪麗亞祕書不久即開車抵達，接我趕赴多京羅索小機場。我們到時，美國大使偕代表人員均已在機上坐定，而軍機已發動待發，等我上機即安排坐在美國大使身旁，軍機立即起飛，約四十分鐘即抵巴貝多首都橋鎮國際機場。美國大使在軍機上告訴我，他是美國駐巴貝多兼駐西印度群島七國的大使，此次所搭軍機，是由波多黎各美國空軍基地特別調派加拿大出產的特種軍機，馬力大，多京羅索機場跑道僅一百多公尺，只有此種軍機能急速起飛；隨即婉轉問我的身分為何？來此有何要務？為何查爾斯總理如此看重，還特別請他幫載一程，此實外交特例。

「非常感謝大使特別載我回巴貝多。查爾斯總理爲舊識，我是中華民國駐委內瑞拉代表，此次應邀前來洽商有關兩國經貿農技合作事宜，原訂明日搭背風群島航空班機經巴貝多回委內瑞拉任所，再次感謝。」說完，並面致我的名片。

他當然知道我此行任務豈僅如此，多問無益，若僅談經貿農技合作，何須全體內閣與會，且讓堂堂美國大使多等十分鐘。美國軍機飛抵巴貝多機場，已有大批美國安全人員在機場維護，我與美國大使握別後通關入境，並查看四周沒有中方人員即搭車回旅館。

我雖早一天回來，還好旅館還有房間仍表歡迎，並介紹巴國觀光資料。我回房間略事休息後，便到餐廳輕鬆享用午餐。我原訂明日由多京回到巴貝多過一夜，再搭後天委內瑞拉航空班機回委京任所；而今若立即更改明天班機回委京，一則不知有無機位，再則且須多方聯絡，也很麻煩；何況我首度來巴貝多，不如利用明天觀光巴貝多，反正巴貝多地方不大，一日遊應該足夠，也未耽誤原訂程期。於是當天下午向旅館預訂明天一日遊行程後，留在旅館整理此行報告及電報腹稿，第二天輕鬆享受巴貝多一日遊了。

第三天委內瑞拉航空班機爲回航，因此於下午起飛，途經千里達及托巴哥（Trinidad and Tobago）首都西班牙港（Port of Spain）降停，有旅客上下機，我也是第一次到訪，雖然在飛機上，但在降停及起飛過程中，至少看到首都全貌。

終於，在當日傍晚回到卡拉卡斯任所。

水到渠成

第二天上午將此行訪問情況密電報部。不久，美國駐委內瑞拉大使館來電，表示該館政治參事擬與林代表面晤。因美國大使館在代表處附近，步行約五分鐘可達，且我代表處簡陋，所以回覆今午可往訪。當日下午三時，我依約與該政治參事晤面。他頭髮已灰白，應為資深職業外交人員。

他很客氣謝謝我來與他晤面，並開門見山表示：「獲指示想請教您這次前往多米尼克訪問，獲多國總理率內閣全員接待，諒必有重大事情商談，因多米尼克總理現兼西印度群島八國聯盟輪值主席，與美國甚為友好，為了配合穩定該地區局勢，美國對其動向頗為關注。」

「我此行純為增進我國與多米尼克經貿農漁技術合作事宜，與該地區局勢，尤其當前格瑞那達（Grenada）情勢無關。」我簡單說明。

該參事對我提及格瑞那達情勢至感驚訝，更增疑慮。我回以：「此事新聞甚多報導，且我途經巴貝多，看到沿岸多艘美國軍艦停泊，因而有此聯想；但我此行僅為我與多米尼克的雙邊關係。何況，我國與美國目前雖無邦交，但各方實質關係甚為密切，如有確切信息，我外交部應會通知美方才是。」

我不願再深入續談邀訪一事，但彼此心知肚明，此事應有更進一步的內情，參事也只能點到為止，並謝謝我到訪。當他送我出門時，巧遇該大使館經濟參事，我們因是舊識打招呼，更令該政治參事對我另眼看待。我回到辦公室，立即再密電報告外交部有關今日美國駐委大使館政治參事邀我商談，並想探知我此次訪問多米尼克情資，請留意美國對此事已有關注。

一九八二年十一月，多米尼克查爾斯總理原訂率團訪問我國，卻因美國臨時邀集加勒比海地區各國元首、總理緊急召開地區會議，討論加勒比海盆地方案（**Caribbean Basin Initiative, CBI**），由美國副總統布希（**George Bush**）主持，主要商討該地區共產社會主義國家，如古巴、尼加拉瓜及格瑞那達等國，影響地區安全及對其防衛等對策。而多米尼克總理為西印度群島各國領袖，自然必須親自參加，因此查爾斯總理臨時取消臺北之行；經協調，臨時改派三位部長率團訪問，對我國印象深刻，我政府也立刻指派我駐巴拿馬農技團資深的蘇團長，前往多米尼克考察並提出協助報告。

一九八三年四月初，查爾斯總理再與我聯絡，決定於當年五月初率團專訪我國。我確定程期及人員後，急電外交部如期核發機票，從舊金山到臺北航程則搭乘我國華航班機；我另電請駐舊金山辦事處長禮賓老手歐陽璜兄，特別接機並送機細心招待。查爾斯總理一行如期於一九八三年五月上旬自多國啟程，經美國舊金山搭乘華航班機赴臺北，並於五月十日在臺北與我行政院長孫運璿先生簽署建交公報，正式建立兩國外交關係。

後記：查爾斯總理自一九八〇至一九九五年擔任多國總理十五年，兩國友好關係穩定。我於二〇〇〇年四月擔任外交部常務次長時，曾率團由當時我駐聖克理斯多福兼多米尼克大使張小月陪同訪問多米尼克，除正式行程外，我們夫婦特別由張大使及駐多國吳代辦陪同到查爾斯前總理住處登門拜訪。她退休後仍然獨居，僅有女傭一名作伴；我們已有十八年未見面，但她仍然認識我們，讓我們深為感動。她是我外交生涯中最為欽佩的兩位外國女性政治家之一。另一位是於一九九〇年元月就任尼加拉瓜民選總統的查莫洛夫人（Violeta Barrios de Chamorro），並決定於十一月與我國恢復邦交；而我於一九九一年二月至一九九七年七月奉派為復交後首任駐尼加拉瓜大使。

第二十七章　倒吃甘蔗

黑色星期五

一九八三年四月，委內瑞拉貨幣貶值，等同委政府為領美元薪水的我們變相加薪。委國貨幣因有豐富石油收入，素來穩定，二十多年來，與美元幣值均為一美元兌換委幣玻利瓦爾（Bolivar）四．三〇元。委國人士在國內簽約，均以委幣定價。四月間，我因代表處館車老舊常需修理，因此報奉外交部核准，但僅准依原車型號的美製Centry汰舊換新，不能更換性能更好的車型。因館車僅一部，所以我經友人介紹到一家有信譽的車行換車，其時一九八三年新車型的後車行李箱較小；而一九八二年舊型新車尚有一輛，行李箱較大，所以我為實際需要，選購舊型車，且有特價；我當場簽好約，並告以我須將估價單呈報政府撥款，約一週內前來付款取車，車行經理表示沒問題。

那天好巧是星期五上午。豈料當天下午下班後，委政府突然宣布外匯市場暫時關閉，即暫停外幣與委幣的兌換，至於何時重啟要待政府研議決定後再宣布，因此被稱為委國外匯市場的「黑色星期五」。

我將新車估價單報部兩日後，外交部即將車款以美金撥發到處，經過一週後，委國外匯市場重新開放，委國貨幣二十多年來首次貶值，以一美元兌換委幣六・八元，貶值百分之五十以上，同時委政府宣布所有物價凍結。也就是說，我所新購館車只需付美金三分之二價格即可。我喜出望外，即再電請外交部可否同意就原撥美金，更換更佳車型或增加車內設備（因原定車內設備為基本款，無豪華設備）。外交部的答覆是全部不准，並令將剩餘美金車款立即退還外交部，所以我們的館車仍為陽春型。從此委國成為其鄰近國家的購物天堂，因為委幣日益貶值，而物價仍然凍結，所以鄰近各館同仁，包括中美洲地區及加勒比海地區我館處同仁，紛紛前來委國度假採購，也成為本處的另外服務。

委內瑞拉在拉丁美洲地區素以物價昂貴出名，歷來傳說代表處同仁待遇相形縮水，只能住在貧民區，所以凡聽到要外派委內瑞拉均退避三舍；如今隨委幣貶值，同仁生活立即獲得改善，這該感謝委國政府無形中為我們同仁加薪。

記得一九八二年七月份薪津單到處，王主事發現本處的地域加給竟然從六月份的二六〇美元改為六二〇美元，王主事認為可能是會計處「誤寫」，問我可否等八月份再領。我說那就電報向外交部查詢，王主事則認為還是等等看，或許從此「誤寫」到底。我因本處僅我們兩人，因公忙就依主事意見辦理，後來果然是外交部全盤檢討各地地域加給而據實改善。

覓尋新官舍

我初到委內瑞拉所住官舍的房東，是最後一任委國駐我國代辦的私有公寓，一九八二年初他奉調回部，因無再外派消息，有意收回自住，因此我得積極覓尋新官舍。

五月初，欣聞我所住大樓的十六樓全層頂樓有意出租，我極力爭取，主人是委外交部高層退休官員，因另有住處，所以想將頂樓出租，與原官舍房東是外交部同事，瞭解我們夫婦對所租官舍均維護良好。我因最近工作發展已有成績，需要較大官舍以應公務，建議外交部核准，最後外交部也核准承租新官舍。

新屋主要求租金以美元計，我也同意。因此自一九八二年六月起，我們搬入由兩戶連通頂樓的新官舍，有大陽台、大客廳及高視野，幸賴有僑胞協助搬遷以節省費用。因空間增加將近一倍，特別多了一個可容納三、四十人座位的陽台玻璃屋，因此我貿易團或體育團體訪委，尤其每年來委國參加西蒙‧玻利瓦爾（Simon Bolivar）世界盃的業餘高爾夫球賽或棒球隊，可於新官舍舉辦約六十名左右的自助餐會，而僑界餐會更時常舉辦。

我們在官舍宴客，雖有男酒保及女傭幫忙，但在半夜十二時半左右必須讓他們回家，所以我們夫婦要繼續清理善後，幾乎忙到凌晨三點才能就寢。其間，我們一面清洗擦拭，一面討論當晚宴客情況，何者值得下次再邀請，何者到此爲止，哪些朋友可深交或請託協助介紹其他友人，或請協助辦理何事等各面向。

每週在官舍宴客至少一次，尤其初期爲求迅速擴大交遊圈，眞是費盡心思。還好當時我們體力充沛，如蠻牛猛衝，不知勞累。由初期蠻幹，其後逐年得心應手，漸入佳境。

子女的人生新階段

一九八二年夏天，孩子的教育已漸有成果。老大相如在美國申請大學，西岸申請史丹佛大學（Stanford University）及加州大學柏克萊分校（UC Berkeley）兩校，東岸申請麻省理工（MIT）及哈佛大學（Harvard University），均獲不錯的回應，最後決定進麻省理工大學部就讀土木工程系。

至於女兒育如在委內瑞拉首都卡拉卡斯美國學校就讀十一年級（等同高二），到三月間，該校校長通知育如到十一年級的高中學分（即至十二年級）均已修滿，可以提前一年高中畢業，當然若願意繼續留下來讀十二年級也可以。育如認爲既然可以提前畢業，那就不必再浪費多讀一年，所以她決定提早高中畢業。但申請大學旺季都在前一年十一、十二月間，臨時在三月下旬想申請好大學幾無可能。後來多方查詢，幸有我們初次外派駐多明尼加大使館時的劉增華大使夫婦，也是育如出生時在內戰中共患難的劉爺爺、奶奶，退休後與其在威斯康辛大學史蒂芬斯角分校任教數學的長子一起生活，於是緊急聯絡劉大使，並獲其長子協助，使女兒育如在學年結束前先獲錄取進入該分校就讀，以解燃眉之急。

自一九八二年秋季學年開始，老大相如在麻省理工就讀一年級，而老二育如在威斯康辛大學史蒂芬斯角分校就讀大學一年級，只剩下老三晏如在卡拉卡斯美國學校就讀八年級與我們作伴。

事實上，作為外交人員子女的我們三個孩子，無論在生活適應或教育過程上都比一般孩子辛苦，不但得隨時更換學校，面對和適應不同的環境，也比別人更早需要獨自面對新的人生階段。

就老大相如而言，一九八〇年五月剛年滿十七歲即須到美國洛杉磯就讀高中，慶幸有好友張迺良及王月夫婦願意接受寄宿監護就學，如今在美國生活兩年，剛年滿十九歲又要單獨到波士頓的麻省理工就學，不過男生還算比較方便。至於女兒育如於一九八二年夏天也剛滿十七歲，就要單獨由委內瑞拉首都卡拉卡斯搭飛機到紐約，還好有淑美的義父母監察委員王澍霖伉儷接送機，但自紐約至威斯康辛州首府麥迪遜（Madison）機場，再轉小飛機至史蒂芬斯角，則須改搭十幾人座的小飛機，形單影隻，幸有劉增華大使伉儷接機；平時住在大學宿舍，週末再由劉大使伉儷接回家。

我們無法陪同到校報到，只能在卡拉卡斯機場目送育如自己搭機，當下心如刀割，只能用電話沿途聯絡親友幫忙。年僅十七歲的育如，瘦弱的身體，卻有堅強的意志及勇氣，背著法蒂瑪聖母的雕像勇往直前，我內心慶幸她有我不畏艱難的強大基因。他們兄妹於一九八二年底上完第一學期都返委京共度聖誕及新年，可愛的弟弟晏如跟前跟後，三兄姊弟感情深厚，哥哥及姊姊從小寵愛弟弟晏如。到了隔年一月初，相如及育如趕返大學上學，未料此次分別，竟是人生的永別，弟弟晏如竟不幸於一九八三年元月二十九日出事了。

後記：我自二〇二〇年六月二十五日開始寫此回憶錄，至九月一日我們小孫女愛琳Lisa（育如的小女兒）全家慶祝她年滿十二歲生日，不禁令我想起自己的女兒在此年齡的就學經歷，以及後來年僅十七歲即單身到美國就讀大學，具備果敢堅定的意志，令我十分欽佩；而身為父母的我們未能陪同前往大學，內心倍感煎熬，每每思及，幾乎無法提筆繼續寫下去……

第二十八章　痛失愛兒晏如

可怕的預感

一九八三年元月初，相如及育如結束在委京的假期團聚後，分別返校，不知何故，我內心經常有種即將失去晏如的恐懼，這眞是恐怖可怕的預感。因當時委國治安日漸敗壞，我深怕晏如單獨搭校車上下學，下午返家後，常到樓下與鄰居小孩玩耍，有時也會和玩伴騎腳踏車到大樓附近逛，他心地善良，很受歡迎。我幾乎每天心神不寧，下班回到家會立刻找晏如，這是我從未有過的事，萬萬沒想到，竟是到海邊戲水發生意外。

記得二十九日是星期六，我們與呂昭雄及楊福良兩家事前約好去一百公里外的海邊郊遊，三家小孩特別高興。我因爲公忙，前一天晚上，我們夫婦還邀請委國陸軍情報處長S將軍夫婦在餐廳晚宴，獨留晏如在家。我們回家已深夜，只見晏如留下一張紙條在我們床上，大意是說他晚上從我們家後面窗戶看到森林火燒山，夜深了，要去睡覺了，提醒我們明天早上要去海邊玩等語。可憐的晏如愛兒，獨留他晚上在家，百般無聊，到處觀察戶外景色，好孤單的夜晚，但我們要工作應酬，也沒辦法。

隔天一早，我因晚睡晚起，晏如興高采烈來叫我們起床，也不知從哪裡找出一件顏色鮮明的泳褲，一再催促我們準備出發，否則會遲到。我略感疲倦，但是看著晏如盼望的神情，只好勉強起床。

早上約九點，他們兩家到官舍大樓集合，因為我們沒去過，三部車由我們車殿後，約開一個半小時車程到了海邊村落。我們分別停好車，三位夫人一起去洗手間，晏如跟呂家兩個小孩迫不及待跑去海邊戲水，我還在車上拿東西，也還有倦意，不消幾分鐘，忽見呂家小孩跑回來，神色緊張說：「Andrés不見了！」眞是晴天霹靂，抵達不是只有幾分鐘而已嗎？

我隨呂家兩個比晏如稍大的小孩跑去海邊，正好碰到三位媽媽邊談邊笑走回，我立即告知情況，淑美幾乎暈倒；當趕到略為偏僻的海邊時，已有人群聚集，不知發生何事？急忙說孩子在此進入海裡突然不見了，人群中有當地居民才告知，一週前也有發生事故，因為該處是河流入海之處，河底有暗流。我們也想不到這些小孩怎會下車立即跑到這裡？此時眞是「呼天天不應，叫地地不靈」，附近又沒有警消車輛及人員，也無任何危險標示，我們在海邊苦守數小時，最後決定回家請求救援。

鐘聲中的內心寧靜

我們回到官舍已是下午三點左右，我立即打電話給參謀總長M海軍上將及昨晚餐敘的陸軍情報處長S將軍，告知晏如發生海難意外，他們驚訝並安慰，雖是週末仍運用軍事系統發動救援。而僑界也獲通知，因天色已晚，經互相聯絡，決定隔天星期日一早，分批前往發生事故海岸協助搜索。不論M、S兩位將軍及僑胞，都認識並喜歡晏如，他們也都希望我們留在官舍，不要外出，如有消息必定通知，但我們怎麼可能坐得住呢？

星期日一早，有位僑胞女士先電話告知，她半夜突然夢見晏如托夢說他好冷，請告知爸媽，後來他們夫婦也跑來官舍。我們快速準備晏如喜歡的衣服及牛仔褲裝在他的書包，立即一同開車趕到發生事故海邊，拋進海裡，希望晏如能有衣服可穿；我們也遇到軍警及僑胞在海邊細心搜尋，僑胞們力勸我們回官舍，如有消息必會盡快通知。星期日毫無消息，僑胞們在星期一繼續數批駕車前往搜尋，仍無所獲。

直到星期一下午七點，M參謀總長親電到官舍給我，告知當天下午五點半左右，在距出事海灘往西約三公里處的觀光勝地「金之島」（Isla de Oro）五星級休閒大飯店海灘發現晏如遺體，由該飯店經理抱上岸並立即報告軍警，當晚將運至委京國際機場附近的檢驗機構。M參謀總長已告知該飯店，他將派車送我們夫婦即刻前往，也請我們在家等待，將於當晚八點多派員及車輛接我們前往飯店；因怕我自己開車精神不濟，尤其夜間道路不安寧，一再叮嚀不要自行前往。我深深致謝，並在官舍等候，同時分別通知僑胞。據說僑胞蘇師父一批人開吉普車約於當日下午三時左右也經過該飯店海灘，不知何故，吉普車竟然無緣無故失火動彈不得，約十分鐘後才又恢復啓動，眞神奇！是否晏如暗示他就在海灘附近海面呢？

當晚，M參謀總長的副官來官舍請我們坐參謀總長的座車，由軍方司機深夜開往「金之島」海灘大飯店，由飯店經理接待並告稱，他在當日下午五點多左右，可能是夕陽反射，無意中自大飯店七樓發現晏如遺體在海灘前浮動，一旦觀察確定後，他立即帶一條潔白新床單下樓，偕同員工下海灘，將晏如遺體用白床單包裹並抱上岸。因近兩日已有軍警搜索，也曾通知飯店人員，所以馬上通知軍警相關單位。

他表示自己是西班牙人，在此工作，並對晏如失事深致哀悼之意。

「非常感謝！小兒晏如曾在馬德里私立天主教『教宗保祿六世』小學上課三年，請問現在遺體在哪裡？」我哀慟問道。

「已由警方派人接走。」他說，並將聯絡方式告知在一旁的M參謀總長的副官。副官即刻聯絡獲知，有關單位已派車輛出發將遺體送往委京卡拉卡斯的西蒙．玻利瓦爾（Simon Bolivar）國際機場附近的檢驗單位，副官並告以我們是父母，擬隨同該車輛前往，這時已晚上十一點多了。

我們立即上車追趕運送晏如的車輛，就在該海邊飯店上山要到卡拉卡斯途中，因運送車輛的司機也要略事休息，所以約好在上山道路半途中的小鎮暫停。當我們趕到停在路邊停車場的運送車輛時，我們夫婦由副官陪同走到車輛旁，因密閉無窗，無法看到晏如。該小鎮名爲Andrés Bello，好巧Andrés是晏如的西文名字，而Bello也有美好、漂亮之意，直譯就成了「晏如美好」小鎮；不久，在寧靜中突然傳來小鎮教堂鐘樓的十二響鐘聲，原來已是半夜十二點整。

寧靜的小鎮、明亮的鐘聲，在柔和的月光下，讓我們內心萌生一股無名的感動，無限的寧靜……也許晏如不想讓爸媽看到他現在的模樣，希望我們永遠記得他那永恆可愛的笑容。我們在車旁默默哀禱，希望聖母法蒂瑪庇佑他安詳上天國。大家靜靜站著，無語相對。

送晏如的司機說他須即刻啓程開往檢驗所，外人不得進入，請我們就送到此爲止。我們想上車順路追趕，副官則請我們節哀回官舍，不必再到檢驗所，他也要回去向M參謀總長覆命。

次日晨，接獲中午可至檢驗所看望晏如，我們在友人陪同下如約前往，最後只准我單獨見晏如遺體。我看到晏如愛兒經過簡易化妝整理，面部安詳，僅鼻子略有擦傷，未見浮腫，但已呈紫褐色。他們不准我親晏如面頰，我悲從中來，哀痛欲絕。他們認爲不要讓晏如母親看到遺體較妥，這是對的，雖已過了四十年，我至今仍記得晏如當時的面容。

備享殊榮的安葬彌撒

依規定，次日須舉行彌撒安葬，幸在諸位友人積極協助下，我們於當日下午確定將晏如安葬在委京卡拉卡斯的布拉都墓園（Cementerio del Prado del Este），這是委京規模最大又享盛名的墓園。我們邀請華裔張神父在該墓園大教堂主持彌撒及安葬儀式，並以五千美元購買A區靠路邊的一塊墓地安葬（該墓園依西文字母排列，A區及特區最靠近大教堂），距大教堂僅一五〇公尺之遙，附近安葬多位委國政要，包括前總統。

我們當日下午也設法由代表處及僑胞盡快通知各地友人及僑胞，我則親自打電話告知M參謀總長及陸軍情報處長S將軍，以及委國政要及外國使節。記得是一九八三年三月三日上午十時在墓園大教堂舉行晏如的安葬彌撒，有委國軍政要員、國會議員、使節及僑胞共約兩百人參加，特別是M參謀總長及S將軍身穿全副軍禮服，M參謀總長並帶兩名禮兵到場。彌撒後，包括M參謀總長及S將軍及國會議員等八位友人扶棺，由兩名軍方禮兵前導，自教堂走到晏如墓地，禮兵並行軍禮，儀式隆重。思及晏如年僅十四歲，竟有如此隆重儀式與要員扶棺，備享殊榮。

這些爲晏如扶棺的委國軍政要員，均曾在官舍參加過餐宴，晏如都曾親自接待，送飲料、糖果，很得大家的喜愛。參加彌撒及安葬入土儀式的僑胞內心也極爲感動，他們旅居委國多年，從未見到我國人如此備受委國人士重視的場面，以及當地若干報刊也報導晏如出事的消息。尤其來自臺灣的僑界人士，其間曾有因私人恩怨不和多年，這次爲協尋晏如，彼此解除心結，合作協尋，或許也是晏如暗中希望的吧！

回想我們一生中，從未經歷如此般的極度苦楚。發生事故當天，我們返家不禁大哭數日。說也奇怪，我們每個夜晚都在痛哭中不知不覺竟然安睡，醒了再哭，哭了再睡……我們時常兩人在家思念晏如時，突然電燈或電器會一閃一閃，或有其他異常狀況，我們感應是晏如在家或在身旁作陪，經常如此，久而久之，我們都會說：「晏如寶貝回家了。」我們在家吃飯時，也會多備一副碗筷及一張椅子給晏如，這是我們兩人的感覺及自我安慰，信以爲眞，不足爲外人道。淑美最愛蘭花，官舍客廳沙發旁的茶几上，淑美放置一盆蘭花盆栽，晏如安葬後約一週，竟陸續在一枝蘭花上足足開了三十六朵花，來家裡的友人也嘖嘖稱奇。我們認爲這是晏如特別送給媽媽的禮物，希望不要悲傷，你相信嗎？我們夫婦是相信的。

晏如發生事故後，我們必須通知相如及育如。他們彼此手足情深，尤其元月初剛分別，現在不到一個月卻天人永別，必受極大打擊。相如是男生較能忍受，而育如自小和晏如兩人身影不離，尤其弟弟是姊姊的跟屁蟲，育如自小對晏如疼愛有加，又是尚未成年的女生，我們很擔心她能否承受事實。我們先打電話給劉大使伉儷，請婉爲轉告，可能他們告知育如語焉不詳，育如不久即自學校打電話回家，請問家裡究竟發生什麼事？我們先安撫她的情緒，才慢慢告知晏如到海邊出事了，要她不要太傷心，安心讀書。育如聽後安靜了一會兒，反倒安慰我們說：「弟弟太善良可愛，我們很喜歡他，他是我們家的安琪兒（Angel），相信上帝也喜歡他。」

我們也告訴她，在發現弟弟回程中經過Andrés Bello小鎭，適值半夜十二點，聽到教堂鐘聲十二聲響，月色當空，一切寧靜的事，所以我們要女兒也一起向法蒂瑪聖母雕像祈求保佑。育如語氣和緩說她會的，也希望我們不要過度傷心，要多保重。唉！令人憐愛的育如寶貝，我們知道妳的內心是沉痛的，卻反而來安慰我們，當下心如刀絞，也希望帶在身邊的法蒂瑪聖母能保佑育如。

疼愛晏如的畫家叔叔

晏如安葬後，依該墓園規定，墓碑由管理單位統一製作，爲銅製平置於頭部前方，而墓碑僅寫西文姓名、出生及死亡年月日，但留有安放「瓷製照」的位置，製作約需一個多月。我們選了一張晏如在美國學校的近照，但是在當地找不到可製作瓷器照片的公司，因此臺北的好友畫家吳炫三獲知後，請我們將照片寄回臺北，由他設法託人製妥後，及時寄給我們安置在晏如墓碑上。

不久，吳炫三先到中美洲探尋馬雅文化畫作之旅，特別於一九八三年夏來委內瑞拉，跟我們住了三個多星期，再轉赴巴西等地繼續亞馬遜流域探尋之旅。他來委內瑞拉是專程看望我們及晏如。他在一九七〇年前半留學西班牙期間，跟我們全家有深厚的友誼，很關切我們三個子女；尤其對晏如更疼愛，甚至過於寵愛，那時晏如三、四歲，有時一起赴野外寫生，他都背著晏如寫生，晏如繞著叔叔長、叔叔短，一點也不覺得煩。

此次他來委內瑞拉跟我們多次到晏如墓園，他每次都默默用各色花朵在晏如墓園上細心排列不同花型及心型，我們十分感謝，也覺得晏如無比榮幸。吳炫三在委京期間，心血來潮，共畫了兩幅畫贈送我家留念。一幅是晏如的面部畫像，姊姊育如說，吳叔叔可能多年畫慣非洲作品，所以把弟弟畫像的膚色接近非洲人，也知道弟弟喜歡李小龍電影，所以畫作呈現出李小龍的氣魄。另一幅則完全沒有他傳統的畫風，是在我們官舍順手翻閱沙烏地阿拉伯大使剛送我介紹沙國的一幅海邊古城堡照片，他環視良久後，在他感冒休息期間，順手落筆參照畫下一幅沙國風景畫，風格極具特殊。

這兩幅畫也屬我家珍藏，目前掛在洛杉磯家中。

晏如，我們家的安琪兒，眞的上天堂了嗎？自從他逝世後，好事接二連三，例如無形中促成僑界大團結、我因緣際會也找到代表處新辦公室，以及委幣貶値，變相爲我們加薪等。

第二十九章　好事接二連三

覓得代表處新辦公室

我一九八一年六月二十一日抵任後，認爲舊辦公室太老舊狹小，包括最近國內監察委員訪問團都認爲必須更換，以彰顯我國力，但因經費、地點各因素，談何容易？在一九八三年三月下旬，我與友人在附近Delta商辦大樓一樓義大利餐廳午餐時，突然聽到該大樓四樓因原租戶遷出，正準備出租。我聽後立即找位於八樓的管理單位洽詢此事，沒想到負責人竟爲舊識。我表示有意承租，他曾去過我們代表處，也知道我是政府代表，且他本人對臺灣印象很好，因此馬上回覆原則同意，主因是我們絕不會發生延繳房租問題，但須等兩個月清空；而他也認爲有我政府機構承租，對該大樓名聲頗有助益，所以在價格方面可從優考慮。我們初步談妥價格，因委幣貶値，如此還可將貿易單位併入，而我國防部也決定派員來本處設軍事小組（即武官處），另亦有意爭取設新聞組，所以我將此案併同房租價格與租約初稿，當日電呈外交部，立刻核准。

該Delta商辦大樓，位於Francisco de Miranda大道及直入高速路的Altamira區交叉口，而且大樓前的路口，即將於一九八五年初完成通車的委京捷運站設置出入口，相距原代表處Chacao市區的熱區上約一百公尺，交通四通八達，大樓在該地區也享有盛名。

爲了節省經費，由淑美親自室內設計，規劃各單位位置，大致區分代表辦公室、會議室、接待室、軍事組、新聞組等單位，並將貿協所屬的經濟組及其資料展示室設在最外面，以利廠商及商業人士來訪。內部隔間則用活動性材料，委京市場可就地取材，實際上整個格局設計大方，委國友人及僑胞多爲稱讚。淑美在西班牙就讀「馬德里皇家藝術學院」之前，曾就讀美術實用設計學校，新辦公室設計只是牛刀小試。因整層面積頗大，其中四分之一的辦公室已有另一家公司租用多年，所以我們是租用整層的四分之三面積，也有一百多坪，相較舊辦公室寬敞甚多。我們租用新辦公室達三十多年，直至關閉代表處爲止。

子女順利畢業、就業

我於一九八一年六月二十一日就任駐委內瑞拉代表，一九八三年一月底發生晏如事故後，深受打擊，但我們夫婦還是提起精神努力工作。因晏如於一九八三年三月三日安葬於委京卡拉卡斯的布拉都墓園，每週末都帶鮮花去看望，直到一九九〇年二月底奉調回國出任外交部領務司司長職務，在委任職達八年八個月之久，所以在此期間，相如及育如在美國完成大學及MBA碩士學位，並分別到紐約華爾街工作。

一九八二年秋相如進入麻省理工學院就讀土木工程系大學課程。相如告訴我們，麻省理工學院的國際學生共約三千多名，所以餐廳頗具規模，他也爭取到該餐廳工讀的機會。依學校規定，每位學生每週工讀時間有限制，大概不能超過十六小時，而每位工讀學生無論擔任何種工作，每小時都是五美元。他在餐廳工作的職務是會計，每週無論實際工作多少小時，均以十六小時計算，和收帳員以實際工作時數計算不同。所以他後來設計了一套會計軟體，每週實際工作只需七至八小時，就能達成十六小時計酬的成果。這套軟體程式在他畢業後，餐廳仍繼續使用多年。

此外，他一年級住校後，同學間交換頗多訊息，後來他意識到，如果他讀完土木工程成為工程師就業後，在美國的現實社會裡，將來工程師年資愈久薪水愈多，容易被淘汰；因為僱用公司可能考慮，以僱用一名高薪工程師的費用，可抵多用幾位低薪工程師而予解僱，因此決定改行。

「我開始考慮是否改讀較有『錢途』的財經課程，會繼續與同學討論再做決定。」他告訴我們。

我們表示爸媽對此瞭解不多，相信他會有最好的選擇，我們會支持他。後來相如在大學期間，仍決定完成土木工程系學業，但每次寒暑假回家，僅停留兩個星期，即趕回MIT參加暑期財經課程；若干財經課程的授課教授是曾得到諾貝爾獎的知名學者，而他在大學期間也擔任過MIT國際學生會長職位，可見他對未來已有規劃。

淑美曾到波士頓MIT看他，他安排媽媽住在他的宿舍，經常半夜告訴媽媽說他的土木工程課程要做實驗，必須按時去實驗室查看，即使是在假日或半夜，他會騎著腳踏車前往實驗室約一小時後再回宿舍，而功課又忙，經常晚上只睡幾小時而已。白天他就送媽媽去波士頓百貨公司並約好下午幾點才來接或陪媽媽晚餐，再一起回宿舍。媽媽住了兩三天，瞭解他實際上課及生活情況後也較安心。

一九八六年相如大學畢業後，竟能以他在國際學生宿舍餐廳的實際工作經驗，獲得學校直接錄取就讀該學院的MBA（企業管理）碩士學位課程。他跟我們說，他在大學暑假財經課程上課時，已向教授做了前置工作，有利其後申請MBA碩士班事宜。另外，他在大四土木工程課程期間，曾協助某教授承辦臺灣十大建設有關研究項目，獲得免繳學費及獎助金。一九八八年夏，相如修畢兩年MBA碩士學位，即獲華爾街AIG國際跨國大公司首次到MIT徵才而獲錄取的唯一研究生，從此相如在AIG工作了二十多年。

如前所述，女兒育如高中提前一年畢業後，於一九八二年秋就讀威斯康辛大學史蒂芬斯角分校一年級。該分校有很多東南亞，尤其是馬來西亞學生，經常欺負育如，頻頻要求育如考試時，必須將考卷答案讓他們偷看，因而引起學校懷疑。經育如向媽媽訴苦後，我們考慮就讀期間雖有劉大使伉儷如孫女般的照顧，但終非長久之計，所以淑美就與胞弟清峰商量，清峰即在匹茲堡（Pittsburgh）工作鄰近約一百公里處的印第安納市，徵得該市印第安納賓夕法尼亞大學（Indiana University of Pennsylvania）同意，自第二年起轉學至該大學二年級，並攻讀經濟學及西班牙文系雙修課程。每個月底，大舅清峰都會到大學接育如回匹茲堡家過夜，家裡有舅媽及兩名表妹，很熱鬧。

育如自幼曾在西班牙馬德里讀過三年小學，也曾旅遊距離首都馬德里以北約一百五十公里的瓦拉多利德（Valladolid）城，因此二年級時，她決定到西班牙的瓦拉多利德大學當交換生一學期，平時在馬德里有幾位阿姨，如淑美的小學同學余由紀聲樂家等，從育如小時候在馬德里就很疼愛她，所以我們很放心。

育如在大學四年就讀期間，每年寒暑假必定回委京與我們團聚，每次回家我都安排她到我友人的委國新聞媒體機構或企業機構實習，尤其暑假長達三個月，實習完畢，我也幫她取得實習證明文件。育如一九八六年大學畢業，年僅二十歲，我們又在國外工作，於是跟她商量結果，她希望繼續深造。

至於到哪裡讀研究所呢？事前請教哥哥，相如認爲美國東岸大學競爭激烈，冬天天氣嚴寒，不如到西岸洛杉磯，因當時淑美的母親、姊姊淑清及弟弟國峰全家，也都由清峰分別申請到美國永久居留權而移民美國洛杉磯。我們和育如商量時，我突然靈光一現，想到好友林基源教授。

他在省立基隆中學高我一屆，在臺大法學院也高我一屆，他讀商學系，我讀法律系，又自小同住在基隆市仁愛區。他臺大畢業後，留學美國獲得麻省理工學院博士學位後，任教洛杉磯的私立南加大（University of Southern California）多年，現為南加大研究生部主任。我每次路過洛杉磯，他們夫婦在半夜開車到我旅館歡聚。我立刻撥電話聯絡林基源教授，請教有關育如申請研究所一事。

他問我對南加大有無興趣？我立刻表示誠為所望，並立刻依他所囑，將育如所有小學、中學及大學的成績單，以及近幾年在委內瑞拉的實習證件等相關文件寄給他。十分幸運，育如於一九八六年秋獲取就讀洛杉磯私立南加大ＭＢＡ碩士班的機會，並經過兩年的苦讀，終於一九八八年六月獲得ＭＢＡ碩士學位，當時育如差幾天才滿二十三歲。

說來非常幸運，一九八八年五月下旬，臺灣的中國信託商業銀行董事長辜濂松先生偕其夫人、二公子和祕書，應邀來委京參加世界工商企業家協會大會，並以亞太地區工商企業家協會會長身分，在此次世界大會中發表演說，共住五、六天之久，我奉命接待並協助，因此有較長時間相處並認識。

當時淑美適赴洛杉磯參加育如的畢業典禮，並看望母親及姊弟，無法在委京接待而向辜董事長伉儷致歉。此次辜董事長在大會中發表演說頗獲讚賞，參加大會也很成功，心情大好。因為多日相處，自然談及我在委京工作情況及子女就學情形。我告訴辜董事長：「今年長子相如剛獲得麻省理工學院ＭＢＡ碩士學位，並已獲ＡＩＧ聘請要到華爾街工作；女兒育如也剛獲得洛杉磯南加大ＭＢＡ碩士學位，我內人正去參加她的畢業典禮。」辜董事長立刻問育如是否已決定在哪就業，我回以因剛畢業尚未想到就業問題。

辜董事長表示：「我們這兩年剛在洛杉磯設立機構，並擬於近年內在美國設立銀行，歡迎育如加入。」我告知育如在洛杉磯的聯絡方式及電話，並將通知育如，也感謝栽培。次日辜董事長一行離委京轉赴洛杉磯，而同日淑美也由洛杉磯返委京，擦身而過。不過辜董事長飛抵洛杉磯後，次日即舉行大型宴會。育如說她被邀請並被安排與辜董事長夫婦同坐主桌，從此育如與中國信託銀行迄今已結下三十多年的工作之緣。

不過其中有點周折。育如進入辜董事長在洛杉磯的機構服務，但隨後辜董事長的胞妹卻將育如改調到其私人公司服務，這並非我們所願。後來育如跟我們商量後，決定離開此私人公司，但辜胞妹放話如果育如離開，將命辜家不論在紐約或洛杉磯公司都不准錄用（辜董事長已於一九八九年在紐約華爾街正式開設中國信託銀行美國分行）。

最後我們仍決定讓育如向辜妹辭職，不理威脅。不久適辜董事長到洛杉磯知道此事，微言責備其胞妹，並通知紐約中國信託商業銀行美國分行總經理陳國世設法聯絡育如到該分行工作，並擔任陳總經理的特別助理，後來改任分行的人事部經理。所以在一九八九年期間，育如與哥哥相如均服務於紐約華爾街，且都住在紐澤西州在哈德遜河（Hudson River）與曼哈頓相望的澤西市（Jersey City）河景公寓，兄妹所住公寓對望距離僅五十公尺，所以我們去紐約看望就很方便。到了一九九七年，該美國分行併購加州的某銀行系統，才將分行總部遷設洛杉磯，育如也隨之搬到洛杉磯。

後來育如升至資深副總經理，並一直兼董事會祕書，此爲後話。

第三十章　駐中南美洲地區使節會議

不入虎穴，焉得虎子

記得我一九七七年秋自葡萄牙調部出任外交部中南美司副司長後，建議並奉准恢復舉辦「駐中南美洲地區使節會議」，第一屆於一九七九年夏在哥倫比亞的加勒比海海岸卡達赫納舉行，其後每兩年召開一次，因此第二屆於一九八一年八月在中美洲哥斯大黎加首都聖荷西舉行，由錢復次長主持。我於一九八一年六月就任駐委內瑞拉代表，所以我們夫婦也前往參加。

原則上，所有會議記錄及報告應由駐在國大使館或代表處承辦，不知何故，駐館準備似有點問題，當錢次長宣布開會後，竟臨時當眾指定我擔任會議記錄，以及當天撰寫呈報外交部並轉呈府院的電報稿。當時也有各部會代表參加列席報告，我記得當時行政院新聞局宋楚瑜局長於報告後，將其書面報告交給我並安慰我：「基正兄辛苦了！」我的確辛苦，所有出席代表及大使前來參加會議都很輕鬆，只有我這位僅到任一個月的代表，於會後忙著整理當天會議記錄及電報稿，眞是特例。

「第三屆中南美洲地區使節會議」於一九八三年八月在多明尼加共和國首都聖多明哥舉行，這是我初次外派工作之地，當時又遇內亂和生了女兒育如，特別有感情。此屆會議的題外兩大裁示：

（一）派中南美洲司司長歐鴻鍊出任駐尼加拉瓜大使，即速赴任。

（二）派駐委內瑞拉代表林基正於同年九月率領農漁林業考察團，訪問南美洲東北角的蘇利南共和國（Suriname）。

我於一九八二年伊始，即在委京任所設法與加勒比海沿岸各國駐委內瑞拉大使館使節或代辦聯繫，其中包括蘇利南駐委大使。初期都是邀宴聯誼，遇有我貿易團來委舉辦產品展示會也邀請參加，有意無意說明我國財經貿易發展情形，進而交換意見以推展關係。其中，蘇利南駐委大使表示濃厚興趣，後來他向我表達：「蘇國自一九七五年十一月二十五日脫離荷蘭正式獨立後，雖與中共建立外交關係，但一九八〇年蘇利南發生軍事政變，由蘇國強人德西．鮑特瑟（Dési Bouterse）中校領導成立軍事委員會接管政權，雖仍維持民主制度形式，有總統及總理等設置，但實際大權則掌控在鮑特瑟中校手中，目前有意尋求突破經濟發展。」

蘇利南大使將與我交換意見情形呈報國內，獲鮑特瑟強人的首肯，有意與我發展關係。我後來認為時機逐漸成熟，於是將我與這位大使數度交換意見情形電部並奉核准繼續爭取，後來雙方同意由我政府先派農林漁業考察團，由我率領前往蘇利南訪問，以期開展雙方關係。

我與蘇利南大使最後確認後並達成協議，由我率考察團於一九八三年九月中旬前往。由於唯一交通工具爲蘇利南航空公司，自邁阿密經荷屬古拉索（Curaçao），再直飛蘇利南首都巴拉馬利波（Paramaribo），每週往返僅一班，因此安排考察一週。該大使並告知我，鮑特瑟強人已指定其親信M君負責接待，會在機場接機。又因蘇利南政治局勢閉塞，不透明，我也只能靠蘇利南大使的信息，深感責任重大；尤其將面對氣盛難測的軍事強人，又側悉其個性殘忍專橫，我實在有點提心吊膽，但「不入虎穴，焉得虎子」，只好勇往直前。

我實在放心不下，行前乃自行決定洽請好友南韓駐委內瑞拉的具大使，同意電請南韓駐蘇利南大使必要時就近協助。具大使因南韓與我國當時關係友好，於公於私，即刻電報聯繫，並給我南韓駐蘇利南大使的聯絡方式。當然我告知此行奉命率團考察，大家都是資深外交人員，不必明言，也知必有特別任務，否則不會如此慎重（我私下託請南韓大使一事，並未呈報外交部，以免節外生枝）。

一切安排就緒，我於一九八三年九月中旬，單獨自委京搭機至古拉索登上蘇利南航空班機，即與我考察團十一位團員會合，飛到蘇利南首都巴拉馬利波國際機場時，已有鮑特瑟所指派的M君在停機坪迎接，並由專人代辦入境手續後，立刻登上專車進駐所安排的旅館。

蘇利南人口中十分之一是華人，且中共駐蘇利南大使館人員耳目衆多，因此M君特別叮嘚，我們是機密訪問考察，務請配合行程保密。當天抵達已是傍晚，第二天M君再來商討考察行程。等M君離去，我才有機會與十一位專家團員正式介紹並初步交換意見。我首先感謝這些我國農、漁、林各專業翹楚團員配合前來考察，其實我本人也是初次到訪，對當地瞭解不多；但自資料上瞭解，蘇國地廣人稀，人口約五十萬人，其領土百分之八十以上爲森林，礦產豐富，漁業資源潛力無窮。

由於人生地疏，我們首要注意安全，盡量配合蘇方所安排的行程，聽取意見，實地瞭解，事後作成考察報告，以供我政府做決策的重要依據。「這幾天應可見蘇利南實際掌權的軍事強人鮑特瑟中校，據說他對政敵手段殘忍，去年十二月曾發生所謂『十二月謀殺案』（Decembermoorden），處決包括律師、記者及大學教師等十五名政治對手，引起世界輿論強力譴責，這些訊息僅供大家參考。」我說。

此後六天，均由M君安排車輛及考察地點，也曾派平底快艇陪同我們在首都河岸入海口，乃至逆江而上參觀，其中在河口入海右岸，看到數十艘漁船停泊，M君說那是南韓的釣蝦船，而入海口極廣達一公里以上，應是良港。我們在考察期間，曾依我要求面見鮑特瑟強人，於是安排在其官舍宴會上，是輕鬆的自助餐會。他特別在一個大房間與我們會面並握手致意，並對我表示，他已授權M君與我洽談，希望有成果等語，仍須保密，不願聲張。當然我們此行係首次考察，仍待進一步交流深入商談，有關細節因屬機密，均在考察報告中呈報我政府。

我也曾趁此行，單獨密訪首都歷史悠久的「中華總會館」及「中國國民黨蘇利南支部」，並與堅貞擁護及支持我政府的老僑領和忠貞黨員懇談，他們興奮激動，認為我是他們堅守崗位幾十年來，首訪的我國政府大員。事後，我曾撰寫詳細書面報告並檢附合照呈報外交部，並以副本及照片等附件，分致僑務委員會及中國國民黨中央委員會，建議即速逕行聯絡嘉勉。

功敗垂成

我們結束考察，要離開當日為上午十一時左右。在旅館出發前，M君一直用電話聯絡，因此離開旅館時刻一再延緩，最後他才告知，今天與我們同班機離境的還包括中共軍事代表團。為求保密，並預防中共大使館及中共代表團人員發覺，他就不便親自陪同我們前往機場，不過他由其他單位調派一位職位似不低的女士官員特別陪我們前往機場，M君也等我們上車赴機場後再離去。

當我們前往機場途中，該女士輕語告訴我，今天同班機離境的有中共一名將軍率領的軍方籃球隊，應有中共大使及人員陪在機場送行；另有南韓軍方籃球隊同行，已知南韓大使也在機場，請我團在機場候機室，盡量低調以免引起中共方面注意，一切聽她安排。

「請大家在候機室不要講話，以免引起中共方面注意，在班機上也請低調，如有中共人員過問，最好避免交談，最多表示是一般商人前來招商，而我單獨在古拉索機場下機，就此別過，請見諒！」我在車上簡單向團員說明。

我們一進候機室，因是最後一批進入，立即引起全場注意。該女士將我們安排在南韓人員一邊，與中方人員遙遙相望；該女士在幕後安排但未露面，我團人員已有默契，均低調不語。我見抵蘇京期間曾電話聯絡的南韓大使向我點頭微笑，我也大方趨前與其握手致意，低聲告以任務完成，多謝關心，他也低語致意賀我完成任務。不到五分鐘，開始登機，先請中國軍方籃球隊登機以示禮遇，再請一般旅客，接著請南韓軍方籃球隊，我團則靜候通知。

我暗中發覺中共大使等人對我團頗爲注意，但不便且時間倉促，來不及前來過問，略微猶疑就先離去，隨後南韓大使也與我握手道別。而該女士遠遠示意我們稍等，大概過了約十分鐘，我聞機聲開始發動，於是她來請我團登機，在候機室門口目送，表示不便陪我們走過停機坪登機，我再度謝謝她的機智安排，也表示瞭解其立場。我們一上機坐定，飛機即刻起飛，只見我們十二人被安排坐在登機門附近，並用門簾隔離，未讓後座乘客看到我們，足見蘇利南方面的用心安排。約一小時後到古拉索機場，我單獨下機，並向諸位團員握手道別，隨即轉機回委京任所；而所有團員也順利在美國邁阿密轉機。

我當晚以極急密電呈報外交部，完成此次考察任務。此後不久，我發現我已引起中方的注意，經與蘇利南駐委大使協調，一致認爲改在華府繼續洽談爲宜，因此我建請外交部同意將本案改由我駐美代表處繼續談判。

後經側悉，蘇利南方面曾陸續指派財經部長及外交部長訪問我國；最後，蘇利南方面曾派總理級官員到臺北，有一晚外交部大約在晚上九時臨時通知臺北重要媒體到外交部將有重大消息宣布，據說外交部已經徵獲總統府祕書長沈昌煥先生點頭轉報蔣經國總統。然而蔣總統堅持蘇利南必須先宣布與中共斷交後，我始可同意建交的堅定立場，導致本案功敗垂成。這件事也經當時擔任外交部主管中南美洲事務的常務次長，後來派任駐哥斯大黎加的邵學錕大使，有次到委內瑞拉首都度假，在我懇請下無奈向我點頭證實了。

祕魯的「菲律賓海岸」

其後在一九八五年、一九八七年及一九八九年的「駐中南美洲地區使節會議」時，我趁在巴拉圭舉行之便，因轉機關係，途經智利首都聖地牙哥（Santiago de Chile）、玻利維亞首都拉巴斯（La Paz）、厄瓜多首都基多（Quito），以及海邊大城惠夜基（Guayaquil），也曾經過祕魯首都利馬（Lima）。

在玻利維亞首都拉巴斯機場時，因海拔高達四千公尺，可以看到安第斯山脈的太陽東升美景，因空氣稀薄而清新至極，群山白雪皚皚又似在腳底下，頗為奇特的景觀及體驗。而厄瓜多首都基多的市容及大廣場，尤其城市南端的麵包山（Panecillo）山頂上的基多女神像（Monumento a la Virgen de Quito），因受西班牙統治的影響，完全呈現西班牙風格。

另外在祕魯首都利馬，由當時仍是新進同仁吳金木祕書駕車陪同參觀美麗的海岸。他幽然地說：「這個海岸公園最近被稱爲『菲律賓海岸』（Costa Filipina）。」

「奇怪！在祕魯怎麼叫『菲律賓海岸』呢？」我納悶。

「這座海岸公園原屬祕魯貧民區，尤其在無月色的晚上更爲晦暗，但海風習習，是當地青年男女約會的仙境。自從新總統就職之後，因出身該地區，特別編列預算整頓海岸公園，廣設籃球場、遍立路燈等設施，以期造福當地青年。當地年輕男女來此私會，男生總是忍不住忘情的上下其手，在燈光照明之下，所有的一舉一動被看得清清楚楚，女生知道害羞，都會說『Aqui No』（此地不宜），與當時的菲律賓總統艾奎諾夫人（Aquino）同音，所以『菲律賓海岸』之名就不脛而走了。哈哈……」吳祕書語帶輕鬆解釋，令人會心一笑。

我們也到訪巴西聖保羅市，接受老同事顏秉璠處長及夫人劉曉玫的熱情接待，後來發生他們千金被綁架案，幸好由警方查獲是離職司機作怪，足見駐外同仁隨時得擔心自身安全。

藉由每兩年參加「駐中南美洲地區使節會議」[1]，不但部內同仁聚集一起共商局勢，聆聽指示，也可趁機順道增廣見聞。

1後來於駐尼加拉瓜大使館擔任大使六年半期間，曾三度參加「駐中南美洲地區使節會議」。一九九一年二月到任，五月間就再度參加在宏都拉斯舉行的「駐中南美洲地區使節會議」，由黃傳禮大使籌辦，所住旅館Hotel Maya可居高臨下，俯視宏京德古西加巴（Tegucigalpa）市區。次日據說一架美國航空班機降落宏京機場時因遇大雨滑出跑道，機場暫時關閉，這是宏京機場經常發生的事情。我仍記得在一九七八年三月，我任中南美司副司長奉命考察中美洲六國，最後一站即是宏都拉斯，也住在這家旅館，那時的駐宏大使是于彭前輩。上一次跟黃傳禮大使夫婦見面，是我們於一九六四年夏初次外派駐多明尼加大使館三等祕書，途經紐約市，承蒙當時我常駐聯合國代表團祕書的黃傳禮夫婦接待並陪同採購，因他們有外交證可免稅，人事真是變化很大。

到了一九九三年，「駐中南美洲地區使節會議」在南美洲巴拉圭首都亞松森（Asunción）市舉行，由王昇大使籌辦，使節會議先後多次在巴拉圭舉辦，謝謝王昇大使。這次回程中，我們特別途經委內瑞拉首都卡拉卡斯，當時代表是蘇秉照大使，剛自駐巴拿馬大使轉任不久。承蒙蘇秉照大使夫婦熱心，招待我們住在官舍，令我們勾起無限的回憶。我們駐委內瑞拉代表任內於一九八二年租用此官舍，到一九九〇年二月離任，共住了七年多，也剛離開三年多。當然我們此行最主要的目的是為了回去看我們寶貝兒子晏如的墓園。我們在卡拉卡斯住了三天，天天去晏如墓園獻花弔念，豈知之後二十多年竟因各種因素，迄今無法再回卡拉卡斯，幸有僑胞好友就近照料墓園。

一九九五年的「駐中南美洲地區使節會議」在瓜地馬拉首都瓜地馬拉市舉行，由歐鴻鍊大使籌辦。記得我上次在一九七八年春前來考察時，半夜巧遇大地震。這次我們也同其他同仁前往古城安地瓜（Antigua）參觀，回程途經薩爾瓦多，承顏秉璠大使夫婦邀請住宿大使官舍。記得我們於一九七二年奉派駐西班牙大使館一等祕書時，承蒙當時為三等祕書又剛新婚的顏秉璠夫婦熱心接待，銘感於心。

代表處業務擴編

代表處的工作推展日漸順利，各單位人員也因任期而輪調。外交部由黃福生祕書接替王年陸主事。黃祕書原畢業於淡江大學造船系，因特考進入外交部工作也屬不易。他眞是名副其實的「享受福氣生活」，外交部的房屋津貼足夠他租用四、五個房間的公寓，他不願住與代表處及官舍鄰近，所租公寓經常高朋滿座，麻將通宵達旦，喜歡麻將的僑胞，不論遠近，趨之若鶩，以致到辦公室經常精神不振，再加上愛仿效美國歌壇明星麥可傑克森（Michael Jackson）穿著，緊身上衣，下著九分窄褲，白襪短筒靴，常口叼香菸，因此常被警察找麻煩……似乎外交部優秀同仁仍不願到本處服務。

有關武官處的軍事小組張連元上校三年任滿調回退役，由黃明偉空軍上校接任。黃上校夫婦很優秀，工作認眞，經常協助聯繫僑胞，任滿我建議續任，協助良多。而張連元上校回國退休後，仍回委內瑞拉定居發展，我們離任後，他們夫婦也由其公子申請，最後移民美國洛杉磯。

另外，我抵任後積極聯繫爭取委京媒體人士，並獲行政院新聞局配額邀訪。早期新聞局長宋楚瑜也曾偕其副局長戴瑞明由劉培專員陪同訪問委國，印象深刻。我曾建議派專人來本處工作，宋局長因當時新聞局限於經費，且認爲我新聞工作推動得不錯，請我暫時再撐一陣子，到一九八八年左右派一名祕書進駐本代表處，正式增設新聞組。至於經貿組，本處經濟組續由貿協派員擔任，初任呂昭雄離任後，續派張主任、洪主任等接替工作。因貿易訪問團不絕於途，雙方貿易推動順利，也爲本處工作重心的一環。

至於我本人在委內瑞拉工作多年，代表處每年國慶酒會因廣受委國媒體報導，也漸成爲委京外交團國慶酒會的重要活動之一。有友人問我們夫婦喜歡委國嗎？我們當然喜歡，而且因委幣一再貶值，當時正是外國人在委國生活最佳時期，領取美金等強勢外幣收入者，更如生活在人間天堂。

事實上，我們夫婦因愛兒晏如安葬委京墓園，每週末去墓園已成生活的一部分，所以能待多久就待多久。有一次跟朋友說：「也許委幣貶至四十三元兌換一美元時，是我們該調部的時候吧！」沒想到一語成讖，到一九八九年底，當委幣四十三元兌換一美元時，我接到部令調部出任外交部領務司司長職務。因晏如是土葬，又以十四歲安葬，當地規定年份未到，不能火化遷移。我們也是鑑於該墓園環境幽雅，陽光普照，四周車水馬龍好不熱鬧，應是晏如所愛。當地僑胞好友，也表示會經常前往獻花探望，請我們放心，所以我們也決定留他在當地墓園，以後有更好墓園再來搬遷安置。

十年磨一劍

我們於一九八九年十一月下旬接奉外交部部令調部後，即預做安排，並決定於一九九〇年二月下旬離任。我們夫婦也分別告知委國友人及僑胞，其間接受送別餐宴不斷。我們經常在夜深人靜之際，在官舍客廳或月光下陽台靜思回憶，此次自一九八〇年二月臨時奉派至哥倫比亞救援，又轉來委內瑞拉工作，前後將近十年。在公務工作上，經過日夜努力頗有進展，不辱使命。

就家務而言，最大的遺憾就是全家失去愛兒晏如，這是永生之痛無可挽回。但在子女教育方面，老大相如及女兒育如都幸運大學畢業，分別進麻省理工學院MBA企管碩士班及南加大MBA企管碩士班，如期兩年完成學業，其後也先後在紐約華爾街工作，足堪慰藉。而相如一九八九年也在紐約對岸澤西市的河景公寓大樓買一間公寓，雖是單房型，但畢竟有屬於自己房子，而育如也住附近，我們前往家聚很方便。

在晏如走後，我們也向相如強調，我們家只剩一男一女，尤其他已成爲獨子，應該負起我們林家傳宗接代的責任。我們也向育如表明，爸媽毫無重男輕女觀念，我們家所有權益，你們兄妹永遠平等享有，也希望育如謹記她永遠是我們林家不可或缺的一員。我們依外交部規定，每兩年可返國述職，爲期三週，所以不論在洛杉磯或紐約，均可與相如、育如歡聚數日。自晏如走後，每次回臺北通化街的家，每天燒香祭拜家中的仙祖公神位及林家祖先牌位。也曾思考今後如再外派，要將家中的仙祖公神像及林家祖先神位一起同往任所。

我在委內瑞拉期間，曾遵照中國國民黨指派代表委內瑞拉地區出席在臺北舉行的第十三屆（一九八四年）及第十四屆（一九八九年）中國國民黨黨代表大會。在第十三屆大會中，國民黨推薦李登輝爲總統候選人參加全國總統全民大選。大會中也看到國民黨有趙少康等五位脫離國民黨另組新黨的分裂場面，但中華民國在臺灣，總算走向全民直選總統的民主新時代。

我們於一九九〇年二月下旬拜別委內瑞拉諸親友離任，途經紐約與子女相聚數日，然後自紐約甘迺迪國際機場搭乘中華航空公司班機，於三月三日飛抵桃園國際機場回臺北。後來猛覺眞巧！我是一九八〇年三月三日自臺北到桃園國際機場搭乘中華航空公司班機，倉忙飛經洛杉磯趕赴哥倫比亞首都波哥大救援，如今也是三月三日返抵桃園同一機場回臺北，出任外交部領務司司長新職，出國整整十年，這並非事前刻意安排，也許冥冥中早已注定。

第七篇

竭力為國家交朋友

不久，一輛軍方吉普車出現，除司機之外，還有另一位帶槍的軍官。淑美無助地含著淚光送我出門，深信等我離開後，她會立刻衝回家向供桌的保護神仙祖公及林家祖先神位燒香祈拜，保佑一切平安；我在車上深呼吸，力求鎮靜，反正有事就必須面對。

查莫洛總統（左二）宴請駐尼外交團，團長教廷大使（左一）及林基正（左三）。

第三十一章　出任領務司司長

到任首日的「凶神」

我們於一九九〇年三月三日凌晨六時飛抵桃園國際機場，外交部領務司顧富章副司長偕同司裡同仁接機時，神色緊張地請我務必於上午八點半到司，因爲上午九點會有一位凶神來領務司炸鍋；這位凶神已經來過數次，同仁無法應付。所以我們返家放好行李，略事盥洗，我如約趕到外交部大樓一樓後段領務司辦公室。

我到達時，司裡同仁才紛紛上班。工友小周替我打開司長辦公室，並快速打掃。我這次離國十年，很多領務司同仁不認識我，以爲我就是領務司今天要面對的可怕凶神。不久，顧副司長也到了，立即爲我介紹司裡同仁。我在八點五十分鐘左右在辦公室坐定，喝了口熱茶，做了個深呼吸，等待「凶神」到來。我的前任領務司司長，也是我外交領事人員同年高考的洪健雄兄，已奉命於三天前趕赴中美洲的貝里斯（Belize）出任大使，行期匆匆，留下一些公事。

大約上午九時左右，我要工友把門打開。不久，看到有人在門口探望，我一看，不正是多年未見的臺大法律系同班同學郭鑫生嗎？我立即趨前叫聲「老郭」。這位老兄一看到我，竟也面露驚訝，立即與我擁抱，大家多年未見，欣喜萬分。我請他到我辦公桌前的椅子並肩而坐，並按鈴請女祕書進來。她見我們有說有笑，頓時感到訝異，僵了一下。我說這位是我大學同班好友，請快泡茶待客。

老郭問：「您怎麼在這裡？」

「今晨剛搭機返國，同事要我趕來辦公室應付一位可怕的『凶神』，今天剛接任領務司司長，連稍微休息都沒辦法。老郭今天來有什麼事？怎麼知道我返國接此職務？」我說。

老郭嘆了口氣，說：「我就是你們所說的『凶神』啊！」

「您不是跟廖春杏同學在美國新婚燕爾嗎？何時回國？」聽他這麼一說，不免大吃一驚問。

「不說也罷！我來部裡所爭之事，就此作罷，就當對您新職的賀禮吧！我們同學擇日再聚。」

「謝謝！您的事等我瞭解後改日再談，會設法解決。」

我相信老郭不是個無理取鬧的人，必有所本。我隨即請女祕書轉請顧副司長及相關科長同仁來我辦公室，介紹郭鑫生與他們認識，並表示他是我臺大法律系同班同學，爲人耿直，他的事我會設法解決，請大家不要誤會。郭兄因另有要事，就此離去，解除了今天領務司的大難題。

隨後，我去人事處報到，再晉見部次長，多蒙勉勵。期間常務次長房金炎大使曾詢及今天領務司「凶神」來訪之事，我也告以該位「凶神」是我臺大法律系同班同學，這件事似乎有點義氣之爭，我會妥善解決。接著我回辦公室，而桌上已放著「外交部領事事務局組織條例」草案，以及將在我國護照上加註出國條碼等案卷，均須緊急處理。我略微翻閱之後，即請顧副司長陪同到各科室，分別與本司同仁，包括臨時雇員等一一握手致意，並隨問家常。

我發現領務司共有副司長及幫辦各一名、科長三名、祕書室兩名女祕書，但雇員與臨時雇員甚多，一共約有三、四十名。在正常公務之外，經常有民意代表或其辦公室員工，也有大牌民意代表的椿腳，甚至是地方上椿腳的椿腳，藉機要求提辦護照及其他不合法案件；當然部次長偶爾也會受託交辦相關案件，顯然領務司已成為外交部對外的公關窗口了。我覺得很多要求太過分，有民意代表甚至直言不諱：「就是因為無法依法辦理才來拜託，否則何必請託交辦？」

護照大變革

關於「外交部領事事務局組織條例」草案，除了須將草案條文的實質內容先確定，再論條文文字外，因該條例涉及考試院所能核定的領務局編制人員、職等和名額，也關係到監察院審計部對領務局的預算審核；而最重要的是，行政院核定的員額編制及預算，此又與人事行政局及預算單位有關，這些僅為其中犖犖大者。

該條例草案送至立法院審議時，又得爭取立法委員等民意大員的支持，這也涉及他們經常向領務司交辦護照及領務案件的應備事宜，所以必須適當應對，尤其絕對不能有嚴重違法為基本原則；否則最後發生事故，他們必定藉口為人民所託、為選民服務為其本職，是否合法應由行政執行單位把關，把責任推得一乾二淨，由執行單位負責受罰，甚至入獄。所以有關組織條例案，近期內必須詳細研議，充分準備資料，以陪同部次長列席立法院有關委員會報告，此事非一蹴可幾。

此外，行政院已原則核定自一九九〇年七月一日起，實施我國護照上登載出國條碼，因涉及內政部移民局及外交部領務司兩執行單位的密切配合，關係重大，且距我就任領務司長僅剩四個月不到，至為緊急，我列為最優先處理的案件。

我政府自民國三十八年來臺，尤其最近十多年，凡我國人民出國，必須先向外交部領務司申辦我國護照，例如凡外交人員或有特殊外交任務出國者申辦外交護照，其他因公務出國者申辦公務護照，至於一般人民則申辦普通護照。但無論持用何種護照，每次出國又必須事前再向主管單位（以前為警備總部，現在是內政部移民局）申辦出國許可證，每次都要繳費新臺幣一千元。但七月一日新制實施後，因護照上已蓋有出入境條碼，則可不必每次出入境都須先向移民局申辦和繳費，對出國的民眾可說是一大福音。

關於這項變革，外交部領務司與內政部移民局要先妥善規劃，凡申請護照者，由領務司事先協調移民局審核同意後，才能在核發護照時同時寫上出入境條碼字號；也就是說，往後申請護照只須向外交部領務司申辦，不必另向內政部移民局申辦出入境證，這對申請人來說簡便多了。

所以在七月一日實施新制前，領務司須與移民局協調作業程序。針對此事，我偕同領務司幹部與移民局張局長，帶領相關主管在三、四月間數次協商後決定，屆時由移民局於六月中旬指派工作人員約一百二十名進駐外交部領務司，而我要先將領務司內部預做調整，以空出辦公室空間及桌椅供移民局人員使用。

我又在領務司增設若干窗口，並劃分收件部門及發給護照兩大部門，均由領務司同仁坐鎮，且配置能幹的資深同仁應對民眾提問；而在收發件各部門，又細分為個人、旅行社團體及特別處理件三種窗口，並預留三窗口彈性運用。

至於內部的工作細節也要制訂一套具體流程，以求更流暢完善。例如窗口收件後，立即由移民局及領務司同仁配合形式審查，不符形式條件者立即退件或請補件，此作業以不超過十分鐘為宜；凡初步通過形式要件者再進入實質審核。所以移民局同仁主要安置在審核過程，而領務司同仁配合形式要件的審核。所有申請案件必須獲得移民局同意後，領務司負責製作護照的同仁才能加蓋出入境條碼，此為原則。至於實施過程，領務司及移民局的同仁自行另派負責幹部協調合作，此為我與移民局張局長協商後所擬訂的執行準則。實施初期，當然需要相互交換意見，隨時調整，大體而言尚稱順利。

沒想到一九九〇年四、五、六月間的申辦護照案件突然減少很多，因為打算出國民眾預期新制實施後，持用新護照即可隨時出國，不必每次向移民局申辦出入境許可和繳交新臺幣一千元。我們預計七月一日起申辦護照的人增多，而臺灣媒體屆時也會到外交部實況轉播，當天場面必定熱烈，事前已有電視及平面記者來訪問我的報導，其中有位新進電視記者方念華小姐，竟費心找到我通化街住家親訪，印象深刻。

事實上，自我三月三日到任，幾乎每天早上抽空向司內同仁，尤其窗口第一線的女同事問好加油，因為她們都是勞苦功高且待遇不多的雇員或臨時雇員；到了六月中旬，移民局一百二十名同仁進駐本司後，我也經常向他們致意，並問詢有何須領務司配合改善之處。

記得在七月一日實施新制的前兩天，我特別向本司及其他第一線同仁鼓勵。這些大多已婚有子女的二十多位第一線窗口服務人員，竟主動找家人朋友在這兩天幫忙代為照顧子女，因為他們需要在「前線作戰」，令我非常感動。

我在前一天的前置教育時，一再拜託窗口及審查部門的第一線同仁，凡有申辦者立即增加窗口，尤其旅行社團體申辦要立即收件，並在十分鐘內初步形式審查要件後發給收件單；除非有不符合審查條件者，否則必須在五個工作天內可領取護照，當時無論旅行業者或媒體都認為不太可能。

七月一日上午，領務司開始開門辦公前，外面人山人海，我請同仁安撫民眾情緒並維持秩序。待上午八點半領務司大門開啓後約一個多小時光景，窗口幾乎收件完畢，領務大廳幾乎淨空；若送件者有文件不備齊者，十分鐘內即刻獲告知補件，後到者也可隨到隨辦。所以媒體記者在上午十一時左右到訪，發現領務大廳辦理動線平順，未見擁擠現象，令人不可思議。

據統計，七月一日起那一週，每天申請護照者高達一萬七、八千本左右，第二週也是；但從第三週起已日漸減少，主因是旅行社將團體申請件，如非急件均押後以申辦新護照，所以兩三週內大致處理完畢，日漸恢復每日五千本以下。我擔任領務司司長不到一年任內，每天早晨向領務司、移民局一線同仁致意鼓勵，已成為我日常生活的一部分，他們是值得欽佩的一群好夥伴。

外交部領務司工作同仁都很得力，我任司長時，副司長為顧富章、一科科長劉融和主管我國護照的核發等、二科科長余由中主管外國護照簽證、三科科長王小姐主管領務文件。

實施多年後，外交部領務司改制為外交部領務局，也搬到政府聯合辦公大樓辦公，場地更寬敞便民，但實施流程大體仍依原訂準則；而顧副司長、劉科長及余科長，也先後出任領務局局長的職務。

五花八門的護照提辦請託

外交部領務司為外交部所屬單位，外界有人託辦案件在所難免，但處理上必須遵守合法、合理為基本原則。例如因事緊急，如奔喪或特別事件須緊急出國處理的護照提辦案件，自當全力協助；但很多並非緊急，僅為彰顯特權，實無必要，偶爾基於情面稍微通融，但如果過分要求，似應婉拒。因此領務司研討出一套新程序並予以系統化，意即在正常程序的一般申辦護照，五個工作天即可辦妥，如擬提辦，不論原因為何，一切依提辦日期天數而酌加收費，如此一來，或可減少徇情提辦；假如有人在任何理由下請託，也可預做另一套工作程序，不致影響正常申辦作業流程。

此外，有所託者如不符合法定程序，例如尚未完成合法歸化即請法外施恩發給護照的情況，就找出相關法令，建議先向主管機關辦理完成歸化程序。又如外國人或大陸人士與本國人士結婚（或他們的子女），依內政部或大陸委員會相關法令規定，必須在臺居住滿多少年限，始能完成程序；因為完成合法程序並非外交部主管範圍，領務司無權法外施恩。

請託事項可謂五花八門，甚至到了匪夷所思的地步。例如有大牌民意代表的樁腳，經常以該民意代表或假借該民意代表之名請託，甚至威脅，層出不窮，領務司都必須堅持立場，否則一旦發生違法事故的責任，將由領務司承擔。

領務司因領事業務，定期派員出國到轄區巡迴講習是常態。我也曾於一九九〇年八月間率團前往美國轄區訪問，曾在美國舊金山、休士頓及華盛頓三地分別召集鄰近館處的領務承辦同仁舉行領事業務研討座談。在華盛頓時，也曾順道拜訪美國國務院領務局，參觀護照的防偽製作技術及其他流程。

第三十二章　與尼加拉瓜復交後首任大使（1991~1997）

捨我其誰

一九九〇年十一月上旬，中美洲尼加拉瓜共和國外交部次長雷阿爾（Ernesto Leal）率團密訪臺北，並與外交部政務次長程建人在外交部共同簽署兩國恢復外交關係的建交公報。兩週後，程次長也率領包括企業界人士的代表團密訪尼。由於此行保密，須將代表團員的出國護照當日立即發給，我特別交代一科劉科長祕密派員當日製作完成。

數日後，外交部常務次長房金炎大使緊急電話，要我上五樓到他的辦公室有要事相商。我一到他辦公室，他面帶微笑要我準備到尼加拉瓜，我以爲是要陪同程次長訪尼。房次長再請我坐下，面帶嚴肅告訴我，因爲尼加拉瓜共和國目前國內情勢尚不穩定，新總統查莫洛女士（Sra. Violeta Barrios de Chamorro）雖於今年初尼國總統大選獲勝，讓前總統桑定政權的丹尼爾・奧蒂嘉（Daniel Ortega）始料未及。

桑定民族解放陣線（Frente Sandinista de Liberación Nacional）掌權多年，目前雖有查莫洛新總統，但尼國三軍、國營事業及地方機構仍在桑定政黨手中，而此次我與尼國建交爲新總統決定，所以日前兩國雖已簽署建交公報，但情勢極不穩定。

「部次長近日經過詳細考量，必須有一位穩重可靠、並具才華及應變能力的資深同仁出任新大使重任，鑑於你在外交部多年的歷練與膽識，且於委內瑞拉多年工作期間，對鄰近國家尤其尼加拉瓜情勢多所關注，並時有報告，因此錢部長、程政務次長和我最後決定請林司長承擔此重任，已擬請層峰核准。」房次長語重心長地說。

我知道尼國目前在各方面落後，而桑定專橫，此項任務可謂「遺大投艱」，我立表為難；更何況我此次出國哥、委國十年，且剛調部八個月，希望能多點時間在國內磨練。房次長接著表示：「我們認識多年，我也曾在桑定政權前擔任駐尼國大使，知道此項任務艱難，但外交部實在找不到更適當的人選，大家都是外交部多年資深老同事，務請勉為其難。」

我接受命令，下樓到我的辦公室靜坐苦思後，因淑美在紐約與孩子相聚，臺北跟紐約恰好相差十二小時，此時臺北上午十時，正是紐約晚上十時；我先打電話給女兒，沒多久聽到育如接電話，我請她叫媽媽聽電話，淑美接聽後說：「我想先跟孩子商量，約過半小時再回撥給你。」

半小時後淑美來電，認為尼加拉瓜目前情勢凶險，他們商量後一致反對，甚至說可辭職，他們已經有好工作可以報答養育之恩。

「我在外交部工作多年，是外交部培養的專業外交人員，今天國家有難，我必須去執行任務，必要時可單獨赴任。我不是馬上出發，事前仍會多準備，且領務司工作也要告一段落才會動身，預計明年元月下旬出發。」我提出個人最後決定。

當然，淑美不會讓我單獨去冒險，她十二月自紐約回臺北後，立即籌劃赴尼加拉瓜新設我駐尼國大使館所需家具用品，爲凸顯我國特色，特別訂製全套紅木家具。同時淑美自費另向廠商訂製兩套自用紅木家具，分別贈寄紐約給相如及育如，因爲他們已初步立業，也將成立家庭。我跟淑美也決定，將我家目前供奉的仙祖公呂仙祖及兩小神童的神像，以及林家祖先牌位和現用約一百年歷史的案桌，一起海運到駐尼大使館供奉，以保佑全家平安。

所有大使館所需家具全由淑美負責採購，我因領務司公務忙碌，又要籌備出使尼加拉瓜所需的部內單位簡報，也要聯絡拜會有關部會，更加勞累。由於時間緊迫及總統日理萬機，因此我就任駐尼加拉瓜共和國大使及蘇秉照就任駐巴拿馬大使的宣示就職儀式，臨時改由行政院長郝柏村上將在行政院主持，同時頒授二等「景星勳章」，這也是少見。而蘇秉照大使是由駐美國邁阿密辦事處處長轉任，他這次自任所邁阿密趕回臺停留三週左右，聽取簡報，因他曾任外交部中南美司司長多年，對此地區業務頗熟悉。我因領務司業務繁重，又未決定接任人選，最後我決定於一九九一年二月十二日啓程，啓程前夕，部次長才臨時決定由人事處長詹憲卿暫代。

我啓程前，外交部對於大使館館員人選迄未定案，因尼加拉瓜屬艱困地區，多數同仁婉拒前往，後來所派人員也多非幹才。唯一讓我深感安慰的，是大使館武官處人選。我在駐委內瑞拉代表處最後五年的軍事小組（武官處）組長黃明偉空軍上校，於我調部後，也奉調回國規建空軍。他們夫婦獲知我外派駐尼加拉瓜大使後，立刻來訪表示他們不懼艱苦，願意爭取駐尼武官職位繼續追隨我們；我也因尼加拉瓜軍方仍由桑定軍方控制，因此駐尼武官對我們工作推展不可或缺，而黃武官與我在委內瑞拉合作多年甚爲得力，我曾向國防部力薦而獲續延任期。目前尼國工作艱鉅，能有得力的武官全力配合至爲重要，所以我也向國防部表示，茲因任務特殊，務請再派黃明偉上校爲駐尼武官。國防部表示，該部派遣武官有其內部作業程序，惟將我的力薦作爲重要參考。

一般而言，國防部對各國派選武官有其軍種配置的考量，例如某國如選派某軍種武官駐臺，則我國派駐該國武官也依例選派該軍種，這是地盤的考量。我到任不久，國防部果眞遴派黃明偉空軍上校爲駐尼加拉瓜大使館武官。

我跟淑美此次啓程赴尼加拉瓜日期，是基於部內外工作銜接的考量，並未留意赴任期間適逢農曆春節。我們自桃園搭乘中華航空班機直飛紐約，但在阿拉斯加的安克拉治機場（Anchorage International Airport）經停。先抵達紐約與相如、育如團聚數日後，再從紐澤西州的紐華克自由國際機場（Newark Liberty International Airport）搭機飛抵邁阿密已是傍晚，蘇秉照處長夫婦到機場接機，並將我們的行李放進該處的大型公務車，直入車庫未取出，因明晨我們馬上要搭美國航空公司（American Airlines）班機直飛尼加拉瓜首都馬納瓜市任所。

未料，到邁阿密當晚的二月十六日竟是農曆除夕夜，我們事前在紐約也沒注意到。蘇秉照大使夫人邀淑美在官邸歡敘，而我則陪蘇秉照處長參加邁阿密僑社的農曆除夕餐會。在餐會上，竟有位華僑醫師前來致意，原來他是我們在駐西班牙大使館當一等祕書時所認識的香港僑生，也曾跟臺灣留學生到我們在馬德里的家中餐敘過，眞是出乎意料之外。當他獲知我們明早即將搭機到尼加拉瓜赴任，雖然已經十七年未謀面，但他表達明天會到機場爲我們夫婦送行，要親自感謝淑美以前在馬德里的照顧。

非常感激蘇秉照大使伉儷的熱情接待，他們明晨到機場爲我們送行後，後天也要整裝出發，前往巴拿馬擔任駐巴拿馬大使新職[1]。

我們於一九九一年二月十七日的農曆年春節從邁阿密飛抵尼加拉瓜首都馬納瓜市，住進一九七二年尼加拉瓜大地震時，馬納瓜市僅存未倒的洲際大飯店。我們自簡陋的馬納瓜國際機場到飯店，沿途盡是零散的破爛屋瓦，道路崎嶇不平，車輛稀少，路人衣著簡陋，一片荒蕪的景象……這是我們未來要努力工作的地方。

協助尼國貨幣改革

我這次前往尼加拉瓜共和國算是臨危受命，也是我在外交生涯中，再一次的救援任務。

我們抵達尼加拉瓜共和國馬納瓜機場，由尼國禮賓司長及我政府先遣人員王旭晨及蔡孟宏兩位祕書到機場接機。經協調，我於到達第三天赴總統府向尼國民選總統查莫洛夫人呈遞到任國書。

查莫洛總統非常親切，首先表示：「我對貴國近年推展政治民主、經濟發展、科技進步、農業發展等早有所聞；尼國前經大地震，後經戰亂，百廢待舉，需要貴國協助。前不久貴外交部程建人次長率團參訪尼已交換意見，今兩國重新建交，據悉林大使爲貴國資深外交官員，經驗豐富，歡迎來尼國出任復交的首任大使，並預祝成功。」

「查莫洛夫人在去年尼國大選衆望所歸，順利當選尼國總統，謹代表政府申致賀忱，並蒙查莫洛總統的明智決定，兩國恢復邦交，我國朝野及人民均感榮幸與感激，深信我政府必定秉承初衷，竭盡所能，協助尼國重整家園。希望在總統支持下，我能順利完成使命。」我接著說。

查莫洛總統隨後開門見山說：「目前有一事關係新政府的成敗，亟須貴國政府鼎助；至於相關細節，我的女婿總統府部長拉卡育（Antonio Lacayo）現在偕同外交、財經部長及中央銀行相關首長在樓下辦公室等候與林大使深談。事關緊急，我們省去繁文縟節，就直截了當面商。」

完成呈遞國書手續後，即由尼國大禮官引導我下樓到總統府部長辦公室，在座有外交次長雷阿爾，以及經建會、財政部、經濟部等部會首長和中央銀行總裁等，他們都是尼國近年

1 多年後蘇大使接任駐委內瑞拉代表，我們當時路過卡拉卡斯，也應蘇大使夫婦邀請，再回我們原住官舍住宿兩夜。退休後，我們常在臺北餐敘，蘇大使比我年長六歲，是臺大外文系的學長。

流亡美國、哥斯大黎加及宏都拉斯等國，之後在流亡國家的民間企業及國際金融機構任職多年，且多具MBA等碩士學位的傑出人士。

「尼國當前財經情勢險惡，所以新政府成立一年來，決定實施貨幣改革，以穩定金融，才能抑制尼幣貶值繼續惡化。內閣近日決定於本年三月一日，即兩星期不到的短期內勵行貨幣新制，將目前尼幣（Córdoba）五百萬元兌換美金一元，改為金尼幣（Córdoba Oro）一元兌換一美元的新幣制，現仍保密中；惟要實施新制，必須要有外匯存底擔保，才能獲得國際承認。我們近日分洽美、日、歐洲各國政府協助，都未獲正面回應，因此想尋求中華民國政府的鼎助，時機極為緊急，務請同意。」外交次長分別介紹各首長後，馬上切入主題。

由在座部長全神貫注的熱切眼神可知，中華民國政府是目前尼政府三月一日實施新貨幣制度的唯一希望。我立即答以：「剛到任，此事出乎意料，但我會全力轉呈我政府；只是，不知金額最少需要多少？」我相信他們早已深入討論，我也懇切請對方告知我最低數額，相信我政府必會審慎決定。

此時，拉卡育部長先請中央銀行總裁答覆，最後拉卡育部長手指比出「六」的數字。

深思半刻，記得出國前一再請部次長給我一點暗示，在未來三年內，我政府所能給我運用的最大額度，雖未明確，但瞭然於心。因此我看到拉卡育部長所提數額雖大，但似乎仍在額度內。我緊接著表示：「本日所談需我政府支援的數額，非我能力範圍可決定，我即日呈報政府優予考慮。請問，必須在幾日內有明確答覆？」

「此事緊急，希望在五天內，也就是二月二十五日之前，當然愈快愈好，才能及時依原定行程於三月一日宣布實施新制。」部長殷切看著我說。

我隨即告辭，立刻回旅館以特急極密電部，建議我政府同意支援，因尼政府原預期其他大國，尤其是美國、日本及西歐國家的幫忙，因此事前決定新制將於三月一日實施，豈知均遭碰壁；今適我到任，乃將最後希望放在我政府。本案我政府倘能如尼政府所願緊急提供支援，則可為兩國將來的友好關係奠定堅實基礎；反之，若此新制未能如期實施，必定對新政府威信造成打擊，也可能影響我國和尼國新建立的邦交。

外交部在三天內即電覆同意。我旋即火速報告查莫洛總統、拉卡育總統府部長以及雷阿爾外交部次長，他們喜不自勝，即刻與我配合作業，查莫洛總統也隨即宣布，尼國確定於一九九一年三月一日實施與美元等值的新尼幣。記得當時還沒實施新幣制的二月二十八日，市場上已以舊尼幣一千五百萬元兌換一美元了。

尼國三月一日新幣制實施，不但震驚朝野，整個外交團也幾乎不敢相信，到處打聽到底是何方神聖支援尼國新幣制的外匯，來源是否確實？後來，查莫洛總統偕內閣於三月中旬公開舉行慶祝尼國新幣制，並燒燬中央銀行所收存的舊幣儀式，簡單隆重，也特別獨邀中華民國駐尼加拉瓜新任林大使上台，陪同總統燒燬舊幣，並當場將一套舊幣贈送給我存念，此舉也引起包括外交團的與會人士注目。

同心協力苦守大使館

外交部自一九九〇年十一月上旬與尼政府建交後，立即就近調派駐瓜地馬拉大使館王旭晨一等祕書，以及駐宏都拉斯大使館蔡孟宏三等祕書先行抵達尼京駐守近三個月。我們於一九九一年二月十七日抵達尼國後，王祕書不久先行返任，僅留蔡祕書暫續協助，等本館新派黃清雄參事二月底抵任，蔡祕書才返宏國歸建。

我們抵任後，先在尼京洲際大飯店住宿，每天旅館費美金八十元，外加一人每餐飯十二美元，而且必須以美元支付，費用驚人；因此決定自三月一日起，直接搬入大使館辦公室居住，不另租用大使官舍，如此既可節省租金，也因大使館人員少，晚上無人駐守，爲了安全考量，以便就近看管大使館。我們剛抵任時，尼國物資缺乏，再加上尼幣一再貶值，民不聊生，因此我們全力支持尼新政府實施貨幣改革，優先解決貨幣問題，作爲尼國財經改革的基礎。

另外，慮及有些車型在尼國無法及時修理，如很多外交團使用的賓士廠車，稍有嚴重損傷，就得送往鄰國哥斯大黎加首都聖荷西修理，有時長達兩三個月無車可用，非常不便。因此本館決定訂購兩部在尼國汽車市場較爲穩定，且售後維護可靠的日本豐田汽車，其中一部爲八人座的廂型公務車，另一部爲四到五人座的館長座車，與當時查莫洛總統使用的兩部車型相同。

當時尼國人民仍習慣桑定政府「吃大鍋飯」的社會主義生活心態，聘僱人員自認有工會保護，工作上習於找藉口推諉。例如館車司機很令人頭痛，常事前不請假，當遇有重要拜會突然不見蹤影，而館內雇員初期也是如此，因此，如何鼓勵員工工作是一大難題。後來，淑美設計一套稍具資本主義的管理方式，這才日見改善。

初期，新來男女傭人依之前工作方式，都先向我們提出書面要求清單，包括每天的日用品及三餐食物，淑美均予接受；但是他們沒有加班有津貼的觀念，所以經常怠工，不負責任。後來幾經汰換後，淑美保留尚可訓練的幾位後宣布，在固定工資外，如有加班或在大使館宴客幫忙，每次依工作情形發加班費，且餐宴所剩下的部分食品當加菜。如此一來，這些傭人慢慢喜歡加班及客人來訪或聚餐，也珍惜在大使館的這份工作。

「凡參加修繕大使館設施，例如油漆門牆及整理環境等工作也發加班費。」淑美又宣布。傭人家窮，加班可以增加收入，是他們所期待的事，由此逐漸瞭解淑美爲人賞罰分明且同情弱者。另一方面，淑美也訓練傭人學做中式餐點，他們體力甚佳，對擀製麵食及油炸工作慢慢得心應手。

記得有位家有三名子女的單親女傭跟我們多年，期間淑美也曾私下借錢給她買房子，再自薪資慢慢扣還，讓她有個棲身之處，分外珍惜感激，努力工作加班，週末回家時，淑美常多給食品帶回家分享子女。記得她曾說過，將來我們離任，她也會離職，轉行開一家中國餐廳。

我非常感謝淑美全力支持我的工作，同心協力、同甘共苦的犧牲精神。

刀下留「雞」

我們到任兩週內就搬入大使館。大使館是棟年久失修的兩層建築，淑美因陋就簡，安排樓下當大使館辦公室，我們住在樓上。有人說，我們身爲大使，竟不知享受大使的權利，另租豪華官邸，也有失大使身分。但我們想法不同，我們是來工作，不是享受，何況當地條件有限。查莫洛總統爲了節省費用，沒有豪華官邸，她曾邀請我們到她住家；後來她也來大使館訪晤，看到我們的居住條件，深受感動。

我們初抵任那一年，尼京市場物資缺乏，原有桑定政府時期的所謂「友誼商店」貨架空空如也，一有進貨，立即被一掃而空。爲了我們大使館日常生活用品，淑美經常帶女傭同行，由司機開車到商店、傳統市場或路邊攤採購；我們也曾到路邊攤吃牛尾湯，由於衛生環境欠佳，邊吃邊與蒼蠅搶食。

數月後，尼國財經日益穩定，市場經濟漸有起色，慢慢吸引流亡海外人士返國投資，經營商店乃至超市、小餐館，也有進口日用品和食品，生活一天天改善。我們到任兩三個月後跟臺北親友寫信，描述當地市容及居住情況：「在尼國大馬路閉著眼睛開車，只會撞到樹，絕不會撞到車，也很難撞到行人；一般人民住的平房家徒四壁，這裡看不到公寓大樓，地廣人稀，極具原始自然景觀。」

寶貝女兒非常關心我們在尼國的安危及生活，得知我們將搬進簡陋的大使館樓上居住，在當地食品、物品極度缺乏之下，我們的海運貨櫃將於三月四日抵達，立即向工作的銀行請假兩星期，於貨櫃到的前兩天趕到尼加拉瓜，隨身行李盡是食品和日用品，她說從未想到竟有如此落後窮困的地方。

我們二十呎貨櫃運到大使館，育如負責清點及指揮工人安置地點，除客廳紅木家具放樓下客廳外，其餘搬到樓上，依淑美所規劃放置。由於房間、小客廳與陽台破舊，她們母女親自或調度傭人清掃，花了相當多的時間及精力，幸好這次育如來，幫了媽媽的大忙。

沒多久又接到部電，本館新任周主事夫婦及兩名子女三月七日抵任。我們為了接風，於是在他們抵任前夕，淑美、育如偕女傭，由司機開車到傳統市場採購，買了一些蔬果，也幸運在路邊攤買到一隻大公雞，準備七日一早殺雞待客；豈知六日上午接到駐薩爾瓦多大使館通知，周主事本眷因班機在薩京銜接關係，無法如期於七日下午抵任，必須延期一天。

我女兒育如現已二十五歲，在多明尼加出生，回臺北五年，再到西班牙及葡萄牙，又回臺北，再去哥倫比亞及委內瑞拉，又轉赴美國完成大學及碩士學位，不知吃了多少雞肉，但從未親眼目睹活生生的雞長什麼樣子。所以自六日買了大公雞，看牠一副雄赳赳氣昂昂，走路如軍人踢正步，煞是好看，原定隔日殺雞宴客，所以就把公雞用長繩綁在庭院的檸檬樹下，並定時餵食。次日一早，大公雞鳴晨，聲音響亮，充滿朝氣，引起育如的惻隱之心……當日清晨，育如急著下樓坐看這隻大公雞，萬分不捨；當獲知周主事一家當日不到，育如立即請求我們必須刀下留「雞」，也許這是天意要我們留下這隻公雞。之後，這隻大公雞就留在大使館，負責每日吹起床號的職責。

那個週末，我們第一次由司機駕車到附近鄉村，就地向鄉民買了食物及石雕紀念品。育如恰巧發現有一村家，一隻母雞帶著出生不久的小雞群在院子走，育如執意買這群母雞及小雞，好說歹說，總算說服村民同意賣給我們，帶回家後就放在大使館廚房附近庭院，與大公雞組成新家庭。育如每天有空就看著活生生的群雞家族，心滿意足，這是我們剛搬進大使館居住即增加的新成員。

在臺灣宴客習俗，雞肉爲主菜，所以開宴時，主人就先夾雞肉待客，並說「起家（雞）！起家（雞）！」這是待客禮節，也有「起家興隆」的含義，所以我們搬進大使館居住，就來了雞群新成員，符合新居興旺、大使館工作順利的意義。當然，周主事一家八日抵任，淑美又得到傳統市場採購，這次買現殺土雞，在大使館設宴接風。

因外交部已逐步推動工作電腦化，周主事有電腦操作基礎，對工作頗有幫助。不久，又接到外交部通知，國防部已決定派遣黃明偉空軍上校爲新任大使館武官，令我頗感欣慰；因爲黃武官夫婦跟我們在駐委內瑞拉代表處同事多年，擔任軍事小組組長一職，頗受倚重，相信他們來尼國必有良好的表現。

第三十三章　積極拓展外交空間

結識當地政要與各界人士

我在大使館安置初定，即安排拜會當地相關政要。首先拜會尼加拉瓜首都市長阿雷曼（Arnoldo Alemán），他是當時尼國中間偏右的自由聯盟（Liberal Alliance）主席，於一九九〇年總統、國會議員及市長等三合一選舉中，當選首都馬納瓜市市長，在尼國占有重要的地位。

我於一九九一年四月中旬約請拜會，立獲隆重接待。他的民主自由立場堅定，支持查莫洛政府，尤其獲知我政府大力支援尼政府完成幣制改革，對我政府態度更為友好。我首先感謝他在百忙中撥冗接見，也表達對他重建首都寄予厚望，並將我國近年各項市政建設等進步情形說帖提請參考，期望大使館與馬納瓜市政府未來有進一步的合作。

阿雷曼市長感謝我政府全力支援尼國建設，希望兩國復交後，更加強雙方合作友好關係，也感謝我到任不久即優先造訪，更希望增進雙方友誼，並協助尼京馬納瓜市的改造工程，最後還一一介紹副市長及一級主管與我認識，倘我有需市政府協助之處，請直接吩咐。

依尼國法令，總統不能連任，以當時政治氛圍，未來右派下任總統人選以阿雷曼市長的呼聲最高。自此我與阿雷曼市長的公私情誼，因經常餐敘交換意見而日漸深厚，我也建請我政府設法全力予以支援。

拜會阿雷曼市長之後，他還熱心安排我盡速會見尼國全國工商聯合會會長、副會長及祕書長等，當時該會要員多數爲右派政經人士，由博拉尼奧斯（Enrique Bolaños Geyer，之後在一九九七、二〇〇二年擔任副總統和總統）接待。他們之中，有數位是自國外返國，對我國政府在近年來的政經改革、進步神速已略有所聞；尤其此次大力支援尼政府進行幣制改革，爲尼國今後財經貿易等發展奠定良好基礎，認爲我國才是眞正友邦，也希望聯合會的工商企業界人士，能與我國企業界人士逐步建立關係，互助共贏。

接著，我也設法拜會外交團使節，主要以與我有外交關係的友邦使節，特別是中南美洲國家爲優先，而南韓大使向來對我友好；至於美國及日本大使剛開始有所猶豫，但因查莫洛總統經常邀我和少數重要使節餐敘，或赴外地同搭直升機考察，無形中消除彼此隔閡及外交體制，後來美國大使夫婦（夫人爲菲裔具華人血統的咪咪夫人）及日本大使夫婦與我們私下交情不錯。

此外，像委內瑞拉大使也與我交好。我們在委國早已認識，因爲我離開委國返部，又在一年內轉任駐尼大使，而中國駐尼大使適因中共與尼國斷交而轉任駐委內瑞拉大使，所以委內瑞拉大使常在中南美洲國家的使節團開玩笑：「你和中共大使是互調職務吧！」

我與西歐國家駐尼使節，也經常一起參加支援尼加拉瓜的復興計畫會議，而各國使節也知道此次尼國實施幣制改革，因歐美日大國對尼國計畫遲疑冷淡，幸有我國及時支援，方能如期實施，從此對我國另眼看待，自然對我的態度也由冷淡轉而友善。

令人膽戰心驚的不速之約

大約在四月中旬某晚十點左右，我在大使館突然接獲一通神祕電話，對方自稱是尼國三軍總司令恩貝多．奧蒂嘉將軍（Humberto Ortega，爲掌握全國軍警情報實權領袖丹尼爾．奧蒂嘉胞弟）的副官，經確定我是新任駐尼國林大使後，即交由奧將軍接聽：「希望立即與你會面，在十五分鐘內會有一輛軍方吉普車到大使館接大使。」

聽完這番話，我與淑美備感驚訝，這麼晚了，大使館早已下班，只有我們和傭人在。當時，尼國治安仍掌握在桑定軍方手中，有如臺灣光復初期，警備總部派人來家抓人的感覺。我先吩咐男傭人在大使館門口等候，我邊換衣服邊安慰淑美：「我們沒辦法求援，即使是查莫洛總統的部會首長也對軍方莫可奈何，何況現在已經半夜，我相信不會有事。」

不久，一輛軍方吉普車出現，除司機之外，還有另一位帶槍的軍官。淑美無助地含著淚光送我出門，深信等我離開後，她會立刻衝回家向供桌的保護神仙祖公及林家祖先神位燒香祈拜，保佑一切平安；我在車上深呼吸，力求鎮靜，反正有事就必須面對。我看軍車往飛機場方向行駛至半途，突然轉入軍營區，進入營區大門再行駛約五分鐘，又轉入戒備森嚴的區域，一路通行無阻，只見沿途官兵持槍敬禮，最後到一幢大房子前，即見副官來接我，並陪同到奧蒂嘉將軍的辦公室，只有將軍和我兩人坐下相談。

他和氣地先表達歉意，深夜邀我到訪是爲了保密，以免外界多所猜測，我則微笑以對。接著，他單刀直入提問：「想確認貴政府此次金援尼國幣制改革的數額是多少？」我深知他掌控所有實情，而且目前尼政府各部會機構都有他的人員及線民，因此我據實以報。他對我坦承以對深感滿意。

「一九八四年，桑定陣線領袖奧蒂嘉當選尼國總統，我政府也非常珍視兩國外交關係，只不過隔年，桑定政府決定與中共政權建交並與我政府斷交，我政府才不得已與貴國斷交，並中斷所有農技等各項合作。」我趁機強調我政府對尼國援助完全基於兩國友誼，倘如目前尼國政府是桑定政府，如有邦交，同樣也會全力支援。

奧蒂嘉將軍是前總統的弟弟，心裡當然非常清楚。他接著表明：「這也是一次歷史教訓。事實上，這次查莫洛總統決定恢復與貴國外交關係，他所領導的桑定軍方也曾暗中配合協助，這可由兩國建交密談中有軍方人員參與證明。尼軍方也希望與貴政府重新合作，不知閣下對此有何想法？」

「我也曾私下獲悉，此次兩國建交談判中，確有軍方人員參與，這點我謹代表政府感謝奧蒂嘉將軍鼎力相助；至於今後雙方軍方合作事宜，我政府已指派資深武官近日抵任。這位武官在我一九八〇年代擔任駐委內瑞拉代表期間，擔任五年代表處軍事小組組長，盡責勝任，我相信他抵任後必能全力配合。據我瞭解，我與友邦國家在軍事方面有遴選軍官赴臺北參加『遠朋班』受訓計畫，已實施多年，頗受友邦軍方的歡迎；若奧將軍有意，我可向政府建議接受尼國派軍官參加。」我隨即表示。

他深入瞭解「遠朋班」性質及課程後頗感興趣，不久果然派遣一名親信高級軍官上校參加「遠朋班」，後來也陸續派員參加，此對尼國軍方改革很有助益。

此外，尼國素來受委國軍方的援助，他趁機問我所熟悉的軍方人士，我明白告以包括委國參謀總長、陸軍情報處長及委安全局長等好友名銜，他面露驚色，對我也更另眼看待。

「我除軍方實權外，也兼任胞兄及桑定陣線黨的對外聯繫與財務責任，希望今後能多加聯繫，仍以今夜祕密方式為之。」奧將軍清清喉嚨接著說：「最後，請問大使有任何需要協助的地方嗎？」

我笑著提出幾項要求：「首先，請提供警衛保護我大使館安全；待我武官抵任後，也請尼軍方給予工作上的配合及方便。還有，希望我也能與尼軍方有工作上的聯繫，以及今後相約商談，能事前約定讓我有心理準備，否則像現在我內人單獨在大使館仍不明就裡、緊張萬分呢！」

最後，他對此次邀訪過於倉促所造成的不便致歉，並給我與他緊急祕密聯繫方式，其他所提各項也將設法辦理，隨即請副官派員駕車送我回大使館。

我回到大使館時，淑美已望穿秋水，一看到我，她竟緊抱著我哭泣。由於過去在臺灣光復時期，她父親曾不知緣由突然被警備總部派員逮捕入獄，後來花了九牛二虎之力才獲無罪釋放，所以我能體會她這時的心情。

數天後，軍警派員在大使館門前設立崗哨站，並派員警二十四小時站崗，淑美也貼心準備三餐，按時請男傭送給站崗的員警食用。而我與尼軍方的友好關係逐步打開，黃武官到任後，立即進入情況，工作推展順利。

愛吃牛肉的貓

我們剛抵尼京住進大使館時，曾談到大使館有隻每日吹起床號的雞，現在再來談談「貓」的故事。

大約四月下旬，大使館新任武官黃明偉及夫人夏逸君女士也到尼京任所。我們兩家自委內瑞拉離別，再到尼京相會，也有一年兩個多月了，非常高興。我們立即陪同他們找武官處處所，我原則要求大使館同仁的辨公及住所必須在大使館附近，步行即可迅速抵達，以防必要時應變。我們看到一處鄰近大使館的房舍，初步認爲滿適當；就在我們參觀時，突然從屋頂掉落一隻剛出生不久的小貓，狀極可愛，因爲我從小就愛貓，提出：「假如租這間房子而小貓仍在，就請送給大使館收養吧！」

隔兩天，黃武官夫婦果然租該房爲武官處辦公室及住所。當黃武官清理房舍時，在屋簷下找到一隻母貓帶有五隻幼貓，其中就有那隻頑皮自屋頂落下的小貓，因當天下雨，黃武官就用小紙箱裝小貓送到大使館，是隻可愛頑皮的暹羅貓，自然也成了大使館的「館貓」。我們在尼國工作六年六個月，這隻小貓也陪我們六年多。我們離任後，就歸還黃武官夫婦收養[1]。

這隻「館貓」送到大使館時大概剛出生兩三週，初到大使館第二天晚上突然失蹤，次日清晨我在二樓聽到小貓的叫聲，就要傭人在花園尋找無著，但有聽到叫聲，因我們也剛到大使館不久，花園尚未完全清理，最後還是我親自依叫聲方向仔細尋找，終於在牆角一棵大椰子樹根的草叢找到了。

之後怕牠又亂跑，就用繩子綁著脖子放在樓上客廳，繩子有三公尺長，有活動空間，因仍屬幼貓，就餵牠吸牛乳。五月間，我們應新成立的駐尼國農技團聚餐，也把小貓帶去，因團員臨時無魚可餵，就給貓咪吃牛肉，豈料牠非常愛吃，從此只吃牛肉拌飯，不吃素，也不吃魚。平時都睡在我們房間附近，成爲我們的守衛；我們到外面餐廳晚餐，必帶塊牛肉回家犒賞牠，所以當我們外出晚宴回大使館，牠必定在樓上等待美味的牛肉消夜。

這隻貓長得聰明可愛，不只我們愛牠，我們的同事、農技團人員，乃至常到大使館聚餐

1 黃武官退休後，應聘臺灣年興紡織在尼國設廠的總經理而續留當地。

喝茶的僑胞，以及當地友人都喜歡牠，也知道牠是隻館貓，芳名叫「貓咪」。

大使館各單位逐步到齊

我駐尼國大使館於我到任後，大使館武官處、新聞參事處、經濟參事處，以及我駐尼國農技團迅速到位。我駐尼農技團童團長偕團員於三月底四月間陸續到任。武官處黃武官夫婦抵任不久，新參處李叔和祕書及夫人克琳也趕到，在大使館附近設立辦公室及住舍合一的新參處；而經參處也在大使館附近設立，派有祕書一名。

尼國查莫洛總統就任以來，工會及極左派分子經常動亂，示威遊行及槍擊案司空見慣，定居美國邁阿密的大使館房東夫人回尼國數日，就發生重大暴動流血縱火事件，也因而有意將大使館賣給我們，因爲她相信我們夫婦，尤其淑美把大使館房舍照顧得很好；我們當時雖已有能力購買，但基於政府的嚴格規定，最後表明由我們出面購買，但實際上仍爲我政府所購置的財產。

總統指派長子爲駐華大使

尼國查莫洛總統三月五日在總統府辦公室召見我商討公務，我當日即將所談以極密電報部。她又告訴我，她決定指派其長子彼德洛（Pedro Joaquín Chamorro Barrios）爲尼國新任駐華大使，以表示對我友好。她又私下邀請我們便裝至其私人自宅餐敘，並邀未來駐華大使的長子夫婦作陪，相談甚歡。

尼國因財政困難，在查莫洛總統任內沒有總統官邸的設置，而在市區的自宅簡樸，客廳不大，牆上掛滿先夫查莫洛社長的遺像及家人的生活照。查莫洛先生（Pedro Joaquín Chamorro Cardenal）原是尼京《新聞報》（*La Prensa*）的創辦人與社長，因經常批評前獨裁蘇慕沙（Anastasio Somoza DeBayle）將軍，而於一九七八年一月爲蘇將軍派人暗殺，引起全國示威暴動抗議，而桑定陣線游擊隊也趁勢而起，推翻蘇慕沙，由領袖奧蒂嘉兄弟取得尼國政權。

往後，我們夫婦與查莫洛總統及其家人交往緊密，例如查莫洛總統與家人在家舉辦慶生活動，大多會單獨邀請我們夫婦，甚至女兒育如參加。

李元簇副總統伉儷訪尼

我於四、五月間奉外交部電報，大使館要與尼政府協調有關我國李登輝總統伉儷，預訂當年八月下旬應邀親訪尼加拉瓜共和國。之後，大使館所有工作重心，多爲安排李總統伉儷造訪尼國事宜。

政府決定以中華航空公司波音七四七型航機爲總統專機，所以對於當時尼國首都馬納瓜的國際機場簡陋設備有很多顧慮，如：機場跑道是否夠長供專機降落？路面是否堅實足以承載專機重量？塔台通訊聯繫是否完備？這些都要事前慮及，所以外交部先派禮賓司長王豫元率領各方先遣人員到訪勘察；另由中華航空公司預先派遣我專機正副駕駛，自哥斯大黎加及邁阿密分別搭乘其他友好航空公司班機，並坐入駕駛艙以瞭解班機起降尼京機場的航線及塔台聯絡等實際體驗。尼政府也曾用大型軍方運輸機降落機場，以測試跑道及機場路面的承載量等，細心愼重，絲毫不馬虎。

最後決定我專機降落尼京機場，須在一小時內完成下機後，立即起飛轉赴哥斯大黎加首都聖荷西機場停留待命。尼國政府自查莫洛總統以下，包括內閣及馬納瓜阿雷曼市長等，對於李總統伉儷到訪非常重視，全力準備接待工作，與我大使館密切配合推動。

但是到了七月，因臺灣政情變化，李總統最後決定留在國內坐鎭，改派李元簇副總統伉儷率團於八月二十四至二十七日到訪。我立即報告尼國查莫洛總統及拉卡育總統府部長與雷阿爾外長，務請諒解，李登輝總統伉儷將另擇期訪問尼國。關於這部分，尼方包括總統等均表瞭解，對李副總統伉儷到訪也極表歡迎，當然更希望李登輝總統伉儷盡早擇期訪問尼國。而我國代表團成員依體制自然也有更動，原則上除了外交部錢復部長伉儷外，其他成員大多降爲次長級或相關政務委員陪同。

李元簇副總統伉儷如期於二十四日搭乘華航波音七四七專機飛抵尼加拉瓜共和國首都馬

納瓜市國際機場，接受查莫洛總統親率文武百官在機場歡迎並盛宴款待。查莫洛總統以拉丁式坦率熱情的擁抱親吻面頰歡迎，讓向來傳統嚴肅的李副總統深受感動。大家私下說李副總統伉儷迄今仍保有中國傳統禮俗，平時也以嚴謹的態度處理公私事務，或許從未受到女性的熱情擁抱並親吻面頰，必定印象深刻。果不其然，後來查莫洛總統應邀訪華，李副總統全程陪同南下高雄參觀，並囑必須熱情招待，我們都感受到李副總統比平時活潑親切許多。

查莫洛總統於次日，特別調度超過百部大小車輛，安排李副總統一行參觀尼京馬納瓜市容。尼京不大，她交代到市區受一九七二年大地震危害最大的街道，逐街參觀屋倒廢墟，只剩下局部毀損未倒的中央銀行大樓及尼京洲際大飯店，當時死亡人數達全市人口的五分之一，可見當年受害之深。

查莫洛總統與李副總統同車逐一介紹說明，李副總統慈悲為懷的惻隱之心被眼前殘破景象所震撼，事後李副總統向我們主要代表團成員表示，尼國真可憐，我們朝野應全力協助。我想查莫洛總統用盡心思，為國謀求外援。

二十六日尼政府特別安排，由查莫洛總統的女婿總統府拉卡育部長與長女克莉絲汀娜（Cristina）夫婦及雷阿爾外長夫人等，陪同我代表團及我們夫婦前往距尼京約五十公里的馬薩亞（Masaya）活火山參觀；李副總統伉儷因天氣炎熱及年紀關係，留在尼京洲際大飯店休息。

隔天，查莫洛總統親率政府官員在尼京國際機場歡送。我專機適時自哥京聖荷西國際機場飛來尼京機場，接送李副總統伉儷及代表團成員返國，任務圓滿達成。

利人利己的交易

前面曾提及一九九〇年十一月中旬，外交部政務次長程建人率同企業界人士回訪尼國之行。我到任後，查莫洛總統在數次私人餐敘中告訴我：「在我參加大選並當選尼總統前後，貴國駐外相關館處對敦請我兩國復交之事，曾多方商談與努力，例如貴國駐休士頓辦事處於她在當地就醫期間，曾多次聯絡慰問，又如駐瓜地馬拉大使陸以正也曾多方努力。到了一九九〇年十一月，我原已指派當時外長D老先生前往臺北簽署兩國建交公報，但D外長因年邁舊疾心臟病突發，所以臨時改派當時的外交部次長雷阿爾，依原定行程與貴國外交部錢部長簽署建交公報。」

據我所知，當時基於對等原則，外交部臨時改派政務次長程建人代表政府簽署，而程次長隨即於十一月中旬率領企業團來尼訪問，查莫洛對程次長所率代表團印象深刻，程次長爲人風趣機智，學養豐富，西班牙文及歌唱相當拿手；而同行的吳東進、林清波等多位傑出企業家也熱情，並允前來尼國投資，所以查莫洛總統一再向我暗示催洽吳東進、林清波等企業家再來訪問，實現來尼投資的諾言。

「請問投資哪些項目？」我進一步問。

「例如尼京的洲際大飯店。目前飯店屬於國營企業，但是經營的成績欠佳，再加上政府當前財政困難，所以有意脫手；但是目前少數有意購買者所提出的條件很差，甚至要長期分期付款，這對我國財政毫無助益啊！」她明確舉出。

我曾私下探問售價，約在一百八十萬美元左右，且希望有較佳的付款條件，我就此事急密電部促成。

果然，我企業界吳東進、林清波及林隆士等三位約於五月間再度訪尼，並立即晉見查莫洛總統及拉卡育總統府部長等相關財經大員，迅速以一百五十萬美元現金支付成交，尼方極為滿意，總統曾當面向我致謝促成。

事實上，我國三位企業家與程建人次長於去年十一月訪尼時，查莫洛總統親自接待，並在家晚宴，查莫洛總統彈琴，程次長唱歌，大家也跳舞同歡，吳東進等企業家倍感光榮。當時他們都是四十多歲的青年才俊企業家，事業正走向巔峰，他們曾跟我說區區一百五十萬美元，在當時臺北東區隨便一間豪宅都不止這個數字，即使要他們樂捐都願意，更何況是十一層樓、一百五十個房間，又具歷史意義的尼京洲際大飯店呢？可說是一筆利人利己的買賣啊！

林清波本身也經營旅館業務，臺北市的老爺飯店及知本老爺飯店均為其所有，而吳東進的胞妹嫁給林隆士，以上三位都是老朋友，此次共同投資尼國也是意外，這都是程次長有眼光，當時率團訪尼國，也獲企業界相挺同行。

後來，林清波立即指派他在臺灣的得力助手郭經理及另一位女助理一個月內來尼京接管尼京洲際大飯店，後來又在大飯店一樓右翼擴建為中式餐廳，不久該飯店煥然一新，朝國際化經營。

當時尼國內部情勢不穩，經常有動亂、示威遊行，原認為可能影響遊客，準備慘澹經營；沒想到，凡有重大動亂，國際媒體立即蜂擁而至，大飯店反而生意興隆。而就我及大使館而言，則多了一處代表臺灣的中式餐廳宴客。

三位企業家當年有利潤收入，我也覺得心安，對得起投資者，再一次應驗我常說的「好人有好報，天公疼憨人。」

復交後的首度國慶酒會

駐尼加拉瓜共和國大使館於民國八十年（一九九一年）的國慶酒會，我決定在洲際大飯店的一樓中式餐廳舉行，由我與內人殷淑美主持。承蒙查莫洛總統率同全體閣員、尼京馬納瓜阿雷曼市長、中間偏右政黨領袖、外交團、尼國工商界人士及我僑胞，還有本館各單位及農技團等約兩百多人參加，場面盛況空前。開幕約半小時後，尼國三軍總司令奧蒂嘉將軍也意外率領數十位重要軍官參加，與我熱烈擁抱慶祝，全場被眼前這一幕震懾，頓時鴉雀無聲，我旋即陪同奧將軍向查莫洛總統致意，現場氣氛逐漸恢復熱絡，奧將軍也很有禮貌等查莫洛總統離席後，再留十多分鐘，就偕同所有軍官致賀離去。

參加國慶酒會的官員、外交團及其他各界人士，對我恢復邦交後第一次國慶酒會，而我抵任未滿一年，即獲奧將軍率同高級軍官參加我國的國慶酒會倍感驚訝，因爲這位奧蒂嘉三軍總司令，平時神龍見首不見尾，行蹤詭祕，且似從未參加其他外交團的國慶酒會。

查莫洛總統及政府官員及阿雷曼市長更感詫異，因我甫到任，何以能獲得桑定頭子奧將軍的重視。我只向查莫洛總統報告，我到任後已有數次，奧蒂嘉將軍在半夜臨時派員駕車接我到他營中辦公室密談，每次都令我們夫婦驚心膽跳。我雖未告知所談內容，但查莫洛總統聆聽後深信我所說是實話，因她瞭解奧將軍性格，她只關心我的安危。面對這位尼國軍權仍在握的將軍，即使是總統也無能爲力，不過我請查莫洛總統放心，我相信自己可以應對。此後查莫洛總統也未再深究，我相信她會轉告女婿拉卡育總統府部長。

奧將軍此舉也令當地外交團、企業界及我僑胞對我另眼看待。事實上，我與奧蒂嘉將軍及其下屬軍方要員也日漸密集接觸，當年也應其所請，轉達我政府酌予協助。

第三十四章　喜事連連

長子完成終身大事

一九九一年初我們來尼加拉瓜工作，雖然環境很差，但工作推展順利，在政、軍、經各方面已有相當的基礎。而在家庭方面也有進展，我們家長子相如結婚了。

過程說來也有點戲劇性。我們在尼國工作初步告一段落後，於九月下旬向外交部請假一週，包括兩個週末將有九天時間，前往紐約休假並治療牙痛。因爲老大相如及女兒育如白天在紐約華爾街各自工作，兩人下班後的住家就位在對面，因相如較忙，所以我們住女兒家。

很難得有一天晚上，相如跟我們說他有女友，想介紹給我們認識。淑美認爲我們這個兒子個性獨立，必然思定而後動，所以就問這位女友何許人？是否想要結婚呢？兒子回說還沒有考慮到結婚，而這位女友是南韓裔，名叫金秀珍，約五歲隨父母移民美國，現住紐澤西州（New Jersey），是他目前在AIG跨國公司工作親選的助理。

既然如此，我們跟女兒就與相如和他的女友金秀珍一起餐敘認識。金秀珍長得不錯，秀氣大方且個性獨立，我們也談得輕鬆愉快。我們夫婦在十月七日凌晨五時，就由相如及育如一起陪同我們到紐澤西州的紐華克自由國際機場，搭美國航空班機到邁阿密機場轉機，於當日下午回到馬納瓜的駐尼大使館官舍。

豈料我們甫到家沒多久，就接到相如電話說：「我要結婚了，爲了趕辦手續，決定十月十五日公證結婚。」原來今晨他送我們到機場回到公司後，他的董事長緊急召見他，因工作業務需要，決定指派相如於這月底前到香港分公司接管業務。爲此，他跟助理金秀珍研商後，秀珍要求先結婚再一起到香港工作。

「爲了趕辦香港入境及居留手續，必須於十月十五日前公證結婚才能趕上。金秀珍的父母親已同意，也希望爸媽玉成，並再趕赴紐約參加我們在法院的公證結婚。我們彼此相愛，匆促決定，盼您兩位體諒。」相如把事情的來龍去脈扼要解釋。

我們做爸媽的能不同意嗎？因剛請假回任，實在爲難，也只好電報請外交部於十月十三日再准假，搭機前往紐約參加兒子十五日的公證結婚。外交部很有人情味，次日立刻電覆同意准假，並另附部次長賀電。

公證結婚當天，除新郎新娘外，男方只有我們及女兒育如參加，而女方也由父母及弟弟、妹妹參加。當天由我們夫婦宴請親家，兩家總共九位，氣氛溫馨，隔日則由親家回請；我們因公務忙，在第三天就離開紐約返尼國任所。而相如及秀珍這對新婚夫婦也及時辦妥赴香港相關手續，如期於十月下旬前往就任新職。相如因工作傑出，不到兩年，就成爲AIG香港分公司七位董事之一，年僅三十歲，就負起相當重要的職務。

親力親爲改造大使館

我們大使館原本租用在當地的一所豪宅，內有一座長度二十五公尺和跳板的標準游泳池，據說尼國前獨裁者蘇慕沙將軍曾來游泳過，可見房東夫婦原在尼京也是有名望的家族；但自桑定陣線一九八四年取得政權，他們就流亡美國邁阿密定居，及至一九九〇年尼國大選，查莫洛總統當選執政，流亡國外的尼國人士有少數返國，我們的房東就先回國，而房東夫人對尼國信心盡失續留美國，這幾年因主人不在，豪宅也遭受不小的損壞。雖然查莫洛總統就職後立圖改革，但國內治安依然無法改善，經常發生暴動、示威遊行事件，經外媒報導，局勢似乎極爲緊張，讓房東更加惶恐。

記得一九九二年夏，房東夫人初次返尼曾到大使館參觀，受我們親切接待，尤其與內人淑美洽談甚歡。不意，次日尼京又發生重大暴動，數處發生焚燒爆裂事件，造成傷亡。房東夫人受到很大的驚嚇，她在家原本就有主控權，因此堅決要將大使館房舍頂讓，並願以優惠價格賣給我們。

該豪宅原是她自幼成長的地方，有很深的感情，看到淑美將大使館逐步改善顯得氣派，認爲我們夫婦是可信賴之人，所以只願賣給我們，最後出價僅三十五萬美元，也令我們感到意外，當時在臺北市小小一間公寓就不只這個價格。因此，我們原則表示願意承購，但須給我們一點時間設法籌錢，對方也答應。我即將本案以美金三十八萬元價格建請外交部購買，結果外交部竟電覆不予考慮，令人費解。後來適逢經濟部長蕭萬長於八月間率團訪問尼加拉瓜，並到大使館視察，我就將本案詳予說明，並對外交部不同意購買一節感到不解。

我自政大外交研究所就已認識蕭部長，且晚我一年進外交部，已有深交，當年我們第一次外派離開松山機場時，也是他和金樹基、陳安瀾等三位同仁送我們到停機坪的登機梯口，三十年來，我們兩對夫婦都有深厚感情。他相信我們是眞誠爲國家著想，否則何不自行購置呢？當時，吳東進等企業家也表示可由他們購買再租給外交部。

蕭部長向我保證他返國後將立即說服外交部購置，他也認爲區區三十八萬美元，外交部怎可說沒有預算？結果，蕭部長返國第二天，我即收到外交部電報同意購置，價款三十八萬美元即日電匯。我們立即與房東夫婦一次付款結清，完成購屋手續，價款三十五萬美元，其餘三萬美元作爲維修大使館的安全措施，包括大使館四周圍牆和二樓加裝鐵欄杆、大門及側門車庫鐵門、大使館內部玻璃門窗等。爲節省費用，材料比價購置，另僱工安裝，並親自或叫傭人粉刷牆壁。淑美自行設計，親力親爲，非常辛苦，一切都是爲了節省國家經費。

經過整修，大使館煥然一新。三萬美元安裝費用完了，就逐月運用大使館經費，自行動手改善大使館周遭環境及內部設施。在當時尼國物資缺乏、治安欠佳的現實情況下，我們事必躬親，自己動手動腦應變，也要感謝農技團同仁及家人協助配合。其後，淑美認爲我們大使館門前道路樹蔭因多年沒整理，樹枝雜亂遮蔽陽光，以致道路顯得陰暗。於是淑美又請農技團童團長等專家商量，決定自行僱用當地工人，修剪大使館門前約三十公尺的路樹枝幹，讓陽光充足灑入，之後樹木長得俊拔有形，鄰居看了，也紛紛效仿，最後，我們大使館前的那條寬約二十公尺、長達兩百公尺的道路，便成了美麗的林蔭大道了。

第三十五章　為尼國找出路

清廉自持的總統

查莫洛總統就任後，實施民主政治，計畫振興國內財政；但由於尼國多年經濟病入膏肓，所以美、日及西歐大國全力救援，經常由國際組織配合各列強爲振興尼國財經舉行國際研討會。我到任後，也被邀請參加會議共同研商，因此增加與相關國際組織代表和駐尼國使節會晤認識的機會。

這段期間，我也積極加強與尼國國會的聯繫，經常伺機拜會國會七巨頭（包括國會議長、三位副議長及三位書記，由各主要政黨組成）以及國會各黨派議員。尼國政黨，除桑定陣線爲主要政黨外，在野黨林立，例如一九九〇年初尼國大選時，桑定陣線一黨獨大，由黨魁奧蒂嘉擔任總統，並認爲該年總統大選如囊中取物，所以廣邀國際知名人士爲觀察員。

當時在野的中小型反對黨林立，最後由十八個在野黨共推查莫洛夫人爲總統候選人，與現任奧蒂嘉總統對抗，而這十八個在野黨的聯盟簡稱爲西班牙文的「UNO」（即唯一之意）。他們原認爲查莫洛夫人本身沒有自己的政黨，所以如果查莫洛夫人幸運成功當選爲尼國總統，只不過是一位婦道人家，屆時就成爲在野各反對黨的傀儡。

豈知查莫洛總統當選後自己掌握政權，不受各黨操縱，並號召尼國內外精英回國效力，且任命女婿拉卡育爲總統府部長，網羅傑出人士分掌各部會部長及次長；然而政府司長及基層官員，無法一時立即改變，繼續沿用原來政治體系及人員，導致查莫洛總統執政後，所有政經改革如老牛拖破車，進度緩慢。

查莫洛總統及所任命部會首長均以報效國家爲使命，因此操守清廉，幾無貪污敗德現象，備受駐尼各國使節欽佩而大力協助。

「加工出口區」的獻策

我到任一年多了，與查莫洛總統及各部會首長也漸有深交。承蒙查莫洛總統對我們夫婦如家人對待，她生活簡樸，偶爾接受我們在尼京洲際大飯店餐敘；她也經常邀我們到她自己住處共進簡餐或喝咖啡，我們也會帶些美食前往分享。她知道我的爲人，尤其對外交禮節該謹守的分際知所節制。不過由於她很想瞭解我對尼國的眞正想法，尤其常問我國政府是如何發展經濟？我深深感受到她的眞誠，便坦率提出幾項看法。

「首先是人才的培育。我政府自撤守臺灣，勵精圖治，最注重人才的培育。目前我國政府組織的各級公務人員，大部分是經過嚴格的教育培訓及公正的考試制度；凡通過考試任用的公務人員，另以考核制度，評定公務人員的任用升遷，猶如一部汽車的各種零件，必定有良好的材料及設計規格，這也需要長年的努力。以我爲例，雖然出身普通家庭，但從小努力讀書，接受良好教育和公正的考試制度，最後考取外交領事人員，進入外交部工作，再經長年歷練。但是反觀目前尼國政府各部門公務人員仍無此制度，政府任用或升遷多依人情關係，猶如一部老舊汽車，零件品質都有問題，所以即使有技術絕佳的司機，也難駕駛快速。我們非常欽佩總統閣下任命拉卡育部長等清廉的政治精英來領導尼國，目前進度也許緩慢，但是相信會逐步獲得進展。」我一口氣說出。

查莫洛總統聽得專注，示意我再繼續，於是我接著說：「臺灣地狹人稠，資源不甚豐富，但因人才逐步培養，從基本手工藝及農漁業做起；而當前尼國工業起飛，卻限於目前條件，我個人覺得『加工區』設置是很重要的起步。因爲，在加工區內，實施有別於國內其他地區的體制，例如進口原料在加工區內做產品加工，再將產品出口，所實施的進出口稅制與國內其他地區不同，雖然資金技術都是由國外引進，但國內也因招聘當地勞工增加就業機會，同時也培育勞工技術和本國人才，更何況還可採購當地某些貨物，增加消費而蒙其利。也就是說，運用外國人的資金及技術，讓本國可獲增加勞工就業、培訓當地人才及採購本地貨物等好處；但是政府必須提供財稅便利及土地運用，以及當地的運輸及電力供應以吸引外來投資，這是我所瞭解臺灣工業起步『加工出口區』的經驗。目前尼國勞工充沛，土地很多，雖然電力供應是個問題，似可考慮採行，這是我一愚之見，僅供參考。」

查莫洛總統聽我如此分析，非常重視，並叫她的女婿拉卡育部長也來聽。之後，尼政府果眞認眞思考此問題，拉卡育部長也爲此事跟我多次交談，繼續討論如何進行等問題。一九九二年八月，經濟部長蕭萬長率團包括年興紡織等企業人士順道訪問尼加拉瓜，我即請蕭部長等考慮是否來尼國投資，其中包括「加工出口區」，並安排拜會拉卡育部長等研商。蕭部長認爲如尼政府有意，他可提供十六名獎學金名額給我運用訓練尼國加工區人才，這有如「天降甘霖」，因爲當時尼國朝野人士對「加工區」毫無概念。

我也趁機洽請我企業界人士前來投資，其中年興紡織公司陳榮秋董事長表示有興趣，如果尼國能提供良好的條件，例如廠房租金及稅制；而陳董事長給我最重要的亮點是：「加工區紡織成品出口到美國的配額問題是我最大的考量，其他都可商量。」這是實業家經營的體驗，因爲陳董事長已在非洲投資設廠，所以他知道眞正需要的是什麼。坦白言，當時的尼國除了土地，什麼都沒有。我後來又請教陳董事長，他還需要什麼?他說：「另一件重要條件是運輸，尼國港口設備簡陋又無效率，而紡織品出口貴在神速，也可用空運，所以加工區最好靠近機場以利空運。如果這些基本條件解決了，我會考慮。」無論如何，這也是曙光呀！

之後，我再積極與拉卡育部長及經濟部長商討，也跟查莫洛總統報告所交涉的情況。基本上，我國廠商已有來尼投資「加工區」的意願，而蕭部長也同意專爲尼國培訓設置「尼國加工出口區」人員專修班，並提供十六名獎學金名額，包含負擔受訓學員往返機票、在臺灣受訓期間一切膳宿費用及每月零用金，爲期約四個月，希望尼政府遴派年輕有外語能力的優秀官員赴臺受訓。查莫洛總統及拉卡育部長聽了非常高興，立即在財經部會及有關銀行中遴派十六名年輕幹部，我也推薦年輕幹練的尼國華裔王會長（Roberto Wang）參加，他現任某家美國銀行在尼國分行總經理。

其次，就「加工區」地點而言，我提及我廠商希望設在尼京國際機場鄰近，以便原料及成品的進出口運輸。最後，關於設立尼國加工區及興建廠房的資金，我突然想到「中美洲開發銀行」（Banco Centroamericano de Integración Económica, BCIE），我建議拉卡育部長等可否考慮向「中美洲開發銀行」申請低利長期貸款，將來可以廠租支付銀行利息；而我國現為「中美洲開發銀行」唯一境外會員國，派有董事一名常駐該行，尼國也為該行的會員國，自然有資格申貸。查莫洛總統及拉卡育部長認為我這些初步建議頗有見地可行，尼政府經過詳細研議並積極推動，我也分別告知我國年興紡織公司陳董事長等廠商，經過前後將近一年的共同努力，一切水到渠成。年興紡織公司勇敢一馬當先，其後，另有唯一紡織公司等我國其他企業也陸續加入。

無心插柳，柳成蔭

設立尼國「加工出口區」，我與尼政府談妥所提供的優渥條件，舉其具體明確的幾項：

一、加工區第一期地點設置於尼京馬納瓜的國際機場附近，這是利用在桑定政權前的工業區預定地，而桑定政府之後作為監獄用地。

二、尼政府已洽獲美國政府同意「加工出口區」紡織成品，出口美國將無限額，亦即無配額限制。

三、「加工區」採用我國加工區制度，原則上依照我國英文版規章，所涉及的法令亦同，而「加工區」主要管理人員是我政府培訓的十六名尼國官員及企業界人士，並聘請我中華會館王會長為加工區總經理。

四、「加工區」內投資廠商的廠房建築，由投資廠商自行設計，再由尼方聘請建商比照廠商設計圖興建，我廠商可派員參與及監工。

五、廠房興建後，租金每坪每年僅兩美元。在原設計廠房外，我投資廠商後來又自行興建的廠房漸免收租金。

六、投資廠商原則上五年內免稅。

七、投資廠商聘僱來尼工作人員的居留簽證，隨到隨辦。

我國廠商對這些條件大喜過望，唯一缺點是電力問題；但廠商認為有以上優點，這些缺點可自行解決。我廠商認為最大的吸引力是製成品出口到美國無配額限制，而廠房由尼政府負責興建，就可節省大批資金，減少風險；至於租金，更是便宜。所以年興紡織公司董事長陳榮秋首先決定大規模投資，先設一廠及二廠，並立刻自臺灣及各地訂製全新紡織製衣機械，初期數千台立即運到。

一九九三年夏，大使館黃武官跟隨我在委內瑞拉及尼加拉瓜共約七年，爲人正直認眞，而因升任空軍上校已屆年限必須退役，我便介紹給陳董事長，獲聘爲尼國地區總經理，後來備受陳董事長重用，前後升任總公司國外部總經理達二十多年。

年興紡織公司首期投資即僱用尼國勞工近三千名，後來陸續僱用至兩萬人之多。當年投資也馬上獲利，陳董事長曾對我說，他在尼國投資，第一年出口至美國的紡織成品數額，已超過美國給予臺灣整年的進口「配額」，且在尼國投資，每廠一年半即可回收成本。我在尼國工作六年半和離任後，每次碰面，他都感謝我幫他賺錢。自年興紡織公司投資成功後，包括我國及美國廠商也積極推動尼國「加工出口區」的投資，除了參與尼京機場鄰近的加工區外，更擴及在尼京其他地區。

當然，查莫洛總統及之後的阿雷曼總統曾一再向我致謝，我內心也感到安慰。

企業家的領導哲學

我與陳董事長常在官舍餐敘，我曾請教他：「尼國沒有富經驗的年輕勞工，要如何管理數千名新手勞工呢？」

「加工出口區廠房會設立生產線，每位勞工大多只做一、兩項動作，熟能生巧。而新勞工有領班指導，一名領班約負責十五名工人。而領班之上，又有工頭，猶如軍隊，層層領導。」

這些領班、工頭的上面主管技術人員，都是董事長從中國大陸引進。他說：「我在非洲投資『加工區』，已有向大陸各省的外經單位引進技術人員及工頭的經驗，所以駕輕就熟。大陸各省外經部門依合約派遣工頭及技術人員，可於每月薪津中抽成；而廠商也必須將所引進人員的每月薪津匯入該部門，再由其轉發給員工。所以大陸各省很樂意接受此合約，也知道依所需技術人員及工頭的各不同層級，選派人員及談判薪津價格，如廠商有所不滿也可隨時申請更換。」

至於所聘大陸技術人員，其內部也有黨團組織，會自行生活管理。所以陳董事長提及為了鼓勵大陸員工的工作績效，他的對策是在加工區的工作廠房之外，另提供宿舍、用餐與休閒場所，宿舍盡量舒適。因大陸人員男女都有，依其經驗，他們內部有人管控，不管在大陸是否已有配偶，通常一到加工區工作，他們會自行配對，共處一室當臨時伴侶，但不准與臺灣籍管理階層有任何情愛關係，否則就會被內部送回大陸。這種模式已行之多年，素來相安無事。所以作為投資者的陳董事長，只需自臺灣遴派得力的工廠經理及會計管理工廠運行即可。

「那麼如何監管工廠進度呢？」我有點好奇。

董事長語帶輕鬆說：「這不難！每一個工廠，就派經理及會計各一名。在尼加拉瓜加工區，他就禮聘退役的黃明偉武官為總經理，幫忙對外交涉及照應內部。另外，我又在加工區各廠房辦公室設有專室，所有各廠製作圖樣及修改，直接連線臺北總公司，同時線上討論。而各廠每日的工作進度及會計，均於當晚按時呈報總公司，所以陳董事長人在臺北總公司，隨時知道工廠實際運作及進度。」

「誘之以利，是另一項鼓勵大陸員工的方式。」董事長繼續提到：「每月固定薪津均由投資廠商直接匯給大陸各省派遣單位，所以他就將加班費以現金直接發給這些大陸員工，工作愈有績效，個人收入愈多，而且大陸員工彼此有默契，不會告知原派單位。」

如上所說，大陸員工有時多則數千名乃至上萬名，所以他們內部都有中國共產黨的黨團組織自行管理運作，陳董事長也都瞭解，更不會過問，以免造成矛盾。而在尼京加工區的大陸員工內部組織，就受中共在尼京的新華社控制。

黃明偉前武官雖然退役改到陳董事長的年興紡織公司工作，但於公於私，他們夫婦仍經常與我們交往，也會配合。例如黃明偉總經理與我商量，將年興廠所生產的牛仔褲，如有不合格淘汰的，則配合大使館贈送尼國軍方、警方或其他政府單位，這也是大使館重要的公關資源。

除了促成加工區設立，我駐尼國農技團在當地的成果豐碩，值得一提。農技團共有十多名專家，由童宗雄團長領導，主要推展稻米生產及養豬兩大類。關於稻米的育種改良及種植，主要以尼國西北部的塞瓦科鎮（Sébaco）爲基地，設立農技團的分部，每年舉辦成果展示，我會邀請尼國政要及外交團參加，頗有成效。其中農技團分部還將駐尼大使館的香蕉樹種移植，既美觀又可食用，一舉兩得。後來有林姓年輕團員於期滿離職，在塞瓦科分部附近購買農田數十畝，生產稻米及育種有成，並擴大經營範圍，至今已成爲大地主了。

在養豬方面，由尼政府在尼京國際機場及「加工出口區」鄰近提供養殖場地。特別值得一提的是，該養豬場也移植自大使館內原有的香蕉樹種，首先在我團部，再陸續擴大到養豬場，非但美觀，而且香蕉及香蕉樹葉攙在飼料餵食豬隻，以助長發育，不但豬愛吃，也節省不少飼料費用。我農技團養豬場每年兩度舉辦展示會，經常恭請查莫洛總統親自主持，並廣邀尼國朝野人士及外交團參觀，且我投資廠商也經常向養豬場購買豬隻食用，既安全又美味，頗受歡迎。

總統率團訪問臺灣

一九九三年，尼總統查莫洛夫人率領總統府拉卡育部長夫婦、外交部長雷阿爾夫婦及財經部會首長，專程應邀前往我國訪問，我們夫婦也奉命事前回國協助籌劃接待。我政府接待隆重盛大，除了李總統伉儷以軍禮迎送，並由兩國元首數度舉行會談，商討加強合作事宜及對尼國援助外，李元簇副總統並全程陪同前往南部高雄地區參訪，而兩國部會首長也依兩國元首所談原則下，深入研討執行細節，訪問團此行可謂成果豐碩。

此外，李登輝總統並接受查莫洛總統面邀，預定次年春偕同夫人前往尼加拉瓜共和國進行國是訪問。我國李登輝總統及李副總統受查莫洛總統眞誠的態度所感動，又因查莫洛總統在其國內政局艱難中，依然決定與我國恢復外交關係，全為感激，且我國近年來財經科技進步快速，因此對查莫洛總統要求援助項目均慨然應允。當然我也意識到，到任兩年多來對於尼方所提請求援助項目，要力求細水長流，有時不免對援助內容計較把關，今後恐須稍改作風了。

名副其實的「總統套房」

查莫洛總統訪臺回國後，與我們夫婦交往更親近緊密，也比往日更常邀我隨同視察，偶爾也邀請其他使節同行。有次請我們夫婦到她的故鄉里瓦斯（Rivas）故居度假，當然她沒有時間陪同，就由其長子彼德洛大使夫婦及子女一家陪同前往，並安排我們住在她本人的房間，所以她的孫女才說：「你們住在眞正的『總統套房』啊！這是祖母總統年輕時長年住的房間。」故居當時已少有人住，僅部分親人及傭人留守，這是她的娘家，世居於此。

查莫洛總統全名為Dona Violeta Barrios de Chamorro夫人，查莫洛為夫姓，之前提過，先夫為尼京《新聞報》創辦人及社長，因批評前獨裁者蘇慕沙將軍而被暗殺。而查莫洛夫人的家族本姓爲Barrios，世居與哥斯大黎加邊界靠近的里瓦斯城。據說在二十世紀初期，其家族曾發行貨幣，通行於尼國南部，甚至橫跨現在哥斯大黎加邊界一帶。

里瓦斯城因位於太平洋與尼國最大湖尼加拉瓜湖（Lago de Nicaragua）最狹窄處，寬僅約十五公里左右，因此曾數度計畫在此貫通加勒比海直通太平洋的運河。例如一八五〇年左右，美國「加州淘金潮」（California Gold Rush）時代，美國人自東岸前往西岸加利福尼亞州，即自美國東岸由海路經加勒比海，通過尼國與哥斯大黎加邊界的聖胡安河（Rio San Juan）至尼加拉瓜湖，再從里瓦斯城附近一帶跨過陸地到太平洋海岸，最後以海路北上至美國西岸舊金山一帶。

在一八五五年有個美國人威廉・沃克（William Walker），被稱爲海盜或掠奪者（filibuster），利用當時尼國自由派與保守派嚴重政爭內亂之際，趁機支持自由派，並自己任命爲尼加拉瓜總統；不到一年，就被哥斯大黎加、宏都拉斯及其他中美洲國家聯軍於一八五七年驅逐出境。最近，據說中共政府有意利用此路線開闢貫通加勒比海至太平洋的運河，實際上，在二十世紀末期，也有其他國家有類似倡議，但均未實現。

我們夫婦在查莫洛總統故居住了兩晚，深受感動。祖居雖寬大，但她的房間不大，整潔簡樸，且房間的盥洗室與外面客廳共用；也就是說，盥洗室有兩道門通往客廳和她的房間。她要盥洗時，就得將盥洗室通往客廳的門閂扣上，待她要離開前，又要將通往客廳的門閂放開，進自己房間再將通盥洗室的門閂關上。雖是如此，我們能享受睡在眞正的「總統套房」，體驗她的眞實生活，非常榮幸。這場景令我想起小時候，跟著母親回到臺灣金山山上的外公外婆故居。

其實，查莫洛總統的內閣中，多數部會首長爲富裕家族的白種人，我們常應邀參加他們的家庭餐宴。他們流亡海外時，也多於國外留學及就業，但他們回尼國後，整頓家園，若未被前桑定政府徵用者，原住宅庭院都頗具規模，有者年久失修或故意讓其顯得破舊荒廢，以免引起注意被侵占；但一經整修完成，大多恢復過去氣勢恢宏的豪宅或莊園。

第三十六章　邦誼之旅

國是訪問的前置作業

我國總統李登輝伉儷決定應尼加拉瓜總統查莫洛夫人邀請，到尼國國是訪問的日期確定為一九九四年五月四日至六日，兩國政府隨即著手事前準備，我國外交部禮賓司長胡為眞為此率領先遣團來考察，並與我預做研討。例如我國專機與副總統李元簇伉儷訪尼時一樣，是華航波音七四七型專機，因此仍決定專機抵尼京國際機場降停一個半小時後，即飛離轉赴哥斯大黎加首都聖荷西國際機場停留待命；還有專機抵離時，尼國軍儀樂隊迎送和所有電訊保密，以及接待我國媒體記者與攝影器材設備的運送，特別是李總統伉儷訪尼期間的行程安排等，甚至考量到李總統的血型為AB型，事前必須知道我在尼國派駐人員本眷，乃至僑胞中有否這類血型的人員，最後確定我內人淑美是唯一具有AB血型……凡此種種，鉅細靡遺。

此外，總統侍衛室某官員在事前到我大使館考察時，問我內人：「大使夫人，請問李總統到大使館的路線怎麼走？」一時讓我內人摸不著頭緒，因為大使館就這麼大，還有什麼路線（記得後來李總統一到大使館，首先要找的卻是廁所）。事實上，李總統伉儷抵離時，大使館與尼政府軍方最重要的安排，是尼國軍警的盛大歡迎軍儀樂隊，但是尼國原本沒有這樣的儀隊，所以大使館事前特別籌備，包括約百名軍儀隊的服裝和樂器等各種裝備及訓練。

至於李總統伉儷及代表團所有人員在尼國下榻的旅館，決定安排在我國企業投資的尼京洲際大飯店，投資企業家吳東進、林清波及林隆士三位事前也專程來坐鎮接待。而此行主要的拜訪與活動場所，確定為尼國總統府、國會、尼國工商企業總會，以及以尼加拉瓜著名詩人魯本・達里歐為名的尼京國家劇院（El Teatro Rubén Darío，原建築也因地震毀損，最近才修建完成）和我駐尼大使館。

開啟總統出訪拉丁美洲新頁

這次李總統伉儷率團訪問尼加拉瓜共和國及哥斯大黎加，是首次出訪拉丁美洲之行，具有歷史意義；因此引起中共使出全力企圖阻擋，首先對美國施壓，而當時的美國柯林頓總統竟被迫低頭。依據維基百科有關李登輝總統此次訪問中記載：

一九九四年五月，李登輝總統出訪拉丁美洲，美國柯林頓政府礙於中共壓力，禁止李登輝入境過夜，還刁難李登輝，只允許飛機在夏威夷軍事機場過境，並只派一位上尉接待。李登輝為表抗議，硬是不下飛機，還穿著睡衣，披著罩衫，趿著拖鞋，在機上接見美國在臺協會代表白樂琦（Natale Bellocchi），李登輝反諷說道：「最好不要離機門太近，否則一不小心就會跌到美國領土上呢！」李登輝的憤怒傳到美國，美國人群情激憤，在排山倒海的輿論下，一九九五年五月，美國眾議院以壓倒性的三九六比〇票，要求美國總統柯林頓修正公布「對臺政策檢討」，讓過境禮遇制度化，還間接促成李登輝訪問美國康乃爾大學。

我曾問這次華航專機正副駕駛的飛行時間，我記得他們答說：「專機從臺北至夏威夷的飛行時間是八小時四十分鐘左右，而夏威夷直飛尼加拉瓜首都馬納瓜的飛行時間爲八小時三十分鐘左右，是空前的專機飛行路線經驗。」

李總統伉儷這次專訪尼加拉瓜非常成功，專機飛抵時，查莫洛總統率同全體閣員及各界朝野領袖到尼京馬納瓜國際機場歡迎。前所未有的百人國家儀隊在機場演奏我國及尼國國歌，尼京馬納瓜市長阿雷曼（即下任總統）向李總統呈獻市鑰，媒體記者群集，盛況空前。尼國總統的歡迎酒會及我國的慶祝酒會，均在尼京魯本・達里歐國家劇院隆重舉行，尤其我建議在我國慶祝酒會當晚，特別安排華航二十四名空姐身著美麗的華航制服，在劇院大門口迎接由尼國全體閣員陪同的查莫洛總統，先獻花並陪同進場，別具特色。

在訪問期間，除兩國總統數度單獨密談外，我國外交部錢部長也同相關部會首長及中央銀行總裁，與尼國拉卡育總統府部長率同雷阿爾外長、相關財經首長與中央銀行總裁等舉行數度會談，李登輝總統並應邀到尼國會發表演說，並接受尼國會頒贈的自由民主動章「Pedro Joaquín Chamorro」（這是爲了紀念爭取自由民主，被尼前獨裁者蘇慕沙將軍派人暗殺的查莫洛總統先夫），也拜會並接受尼國工商企業家協會的接待，並至駐尼大使館視察及接見慰勉我駐尼國農技團全體人員及眷屬。此外，總統夫人由錢外長夫人田玲玲女士及內人淑美陪同，接見我農技團團員的配偶慰問合照與茶敘。期間，我與錢部長等首長及中央銀行總裁，擔心查莫洛總統一再邀請李總統單獨密談，要求援助項目，李總統向來大方又具同情心，而查莫洛總統也十分具有說服力。事實上，查莫洛總統及其閣員大多全心爲公，很少爲私利，更鮮有貪污現象，是各國駐尼人員的共同印象。

害群之馬

我駐尼國大使館武官處自黃明偉武官因屆齡退役，轉到尼投資廠商年興紡織公司擔任總經理後，接任的朱姓空軍武官到任後無所事事，經常與經參處祕書混日子，毫無工作績效，也很少到大使館。所以對有關尼國軍方的聯繫，我多請黃前武官從旁協助。我知道尼國地處艱困，少有同仁願意來同甘共苦。

李總統訪問尼國後，將順訪哥斯大黎加共和國，茲因電視媒體記者隨團參訪衆多，而專機頗難同時容納電視器材，五月五日深夜，經隨團總統府副祕書長戴瑞明協調裁示，大批電視記者採訪器材應於六日清晨由農技團派車協助載運，並令朱武官陪同由陸路趕往哥斯大黎加首都聖荷西，俾及時供哥京採訪之用，事前也聯繫駐哥大使館派員在尼哥邊境接應。

沒想到，六日清晨有關人員及器材在駐尼大使館前集合，卻久等朱武官不到，經一再催促，到上午九點半後，朱武官才姍姍來遲，因他臨時決定藉機帶妻兒隨隊前往哥斯大黎加旅遊，如此辦事態度，令人無言！更有甚者，等李總統伉儷訪尼結束不久，竟有國安局宋心濂局長派員密查我這位林大使，在辦理李總統訪尼案時，對於向尼國交涉我方機密通訊事宜工作不力，而是由朱武官全力交涉才得以完成使命，眞令人啼笑皆非。事實上，此事如不是我平時與尼國軍方關係良好，又請黃前武官從旁催辦，何能達成？而事後，朱武官更與他人揚言，他將因此次工作表現佳，將轉升國安局服務……後來經查，此事與國安局派駐哥國的王專員暗中串通有關。

我們夫婦於李總統伉儷訪問尼國後，於六月依例返國述職。其時，外交部禮賓司長胡爲眞適巧於五月間轉任國安局副局長，所以我返國述職依例前往國安局拜訪，趁機訪晤新任副局長的爲眞兄。我們在外交部同事二十多年，相知甚深，而他在李總統伉儷此次訪尼前，也剛以外交部禮賓司長身分率團先遣訪尼安排，因此對這次李總統訪尼案頗多瞭解，更對我爲人奉公守法的性格也深信不疑；當我告以聽聞國安局宋心濂局長正調查我一事，他極爲驚訝，並急召剛自哥斯大黎加調局辦公的王專員來問詢。王專員見我在座也嚇一跳，並表示此事均據朱武官報告，胡副局長再追問有無事前仔細查明證據，王專員驚慌失措，承認沒有細查。胡副局長當場向我致歉，並將親自向宋局長報告說明，且明確表示所謂朱武官將轉入國安局工作一事是「門都沒有」。

我們夫婦返國述職回到尼國任所時，朱武官也已返國述職，朱太太也認爲其夫才華出衆，在尼國受委屈，不久將轉任國安局鴻圖大展，對我們漸顯冷淡，大概聽信先生所言。不久，從國內傳來消息，朱武官回國後假借休假，竟帶另一名女友暢遊東南亞，途中因病身故，自然未再回尼京任所，而在尼國的年輕太太帶著幼兒似乎也不清楚細節，默默回臺。事出意料，可憐善良無知的妻兒，令人嘆息！

教宗訪問尼國首都馬納瓜

一九九五年春，普世天主教領袖教宗若望保祿二世（Ioannes Paulus PP. II）到尼加拉瓜首都馬納瓜市訪問一天，尼國歡迎彌撒聖壇設於馬納瓜市靠馬納瓜湖（Lago de Managua）湖邊的公園。由於該國人民多數爲天主教和基督教徒，所以當天淩晨起，由全國各地信徒蜂擁而至，估計超過數十萬人。

尼國自桑定政權過後，由查莫洛總統執政，實施自由民主制度；而教宗素以果敢民主著稱，因此在彌撒致詞中，強調尼國已雨過天晴，祝福尼國國家及人民勇敢奮起向前邁進，追求幸福民主生活，讓在場的尼國人民振奮不已。

駐尼外交團團長固定是教廷大使，而此次教宗來訪，當天教廷駐尼大使當然為教廷訪問團團員。我在外交團中年資最長，所以就成為外交團代理團長，因此當查莫洛總統介紹我是中華民國駐尼國大使時，教宗因聽到「中國」一詞，頓時一怔，我立即告以我是來自臺灣的自由民主中國，教宗轉而笑說：「臺灣！臺灣！」並與我和內人殷淑美握手；在場能與教宗握手並交談僅少數幾位，讓我們倍感榮幸，同時也由教廷專屬攝影師拍照留念。事後，教廷駐尼大使館來電話說，照片每張二十美元，供慈善之用，我當然高興購買兩張（其實也無法多購）。這兩張照片有教宗、查莫洛總統與我們同框，背景是現場的大批信徒，非常珍貴。

第八篇

時移世易

我們曾於一九七一年夏奉派當時駐西班牙大使館一等祕書，到一九七三年底轉任駐葡萄牙公使館，所以這次前來西班牙算是二度任職。雖已離開二十多年，對當地環境及僑胞尚算熟悉，然而西國政情卻人事全非。

二○○○年八月，呂秀蓮副總統（中坐者）率團訪問中美洲三國途中，在飛機上接受隨團記者群專訪。左坐者為簡又新立委，右坐者為林基正。

第三十七章 憶中吉光片羽

國會頒贈最高勳章

尼國國會於一九九五年十月上旬決定贈勳給我，以感謝出任駐尼加拉瓜大使四年多來對尼國的貢獻，我深感欣慰。所贈勳章即尼國國會當時僅有的「Pedro Joaquín Chamorro」自由民主勳章，國會議長古斯曼（Luis Humberto Guzman）特別選於該年十月十日的我國國慶日下午一時在國會舉行贈勳儀式，親自爲我佩戴勳章，並邀請尼國樞機主教布拉沃（Miguel Obando y Bravo）、外長雷阿爾、外交團、我內人和本館同仁，以及僑領列席，儀式隆重莊嚴，隨後並舉行酒會祝賀；這個勳章是給我個人的榮譽，也是對我國及人民的感謝。

此事引起駐尼國外交圈的轟動，因爲如美國、加拿大、日本及西歐各主要國家對尼國所提供的援助比我國多，何以他們的大使沒獲授勳？其實連我自己也不知是哪個政黨或友好議員在國會發起，後來據國會友人告知，要獲國會通過贈勳案，必須國會議長、三位副議長與三位書記等七巨頭全部同意；而這些分屬七個不同立場的政黨，從極左的桑定陣線、中間偏左、中間偏右，以至極右的憲政自由黨（Partido Liberal Constitutional）都要同意，任何一位反對就不能通過（據瞭解，西方列強很難獲桑定陣線等左派政黨的同意）。另一個原因，我想可能是列強駐尼國大使，因尼國地區艱困，任期很少超過兩年，而我到任已四年多，又經常跑國會，與每位議員大多有交情吧！當然，這個勳章事後也呈報外交部轉呈總統府核准佩戴。

舉足輕重的樞機主教

尼京馬納瓜市天主教的布拉沃樞機主教在尼國政爭中，經常居於調停角色，在尼國的地位重要。一九九五年間，臺北教區狄剛總主教訪尼，並接受天主教大學學位，我全程陪同，也因此有機會在尼京洲際大飯店設宴，款待樞機主教及尼國各地主教，這在尼國外交團也是創舉。

尼京在一九七二年十二月大地震後，全城幾成廢墟，天主教會爲了撫慰民心，建立馬納瓜聖母無原罪大教堂（Catedral Metropolitana de la Inmaculada Concepción de María），據說是由墨西哥名建築師雷可瑞塔（Ricardo Legorreta）設計，教堂外型猶如天穹，天穹之上有六十三座小圓頂。在內戰時期，其外形爲水泥原色，看起來像碉堡戰壕；及至我到任後，內戰已結束，又被漆成乳白色，尼國人士又說像母親的衆多乳頭，象徵母乳餵養衆多貧困饑餓的子民。

細水長流的援助

我自到任後最重要的工作之一，就是執行我國援助尼國振興政經發展，提供貸款與其他財經援助。我基本採取「有借有還」，進而「有還方有借」，以及「細水長流」等原則。所以與尼國總統及相關部會首長商討進一步貸款時，堅請尼政府依所有貸款合約，按時支付相關利息及分期歸還本金，才能繼續談判下一個新貸款。

所謂「細水長流」，是希望依我政府財力逐步分批進行必要的貸款。在我任內，原則上都能如期推動。所以，我最怕查莫洛總統直接與李總統密談，而李總統基於同情心及其他考量，經常大方允諾；而查莫洛總統獲得承諾後，會立即交由各相關部會首長協調執行。我個人雖然與查莫洛總統及部會首長公私情誼深厚，但都設法權衡我國實際財力，審慎商議執行，但先求有關貸款保障依約由尼方按時支付利息及本金。我很欣賞查莫洛總統的態度相當溫和諒解，只談原則，至於細節則交由相關部會首長協商實施。

另外，查莫洛總統偶爾要我協助照顧弱勢族群及學生，這也是她可愛之處。例如常邀請我們夫婦或女兒育如來尼團聚時，一起到她家中餐敘，談話間會暗示需要協助的地方，像聖誕節的聖誕禮物捐助弱勢家庭、校園或公園設施等，都是在兩、三萬美元之內小額贈款。

我後來也會預先報請外交部贈予款項給查莫洛總統做善事，以及所需的聖誕禮物，可由我自國內代爲訂製運來，或託請我駐美國使館處代購，或逕行交由其自行處理。查莫洛總統原則上會邀請我們陪同贈予活動，或共同主持學校或公園新措施的頒贈儀式，例如在尼京貧民區公園設置「中山公園」（Sun Yat-Sen Park）標示牌等。她自身節儉，薪水有限又不貪污，而私下請我政府小額協助，不便透過其他單位。我們夫婦感佩她的清廉自持，所以她卸任後，兩袖清風，毫無一般政治人物因貪瀆被追溯定罪的情形發生。

我到任第四年初，奉命與尼國拉卡育總統府部長及財經首長商討一項我原則允諾貸予尼國政府的巨額貸款。經我研究並觀察其他各國政府及國際組織對尼國施貸情形後，適巧發現「美洲開發銀行」（Banco Interamericano de Desarrollo, BID）也正尋求共同貸款尼國的契機，因此，我要求尼政府研討我政府與美洲開發銀行合作共同貸款給尼國政府案，藉此可與「美洲開發銀行」建立聯繫關係；我也向尼國表示，我國現爲「中美洲開發銀行」的域外會員國，擬與BID建立合作關係，再加上我與「美洲開發銀行」合作，可加強確保我國債權。爲此，我國名稱問題便成爲研議的重要事項，所以合作多年的尼國經建會M部長常對我說：「Taipei China和Taipei, China，這兩者有否『，』差別，是會影響巨額貸款的。」

與軍警建立良好關係

一九九五年春，尼國軍警內部組織及現代化問題有了新變化，這與列強暗中使力有關。

一九九四年底，尼國會通過有關軍事法規，以便實施尼國軍隊國有專業化。依此，原為奧蒂嘉將軍副手瓜特拉將軍（General Joaquín Cuadra）於隔年二月接任尼國三軍總司令職位（實際上仍受制於奧蒂嘉將軍）。其時，瓜特拉將軍夫婦與我們相識多年，已有互信，因此往後他們或由部屬陪同，公開與我們餐敘互動，不像奧蒂嘉將軍那麼神祕。

在警察方面，一九九六年八月，尼國會也通過相關新警察法規，改由文人主掌，促使尼國警察制度更趨專業。我因與尼國警方互動不錯，加上我政府也常給予制服經費等協助，以致尼國警察有重要活動或儀式，都會邀請我參加。

第二屆新興民主國家大會

一九九五年夏初，我忽然接到民進黨籍立法委員呂秀蓮辦公室的電訊，表示呂秀蓮立委將於近日來尼京馬納瓜參加「第二屆新興民主國家大會」。我因事前毫無所悉，只好立即電呈外交部，並積極準備接待工作。不久，又接到外交部的電示，國民黨籍立委程建人也將來參加。

據初步探詢瞭解，此次所謂第二屆新興民主國家大會並非尼國政府主辦，而是由國際民間組織籌辦，主要成員有非洲、中東及中南美洲地區等新興民主國家，據說並邀請西藏精神領袖達賴喇嘛與會講演。當時尼國國際會議頗多，主要為研議協助尼國的財經發展，但此次新興民主國家大會似乎與尼國財經發展無關，或許目的在於聲援尼國查莫洛總統的民主體制發展吧！

主場會議舉行兩天，有點雜亂，我全程陪同兩位立委參加，也共同出席酒會。其間，我們三人曾與哥斯大黎加前總統阿里亞斯（Óscar Arias Sánchez，一九八六至一九九〇年擔任總統，並於一九八七年榮獲諾貝爾和平獎）在酒會中晤面，交談甚歡，並合照留念，但全程未見達賴喇嘛出現。

我們夫婦也在大使館官舍晚宴兩位立委，並請查莫洛總統長子、前駐華大使彼德洛夫婦作陪。會議結束，程建人立委立刻趕返臺北處理要公，我則另安排呂秀蓮立委多留一天，到總統府辦公室晉見查莫洛總統。這是我們夫婦第一次認識呂秀蓮，並在言談中瞭解她是我臺大法律系同學，也是我於民國四十八年大學畢業後，在鳳山參加預備軍官第八期步校受訓、睡上下鋪同袍呂傳勝的胞妹。一九九五年我們夫婦返國述職時，住宿立法院附近的來來大飯店，呂立委特別在飯店邀請我們夫婦與其胞兄呂傳勝律師共餐歡敘，她是一位有情有義，並有獨特理念與意志的傑出女性。

「帽子大王」的夢幻計畫

一九九〇年代初期，我國中小企業興旺發達，其中有位企業名人戴勝通董事長，因生產帽子企業有成，並配合政府大力投資海地，設立球帽工廠，事業盛極一時，而有「帽子大王」美稱，並當選「中華民國中小企業協會」第十屆理事長。約於一九九三年，他說服政府，由其籌組五百位中小企業界人士，組成投資中美洲地區的夢幻團隊，預計分成八梯次造訪，首次於該年順訪中美洲六國，所以當時我駐中美洲六國大使館均接到外交部訓令，協助安排駐在國接待、推廣，以及參觀考察當地的投資環境、官商聯繫、拜訪政要企業等各項事宜。據說參團企業界人士均有適當的旅費補助，而我們大使館也要協助安排住宿交通，並爲每團舉行餐會，隆重接待。

就我駐尼加拉瓜大使館而言，我安排住宿國人投資的尼京洲際大飯店，住宿有優待，並在該大飯店舉辦接待餐會，另敦請尼國政府有關部門及企業界合辦投資說明會。查莫洛總統更熱心，親自在總統府接待每團，一一握手。我因鑑於訪團行程緊湊，共訪中美洲六國，且每國不逾兩晚，到時可能連所訪國家都搞不清楚，所以我靈機一動，編了六字順口溜「巴哥你很傻瓜」，沒想到後來傳誦一時。當時在臺灣影視界，有位「巴戈」藝人頗具盛名，所以借用藝名，「巴」指巴拿馬，「哥」意爲哥斯大黎加，而「你」指尼加拉瓜，「很」（音近）宏都拉斯，而「傻」指薩爾瓦多，「瓜」即瓜地馬拉，所以「巴哥你很傻瓜」六字訣涵蓋訪團自巴拿馬經哥斯大黎加、尼加拉瓜、宏都拉斯、薩爾瓦多，而結束於瓜地馬拉等中美洲六國。

我國中小企業五百大軍八團一啓動，頗受各界重視，主事者也隨團訪問。最初第一、二團確爲我國中小企業界人士，其中包括我於民國五十六年起在臺北銘傳女專觀光科所教的學生，其後結婚創業者，倍感親切。但自第三團後只有少數業界人士參加，第四團起則幾乎變爲觀光團，非但業界人士不多，且改爲由旅行業者負責率團，人員參差不齊，全無投資實績。

查莫洛總統每次親自在總統府與我共同接待我團人員。在炎熱天氣下，大家汗流浹背，而我團員爲爭取與查莫洛總統握手及拍照，經常擠成一團，有者竟強踏在沙發上，脫序猶如上菜市場，令我汗顏以對。有次，查莫洛總統竟笑著對我說：「我們如此熱忱接待，他們眞的會來投資嗎？」

後來我們幾位大使相互聯絡後，向外交部反映，此事已引起駐在國朝野的負面反應，更何況也沒有廠商眞正因此前來投資。後來，外交部在第五團後就喊卡。此事非但耗費各駐館的人力、物力，據側面瞭解，當年外交部原列我駐外同仁返國述職的經費也運用殆盡。也因此，或許主事者原本用意是正面的夢幻計畫，但也有人批評這是爲了個人名利的一項大騙局。

在此次計畫訪團中，發現有兩位傑出的年輕記者到大使館採訪我，令我印象極爲深刻，迄今已成爲家喻戶曉的名記者和主播。一位是極具才氣與冒險精神的眭澔平先生，常在國內應邀「關鍵時刻」等節目名嘴，講述他在世界各地上山下海探險的經歷與珍貴收藏，儼然成爲知名的探險及收藏家。另一位是極具魅力又思路清晰的記者張雅琴小姐。事隔近三十年，她目前在國內主持年代電視的晚間新聞，綜合報導當日新聞並直言時評；另開闢「雅琴看世界」等專輯以及英文新聞報導節目，機靈敏捷，我至今仍是他們的忠實粉絲。

第三十八章　尼國總統大選

眞情流露的查莫洛總統

尼國總統查莫洛夫人有一回邀我們在自家餐敘，閒聊中提及一九九〇年的尼國大選與她的任期。她說：「丹尼爾・奧蒂嘉於一九八四年大選中獲勝當選總統後，認爲他已完全掌控政局，於是在一九八六年制憲並明訂下屆總統大選將於一九九〇年十一月舉行，隔年元月就任。豈知到一九八九年下半年，奧蒂嘉總統自認下屆大選必勝，且鑑於當時情勢，竟提早九個月於一九九〇年初舉行總統、國會議員及市長等三合一大選，且爲了選舉公正，也廣邀國際知名人士，包括美國前總統卡特等來尼國觀選作證；而我也接受尼國十八個在野政黨聯盟（UNO）之邀，成爲總統候選人。」

豈料大選結果，查莫洛夫人以全國百分之五十五得票率大獲全勝，當選尼國總統。而右派政治人物，如當選尼國首都馬納瓜市長的阿雷曼等均獲勝，大出桑定政府意料之外；因爲右派得票率超前，又有世界名人觀選團在場作證，所以奧蒂嘉總統等桑定陣線也只能承認敗選。

「此次大選結果，我自己也始料未及，或許是天意吧！而原來憲法所定六年任期，也因奧蒂嘉前總統提早九個月舉行大選，因此讓我的任期多了九個月。至於下屆的總統大選將如期於一九九六年十一月舉行，屆時任期結束後，我也已七十歲高齡，應該可以安享天年了。」查莫洛總統侃侃而談。

「閣下的當選是上帝賜給尼國及人民的最大禮物，在尼加拉瓜歷史上是第一位女性總統，且由全民直選，票票表達人民的眞正心意。您以身作則，帶領出一個清廉的政府，也是整個拉丁美洲各國所罕見的紀錄，是尼國全民之福，特此申賀並深表敬意。在您的領導下，決定與我國恢復外交關係，更是令我國政府及人民無限感謝與欽佩。我也深信您已完成先夫的宏願了。」我回說。

查莫洛總統聽我講到此，不禁含淚與我緊握雙手擁抱，似乎認爲我是眞正瞭解她的摯友。

我不禁想起，在我幾十年外交生涯中，有幸認識執政六年九個月的尼加拉瓜總統查莫洛夫人[1]，以及主政長達十五年的多米尼克總理查爾斯夫人。她們兩位長年爲自己的國家殫精竭慮，清廉自持，執政時仍居自家克勤克儉，退休後，安然低調生活。她們兩位是我最欽佩的國際女性政治人物，有緣相識共事，三生有幸。

阿雷曼當選總統

尼國於一九九六年十月二十日舉行下屆總統、國會議員及市長等三合一大選，因此自前一年起，尼國各黨派即規劃人選，各黨派好友也密集與我接觸以尋求奧援。依我觀察，此次大選態勢已漸明朗，總統人選仍以桑定陣線的前總統奧蒂嘉與目前馬納瓜市長阿雷曼爲左、右派最具競爭力的人選。其中奧蒂嘉前總統的勢力因前次大選大意失荊州而銳意重整。而右派阿雷曼市長自就任市長後，早已志在下屆總統，因此將原來競選市長時臨時籌組的「自由聯盟」（Alianza Liberal，市長擔任「自由聯盟」主席）再整合右派勢力，另行成立「憲政自由黨」（Partido Liberal Constitucionalista, PLC）。一九九六年初，再結合尼國全國工商協會勢力，並邀請企業家博拉尼奧斯爲副總統候選人。也就是說，左派再推桑定陣線的奧蒂嘉前總統爲總統候選人，對抗右派「憲政自由黨」的馬納瓜市長阿雷曼。

他們分別暗中與我接觸，以尋求財援贊助。奧蒂嘉前總統仍由胞弟Humberto Ortega將軍出面，照往例隨時在晚上突然來電約晤，並於十五分鐘內派車來大使館，接我單獨前往他在軍營內門禁森嚴的行館密談，四、五年來經常如此，也習以爲常。他也是開門見山直接提出

1 二〇一八年在洛杉磯機場偶然與一位尼加拉瓜裔機場員工談及查莫洛總統，他告訴我說，聽其在尼國家人說，前總統查莫洛夫人現已失智，我聽了不禁流淚感念。

要求，而我也衡量我國能力稍與討價還價，但我請他確保在下屆總統大選勝選後，必須與我國維持邦交，奧蒂嘉將軍也向我明確保證，絕對維持兩國邦交。

他一再坦承相告，自我兩國恢復邦交及我就任以來，我國對尼國的援助是有目共睹，從協助尼國改革幣制以來，言而有信，他多次與我密談後，我所做的承諾一一實現。反之，自一九八五年尼國與中共建交，並與我政府斷交後數年，中共言而無信，大言承諾財援卻未實現，而代之以推銷軍火，讓尼國對中共債務高築，簡直是以蜜言條件騙取邦交。

我再側詢最近尼國軍警改革，對他是否有所影響？他笑稱：「改制後的軍警要員都是我的舊部屬，仍在掌控中，我因對您的信任，所以直言不諱。」針對此點，我也認爲的確如此。當然也談及贊助款交付方式，他說倘我政府承諾贊助，他就會告知我支付方式。後來他給我在巴拿馬交付的指定者名銜、地址及方式，我就麻煩駐巴拿馬大使袁健生兄暗中協助確認。

至於阿雷曼市長方面則較單純，因自我就任以來，第二位拜會的就是他。阿雷曼市長熱情好客，我們經常互相邀宴，也常跟他的顧問、幕僚乃至同黨政要聚餐；而我們夫婦與他本人及子女，尤其他最敬愛的胞姊等生日節慶，都必送禮物或邀宴，所以阿雷曼市長在Crucero區（猶如臺北市的陽明山）自宅宴客，也經常請我們這對唯一的外國友人參加。阿雷曼市長有時與其幕僚商討市政及政局發展，也常不避諱邀我參加。所以，此次大選雖有尼國歸僑及工商界協助，也希望我政府鼎助。我分析當前尼國政情，也認爲阿雷曼市長當選下屆總統的勝面較大，因此建議外交部優予考量，都能獲准。後來我與阿雷曼密詢支付方式，他給我的名單、地址及方式則出乎我意料之外，均非我們多年來經常餐敘或晤談的認識人士。

此次大選包括國會議員及全國各市長，涉及甚多左、右及中間各黨派，而多數候選人都曾認識，難免也要求贊助，我會酌情對較具影響力者，建議外交部優爲贊助。

十月尼國大選結果，「憲政自由黨」黨魁、馬納瓜市長阿雷曼當選總統，企業家博拉尼奧斯爲副總統，並於一九九七年元月宣誓就職，我政府由連戰副總統伉儷率領慶賀團參加新任總統及副總統就職大典，而前總統查莫洛夫人也順利移交政權，完成其歷史任務。

阿雷曼總統就任後，也想勵精圖治，當然包括請我國繼續奧援，我亦極力建請我政府配合。期間，我國外交部政務次長程建人也於該年四月專程到訪尼國洽談援助事宜。程次長對我國與尼國的友好關係極爲重視，因他於一九九〇年十一月上旬與尼國外次雷阿爾在臺北外交部，代表我政府簽署兩國恢復外交關係公報，且隨即於同月中旬率團訪尼以鞏固邦交，而近年來，也曾多次以外次或立法委員身分訪尼，貢獻良多。

第三十九章　調任駐西班牙兼駐葡萄牙代表（1997~2000）

完成階段性任務

程次長與我在政大研究所期間就認識，與我們相識也已三十多年，因此這次來尼國訪問，在官舍餐敘中談到我們出任駐尼國大使已滿六年多，艱苦至極，也瞭解我們夫婦相忍爲國，並對兩國邦交建立了堅實基礎，他也知道我不會啓口要求調動，所以有意無意探詢我內人的意向，問她下任最喜歡去哪個國家？我內人順口答稱喜歡西班牙，因爲我們曾於一九七一到七三年底任職西班牙，她更與子女多留半年，完成在西班牙「馬德里皇家藝術學院」的學業，特別懷念。

沒想到程次長回國不久，我就接奉外交部命令，調任駐西班牙代表新職，淑美才猛然憶起程次長無意間問她，其實具有深意；因他深感我們夫婦在尼國作戰六年半，是該調動了，我們非常感謝他的厚愛及正義感。當時外交部長是章孝嚴，他之前曾以立法委員及僑務委員長等身分數度訪問尼國，瞭解尼國工作環境的辛苦，以及我們夫婦的努力。

當我將調任消息告知尼國新當選總統阿雷曼時，他立即反對，表示將請李總統撤銷此調動，因他剛就任總統，亟須我繼續協助。我旋即委婉說明：「我國調動人員有其制度，何況我在尼國任職早已超過一般任期了。」

阿雷曼總統瞭解歐美日等其他國家派駐尼國大使任期，在此艱苦地區均不超過兩年，而我已在尼國任期超過六年半；後來他聽到我改調西班牙就不再反對。他表示，我們夫婦在尼加拉瓜工作六年多，協助尼國多有貢獻，這六年多來的友誼深厚，猶如家人，他不能看到我們受委屈。

他很想由尼政府贈勳給我，以表達對我們六年多來對尼國的貢獻；但自桑定政府以來，尼國就沒有贈勳條例，爲此，他立刻促其政黨聯絡國會其他政黨，優先在國會通過新的尼國贈勳條例。但無論如何，在我離任前雖然通過條例，但來不及製作勳章，所以在我離任前三週，亦即在他啓程前往我國訪問之前，在其尼京近郊的自家豪宅設宴爲我們餞行，並邀其內閣，包括副總統、部會首長及若干友好政要作陪，當場宣布爲我贈勳，而勳章則俟製作完成再寄到我在西班牙任所，實屬特例。

我安排阿雷曼總統率團於一九九七年七月上旬前往我國訪問，並應他要求等他七月十七日返國見面後再離開；也就是說，我們夫婦當日中午先到尼京國際機場迎接他們返國後，我們當天下午再搭同班機離任。阿雷曼總統堅持在尼京機場歡送我們，直到目送我們夫婦上機後，他才偕同所有閣員離開，盛情難卻，我們只能接受。

往後我們在駐西班牙代表任內兩年多，阿雷曼總統每年春天到西班牙訪問三天，每次都邀請我們夫婦在他下榻的馬德里麗池大飯店（Hotel Ritz）共進早餐，我們也感受到他重情重義的誠意。二〇〇〇年元月下旬，我調回外交部擔任外交部常務次長時，他曾應陳水扁總統邀請再度訪問我國，我有幸親自接待，代表團成員大多為舊識，大夥又是一番重逢的歡敘。二〇〇一年十一月尼國大選，由阿雷曼總統的搭檔博拉尼奧斯副總統當選新任尼國總統，並於二〇〇二年元月就職，我因已出任駐義大利代表，所以只能遙祝老朋友就職成功。

了卻一樁心願

我們於一九九七年七月十七日離開駐尼加拉瓜大使任所，距一九九一年二月十七日抵尼京任所，剛好在任整整六年五個月。我們途經紐約與女兒育如歡聚五天，再自紐約搭機直飛臺北，辦理轉任駐西班牙代表的相關手續及拜會活動。

在紐約停留期間，我們為女兒育如在紐澤西州的哈德遜河旁自家公寓舉辦訂婚儀式。女兒服務中國信託銀行的美國分行，由董事長辜濂松夫人辜林瑞慧女士介紹表弟洪堅與育如認識，並決定結婚，因此特別安排我們過境紐約時，由辜夫人為媒人，偕同專程自僑居地日本橫濱趕來的洪堅父親洪耀騰先生及母親李瑳瑳女士，在我們紐約家舉行訂婚儀式。我們熱忱接待，兩位新人都在美國中國信託銀行工作，儀式隆重。至於結婚的日期及地點另議，也了卻我們一樁心願。

我們途經紐約為女兒育如舉行訂婚儀式後，於七月下旬飛返臺北向外交部報到，並聽取有關西班牙簡報及相關拜會與晉見等活動。停留臺北約兩週即趕赴西班牙馬德里任所，已是八月中旬了。

走馬上任推動要務

駐西班牙卸任代表章德惠夫婦於馬德里俱樂部（Casino de Madrid）舉行介紹新任及惜別酒會，到場有當地友我人士及僑領數十位。我們跟章代表夫婦也算有緣，一九八〇年二月，我與哥倫比亞斷絕外交關係，我原任外交部中南美司副司長，臨時奉派前往救援，而他當時原為我駐哥倫比亞大使館參事，因斷交須離任三個月，再返回哥倫比亞出任新設我駐哥倫比亞辦事處主任之職，所以我前往留守三個月，並與哥外部洽談設新辦事處等事宜。未料三個月到期，新機構尚在談判中，外交部就改調我出任駐哥倫比亞辦事處顧問一職，我們全家就搬去哥倫比亞，與章代表夫婦相處不到一年。一九八一年六月我又奉命改調駐委內瑞拉代表處代表新職。自哥倫比亞一別，這次我們兩人在馬德里銜接，竟已過十六年之久。

我們曾於一九七一年夏奉派當時駐西班牙大使館一等祕書，到一九七三年底轉任駐葡萄牙公使館，所以這次前來西班牙算是二度任職，雖已離開二十多年，但對當地環境及僑胞尚熟悉，然而西國政情卻人事全非。

八月一到任，我對今後推動工作已有初步的構想，希望在年底前能有眉目。首先促請西外交部改派正式外交人員掌管西班牙駐臺北經貿辦事處。一九七三年春，西班牙與我斷交時，我正在駐西班牙大使館服務，斷交後我奉命單獨留守籌備成立新機構。期間我也促請西外部相對設立駐臺機構，但反應欠佳，且強烈表達雙方所成立新機構應為民間性質，因此西外部最後僅同意由西班牙商會委派葡萄酒商盧貝雷斯先生（Ruperez）進駐臺北。他到臺北後，極力推展西班牙葡萄酒業務，對於發展雙邊關係也僅於此，我當年在西班牙已經認識他。而他抵臺後不久結識臺灣女子，後來結婚生子，生意興隆，多少和他頂著西班牙商會（事實上是馬德里商會）駐臺北代表之名有關，而我朝野也視為西班牙政府的代表。

我一九七七至一九八〇年初回部任中南美司副司長，以及一九九〇年回部出任外交部領務司長，乃至此次我回臺北述職，並為了駐西班牙代表新職申辦西班牙簽證，盧貝雷斯先生的職務未動，長達二十四年之久。我此次在臺北也深刻瞭解，其他西歐及中歐各國駐臺代表大多是職業外交人員，好幾位都是該國外交部的司長以上官員，而且也成立歐洲地區駐臺北的外交團，經常開會餐敘，交換意見。但西班牙所派盧貝雷斯先生並非外交人員或政府官員，所以被排斥於上述歐洲外交團，實非常態，而我外交部迄未聞問，無法理解。對於促進我與西班牙關係反成為一項阻礙，這是我深思後極想更正的一項重要任務。為此，我到任後，經常設想如何向西班牙外交部全力進洽爭取。

我前任章代表做事謹慎細心，而代表處政治組王明文組長也甚得力。我首先請王組長安排拜會西外部政治總司長S大使，因依西外部並無地域司體制，而政治總司長管轄世界一百多國，王組長認爲恐難安排，以往最多僅見到副司長。但我要求王組長設法直接要求S總司長，能不能是一回事，我不能到任就只請見副司長，同時我也充分準備書面資料，是有關我國國情、中國大陸政經及香港新情勢，乃至歐洲各國派駐我國辦事處的代表名單與背景等。

很幸運終獲總司長答應接見，但因公忙，只能禮貌性見面，其餘再與其副司長及主管科長晤談。我依約偕王組長往訪，總司長讓我們在西外部大樓樓下會客室等了約二十分鐘，再上樓到他的辦公室，副司長及科長也已在座。我爲爭取時間，見面首先感謝司長撥冗接見，並開門見山提出兩項問題：「西班牙在臺辦事處已二十四年，但被歐洲各國駐臺代表的外交團排擠在外，我認爲以西班牙在歐洲地區的強國地位，應予改善。另外，中國大陸政治情勢危殆，恐有巨變，我已準備若干文件資料供參考。」

總司長等人聽我這麼一說，非常驚訝，因爲從未有人向他提起，於是他坐下請我做簡要和具體的說明。針對駐臺代表的問題，我提供歐洲各國派駐臺北的代表，原先在各國外交部的職銜或政府其他部會的職銜資料，他們當場粗略看過，各國的確大多派遣外交部司長以上或大使級官員爲代表。接著我又提及：「我一九七一年曾任駐西班牙大使館一等祕書，並經歷兩國斷交後單獨留守交涉成立我新機構，而西外部當時委任馬德里商會派遣年輕的酒商盧貝雷斯到臺北出任代表，盧君在臺灣發展推銷西班牙葡萄酒有成，並與臺灣女子結婚生子，我認識他二十多年，佩服他經營私人商務有成，但似對西國經貿文化等關係恐有未逮，我相信他應該也沒有按時向西外部呈報我國政經貿易文化等報告吧！」

總司長當場問詢副司長及主管科長，均答稱迄無報告，當然也不會報告我國與中國大陸的兩岸關係。

「西班牙在歐洲各國中，至少在經濟實力上居第五位，但歐洲各國在臺北的代表都早已成立歐洲地區外交團，每月開會交換意見，有時甚至形成共識向我政府交涉；但據我所知，他們排斥西班牙代表，因盧貝雷斯爲一名在臺北活躍的商人，而非西班牙外交官或政府官員。因爲我在外交部曾任副司長及司長職務，經常與歐洲各國代表有業務聯繫，但盧貝雷斯則否，實有失西班牙派代表的意義。我國近二十年來的各項發展有目共睹，西班牙也錯失良機，例如西班牙的航太工業、軍需用品等等。我曾派駐西班牙多年，又曾全家在西班牙就學，對西班牙有特別感情，所以果敢進言……」我一口氣說完。這時總司長的祕書曾進來提醒下個行程，似乎總司長要她暫時取消或延後。

接著總司長笑說：「今天我們就多談一些，你們全家何時在西班牙留學啊？」

「我在二十六年前第一次派駐西班牙大使館一等祕書時，曾到西班牙國立馬德里大學法學院進修博士班，後來因他調，所以未完成學業。」

「原來是校友。」他訝然道。

我接著提及：「我內人也完成『國立馬德里皇家藝術學院』的學位，三個小孩分別就讀美國學校及私立教宗保祿六世小學。」總司長聽完，立即表示欽佩，也肯定我是一位資深的外交人員。

有關中國大陸情勢可能發生嚴重變化部分，我說：「中共政權均由中國共產黨控制，尤其軍事委員會可脅迫中國共產黨，目前表面上由胡錦濤擔任中共總書記，但七個常委各自掌權，而胡錦濤雖名義上擔任軍委會主席，但軍委會副主席及委員均由前領導人江澤民幕後掌控，另國家主席只是名義上而無實權。所以目前胡錦濤雖任中國共產黨總書記、軍委會主席及國家主席名義，但其命令走不出中南海，而由前領導人江澤民一派所控制，以致內部不和，隨時可能生變。至於香港問題，雖在一九九七年回歸中國，但中國是否信守與英國協議頗有疑問。以上因總司長時間關係未能詳爲分析，我已準備若干各國報刊雜誌的報導供參考。若總司長有興趣，我隨時可代爲彙集資料。」

總司長等人坦言西外部的確缺乏這方面的資訊，目前僅有駐香港總領事館偶爾呈報，但缺分析，非常歡迎林大使隨時提供，可直接交給副司長或科長。他雖然公忙，但有興趣與林大使交換意見：「我原爲駐馬來西亞及印尼大使回部，對亞洲地區尤其中共大陸情勢深感興趣及重視，但缺乏具體的研析。非常謝謝林大使新到任即到訪，請隨時與副司長及主管科長聯繫，我也會找時間再與您晤談，我因另有急事須先離開。」

後來我們跟副司長及科長再略微交談後，就將所備資料交給他們。其後，每個月我與王組長都準備相當的資料，主要爲我自己所查閱及彙集的國際報刊雜誌專文，以及我國內專家所撰專文，提供西外部副司長及科長參考，並邀請在外餐敘時或至辦公室面交。

這位總司長差不多在我任內，每兩至三個月都會與我深談，但如我們有國內緊急交辦事項，則可隨時約晤商談。總司長說：「我主管全球一百多國，使節衆多，但能如我們經常會見晤談者不多。」我深表榮幸。最讓我感到欣慰的是，他決定在當年年底前，首先調派西班牙駐日本大使館文化參事爲首任西班牙駐臺辦事處官方代表，替換二十四年之久的酒商盧貝雷斯。自此，西班牙代表也正式加入歐洲駐臺的外交團了。

杯酒釋兵權

一九七三年西班牙與我斷交，我奉命留守交涉成立「駐西班牙孫中山中心」，當時西外部堅持必須以民間組織性質成立，我則希望能放寬條件。當時外交部沈昌煥部長指派愛將王飛出任新中心主任，抵任後主持交涉成立事宜，自然以其意見爲交涉意旨，他配合當時我在西班牙的僑領鮑克俊倉促成立「孫中山中心」民間組織，從此中心爲鮑先生所掌控；而自成立中心至我此次到任共二十四年多，鮑先生似一直干擾我中心的運作。

此次，我抵任後與前任章德惠代表有三天的相處，他提醒我本處常受鮑克俊的干擾，這個人一再仗勢威脅要直接取得代表處主導權，不但干預本處國慶酒會邀請名單，甚至要求過問本處日常運作及財務運用等事項，必須特別注意因應，尤其十月國慶酒會將近，他已屢次過問。

我自一九七一年奉派駐西班牙大使館一等祕書時，已知有鮑克俊其人，是個頗具才華但有野心的人。他原為香港神職人員，靠著于斌樞機主教的福澤，在馬德里發展出一片天，並成立「曉星書院」，在一九七〇年代，掌握我國留學西班牙學生的權利，因此在成立中心之初，也利用當時西班牙友我人士的舊勢力，企圖影響本處前「孫中山中心」的運作迄今。

如今已過了二十多年，原有人馬早已失勢或離世，而鮑克俊先生也非當年的梟雄，所以我仔細思考後，希望能以「杯酒釋兵權」方式請他歸隱。但實際上談何容易呢？因此，我到任即查檔卷，先瞭解本處成立時的理監事名單及迄今的變動，並側面知道他的近況後，即安排前往拜訪。

我曾提過一九七一年底在大使館工作期間，因公務到馬德里機場送機，無意間發現一位年輕秀氣的東方臉孔修女焦急到處張望，當即好心問有什麼可以協助？她發現我們是夫婦同行且以國語親切問詢，才放心告知她來自香港，到西班牙要找鮑克俊先生，因航班銜接延誤而見不到鮑先生來接機，後來我們先接她回我們家，並即聯絡鮑先生後親送至鮑宅；不久他們結婚，兩家也常交往，所以我現在電話聯絡，他們立刻給我們相約的時間和地點。

我們攜帶禮品依約前往拜訪，他們所住已非往日豪宅，而是一般公寓。他們夫婦非常親切，還提及當年在機場協助之事，再次表示謝忱。鮑先生也提到最近健康大不如前，所以未能參加章德惠代表夫婦為我們接風的酒會。我們夫婦首先感謝他們多年來對本處的協助，也就分別二十多年的情況略述，並想邀宴敘舊。

最後我也問及其他老朋友近況，正如所料，鮑先生不勝嘆息多數已老去，歲月眞是不饒人。於是我趁機告以有件困擾之事想與他商量。

「日前我到西外部拜訪政治總司的S總司長，不知何故，對方要求我提供代表處原成立迄今的理監事名單，有事要追查，這似乎很不平常，而章代表已返國，我側詢此事背後有何意涵？對方似乎暗示來自有關方面的壓力，想追查某些政治動機，也可能因我新到任，故意給我下馬威也說不定。我想到鮑先生及當時西國友我人士都是基於善意，如今時過境遷多年，西國政局也變化不少，實在不想多所牽涉，導致我的朋友因熱心反受波及。因此，想請教您有否對策？」

鮑克俊先生聞言，顯得張皇失措。因他在西國多年，瞭解西國政治勢力變化極大，且以前他也有情治工作經驗，而他們目前生活單純，也無其他政治勢力可倚助，所以他反而問我如何是好。

我深思片刻後說：「當初成立新民間機構時，我也有參與，而現在要提出名單確實有困難，且沒有把握不會被牽涉，所以我建議此事由我向西外部力爭，並以原理監事歷經二十多年，人事全非，且多已離世，其餘也已請辭，無法在卷宗找到名單爲由，如何？請鮑先生考量裁決。」

鮑太太在一旁也力勸先生不如依林大使所言，就此放下，安享餘年。最後鮑先生同意我的建議。於是我要求可否請鮑先生及其他友我理監事以書面請辭，但日期可提前，以期圓滿結案，其他則由我負責與西政府交涉。最後我提議：「希望有機會正式邀請諸位理監事餐敘，以感謝對本處多年來的幫助。」

本案終獲圓滿解決，畢竟當時鮑先生也近八十歲了，日後我們與鮑氏夫婦仍保持友好往來。

重整僑社向心力

我們夫婦這次再任職西班牙，距上次已事隔二十多年，前任章代表夫婦也很重視僑胞。當年留學生仍留在西班牙者大多事業有成，已成僑社中堅，而旅西僑胞多數集中在首都馬德里及第二大城巴塞隆納，另外在其他大城如瓦倫西亞、畢爾包（Bilbao），以及位於非洲大陸外海西北角的大加那利島（Gran Canaria）也有幾位重要的僑胞。

當然，大陸近十多年來的開放也有其僑社，與我國僑胞有所分隔。我也發現在我國主要來自臺灣的僑胞中，婦女僑胞實屬主力，其中甚多留學生續留西班牙，多與當地夫婿結婚生子，可以結合當地婦女為我僑社主幹，所以內人淑美就主導成立「中華婦女聯合會西班牙分會」，每年在各主要都市，尤其馬德里及巴塞隆納兩地舉辦年會，並創辦該分會季刊，每三個月一期，分別邀請我旅西僑胞婦女會成員及其眷屬投稿，並請分會祕書張淡浪女士（淡江大學西班牙語系畢業留學西班牙，當時任駐代表處雇員）負責主要編務。

該季刊共發行六十期，持續十五年至張淡浪自代表處退休為止。我們離任後，內人也將分會及季刊責任請續任各代表夫人接棒。西班牙婦女分會每年舉辦郊遊及餐會活動，會員眷屬也常共聚一堂，對結合全西班牙僑胞有莫大的貢獻。

我們到任後有一種奇妙的感覺，發現早期所認識的一批以王鼎熹僑選立委等老國民黨人士為核心的老僑，自我們到任後，雖為舊識，但已有疏離感，這也是我們夫婦極欲爭取的僑胞。後來逐漸瞭解，似與國內國民黨政爭有關。有天傍晚，我獲知行政院前院長郝柏村將軍及親友私自組團來西班牙旅遊，馬德里老僑王鼎熹等老國民黨外省籍僑胞在馬德里中餐館舉辦晚宴接風，並未知會代表處及我本人，我獲知後即刻趕往參加。

我突如其來，也令在場郝院長及老僑們大為驚訝。我即席表達歉意，並特別表示：「郝院長此行未事前通知本代表處，當是郝院長有感此行為私人旅行，不便麻煩代表處，但就我身為駐西班牙代表而言，郝院長為我國行政院卸任院長，無論此行於私於公，本代表處均有協助之責。另就我個人而言，一九九一年元月，我臨時奉命趕往尼加拉瓜出任我國與尼國恢復邦交後的首任大使，是由郝院長以行政院長身分主持我宣示就職儀式。我是中華民國政府駐西班牙代表，不是任何人的私人代表，請郝院長及在座諸位明鑑體諒。」

郝院長等人聽我說明後，立即請我加入餐會，並與郝院長同桌；我同時希望當晚的晚宴由代表處宴請，卻未蒙郝院長接受，他說代表處經費有限。我後來表示請另給時間款宴，郝院長回說明日將有旅遊行程，感謝我盛意。往後，我每年都收到郝院長的賀年卡；而且從此之後，旅西班牙老僑也熱烈參與各項僑社活動，尤其王鼎熹的夫人更是婦女僑胞界的主力。

功虧一簣

我到任不久，於十月國慶酒會之後，突然接獲連戰副總統辦公室發言人李小姐電話，告稱連副總統伉儷現正在歐洲訪問，擬於近日內到西班牙密訪，請速安排等語。因事前並未接獲外交部相關訊息，於是我立即急密電報部，獲部電指示，請林大使逕與連副總統團隊聯繫進行，為期保密，無須再報部等。因此，我立刻偕同本處王明文組長請見西外部政治總司長S大使密洽安排訪問行程，並先赴西南部塞維亞（Sevilla）安排旅館及往返馬德里的高鐵AVE火車行程等。同時為求絕對保密，除了我與王組長外，對於本處其他單位同仁及中央社記者莫索爾等人也保密，以免節外生枝。

在祕密交涉安排過程中，瞭解連副總統一行將於訪問冰島後轉來西班牙密訪。但在幾天內，竟有國內媒體記者已經到馬德里，尤其《聯合報》直接派遣駐美記者提前到馬德里，天天到本處採訪，尤其催問我本案進展，可見此案早已洩密。在此緊要關頭，本處同仁，如經濟組劉組長竟責問我何以對其保密，因為外面都在盛傳。我即召集本處同仁，嚴肅訓令，絕不能再誤傳，我也表示，並無此事，以杜洩密。

當連副總統率團來西班牙訪問前夕，國內《聯合報》竟以頭條新聞發布獨家消息，報稱連副總統伉儷日內訪問西班牙，此事在西班牙內閣討論時，有強烈反對聲音，但西班牙總理力排異議，決定批准連副總統一行訪問西班牙等語。此事，中共駐西班牙大使立刻緊急請見西班牙總理，面呈我《聯合報》頭條獨家消息的全頁報導，並附有西班牙文譯文，強勢責問西班牙總理。西班牙總理面對中共大使抗議，表達事前並不知情，旋即質問西外交部，這對我個人及代表處當然造成極大不利，而連副總統伉儷訪問西班牙之行，當然也功虧一簣，無法成行，可見媒體的威力。

連戰副總統事後要追查此行洩密責任，其中被追責即為我本人，這又是我無故成為被追究的對象。後來據我旅西班牙僑領陳永森告訴我，因他的叔舅輩在連副總統當廚子，所以也曾密請他調查我是否洩密，陳永森回以林大使絕未洩密，因事實未曾透露，我當然感謝陳永森的善意，也令我內心頗多感觸。最後，連副總統經內部查明，眞正洩密者竟為身邊親近的隨扈人員，其原想替連副總統造聲勢的好意，最後自然不了了之。後來，連副總統辦公室對我也暗示，因誤會而命人調查表達歉意，畢竟連副總統也曾是我當外交部領務司長時的部長老長官。

協助學員融入語訓課程

我國外交部特考西班牙語人員，於一九九七年秋開始到西班牙接受語訓一年。這一期西班牙語訓學員有丁志華、潘淑杏、陳慧芬、劉聿綺、桂志芸及藍翠華等六名；而隔年語訓學員有歐江安、蔡旻青、李岳融、曹美玲、李淑慧及李金星等，也是六位。另外一九九八年教育部也派新考人員楊淑雅一名，委託本處代訓。他們在八月下旬到任，次年七月底或八月上旬結訓返國辦事。所以一九九七年第一批受訓學員於我們到任不到一個月，於八月間前來本處報到，我指派本處孫慧娟祕書負責安排受訓課程。

孫祕書本身原是來西班牙進修西班牙語文的留學生，成績優秀，對西班牙學習環境及課程甚爲瞭解。因此她跟我研究後，就安排每期受訓學員上午在國立馬德里大學修習西班牙語課程，下午則安排知名語文補習班的西班牙語教學及對話。

我又建請外交部核准語訓學員可利用假期，例如寒暑假自行安排到歐盟各國或西班牙旅遊，但須撰寫旅遊報告，以增加見聞，頗具效果。我也要求語訓學員參加代表處舉辦的相關活動，例如我國慶酒會、宴請當地政要或僑社活動餐會等各項交流活動，受訓學員都樂於參加，並協助招待貴賓及僑學界人士。

記得其中有個特例，學員劉聿綺因已婚，一九九七年自國內來語訓時，服務於內政部人事處的夫婿也陪同來西班牙約一個月後回國，兩個月後，劉聿綺發現懷孕，經報部後，外交部訓令立即返國，後經我們夫婦與其詳談後，她自認並無「害喜」現象，希望能繼續與其他學員在西班牙完成語訓。我們研究後認爲，劉聿綺懇請協助的意志堅強，若依部指示回國，恐影響今後發展。所以我兩度強力建請外交部准予續留完成語訓課程，並願保證照顧監督，終獲外交部特准。劉員果然不負所望，盡力與其他同仁全程上課，最後約兩個月雖然無法全程上課，但其他學員為她上課錄音，再交由她依錄音在住處努力學習，即使在產期仍然努力不懈，這也要感謝同期學員鼎力協助，才有辦法完成。他們完成語訓，六大人、一幼嬰同機返國，令人懷念。

這兩期學員共十二名，其中有兩、三名結訓返部再外派，不久因婚嫁或他就，其餘學員經過二十多年來的歷練，目前均為外交部中堅幹部，如李岳融已出任駐祕魯代表，劉聿綺也出任駐智利代表，而歐江安擔任外交部發言人重責；另桂志芸為禮賓處副處長等重要職務，且二十多年來，與我們仍保持密切聯繫。

至於一九九九年期學員，初期改派至尼加拉瓜及哥斯大黎加兩地語訓。然而在該年底聖誕節及新年期間，他們都自費飛抵馬德里，接受我們接待款宴。他們向我們表示，因尼加拉瓜及哥斯大黎加受訓環境欠佳，尤其在尼國更是每天上課不到兩小時，而各大使館也無專人負責和協助，懇請我協助建請外交部比照前兩期讓學員轉至西班牙受訓，即使機票自費也願意，此事令我感到為難。最後，適因我於二〇〇〇年元月下旬回部出任常務次長職務，我將實際情形及語訓學員意願向程建人部長報告，並為外交部未來西語人才培訓計畫著想，最後決定將一九九九年期六名學員及之後各期學員，全部改回西班牙接受語訓課程。

第四十章　外交是一門藝術

爭取友邦使節友誼

我抵西班牙代表處後，工作逐步推動，也同時聯絡我邦交國，尤其是中美洲六國及巴拉圭駐西班牙使節，進行拜訪再建立友誼，並陸續邀宴，成果頗佳。我也顧及西班牙是中南美洲國家的「母國」，所派遣的使節，基本上在其國內都有相當的地位或特殊關係，也有可能成為中共駐西班牙大使館拉攏的對象，如中共在馬德里建立某種關係而有所突破，我駐節馬德里就有重大的責任。

外交是一門藝術，因此，我們對這些友邦使節廣為結交，深植友誼也有助力。例如宏都拉斯駐西班牙大使離任，西外部次長在外交部設宴餞別，她就堅持要我陪同赴宴，我也因此結交西外部高層官員。

另外還有尼加拉瓜新任總統阿雷曼的情義相挺，我必須特別記上一筆。自我們一九九七年七月十七日在尼京馬納瓜國際機場話別，不久即將原為我頒贈的尼國勳章製成後，寄交尼駐西大使轉交；而他偕同也是好友的M外長於一九九八、九九九年春訪問西班牙三天，都會特別抽出一天早上邀請我與內人在其下榻的馬德里麗池大飯店共進早餐，閒話家常。當然，席間也談及施政概況，以及尼加拉瓜一九九八年秋遭受風災之害至深，急待救援等情形。

兼任駐葡萄牙代表職務

我到任的隔年年初，再奉部令暫兼駐葡萄牙代表職務，因原派代表王允昌在澳門任務未了，而且兼任至我駐西班牙代表職務結束離任之時，這或許是因爲我於一九七〇年代曾在葡萄牙工作三年半的緣故吧！所以我接奉部令後，迅速安排前往駐葡萄牙代表處赴任。經該代表處同仁的安排，曾拜會友我葡國國會議員並餐敘。我們也於一九九八及一九九九年兩度前往葡京里斯本主持我駐葡萄牙代表處的國慶酒會，而平時大約每四個月至半年也到駐葡代表處執行任務。

我們都知道西班牙與葡萄牙兩國關係微妙，彼此是誰不服誰，後來葡國政要友人就常問我：「何以你以駐西班牙代表身分兼任駐葡萄牙代表，而非以駐葡萄牙代表身分兼任駐西班牙代表職務呢？」我只好避重就輕回以：「想當年，我也於一九七一到七三年先任職駐西班牙大使館，再於一九七三年的聖誕夜趕抵駐葡萄牙公使館工作至一九七七年夏返國，所以此次我奉命先到駐西班牙代表處，待工作穩定後，再來駐葡萄牙代表處長住工作。」雖大家心照不宣，但也只能如此說辭應對，以顧及對方的自尊心。

我們一到兼轄的葡萄牙推展業務，立即尋找旅葡京里斯本僑胞舊識，例如經營中餐館老闆陳遠卿，如今已為中共大使館邀請擔任旅葡僑社會長。我們離開葡萄牙已經二十一年了，當前往造訪時，陳遠卿及其葡籍夫人非常高興，緊緊擁抱，並在其餐廳盛宴款待我們夫婦，也依我所請另外安排過往認識的僑胞餐敘，包括香港飯店厲老闆夫婦及其子女。而我們這兩年在里斯本以駐葡萄牙代表處名義主辦我國慶酒會，這些僑胞都盛裝參加，尤其陳遠卿更無視目前擔任中共僑團會長身分，盛情至感。

葡萄牙自一九八五年加入歐盟後，每年接受歐盟社會發展基金巨額援助而發展快速，尤其是社區改造及基礎建設。我們每次赴葡萄牙公務，都會抽空前往法蒂瑪聖母大教堂向聖母致敬並感謝。現在自里斯本至法蒂瑪已建有高速公路，快速通行僅需一小時，與一九七〇年代必須沿著公路到巴塔利亞小城，再沿山路至法蒂瑪，每趟車程得花上兩個半小時以上，眞是不可同日而語。不過，因有高速公路的便利，而使到法蒂瑪的觀光客增多嘈雜，似已失去當年沿著山路前往的虔誠敬仰氛圍。

專機隨行記者有失節制

記得任職於西班牙代表處期間，外交部長胡志強勤於拓展非洲國家及世界各國關係，而每次訪問非洲友邦，為求航行便捷，經常租用比利時航空（Sabena）公司專機，因專機性能無法長程飛行，所以常有自非洲國家起飛，半夜途經西班牙停降加油，再飛到巴黎或比利時城市的安排，所以我必須偕同王組長事先祕密安排西班牙南部適當航站降停加油，以免引起中共駐西班牙大使館及新華社的注意而造成阻擾。

胡部長曾任新聞局長，素來與媒體交好，故其包機經常滿載男女記者，甚受禮遇。通常專機半夜在機場停機坪降停加油時，因我們事前千方請託，所以讓我專機乘客可以直接到機場專供政要休息的貴賓室休憩。遺憾的是，我專機乘客一進機場休息室，胡部長以為是自家客廳，竟請隨行官員及記者盡量享用，以致貴賓室杯盤狼藉，有失節制。我與王組長當場不知如何收場，因機場管理人員相信我們，竟然發生如此情況。

參加歐洲區域會報感觸

我這次奉派駐西班牙代表兼駐葡萄牙代表約兩年四個多月，期間共參加了兩次歐洲地區工作會報。第一次是一九九八年在捷克首都布拉格，隔年在法國首都巴黎參加第二次。每次區域會報都有主題，我駐各國代表及駐教廷大使共聚一堂，聽取國內長官訓詞及指示，以及各國政情報告與交換意見。但會議開會之前及結束後，都有一兩天的會外活動，大家也趁機參觀旅遊，以增廣見聞。

有關會外活動，我們夫婦都有不同的經驗及感觸。為歐洲文化重鎮的布拉格，此次是我們首次來，對於城市特殊的建築風格印象深刻，曾爲帶有浪漫色彩的波希米亞王國（**Kingdom of Bohemia**）首都，也曾是哈布斯堡王國（**House of Habsburg**）及奧匈帝國（**Austro-Hungarian Empire**）的重要城市，到了第二次世界大戰被德國占領，戰後又受蘇聯的侵略。記得是在一九五六年，蘇軍大批坦克進占布拉格，威脅如果不投降將即砲轟城市的城堡、查理大橋、舊城廣場、天文鐘、大教堂及跳舞的房子等具歷史性建築，爲了保護這些城市過往的輝煌不毀於一旦，當時的捷克斯洛伐克政府忍辱投降，因此才能爲世人留下這座由聯合國教科文組織於一九九二年列入世界文化遺產的美麗城市。而在蘇聯解體前後，捷克斯洛伐克也成爲東歐及中歐最早脫離共產統治，恢復民主自由的國家。

原名「捷克斯洛伐克共和國」（**Czechoslovak Republic**）因各自歷史的演變，由兩個獨立的國家，於一九一八年雙方合意合併爲一個國家，並以布拉格市爲首都。期間時有爭端，最後於一九九三年一月一日雙方同意以和平方式，依一九一八年當時的領土爲準，分爲目前的捷克共和國（**Czech Republic**）及斯洛伐克共和國（**Slovak Republic**），可說將波希米亞的浪漫風格發揮極致。此一歷史演變，不禁令我們深思，如果中國大陸有如此胸襟，讓臺灣自成一國，雙方和平相處，該有多好？

記得一九九三年前，我時任駐尼加拉瓜大使，原與捷克斯洛伐克大使館人員友好往來，到了一九九三年元旦，他們和平分成兩國，而原大使館同仁也和平分產，新成立的駐捷克共和國大使館人員繼續使用舊大使館，而新成立的駐斯洛伐克大使館人員則另租他處，但原辦公桌椅則分產，彼此也未因如一般兄弟分產不公而對簿公堂。他們分家後，兄弟情誼仍在，其後也相互支援，當時也給我深刻的反思。

我們夫婦同往參加區域會報，自馬德里至布拉格飛行約兩個多小時，其實歐洲各國首都距離不遠，原則上飛程約兩個小時左右，所以都以中型飛機為主，艙等僅有經濟艙及商務艙之分；而所謂的商務艙，也僅用布帳將商務艙與經濟艙隔開，商務艙乘客間只中間空隔，以及用餐稍豐而已。所以我們在歐洲旅行，均坐經濟艙。也可節省公款。我們有幾位同仁問我：「這次搭乘何等艙位？」我答以在歐洲習慣坐經濟艙，竟有同仁笑我有失大使身分，我只能一笑置之，因為他們似未查看，美國外交人員因公務搭乘飛機的慣例。

至於一九九九年在巴黎參加的歐洲區域會報，我記得似僅邀我駐若干重要國家的代表參加，討論一些重大的議題。旅館就在城中心，靠近協和廣場。我們夫婦曾偕子女在一九七七年自葡萄牙卸任回部時途經巴黎，參觀過凡爾賽宮、羅浮宮、凱旋門、聖母院等名勝，大多只能蜻蜓點水逛。這次，我們趁開會之便，多請假兩三天。恰好我臺大法律系同班同學郭石城兄畢業後赴德國留學多年，本來失去聯絡，這次來巴黎，他竟設法找到我；原來他已移居巴黎多年，並在我駐代表處文化部門工作。我們畢業後迄今已四十年，外地重逢，欣喜萬分。

承蒙郭兄伉儷請假撥空陪我們一天半，暢遊塞納河、聖母院及巴黎鐵塔，我們也邀請他們同賞紅磨坊（Moulin Rouge）。我們夫婦也自行去羅浮宮，仔細欣賞幾幅喜歡的名畫，以及重遊凱旋門，並享受香榭麗舍大道的悠閒氛圍。由於淑美當時膝蓋有些發炎，所以在大道沒走幾十步就需要稍微休息，數度在沿途的咖啡廳坐下喝咖啡，所以她對這次的「香榭麗舍大道咖啡廳之旅」印象深刻。

爭取官方經貿會談

我這次奉派出任駐西班牙代表，首先以促使西外部正式指派外交部官員擔任駐臺北代表爲要務；進一步就是爭取兩國舉行官方雙邊會談，首以經貿爲目標。我已數度訪晤西班牙外交部M經濟總司長。總司長幹勁十足，才華出衆，我迭以歐洲各國與我國大多有雙方官方會談洽談經貿財經合作，甚有成效加以說明；又舉我與西班牙實際上有許多項目，例如航太、漁業、經貿，乃至軍工產品（例如西班牙所製的空軍飛官跳彈座椅等），均有商談的價值。

經過多方努力，M經濟總司長終於在一九九九年秋原則同意與我舉行雙邊會談，幾經協調，決定由西外部M經濟總司長與我國經濟部國貿局陳瑞隆局長，率領雙方代表團在馬德里舉行首次祕密會談。只可惜，我國《聯合報》竟以頭版頭條獨家消息詳細報導此事，結果中共駐西班牙大使館持《聯合報》報導全文影本及西班牙文譯文，向西外交部抗議交涉。我亦遭到M總司長的抗議責詢，因《聯合報》報導內容與我呈報國內的電報內容大半相符，令我無法向M總司長解釋。後來我國貿局陳局長也承認是該局官員所洩露，在我返國述職時向我致歉。

我事後再經設法向M總司長致歉並婉詞說服，他也認爲事實有會談的需要，且因M總司長獲知我已奉調回國出任外交部常務次長職務，於是在二〇〇〇年元月上旬，在我離任前一週，特別邀我喝咖啡表達送別之忱，並表示諒解我的用心，願意恢復原議，同意與我國貿局陳瑞隆局長在馬德里舉行兩國經貿會談，並於我離任後約四個月，雙方終於順利舉行此項正式會談，達成六項協議。

第四十一章　接任外交部常務次長

返國擔任新職

我們夫婦於一九九九年秋返國述職期間，當時行政院院長蕭萬長伉儷突然以私人身分，邀請我們夫婦單獨晚宴。我與蕭院長雖自政大外交研究所就認識，且我們於一九六四年夏初次外派駐多明尼加大使館三等祕書，在松山機場登機時，也是他以外交部同仁情誼陪同登機處送別，其後在公務上也承蒙協助良多。但此次蕭院長竟以行政院院長之尊私下晚宴，受寵若驚；既已安排，我們當然如約赴宴。

我們先閒話家常，最後蕭院長表示，我服務公職將近四十年，克盡厥職，有口皆碑，他希望我能調部出任常務次長職務，增加歷練；且我這次外派，已先在尼加拉瓜大使任內六年半，又到西班牙代表任內兩年多，希望返國多給予協助。

我們對蕭院長的盛意及用心銘感於心，並願接受安排，當時蕭院長並未提及我是與歐鴻鍊次長對調。我們夫婦返國述職結束回到西班牙馬德里任所不久，就接奉外交部正式調部接任常務次長職務的命令，同時也接到部令調歐鴻鍊接任駐西班牙代表職務，並通知西外部請發給相關簽證。

我們隨即處理有關離任事宜，而淑美也積極交代有關中華婦聯會西班牙分會業務。西班牙外交部S政治總司長特別率同仁爲我設宴惜別，我旅西班牙僑學界及婦聯會分會各單位，也分別以盛大餐會爲我們夫婦送別，對於大家的盛情，我們非常感謝。我因兼任駐葡萄牙代表職務，我們也特別安排前往葡萄牙里斯本辦理惜別酒會，邀宴友我政要及僑界人士，並應僑界設宴送別。當然，我們也抽空前往法蒂瑪聖母大教堂，向聖母表達感恩之情。

二〇〇〇年元月初，接獲歐鴻鍊次長催促返國行程，我們依囑提早於一月二十一日趕返臺北先住宿來來大飯店，我即回部向人事處報到，並立即拜訪歐鴻鍊次長，他可能公忙遲未辦理移交。依規定，我非但接他的常務次長職務，也接他現住的羅斯福路外交部宿舍，我們只能在旅館耐心等待。

一月三十一日下午，我接獲外交部人事處通知，要我於當天下午傍晚，必須趕赴外交部正式接任常務次長職務。後來據說是部長及政務次長方面瞭解情況，且知道我如未在一月三十一日前接任，我就沒有當年考績的機會；因常務次長是十四職等的簡任文官，非政務官，應有考績。我與歐次長的職務交換不到十分鐘，因辦公室不變，機要祕書仍由林映佐續任，所有檔卷也都由他保管，而工友及司機均爲部內老同事，任事可靠。至於官邸的移交不急，因海運行李尚未到，僅有隨身行李，我們仍暫住旅館，甚爲簡單。

就任常務次長

我於二〇〇〇年一月三十一日正式就任外交部常務次長職務，當時外交部長程建人、政務次長李大維，常務次長有吳子丹和我兩位。我們四位部次長的辦公室都在外交部大樓的五樓。程部長及李政務次長的辦公室靠近大門的凱達格蘭大道這邊，兩位常務次長辦公室則在大樓的後邊；一般外交部同仁都知道，「五樓」是指部次長辦公室。

當時程部長剛於前一年的十一月下旬自行政院新聞局長轉任，他之前曾任外交部政務次長及北美司司長；李大維政務次長主掌北美洲地區事務，而吳子丹常務次長掌管亞太及非洲地區事務，而我則分管中南美洲、歐洲及亞西地區事務，當然三位次長也分管其他事務性工作。我因剛自國外調回，而他們三位部次長經常因公出國，大多為機密性，所以我如發現非我原分配地區事務的函電公文送到我辦公桌，就知道哪一位部次長因公祕密出訪，但從不必過問。因此每日函電，尤其下班後的收發電報大量湧進辦公桌，又須緊急處理。

那個時期，每日的午宴及晚宴幾乎滿檔，所以晚宴後趕夜班緊急處理，特別是發電稿；倘無須當晚批發者，則大堆公文函電就攜回住處加夜班了。主要是因為部次長若還在五樓上班，則外交部大門原則上不能關，為了讓大門關閉，警衛及工友能夠早點下班，部次長除了當天必須核發的緊急函電外，尚未處理的公事會帶回家加班。

另外，為了部次長因公需的午宴及晚宴，每位部次長原則上都有單獨可容納一、兩餐桌的餐廳及會客室，以方便宴客前後就近在各自辦公室接待訪賓及趕公事。至於較大型的宴客，五樓也有兩三處宴會廳，以及舉辦開會儀式及酒會。我很慶幸在我擔任常務次長約十一個月期間，有林映佐祕書當我的專任助理，負責盡職，非常感激。

至於住所，原則上外交部每位部次長都有專屬的官邸，我們被分配的官舍位在羅斯福路一段的巷內，原為日本宿舍，雖老舊，但經章（蔣）孝嚴、房金炎等幾位前輩迭次修繕，也感舒適。尤其獨院內還可停靠數部汽車，而我最欣賞院內前牆有十棵翠綠松樹，高約十尺；後牆也有一兩棵高大的玉蘭花，香氣撲鼻，令人神清氣爽。內人平常喜歡花草植物，我們入住後，在右牆邊加種九重葛，夏日艷紅花朵盛開，平添喜氣；而左牆角有日式魚池流水，院內也增加許多盆花，我們入住不久，庭院花團錦簇，充滿朝氣。

由於淑美曾學室內設計，官舍內部就現有的裝修再加以調整，搭配我們自己的畫作及收藏品，也別有韻味，頗獲訪客的讚賞。只可惜在我們入住期間，對面正改建大樓，打地基的機器聲震耳欲聾，所發出的震動猶如五級以上的地震。記得那時兒媳攜長孫樂山回家省親，樂山孫兒可愛的百態表情，天真無邪的用手按著心，表示對面打地基的震耳聲音感到怕怕。

淑美好客，家裡經常高朋滿座。我印象較深的是，我們在駐西班牙代表任內，照顧一九九七、一九九八年度西班牙語訓學員共十二名，內人曾邀請來官舍餐敘，歡聚一堂。我也常在五樓宴請西班牙語系國家來訪外賓，由於邀請外賓同時也會邀國內有關單位長官、立委或企業界人士作陪，往往因語言溝通而出現冷場，所以我會請西班牙語年輕學員作陪擔任傳譯給予歷練，也增加現場熱鬧氣氛；而這些年輕學員，如今已有擔任駐外代表及部內司長、副司長要職，前途無量。

政黨首度輪替

二〇〇〇年三月十八日，我國首度舉行全國總統直選的大選。當時在野黨「民主進步黨」（簡稱「民進黨」）籍的總統候選人陳水扁及副總統候選人呂秀蓮，以百分之三十九．三的相對多數票數，依據現行總統副總統選舉罷免法規定，當選中華民國第十任總統及副總統。有人認為也實現當時李登輝總統「在任內和平轉移政權」的理想，致使中國國民黨淪為在野黨，結束在臺灣長達五十五年的統治。據說，當時李登輝為排擠當時民意支持度高漲的宋楚瑜，強行推出連戰為國民黨總統候選人，導致宋楚瑜極度不滿，反而宣布以無黨籍身分參選總統，造成國民黨內部分裂為主因。宋楚瑜敗選後，另組「親民黨」，而李登輝也因黨內人士不滿，被迫辭去中國國民黨黨主席一職，由連戰暫先代理繼而接任中國國民黨黨主席職位。

李登輝在該年五月二十日卸任總統職務後，完全離開國民黨權力核心。隔年九月二十一日他為新成立的「臺灣團結聯盟」（又稱「臺聯黨」）候選人站台，正式被國民黨撤銷黨籍，但他也成為「臺聯黨」的精神領袖，雖未入該黨，卻為該黨的實際幕後掌控者。這是成熟的政權和平轉移，也證明臺灣民主制度已趨成熟。

外交部在大選後氣氛有點異樣。程部長及李政務次長因政治任命，雖然他們也是職業外交人員出身，但已有心理準備。而常務次長以下同仁，因是職業文官，且我國文官制度已實施多年，具有堅實的基礎，也都靜觀其變。

事實上，這次民進黨獲勝似乎有點意外，也可說陳水扁總統及呂秀蓮副總統尚未準備好，所以有些社會賢能之士積極組執政顧問團，表達鼎力協助之意；但有些人似乎熱心過頭，我個人認為他們有點過分自信，又予人干政的感覺。

所以陳水扁總統執政之初，無論在用人及執政方向無法完全自主。三月十八日勝選之後，因五月二十日就職，不到兩個月期間，中央各部會積極籌備執掌移交事宜。在外交部因程部長及李政務次長的謙讓，而吳子丹常務次長又常出國處理公務，所以外交部的移交工作，無形中逐漸讓我承擔此重要責任。

陳水扁總統偕同呂副總統約於四月上旬，首度到外交部視察及聽取簡報，主要由我接待。當呂副總統看到我時，很親切的向我致意並介紹我給陳水扁總統認識，可能因為我擔任駐尼加拉瓜大使期間，呂副總統曾與程建人部長以立法委員身分前往尼加拉瓜，參加第二屆世界新興民主國家大會，而我與呂副總統的胞兄呂傳勝又是臺大法律系同班同學，所以對我特別有印象及信賴；其後，再度前來外交部深度瞭解業務，也由我負責主持接待，所以我似乎成為此次政權和平轉移在外交部業務方面的實際移交執行者。而呂副總統應也獲得陳水扁總統的授意，執掌某些外交事務；期間，在外交部工作移交過程中，呂副總統難免與我有所聯繫。

訪問聖克里斯多福及多米尼克

這期間，外交部表面上一切工作推動運作如常，畢竟當時的外交部同仁，包括所有部次長，都是職業外交人員及正式文官，訓練有素，維持行政中立的超然立場，而我國際形勢嚴峻，不能有片刻間斷。我自二〇〇〇年一月三十一日就任常務次長以來，以看家守部為重，並無任何出訪的安排。但至四月上旬，李大維政務次長突然請我接替他已安排四月下旬出訪加勒比海地區聖克里斯多福及尼維斯聯邦（Federation of Saint Christopher and Nevis）、多米尼克共和國（Commonwealth of Dominica）的訪問行程。他自認五月二十日新總統就職，政黨輪替後將離職，而我主管中南美洲地區業務，自應由我出訪；事實上，我對其安排此次出訪事前毫無所悉。

我自然從命如期偕同內人淑美，並由祕書林映佐陪同，依李次長原定程期出訪，前後約兩週。當時在部內煩悶氣氛高壓下，能出國參訪，也是件好事。我們一行三人自臺北出發，途經洛杉磯及邁阿密，因部內次長出訪，沿途都由同仁接待，他們也藉機探詢國內氣氛。我們再經波多黎各（Puerto Rico）轉搭美鷹航空（American Eagle）班機至聖克里斯多福首府巴士底市（Basseterre）。

我們一抵達聖國首府巴士底市，已有我駐聖國大使張小月率同大使館、農技團同仁以及聖國官員在機場迎接，並入住當地最大旅館。張大使說我們夫婦所住旅館及所宿套房，也是行政院蕭萬長院長伉儷年前參訪聖國時入住的飯店，畢竟聖國是小國寡民，設備有限。張大使是我們外交部傑出的女性外交官，也是外交部首位女司長及外交部發言人。她當我國外交部發言人時，中共的外交部發言人章啓月也是女性，兩位發言人既針鋒相對也常相得益彰。張大使也是我國首位女性駐外大使（其後也是第一位女性常務次長），所以張小月大使可說是開啓我國外交部女性外交官的先河。

在張大使的細心安排下，我拜見了該國總督、總理與副總理，以及相關部會首長，也舉行重要會談。隨後到我農技團視察並參觀成果，也慰問大使館及農技團同仁，參加聖國總理的自助餐晚宴，餐宴格局及餐點有限，但盛情至感。我們也略微參觀該國，因首府設在聖基茨島（Saint Kitts），我們沒到另一小島尼維斯（Nevis），但曾到兩島相望的海邊遙遙相望，中間相隔不遠。我對該西印度群島略有所悉，但卻是第一次訪問聖國。

我們下一站爲多米尼克，由於張小月大使兼多米尼克大使，也陪同我們到訪。那天天氣晴朗，與我在一九八二年四月單獨訪問多米尼克當天陰雨綿綿截然不同。我們的班機降落機場時，我國駐多代辦吳榮泉參事到場，沒想到多國總理羅斯・道格拉斯（Rosie Douglas）也到機場歡迎。我們看到總理與吳代辦的親切互動，足見吳代辦的努力有成。我們自機場往首都羅梭途中，曾暫停數處參觀若干景點及設施。我趁機向總理提及一九八二年我應前總理查爾斯邀請單獨訪問多國，當時多國因為前兩年的颶風受嚴重災害，當天下雨，沿途目睹受災情況，怵目驚心，泥濘的土路寸步難行，而我所搭的共乘計程車，全國僅有七部，中途下雨還下車幫忙推車的經驗，總理聆聽後頗感意外：「原來你就是當年促成兩國建交的人啊！」

總理跟我們一起到吳代辦住所，我們先在客廳稍坐休息，他則逕自入廚房直取所需，可見吳代辦下的功夫匪淺。在當日沿途過程中，我們大部分已初步交換了意見。其後幾天，吳代辦安排我與張大使拜見總督，並和總理及相關部會首長舉行會談。我們也與大使館及農技團同仁會晤餐敘，我對吳代辦等同仁的辛勤努力，表達最懇切的敬意並共勉。

我另特別拜託吳代辦為我們夫婦安排拜見前總理查爾斯女士，她擔任多國總理長達十五年（一九八〇至一九九五），素有「加勒比海的鐵娘子柴契爾夫人」尊稱。我們夫婦由張小月大使及吳代辦攜帶禮物前往前總理自宅拜訪，她二十年來，無論擔任總理及退休五年來，都是住在自宅，我們拜訪時已八十歲有餘，走起路來雖稍緩慢，但仍然能行動自如，僅有一名女傭作陪。我們一九八二年四月在多國別後，至今二〇〇〇年四月，足足有十八個年頭，她親切接待，也表示仍然記得我，也再次感謝我所做的努力，建立兩國邦交至今，她雖已退休，仍很關注與我國的關係。我當然也再度感謝她對我的信賴，才能如願建立兩國友好關係，並在她總理任內，持續加強兩國友好合作關係，奠定堅實的基礎。這次訪問多國，仍蒙她撥空接見，實我最大的榮幸及宿願，並祝福她健康如意。她最後僅與我合照留念，極為低調。

「簡任大使」新制

我自二〇〇〇年一月出任常務次長後，極欲為我資深職業外交同仁促成「簡任大使」制度。此自我於一九九一年二月出任駐尼加拉瓜大使六年五個月後，因親身體驗有感而發。依我國現行制度，如我外交部資深同仁被派任駐外大使，均以「特命全權大使」名義對外，無論其本職級俸如何，全無考績，自無記功晉級及年功俸等獎勵，不管有多大功勞，事後均以嘉勉書函一張了事，也未有上級長官過問，因為他們都不知其中苦楚。所以，我在尼加拉瓜時，特別向多次到訪的章（蔣）孝嚴及程建人兩位長官說明，因為他們才華卓越，職務經常變動，但都曾任外交部的次長及部長職務。

我常舉例：同為外交部的簡任級司長及同仁，如派為駐外代表，每年均有考績，如果考績甲等，則晉升一級並加發一個月薪資的考績獎金，如已達簡任到頂年功俸級職，則加發獎金兩個月；但如派任駐外大使，因是「特命全權大使」，有「特任」之名，卻無「特任」俸級之實，因此完全沒有考績，自然沒有晉級及加發獎金月俸之事。也就是說，司長或副司長級同仁，外派時同為簡任級，如果派任代表每年有考績，即使考績為乙等，也可晉級，如為甲等，則該年晉級同時加領一個月獎金；但是如果被派爲大使，則每年均無考績，即使你工作再努力，因沒有考績，當然就原地踏步，無論擔任幾年大使，仍爲原來的簡任級職，更沒有獎金可言。更何況出任大使，除了駐教廷大使外，原則上都是艱苦地區，且有面臨斷交的壓力。如此相比，實在太不公平。

我記得有次章（蔣）孝嚴先生以僑務委員會委員長身分訪尼，我因認爲他極有可能回部擔任外交部長，就趁機極力說明；他說從未思及此事，也沒有人提及。他又回憶說，當他在外交部自常務次長升任政務次長後，到年終考績時，他曾感到政務次長所領的薪資怎麼反比常務次長時少？當時不知原因，也未多想，經我這麼一說，可能就發生在常務次長是事務官有考績，而政務次長無考績的原因吧！

有一年前次長程建人之後擔任立法委員，並在某次訪問尼國時，經我上述解釋，立刻理解並認同我所說之事，認爲必須改革，否則外交部職業外交官同仁，如何心甘情願擔任艱困地區的駐外使節重擔呢？此案，終於在二〇〇〇年我在常務次長任內開花結果，而當時的外交部長正是程建人。有些同仁開始奉派出任大使時，質疑爲何「特命全權大使」名銜不要，而去接受「簡任大使」的名稱呢？爲了解決此問題，很簡單，願意屈就「簡任大使」者提出申請，不願意者自便。結果不久，除已沒有資格申請「簡任大使」，例如部長及政務次長已屬特任者外，似乎大家都欣然接受屈就「簡任大使」。還有「特命全權大使」爲政務官，如果調部，一踏進國門，即無薪水，除非另有派令任新職，否則就此自動退休。如爲「簡任大使」或駐外代表（簡任者）調部回國，踏入國門，如果未派新職務，則仍可以「回部辦事」身分繼續在部工作領薪津。

提供優秀臨時雇員晉升機會

還有一件關於部內臨時雇員升為「正式雇員」人事案值得一提。依外交部慣例，每年一、二月間必須由政務次長、兩位常務次長及主任祕書和人事處長等組成部內「考績審核小組」，就部內各司處等單位及駐外各館處主管所報各單位人員的考績，再予審核，最後呈報部長核定後，再送考試院。二〇〇〇年二月間，我以常務次長身分參加部內「考績審核小組」，其中，我注意到部內很多服務多年的臨時雇員，例如我一九九〇年擔任領事事務司司長時，很多已進部服務多年的得力臨時雇員，經過十年仍然是臨時雇員，非常不公平，因此在審查時，我發現人事處掌控多名雇員名額而不補缺。於是我當場問人事處長：「本部仍有多少正式雇員名額尚未補實，而保留此名額用意何在？」

當場，人事處長表示尚有正式雇員名額約十多名，這是多年來累積，因歷來均未補實，也不知什麼原因。

「那麼如何補實？有什麼必要條件？」我再度提問。

人事處長表示，倘「考績審查小組」建議補實，並請部長核可，即可補實。因此，我當場請本考核小組同意全予補實，我特別舉領務司現有臨時雇員二、三十名，有的擔任臨時雇員已二十年，何以不予補實？因她們多年為外交部勤奮工作，有欠公平。我們所有小組成員均為外交部多年同仁，對部內臨時雇員的辛苦均甚瞭解，因此全部支持立即補實，並報經當時的程建人部長核准，將服務多年的優秀臨時雇員十多名補實為「正式雇員」。外交部底層同仁士氣大振，其後多數很快升任書記官，為部內各單位的堅強幹部，例如各司處收發等重要的基本工作。後來，我在部內看到她們，原則上都是我任領務司司長任內的臨時雇員，我內心至感安慰。

陪同新任總統「跨洲之旅」

二〇〇〇年五月二十日，陳水扁總統及呂秀蓮副總統正式就任，政權和平轉移，普遍獲得國際讚賞。而新任外交部長田弘茂教授，據說是由執政顧問團成員長榮集團董事長張榮發先生推薦，因當時田部長原為長榮集團內部有關基金會負責人。更出人意外的是，外交部竟先發布李大維續任政務次長，因陳水扁總統任命國民黨籍唐飛上將為行政院長，而唐院長當年在駐美大使館武官處擔任武官時，李大維為大使館國會小組成員，程建人為一等祕書，大家相知相識已久；而吳子丹及我兩位常務次長依舊上班，暫未更動，所以外交部工作仍然照常推動。

我們部內同仁最關心新任田弘茂部長的來歷及動向，而我於一九七七年一月尼加拉瓜新總統阿雷曼及副總統博拉尼奧斯就職時，當時的連戰副總統爲我國慶賀特使率團前往祝賀，同時也有我企業家作陪，均宿我國企業家吳東進及林清波等人投資的尼京洲際大飯店，所以吳東進夫婦等也同時邀請幾對好友，包括我們夫婦好友王錦標董事長與林瑞容夫婦，也請田弘茂教授夫婦前往尼國旅遊（與慶賀團分開）。因此，我們當時曾與田弘茂教授夫婦見面，也初步瞭解田部長曾是留美著名的學者，當時已返國接受張榮發先生禮聘主持某學術基金會。他頗具才華，有相當學術地位，思慮縝密，但自我保護警覺性強，任何可能的潛在競爭者，均預先設法排除；但一般來說，其爲人處事尚稱圓融。據瞭解，他在美國時期也是FAPA（Formosan Association for Public Affairs，即「臺灣人公共事務會」）重要成員。

田部長到任不久，由於他的專長在國際關係及問題的研究，因此能迅速進入情況。當時，我在臺灣企業界也有一些朋友，幾位熱心朋友都跟我說他們與田部長是好友，願爲我進言，尤其當時的行政院新任張副院長，原來也是學者型公務員，我們認識多年，他也表示與田部長是好友，將爲我說好話，我便知道我在部裡的處境會更加尷尬，因爲我不喜歡被誤會託人說項。

朋友與田部長是好友沒錯，但田部長初掌外交部，我與他是部屬關係，且新任陳總統及呂副總統對我已有認識，尤其呂副總統常會下詢。我知道我在外交部無法久留，而我年齡已六十四歲，依文官制度，如無其他政治任命，我再過一年，將屆齡退休；但依外交部慣例，原則上擔任部次長職務，都能再外派出任大使或代表。當時外交部只有部長及政務次長兩位政治任命，均爲新任命者，因此唯一可能就是外派。

不久，田部長奉命由本部安排陳總統於六月間出訪中美洲三國及非洲三國，陳總統就任一個月內將出訪，這是史無前例。其中首先訪問中美洲三國，即六月中旬赴多明尼加共和國參加新任總統副總統就職大典，隨後順訪尼加拉瓜及哥斯大黎加，接著專機飛越大西洋訪問非洲甘比亞三國。前三國是我主管地區，由我作陪；後段非洲三國則由主管該區的吳子丹常務次長作陪，而田部長則全程陪同。在這期間及專訪回國後，田部長曾兩度好意問我今後有何打算？我偶然間，瞭解層方有意調整幾處任職多年的駐外館處大使及代表，其中包括駐義大利代表洪健昭，因爲他出任駐義大利代表已滿七年，且年事已高。我回家與淑美商量，她認爲義大利富藝術氣息，或有一展身手繼續爲國效勞之處，對其他國家則毫無興趣。最後我向田部長報告，因洪代表駐義大利已滿七年，據說列在調整對象名單中，而我在西班牙語地區多年，與義大利語系相近，請考慮我接任此職務；田部長當場未置可否，而我自認已答覆他所問我去向的問題。

此趟陪同陳總統出訪，其中多明尼加我曾於一九六〇年代初外派擔任三等祕書，而尼加拉瓜我也於一九九〇年代擔任大使六年半，至於哥斯大黎加也曾到訪或開區域會報多次，都很熟悉。但新任陳總統出訪中美洲地區國家，隨同人員衆多又爲新手，所以沿途戰戰兢兢，隨時需要處理突發狀況。六月下旬，我在哥斯大黎加歡送總統訪問團轉赴非洲後，立即趕返外交部，因部裡僅留李政務次長一人看守。返抵國門不久，就蒙呂副總統召見，商談她八月間出訪中美洲事宜，最後確定訪問宏都拉斯、瓜地馬拉及貝里斯三國。

呂副總統訪問中美洲三國

二〇〇〇年八月中旬，我負責安排並陪同呂秀蓮副總統訪問中美洲三國，先到宏都拉斯，再到瓜地馬拉，最後是貝里斯。我思考再三，決定調派一九九八年在西班牙時期的語訓學員歐江安隨團，一則她是女性，方便陪同呂副總統；再則她本人秀外慧中，小學及初高中均在阿根廷上學，精通西班牙語文，大學則回國在國立臺灣大學就讀，英文亦佳，中文自幼雖在國外，但家中學習嚴格；再加上為人EQ很好，善解人意，處事圓融，也曾主持中小型集會，是非常理想的人選。

果不其然，沿途擔任呂副總統的傳譯，以及參訪各國官員的溝通及主持酒餐會均勝任愉快，非但獲得呂副總統的信賴及賞識，也令到訪各國的政要，尤其當地女副總統，乃至總統夫人的讚賞。我記得宏都拉斯主由其女副總統接待，幾乎全程陪同。而在瓜地馬拉是總統夫人等接待陪同，貝里斯則由男性總理接待，尤其在瓜地馬拉，除了參觀安地瓜（Antigua）古城外，並飛往與貝里斯邊境的提卡爾（Tikal）的馬雅文明（Maya）金字塔廢墟等世界名勝參觀。至於貝里斯，因原為英國殖民地，整個社會氛圍及習俗與宏、瓜兩國迥異。呂副總統原本就是外交長才，學識淵博，經驗豐富，尤其她一生為爭取女權的奮鬥經歷及思路，為參訪國政要，尤其是女性政治人物所欽仰，是一次非常成功的訪問。

我陪同呂副總統訪問中美洲三國返回外交部時，已知我將奉派駐義大利特任代表，因部內公務繁忙，直到十二月中旬始能啓程赴任新職。其時，我們長子相如一家已搬至泰國曼谷定居，所以我們夫婦路過曼谷停留兩天，與相如全家人團聚，之後自曼谷搭乘華航班機直飛義大利羅馬任所已是二〇〇〇年十二月二十日了。

此次回國出任常務次長共十一個月。回憶上次一九九〇年三月三日自駐委內瑞拉代表回國，出任外交部領事事務司長職務，不意因我與尼加拉瓜共和國復交，我又臨時緊急奉派出任駐尼加拉瓜大使，於一九九一年二月上旬出國赴任，期間在國內任職也僅十一個多月。這一切都無法預知，只能順其自然了。

第九篇

不辱使命

義大利眾議院於二〇〇四年五月四日下午四時，以幾乎無異議投票結果，一致通過支持我國參與WHO動議案，要求義大利政府「在所有適當場合支持，並協調歐盟其他國家研議各種可能的形式，使臺灣充分參與世界組織活動」。

影響力大的義大利國會衆議院外交委員會主席塞爾瓦（Gustavo Selva，右一），對我國向來友好。

第四十二章 出任駐義大利特任代表（2000~2006）

初抵羅馬即走過「聖門」

我們夫婦於二〇〇〇年十二月二十日抵達羅馬任所，次日即開展正式工作行程，分別拜訪及宴請義國國會各黨派重要人士，同時安排拜訪羅馬及外地僑領，馬不停蹄投入工作。

今年適逢千禧年，我們依駐教廷大使戴瑞明夫婦的建議，盡快趁天主教教宗若望保祿二世十二月打開羅馬四大教堂「聖門」（Porta Santa）的良機走過「聖門」。在天主教教義中，凡在「聖年」[1]走過「聖門」，身上的罪過都會被天主寬恕赦免。當然我們夫婦也希望跨過「聖門」，我們家相如、育如兩家子女及已在天國的晏如愛兒，也均能獲得天主的庇佑。所以我們抵達的隔兩天先到聖伯多祿大教堂（Basilica di San Pietro）過「聖門」，之後再分別到「聖母大教堂」（Basilica di Santa Maria Maggiore）、「聖若望拉特朗教堂」（Basilica di San Giovanni in Laterano，也是天主教羅馬教區的主教座堂）過「聖門」，最後於十二月二十六日到「城外的聖保祿大教堂」（Basilica di San Paolo fuori le Mura）過第四個「聖門」。

另外，我們夫婦也承蒙戴大使的安排，於十二月二十四日子夜偕同戴大使夫婦及駐瑞士代表黃允哲夫婦，參加教宗在聖伯多祿大教堂廣場主持的聖誕子夜彌撒。當夜廣場傾盆大雨，或許是爲芸芸衆生洗滌身上的罪惡吧！這也就是我們到任十天內，經過了四大教堂的「聖門」及教宗的子夜大彌撒，爲我們清洗罪過，讓我們今後全心全意好好做人做事，也感謝戴大使夫婦的安排及照拂。

「聖門」依常規每二十五年開啓一次，由教宗主持特別的開啓「聖門」禮儀，二〇〇〇年滿期後，依常規下一次應爲二〇二五年再開啓；惟之後新教宗方濟各於二〇一三年三月十三日就任後，有史以來第一次指示全球天主教堂於二〇一五年十二月八日打開所有「聖門」，鼓勵所有教徒就近慶祝聖年，不需遠赴羅馬，尤其是到梵蒂岡聖伯多祿大教堂的「聖門」。

1 最初於一三〇〇年二月二十二日，由教宗博理法裘八世（Bonifacius PP. VIII）宣布該年為第一個「禧年」，往後每百年一次。後來經過多位教宗的改革，最後在一四七〇年教宗保祿二世（Paulus PP. II）頒布，往後每二十五年一次禧年，且獲得繼任教宗亞歷山大六世（Alexander PP. VI）的支持，並於一五〇〇年宣布這項永久性的決定，並將「禧年」改名為「聖年」。

醫療合作牽線的新住所

我們初抵羅馬暫住駐義代表處附近的旅館，在臺北赴任前已先聯絡代表處同仁事先幫忙找新官舍。經多次聯絡，初步選定代表處鄰近的一處，所以我們抵任後次日，即由戴大使夫人及黃瑞龍祕書陪同看所選的住處，覺得滿意，並與房東阿拉伯人Mr. Hamed Hamed Mutabagani面商價格及有關內部裝飾。基本上，我們認為除了每個房間的固定裝飾及床，以及客廳的大桌與沙發等大型家具外，其餘室內可移動的裝飾及畫作均請移除，以免負保管之責。由於海運行李即將運達，且旅館居住不方便，所以決定立即簽約，並於二〇〇一年一月二十九日搬入。另奉准就地購買的家具，就由黃祕書陪同淑美訂購完成，盡速運到。因為我自抵任後次日起，即由政治組謝俊得組長密集安排拜會，也邀請當地國會議員等政要餐敘，並分別造訪我友邦駐義國使節，同時由黃祕書及經濟組林組長安排並陪同拜訪米蘭、威尼斯及波隆那等地的僑學界人士。

我們選定的新官舍位在Via Giacomo Carissimi街，鄰近著名的波格賽別墅（Villa Borghese）大公園。同一條街有挪威大使官邸、黎巴嫩大使館，附近並有阿拉伯大使館及五星級王子大飯店和博物館等，距離我代表處走路僅約十多分鐘。

房東M君本人獲知我代表處在找官舍，寧願空著等兩三個月租給我們，有點不可思議。

房東親口告訴我，他是阿拉伯貴族，在沙烏地阿拉伯首都利雅德市擁有一家醫院，內有數百醫療病床，但經營困難。有次他赴東京參加醫院經營的國際會議，巧遇我國榮民總醫院副院長，相談甚歡，並應邀到臺北市參觀在石牌的榮民總醫院，對我醫療設備和經營績效深感佩服，進而商請榮總可否接受委託，指派醫師及護士前往利雅德代爲經營醫院。後來洽商結果，由榮總透過我政府外交部訓令當時駐沙烏地阿拉伯大使薛毓琪負責；而M君返國後也洽請該國衛生部長，經過雙方政府協調而簽署兩國醫療互助協定，此後他的醫院就由我榮總指派醫師及護士代爲經營，效果極佳。他和義大利籍的太太在羅馬有數處住宅，所以非常希望將此公寓租給代表處。

M君又表示，他信賴我國政府絕不會拖欠房租，所以他願意以特別優惠價格租我，但唯一條件就是請我同意簽署兩個租金價格完全相同、但內容略有差異的合約，其一爲單純的租約單租金供我方，而另一種是將其租金分爲房子本身及家具兩部分計價，合計價格相同，以利他報稅，也不違背事實，因他確留有床、沙發、大桌等大型家具，如此他不至損失太多，而我方所付租金的確較一般市價便宜很多。我對他的坦承及善意完全同意並簽署，雙方都滿意。

這間新官舍除地點適當安全外，並兼有單獨車庫，非常難得。屋內共有四間大小套房，隔間設計不同，牆壁與床均有同色系的綢緞裝飾，另有大客廳兼飯廳、書房、廚房及傭人房各一。公寓大樓共五層，我們官舍占整個四樓，獨門獨戶，四面開闊採光佳，暖氣則爲大樓統一燒煤供應。大廳挑高，再經淑美慧心布置，搭配我們收藏的字畫、瓷器及淑美大幅油畫作品，顯得氣派非凡。

人事重新調整

我這次在臺北外交部接奉部令發表爲駐義大利代表時，自知此爲我外交生涯的最後一項任務，只期成功，不能失敗；又依我個人經驗，未來代表處同仁的配合協助非常重要。我預先向人事處查閱駐義代表處人員名單，發現本處編制，外交部所派人員，除代表外，僅有館員三名；代表處另設有經濟部派員的經濟組及新聞局派員的新聞組，還有國安局一名專員。而外交部所派三名館員中，除謝俊得組長、黃瑞龍一等祕書外，另一名葉祕書剛由部令改調，其缺額尚無人遞補，我即問人事處施處長有無合適人選？承告尙無，因部內外缺義大利語文人才，正尋找中。我問可否讓我探詢推薦？施處長認爲這沒問題。

記得不久前仍在常務次長任內，我在辦公室接待並宴請義大利訪賓時，有位年輕同仁擔任傳譯，我隨即向施處長探詢，瞭解此位義大利語傳譯同仁林讚南，原留學義大利，兩年前參加本部外交領事人員義語特考及格，目前在本部經貿司工作。我即利用週末，邀請林讚南夫婦到羅斯福路官舍相見，他們夫婦均留學義大利，在羅馬相識而結婚，已育一男。而林員原爲師範專校畢業，因喜愛聲樂而到羅馬留學，太太則原學幼兒教育。他們在羅馬期間，林員也曾在我代表處擔任雇員，且在週末兼任當地中文學校校長工作，因有感代表處其他年輕同仁經過外交領事人員特考而加入外交行列；兩年前，獲知外交部正招考外交領事人員義語人才，所以返國參加特考及格而進部。

我跟淑美與他們夫婦晤談後，認爲他們年輕有活力，並有工作熱忱，且已有相當義大利語基礎，又曾在代表處工作，對當地情形熟悉。因此，我們就探詢他們願否隨我們赴駐義大利代表處工作？他們喜出望外，咸表願意。因此，我就向人事處施處長表示，希望指派林讚南隨我們同赴義大利工作；施處長隨即簽報，不日就經部次長核定發表林讚南爲駐義大利代表處三等祕書。

我們於二〇〇〇年十二月二十日到羅馬任所，林讚南一家也隨於二〇〇一年一月十一日抵任。代表處、駐教廷大使館同仁與羅馬僑界對林祕書的到任表祝賀及歡迎，而林祕書到任即進入情況，對我們夫婦提供相當的協助。

本處政治組謝俊得組長在代表處任職多年，負責國會議員及政界人士聯繫；因任期關係，外交部於二〇〇一年六月十五日發表部令，調派謝組長爲駐邁阿密辦事處副處長；但義大利甫於同年五月十三日舉行大選，國會議員遞嬗更迭，且義國採內閣制，總理及內閣成員均自議員內遴選，可說義國政局大變動，我又甫到任六個月，正需謝組長協助。但謝組長高升副處長，有更好的發展，所以他新命令發表後，難免爲新職籌備並急於赴任，且因他有兩名子女，而美國中小學在八月底學年開始，因此謝員提早於八月四日離任。因此本處面臨義國政局新情勢，我須設法自行解決。

自我服務外交公職以來，對於部屬只有提拔，絕不妨害其仕途，因此我也未請謝組長緩行。而部內對接任人選又遲無信息，我只好再致電外交部人事處施處長，他也表示正尋找適當接任人選，但尚無著落。我當機立斷，要求調派現任駐宏都拉斯大使館三等祕書丁志華來遞補。

「謝俊得爲一等祕書副參事位階官職，而丁員僅爲三等祕書且不諳義大利語文，合適嗎？」施處長驚訝問道。

我回以：「丁志華是我在駐西班牙代表期間，一九九七年外交部特考西班牙文語訓同仁，表現優異，且西班牙語與義大利語同爲拉丁語系，學習較易，我注重人才培育，不計官階。我與丁祕書只有公誼，並非私交而提拔，且丁祕書赴宏都拉斯艱困地區已近兩年，應可調動。」

施處長因我的堅持，也解決他尋找接替人員的困擾，因此外交部於二〇〇一年七月二十五日部令發表改調駐宏都拉斯大使館三等祕書丁志華爲駐義大利代表處三等祕書。據說此調動在他們同仁間引起轟動，畢竟義大利是外交部同仁嚮往的地方。丁祕書也因駐宏都拉斯大使館接任同仁的緣故，於十月一日始隻身抵任羅馬。他到任當天，我請他參加外交部會計處人員來羅馬主持、並由本處主辦的歐洲八個代表處擔任會計業務同仁的「駐外機構會計系統」講習，因此丁祕書自然兼任本處會計業務。至於本處得力的黃瑞龍二等祕書因在本處工作將滿六年，亦於二〇〇一年十月二十九日部令調部（於二〇〇二年一月二十一日離任），而接任同仁張忠琰三等祕書亦於同日同時發布，並於二〇〇二年一月十一日抵任。

因此，代表處在一年之內人事重新調整，由我這位資深特任代表，帶領三位新進三等祕書工作。對於他們的工作也做了適當的分配，但有些工作沒有明確劃分，每位都可機動接替。原則上，丁祕書承辦會計及電務，也負責政務的政情研析或專題報告，因丁員中文程度甚佳，文筆穩健，思路清晰，而西班牙文及義大利文同時精進。林祕書個性溫和，善於交際，義大利語溝通能力強，所以請他接辦謝組長聯絡義國會及其他政要工作，且其聲樂歌聲嘹亮，在餐宴上經常高歌一曲，氣氛奇佳，他也兼辦部分僑務及總務工作。而張祕書以英語特考進部，不曉西班牙語及義大利語文，個性內向，且初次外派，故請擔任出納及總務工作。

至於本處僑務工作非常重要，也請經濟組林明禮組長及新聞組歐辰威組長幫忙，所以實際上，本處的工作是外交部、經濟部、新聞局等共同努力，而國安局同仁也從旁協助。其時，駐教廷大使館是由資深大使戴瑞明帶領三位一等祕書的資深館員，氣氛嚴肅；而本處則由我這位資深代表帶領三位三等祕書的外交新兵，生氣蓬勃，這也是兩館處罕見的現象。

爭取友我新任國會議員

義大利政治制度採民主議會內閣制，國會分參議院及眾議院兩院制。參議院有參議員三一五席，眾議院有眾議員六三〇席。內閣總理由眾議院多數黨（或聯盟）領袖擔任，為總統任命。由於義大利政黨眾多，分分合合，後來逐漸形成左翼聯盟及右翼聯盟兩大陣營。二〇〇一年五月十三日義國國會大選結果，以前總理貝魯斯科尼（Silvio Berlusconi）為首的右翼聯盟「自由之家聯盟」（La Casa delle Libertà）在參議院獲得一七七席，並在眾議院獲得三六八席，均過半數，擊敗左翼聯盟「橄欖樹聯盟」（L'Ulivo）的參議院一二八席及眾議院二五〇席。因此由義大利媒體大亨貝魯斯科尼重新出任內閣新總理。

貝魯斯科尼曾於一九九四年三月的國會大選中，以「義大利力量黨」（Forza Italia）黨魁身分領導中間偏右聯盟勝出，首次出任總理；但當年十二月，因當時的「北方聯盟」撤銷對其支持而下台，其後由左派聯盟領袖普羅迪（Romano Prodi）取得政權繼任總理。這次二〇〇一年五月大選，貝魯斯科尼擔任內閣總理，成為二次大戰後第一位完成五年完整任期的義大利總理，僅於二〇〇五年內閣局部改組，至二〇〇六年五月國會大選為止[1]。

義大利國會議員大選，無論參眾兩院，均為對政黨或政黨聯盟投票，而非對候選人個別投票，類似國內實施的「不分區」制。因此各政黨內部紀律嚴明，參眾兩院的參眾議員投票，均以黨的意志為主；而議員出任內閣閣員或其他政府職務，其議席則依大選時各黨所列名單順序遞補，此為義大利政黨政治的特色。鑑於義國政黨林立，參眾兩院議員總額共九四五名，因此對於爭取及加強聯繫的對象，必須有所抉擇。

所幸，義國會原來的「友臺小組」主席塞爾瓦（Gustavo Selva）眾議員，於此次大選後獲任權力甚大的義國會衆議院外交委員會主席，因此不宜再兼任「友臺小組」主席。嗣經內部協調，決定促請藍帝（Gian Paolo Landi Di Chiavenna）衆議員爲新任「義大利國會友臺小組」主席，且仍以塞主席的原來國際關係主任朱可利（Camillo Zuccoli）爲重要聯絡人，繼續運作良好。

塞爾瓦主席雖選區列在東北部威尼托（Veneto），但實際長居羅馬，位高權重，而朱可利主任也住羅馬，因此聯繫及借重之處，仍以塞爾瓦主席爲重心。新任「友臺小組」主席藍帝衆議員來自米蘭選區，除國會開會外，常居米蘭，但他對我國極爲友好，也盡心盡力，兩位都是本處最倚重的國會議員。外交部也同意邀請塞爾瓦主席於二〇〇二年四月下旬訪臺北，並由陳總統親自贈勳；我政府也邀請新任「友臺小組」藍帝主席率團於二〇〇二年一月中旬先赴臺北訪問。原則上，我大約每個月邀宴或造訪，以交換意見。至於義國會參衆兩院的相關議員，也視需要邀宴或邀訪。

我抵任後，也迅速安排訪晤義外部祕書長瓦塔尼（Umberto Vattani）大使及亞太總司長馬丁尼（Guido Martini）大使、副總司長廸帕契（Ignazio Di Pace）公使及主管處長羅索（Renzo Rosso）參事等及相關官員，經常因公造訪和餐敘，以利我推展相關部電交辦案件。經過多方努力，大部分相關案件在友我國會議員協助下，多能順利完成。

1 二〇〇六年國會大選，左派聯盟獲勝，仍由普羅迪再度出任總理。

核發身分證件與互換駕照

義大利人雖講人情，處事有時通融，但涉及法令之事卻不變通遷就。因此，為了求辦事便利，必先克服一些法律問題。

例如，我於二〇〇〇年十二月中旬抵義大利履新，當時本處人員到義大利政府及國會，乃至其他中央與地方政府機關拜會辦事，在進門登記處，必先提出身分證件；但本處同仁因無義外部等相關部門所發身分證件，因此需要攜帶護照或影本（有時影本也不行）辦理訪客證，始可進入該機構拜會或辦事，極為不便。因此我抵任後，最優先處理的，即希望義外部能及早發給本處人員正式的身分證，一則方便憑以證明身分，再則也可獲得義大利政府因義外部發給身分證，而正式確認我代表處及人員的官方地位。

為此，我竭盡全力動用友我重要國會議員，乃至義外部司長級以上官員，爭取正式確認本處及人員的官方或半官方地位，發給身分證件。總算皇天不負苦心人，終於二〇〇二年二月十四日下午，由我們夫婦偕同本處同仁前往義外部，由該部禮賓司長雅卦（Balboni Acqua）大使親自陪同至主管外交證件處，當場發給效期一年的「義大利共和國外交部」所正式核發的身分證，當然事前已有前置作業，包括申請表格及照片，並經義外部層層內部作業，並每年順延效期一年；從此本處人員即可使用此身分證辦事，包括申辦進入羅馬國際機場迎送等。

其次是關於與義大利互換駕照案。對外國人而言，在義大利申辦駕照並不簡單，我初到義大利都使用國際駕照，很不方便。爲此，本處幾經探詢，爲求一勞永逸，透過各種管道，決定以「推動我國與義大利相互承認並免試換發駕照」方式進行。幾經交涉，終於二〇〇二年四月三日，我政府派團（包括外交部、交通部路政司及本處等單位官員）與義大利交通部及外交部所屬代表團，在義大利交通部舉行諮商，達成初步協議；並於四月十六日由本處將義大利交通部所送有關義方聲明稿及比較表，以及本處爲我方所擬的聲明稿呈報外交部及交通部核覆，逐步完成協議。而義政府所發駕照即爲歐盟駕照，可以通行歐盟各國，非常便利。

一般而言，本處同仁本眷抵任後，須向駐在地區公所申辦居民登記及居留手續，所需文件及手續繁瑣，且申請當地使用的有關文件，則另須到縣市公證處同意認證，更非易事。例如上述我與義大利已就互換駕照案達成協議，但要申辦義國駕照，則又須本處所在地羅馬政府公證處先就所需文件進行認證。爲此幾經探詢，本處終於二〇〇三年二月十三日洽獲義外部同意會銜內政部，通知羅馬政府公證處逕行認證本處人員的簽字文件；所以本處人員，之後也包括我國人，也依此方式辦妥身分認證文件，再向義政府申辦義大利（即歐盟）駕照。

所謂「萬事起頭難」，我到任後，堅持依照法定步驟，首先取得義外部承認本處及人員地位的身分證件；再請義外部協助本處辦理其他機關，包括羅馬地方政府相關文件及認證手續，如此建立首案，之後各單位就有本處及人員的檔案資料，再比照辦理就順理成章了。

第四十三章　幾經折衝，兢兢業業

促成副總統過境羅馬

二〇〇二年二月二十三日的週六中午，我們在住所接到呂副總統親自打來電話表示，伊決定於三月二十一至二十三日出席匈牙利首都布達佩斯參加「國際自由聯盟」（LI）大會，擬事前過境羅馬。伊曾事前分洽我駐法國、荷蘭、德國及奧地利代表處，也請駐教廷大使館洽辦過境事宜，均回覆無法辦理，因此請我向義國政府力洽同意過境羅馬簽證，且時間緊急。

事出突然，又適值週末，於是覆呈自當全力遵辦，「不知須於何時答覆？」副總統指示希望三日內報告；且此事涉及機密，外交部也於二十六日數度以極機密電指示辦理。記得我立即與林祕書密商設法聯絡義國會友我重要議員，並另備密函緊急請見義外部亞太總司長馬丁尼大使，力陳呂副總統單純在羅馬過境轉赴匈牙利出席國際自由聯盟大會，馬丁尼大使立刻表示有困難：「我建議貴國倘能洽獲梵蒂岡部長級以上官員邀請呂副總統，則義政府可依義梵相關條約規定發給短期過境簽證。」

「此次呂副總統純為開會過境，並無會晤梵蒂岡官員計畫，爰請義外部特別同意發給過境簽證。」我極力爭取。最後，馬丁尼總司長表示，本案將即呈報上級決定，並爭取在一週內答覆。我隨後再分洽國會外委會主席塞爾瓦眾議員，請其速向義外部高層促成。

義外部亞太司馬丁尼總司長於三月四日電告本案已奉上級批准，核發呂副總統及代表團成員一行兩次過境羅馬的簽證，並已指示義大利經貿文化辦事處駐臺北代表高樂群（Alberto Galluccio）照辦，我馬上以極密電報部並請即派員前往中辦簽證。其後，外交部與本處陸續密電聯絡，以期妥善安排呂副總統此行順利過境。期間我與林祕書密洽旅館及與國會友臺小組接待，又與國安局派駐同仁鍾祕書安排義方安全單位，也隨與駐教廷大使館相關同仁配合節目安排（當時戴大使返國休假），全力確保本案保密進行。

在我方祕密洽辦期間，由於中共與義大利雙方關係友好，因此中共方面動作頻仍。首先，中共駐義大利大使程文棟獲得消息，立即於三月十二日晚緊急會晤義外部亞太總司長馬丁尼大使，對於義外部發給呂副總統一行過境簽證事表達嚴重抗議，並促取消，以免影響中義兩國關係。據悉馬丁尼大使覆以本案呂副總統純為私人過境，無官方活動，且呂副總統曾有過境法國之前例等語，此事本處當日即密電報部。其次，中共程大使又鼓動「義國會友中（共）小組」成員向義國會眾議員敦請卡西尼（Pier Ferdinando Casini）議長介入。眾議院外委會主席塞爾瓦眾議員接獲消息後，即向卡西尼議長說明，所以當議長接見親中共議員時，均表示義外部對本案處理必經審慎考慮始予核發簽證，無意介入，本處亦將此消息密電報部。之後又獲悉，中共外交部三月十六日在北京召見義大利駐中共大使，表達抗議，並要求取消義外部發給呂副總統一行過境簽證，本處亦即電部。綜上所述，足見義政府為本案承受中共極大的壓力，但幸能堅持立場，而呂副總統一行終能如期成行，過境羅馬。

呂副總統一行十六人如期於三月十九日（星期二）上午搭乘華航班機飛抵羅馬，義政府給予禮遇接待。我們夫婦及駐教廷戴大使夫婦偕同兩館處同仁前往機場接機。羅馬達文西國際機場內由義外部掌管的貴賓室甫於日前改裝完成，呂副總統一行成為新豪華貴賓室的首位使用貴賓；而義國安全單位所派安全維護人員及車隊，司機駕駛技術一流，我記得我陪同當時的總統府副祕書長吳釗燮坐第二部車，我車隊以飛速穿梭車群中，驚心動魄。我們一行先赴梵蒂岡聖伯多祿大教堂及御花園參觀，呂副總統由戴大使陪同拜會教廷外長陶然總主教後，就前往臺僑經營的晶華飯店午餐，隨即下榻附近的The Westin Excelsior 大飯店。下午繼續參觀羅馬市區景點，包括拿佛那廣場（Piazza Navona）、萬神殿、許願池、圓形競技場及凱旋門，再到至大競技場（Circo Massimo）、威尼斯廣場、西班牙廣場與附近名店街等，繼而視察駐義代表處及駐教廷大使館。晚上則由我偕同仁陪同赴義總理府斜對面的費拉裘里宮（Palazzo Ferrajoli），與義國數十名政要晚宴。次日上午九時四十分，抵達達文西國際機場外交部貴賓室，之後轉搭匈牙利航空班機前往匈牙利首都布達佩斯。

呂副總統一行仍依原訂行程，於三月二十三日上午八時四十分的匈牙利航空班機抵達羅馬達文西國際機場，我們夫婦及駐教廷戴大使夫婦偕同仁在機場迎接，陪同至機場外交部貴賓室休息而未再入境，並轉搭當日中午華航班機回臺北。在貴賓室休息期間，呂副總統曾邀我單獨面談有關陳水扁總統與她再次順訪義大利或過境的可能性，並囑要注意我與歐洲地區各國關係發展，此事頗令我為難。

呂副總統另邀我內人淑美同赴化妝間時，探詢我在二〇〇〇年擔任外交部常務次長期間適值政黨輪替，我們於年底即外放義大利，何以未繼續留在部內協助？她回說，當時我曾告知淑美，新任外交部田部長約於六、七月間兩度探詢我今後的意向，我因年近退休，因此表示如有機會，願意外派，所以就到義大利。

呂副總統在羅馬機場分別單獨約談我們夫婦的舉動，似乎引起戴大使夫婦對我們產生誤會。之前，我們認為我與戴大使在外交部共事多年，友誼深厚，而且自我抵羅馬任所後，頗多協助，深深感念戴大使夫婦對我們的照拂；其後，我們感受到他們對我們的態度有明顯的轉變，但我們也不去多想。戴大使曾在黨務系統歷練多年，才學淵博，思慮極深；而我們夫婦思路單純，從無害人之心，一切順其自然。往後返國述職時，呂副總統辦公室機要人員曾對我提及，我為人過於單純，凡長官問及我與戴大使關係時，我都讚美戴大使並認為兩館處合作無間，關係不錯；但戴大使在背後對我則有所批評，這的確出乎我意料之外，惟往後我也從未向戴大使提及，以期相安無事。

舉辦歐洲地區工作會報

二〇〇二年歐洲地區工作會報案，外交部於三月下旬通電駐歐洲各館處預定五月下旬舉行，之後又通電告知，決定於六月三日在葡萄牙首都里斯本舉辦。不久，本處又接到部電向義外部洽辦部長五月三十日抵羅馬將轉赴里斯本的過境簽證，同時令我密洽義外部同意本案必要時在羅馬舉行的可能性。我深知義外部亞太總司長馬丁尼大使因呂副總統三月下旬過境羅馬一案，因中共及義國內親中共勢力已備受壓力，因此必須審慎進行。而歐洲司林永樂司長適於四月上旬祕經羅馬洽公，我們夫婦在住所午宴招待，並就最近連續要求密洽我高層順訪或途經羅馬各案交換意見，以及義外交部備受壓力後的態度，林司長表示瞭解，但上級指示也須遵辦。

最後，我也於五月七日接到歐洲司林司長電話，因本案在里斯本舉行有變化，而部長經羅馬簽證已獲准，因此決定此次會報改在羅馬舉行，務請鼎助，同日晚又接部電訓令辦理。我即與林祕書商量，此事倘在羅馬舉辦，時間急迫而人手有限，且必須絕對保密，所以舉行地點得遠離市區以不引人注意。我忽然想到，平時到羅馬達文西國際機場迎送時，經常看到希爾頓飯店的指標，而考慮在機場希爾頓飯店舉辦的可能性，讓與會人員可逕行走到該旅館，林祕書也認為可行。

此外，又獲知我華航人員與該旅館有生意往來，於是除緊急約晤馬丁尼總司長外，並請華航派駐羅馬的陳經理介紹，我偕林祕書於五月八日訪羅馬機場希爾頓飯店的業務經理馬西默（Cristina Massimo）女士，告以我國企業界人士擬在該旅館舉辦年會，特來商洽有關訂房及開會、餐宴等事宜。該經理經查閱記事簿，確定五月三十一日及六月一日等商務房間六十間及各項會議廳、餐廳等均無問題；且依其與華航多年合作，非常歡迎我工商企業界人士到該旅館舉辦年會，尤其對本處頗具信心，願提供相當的優惠及便利，我當時即以TAICOM爲代號先預訂，其後並洽取預算表，陸續報部。

我與林祕書於五月九日備函赴義外部亞太總司，訪晤馬丁尼總司長及副總司長廸帕契公使與主管處長羅索參事，總司長藉詞未見，由廸帕契副總司長及羅索處長出面。我首先感謝緊急接見，並提及簡部長擬趁六月一日抵羅馬訪晤梵蒂岡的機會，擬邀集我駐歐洲地區代表在羅馬會晤交換意見，敬請同意，並擬面遞有關函件。廸帕契副總司長面帶嚴肅，也不願接受函件，並示意：「義外部最近因處理呂副總統過境羅馬案，備受極大的內外壓力，基於私人友誼，總司對您所提之事就當沒發生，倘因此事洩露消息致引起糾紛，例如中共抗議，則林代表對此事須負完全責任。」我隨即表示感謝和會安善處理。

言下之意，似乎義外部可裝聾作啞，但如果處理不愼，洩露消息，則唯我林代表的人頭是問，屆時我恐須離職以示負責，我當晚即將拜會情形呈報外交部。當然，我內心也深知，就外交部而言，能順利舉辦由部長親自主持的本年度地區工作會報以完成任務，至於林代表的去留是件小事，甚至可能還問責處理不善之過！

因此，我強烈向外交部建議，必須尊重義外部意見，所有與會人員務請於五月三十一日（星期五）抵達，原則自行利用羅馬機場內部通道指示牌，步行到羅馬機場希爾頓飯店六樓專櫃報到進住。六月一日及六月二日上午兩天開會，六月二日傍晚至三日離境，並絕對保密，當然，本處會全體動員在機場及飯店迎送。此節蒙外交部立即通電歐洲各代表及國內有關單位；但是未料我國內長官竟有數批與會，紛紛向義駐臺辦事處申辦簽證，我也受到義外部暗中警告。

此次歐洲區域工作會報終於克服一切困難，順利如期在羅馬舉行，完全保密，而中央社方記者不免向我表示抗議。其中美中不足的，是簡部長未能如其所願在義大利會晤義大利前總理，即現任歐盟主席普羅迪。此事有實際上的困難，因歐盟主席普氏工作很忙，我駐歐盟李代表亦在當地設法聯絡，而我們在羅馬也拜託友人設法聯絡，因普氏住在義國中北部帕爾瑪（Parma）地區，平時不來羅馬。經我們密切注意其行程，他是於五月三十一日下午因公緊急趕赴莫斯科，至六月一日傍晚才匆匆飛到距羅馬以南一百六十公里的拿坡里市（Napoli）友人莊園，參加特別為普羅迪伉儷舉辦的結婚紀念日慶祝餐會，停留不到三、四小時又立刻於當晚專機飛回任所處理要公。我們透過普主席友人聯絡，原定六月一日下午安排簡部長一行搭直升專機前往拿波里市拜會普主席，但因其行程不定又倉促，最後以公務繁忙為由婉謝會晤簡部長。經查此事的確困難，但簡部長至表遺憾，我想他為對上級有所交代，這代罪羔羊就是我了，這正是臺灣話所說的「有功無賞，打破得賠」。

後來證實，我臨時接下部令承辦此次歐洲地區工作會報是何等大事，我為此向義外部立下軍令狀，如發生洩露消息引發中共抗議，則我必須離任；倘我因義外部不同意而未能依我外交部指示承辦此次區域會報，那又如何？而簡部長要求會晤歐盟主席普氏，依普氏當日行程確有實際困難，為何一定要我承擔未能會晤的責任呢？

感謝呂副總統的力挺

二〇〇二年九月三日下午，淑美在家接獲王錦標董事長夫人林瑞容自臺北來電，首先感謝我們週前在羅馬招待，並提及他們當晚與柳總經理夫婦（七月下旬訪義曾受我們夫婦接待），以及總統府第三局局長許志仁夫婦等餐敘，無意中聽到他們提及外交部已作業簽報，擬調動林代表返部並退休事宜。王董事長夫婦事後認為我們夫婦派任駐義大利代表不久，工作表現佳，為何要調部？對此表示存疑，但還是提供給我們參考。淑美感謝他們的關心，也認為凡事只能順其自然。

我下班回家，淑美告知我此事，我認為我們調動甚有可能，因簡又新部長剛就任，有其新布局，再加上六月在羅馬無法如願會晤歐盟普羅迪主席一事。我又憶及八月初，接獲駐俄羅斯代表金樹基電話稱：「我已奉指示，國內已內定陳榮傑接替職務，原則預定今年國慶後返國退休。」

我與金大使是一九六一年同時進外交部情報司工作，因此在被退休之列是很自然的事。過數日，呂副總統辦公室機要適有緊急公務交代，我就順勢請轉報呂副總統，因有我被調動退休的消息，今後恐難有繼續效力的機會。不意我說者無心，但聽者有意；後來才瞭解，呂副總統後來關注此事，確有調我退休之事，她認爲駐義代表處地位重要，目前更動代表並無迫切性，力挺林代表留任，曾三度親向陳總統說項；並以林代表今年三月，呂副總統出席在匈牙利首都布達佩斯舉行的「國際自由聯盟」年會，首先訓令駐歐洲數處有關館處包括駐教廷大使館努力爭取過境簽證，均告無效，最後電請林代表努力促成呂副總統兩度過境羅馬，終能順利出席匈牙該年會爲例，說明林代表的表現出色，最後終獲陳總統同意取消調動林代表。

此事我也是事後得知呂副總統爲我力挺，並向陳總統鼎力說項的經過細節，令我們非常感激。難怪之後有陳總統身邊的人曾對我說：「您是呂副總統的人。」可能是因呂副總統對我力挺的緣故吧[1]！

第一夫人吳淑珍女士訪問羅馬

二〇〇三年二月下旬，外交部密電通知駐義大利代表處及駐教廷大使館：

為了配合我故宮文物前往德國展出，並凸顯我國推動民主成功成果，將安排第一夫人於七月中旬參訪柏林及羅馬，訓令研議。

因當時本處正奉令辦理陳總統過境羅馬要案，而義國總統齊安比（Carlo Azeglio Ciampi）也正研議應邀訪問中國大陸，時機非常敏感。此次第一夫人訪問羅馬，外交部初步訓令是研議訪晤義大利臺商、僑界及義國政要為主，其間駐教廷大使館建議安排陳總統夫人訪問教廷並晉見教宗，外交部也同意，所以外交部再訓令本處與駐教廷大使館共同研商申辦簽證方式。因此兩館處隨即於四月八日共同協商分工，由教廷大使館負責第一夫人入境簽證，而駐義代表處負責陳總統來義簽證；至於進行時機，由兩館處權衡相關情勢發展進行。

之後，戴大使將本處節目僅排接見義國會友臺小組成員，而原來義國會友臺小組晚宴夫人的節目被戴大使臨時取消，另安排女鋼琴家獨奏取代，竟向外部說事前已徵得我的同意；實際上，事前在未知會我的情況下，就密電呈報外交部。後來歐洲司林永樂司長覺得奇怪，電話問我，我才知此事，林司長也勸我忍耐，因已沒時間改回了。

七月十四日下午，簡部長親自打電話，希望我對本案盡力協助，我即向簡部長報告，此

1 我於二〇〇七年退休後，呂副總統曾要我協助，先後擔任其所創立的「民主太平洋聯盟」（DPU）執行長及祕書長職務，我自然義不容辭，勉力就任；後來有部內外長官及同仁質疑，我也未加解釋。

事戴大使已完全拒絕我及本處同仁協助接待。我不知戴大使如何向外交部密電報告，但事實即是如此，因外交部訓令本案由戴大使負責處理，當然他也可全權不准我參與。簡部長瞭解後有些驚訝，表示他將電話請戴大使配合。

次日，外交部電報訓令駐教廷大使館，請加邀林代表夫婦參加第一夫人及全團人員的晚宴，同日又訓令大使館對於第一夫人在教廷及義大利的相關行程，請盡量安排林代表夫婦隨團參加，上述電部均分電本代表處；後來據說戴大使對於外交部上述兩電報，於十六日再以電報呈部表示無法接受。戴大使十七日召集駐教廷大使館及駐義大利代表處人員舉行協調會，卻婉拒我列席。當然，第一夫人率團於十九日抵達羅馬軍用機場，我們夫婦仍率同代表處同仁前往接機，發現機場上我國國旗飄揚，看得出來，戴大使對這樣的安排頗爲得意。當日晚宴，兩館處同仁均參加戴大使安排的音樂會。

到了二十一日的第一夫人晚宴，我們夫婦被安排在我友邦駐義大利使節區的末端，好像我是友邦外交團的一員，距第一夫人主座非常遙遠，我們也一笑置之；但卻巧與臺北新光醫院副院長黃芳彥對坐，聽到黃副院長提及全團主要成員對戴大使安排此次行程不滿。我們當然只聽不回應，以免又殃及池魚。二十二日中午，第一夫人率團搭乘華航班機自羅馬達文西國際機場出境返國，本處私下運用我們與機場禮賓官員的深厚友誼，促請提供特別禮遇接待。

戴大使請辭

七月二十四日，驚聞中央社羅馬及臺北電訊報導駐教廷大使戴瑞明請辭事，傳說紛紛，我也未敢多加揣測。豈料，外交部於七月二十九日致電駐教廷大使館與分電駐義大利代表處，關於義大利政府對於第一夫人專機於十九日飛抵羅馬軍用機場時，我國國旗飄揚一事表達嚴重關切，因中共已爲此次向義外部嚴重抗議，所以要求我方說明原委；至於駐教廷大使館就此事如何向外交部說明，並未分電本處。

我們夫婦於八月中旬請休假十天赴洛杉磯探親並治牙痛。戴大使於八月二十九日來代表處面告我，他將於本年底離任。十月二十九日他又來處承告他已於十月十五日接奉部令辭退，預定明年（二〇〇四年）元月離任，據說由杜筑生常務次長接任。我又奉令於十一月二十一日至十二月十五日返國述職。十二月十八日我們夫婦特於羅馬晶華飯店晚宴歡送戴大使夫婦，並請駐義大利代表處及駐教廷大使館兩館處同仁夫婦作陪。我跟戴大使相識二十多年，他才華卓越，深謀遠慮，但也恃才傲物，頗具性格，希望他們退休後安康如意，享受人生。當然我們也感念初到羅馬任所一年多期間，戴大使夫婦所給予我們的熱情照顧與指導。

第四十四章　無役不與

歐洲臺灣協會聯合會

二〇〇一年在米蘭舉行「歐洲臺灣協會聯合會第三十屆年會」，本處事前接獲僑務委員會函電，請協助張富美委員長出席該年會，同時協助安排張委員長分別在羅馬及米蘭地區舉辦兩場「第三屆全球僑務委員會議」後續說明會。因此張委員長於七月十九日凌晨飛抵羅馬時，我曾邀請駐教廷戴大使共同前往羅馬達文西國際機場接機，並安排晚宴邀請張委員長與旅居羅馬及附近地區僑界人士餐敘，席間並請張委員長主持「第三屆全球僑務委員會議」，對羅馬地區僑界做後續說明會。次日上午同乘「歐洲之星」（Eurostar）高鐵於下午二時抵達米蘭，先赴僑胞開設的「臺灣料理」餐廳午餐，由張委員長主持對米蘭地區僑界人士「第三屆全球僑務委員會議」後續說明會，之後同往出席下午六時的「歐洲臺灣協會聯合會第三十屆年會」預備會議。

以前我對「歐洲臺灣協會聯合會」僅是耳聞，但自二〇〇〇年政黨輪替後，該會活動日見活躍。後來我接奉部電以部長名義設宴款待與會人士及僑胞，並另奉指派我在年會上代表外交部致詞；由於該年會性質特殊，我在年會開會期間，僅旁聽而不發言。不出所料，我到米蘭會場後才知道出席該年會，除了歐洲各國臺協分會代表外，尚有國內外重要大員，包括彭明敏資政、姚嘉文資政、王桂榮夫婦、許世楷夫婦、世臺會會長郭重國夫婦、我駐美國代表處李應元副代表，以及外交部研設會主委楊黃美幸等諸位。我亦依外交部指示，於七月二十日以外交部田部長名義設宴款待與會諸賢達並致詞。在私人方面，我特別向我在臺大法律系的國際法教授及畢業論文指導教授彭明敏資政致意。

在會中也遇到我高中同班同學陳江村，他是來自柏林的臺協代表。而臺協年會實際上在七月二十一日上午九時正式開幕，當日晚宴由僑委會張富美委員長招待，年會經過二十日全天及二十一日上午一天半的專題講演，下午米蘭半日遊後結束。我於二十一日下午自米蘭搭高鐵趕返羅馬代表處，立即在辦公室分別接待行政院體育委員會陳榮盛副主委及中華民國聽障者運動協會趙玉平祕書長等人，並與本處同仁協助解決相關問題。

我這次列席歐洲臺灣協會聯合會，發現臺協在歐洲已成立多年，每次年會都很低調，而出席代表均自費參與。又如臺協義大利分會會長陳子加先生，來自臺灣從事家庭事業，以前從未聽他提及臺協之事，他爲此次年會，事前曾請我協助，他也告訴我義大利分會會員很少，而主辦如此盛大年會實在惶恐。他爲人謙虛低調，不善言辭，平日與其他當地僑界人士往來不多，因遠在米蘭，本處也難派員支援；最後他商請來自臺灣住在米蘭的莊振澤先生協助。莊君在米蘭地區僑界也是孤鳥，原以教職爲業，允文允武，此次年會後，他如魚得水，不數日對僑委會張委員長已親暱稱為「富美姊」；至於陳子加會長則全家動員，開車接送，忙進忙出，非常賣力辛苦。

領務案件層出不窮

我國人來義旅遊甚眾，護照失竊等事層出不窮，本處大多全體動員，立即解決並幫忙華航盡速協助返國。其中有一件特殊訴訟案，值得一提。

二〇〇三年一月二十一日米蘭當地報紙報導臺灣女子因犯案被義警方拘捕，暫時關押在監獄。本處獲知後，立即請林讚南祕書透過友我管道，與義方監獄官員及承辦法官取得聯繫，獲得名為王玉堂女士嫌犯的資料，並取得同意由本處派林祕書前往探監。因為中央社駐羅馬記者方沛清採訪我之後發稿，引起國內媒體重視。不意，米蘭僑界莊振澤未明實情，竟電告曾任國貿局駐米蘭辦事處祕書的總統府第三局局長許志仁而引起誤會，以致許局長怒責外交部，要求追究本處責任（經查莊君致許局長電子郵件，全文內容不實且用語失當）。

二十三日下午，外交部歐洲司林司長也應國內媒體要求，舉行首次說明會。我即請林祕書聯絡莊振澤，並於二十四日凌晨首班飛機自羅馬飛抵米蘭，先至米蘭地方法院辦理會見王玉堂女士手續，不意又遇見另一位受逮入獄的陳麗娟女士的舅父葉明星先生。林祕書瞭解情況後，再請我於當日上午十時及十一時五十分兩度發電函致米蘭地方法院，證明葉明星為陳麗娟舅父，以利其探監。我們同時緊急敦請米蘭選區衆議員兼義國會友臺小組主席藍蒂，陪同林讚南祕書及僑胞莊振澤同赴監獄探監王玉堂及陳麗娟兩位女士，才瞭解她們被捕的實情。

原來這兩位女士曾在臺灣分別向地下錢莊借貸而未如期償還，因她們的身分證由錢莊扣押，所以錢莊事前爲她們辦妥護照及簽證，並分別叫她們於本年一月三日至桃園中正國際機場，與一名叫Jacky（不知中文姓名）的男子會合，交給護照並同機前往米蘭，入境後她們的護照及機票仍由該男子扣留。當天清晨抵達，即各發一張信用卡，要她們依清單向當地名店購物盜刷，第一天尚稱順利，第二天因刷爆信用卡被店員發現，店家報警羈押這兩名女子入獄。

王女承認她曾寫信給母親，但未告知實情，而稱是被陷害；另陳女可能對家人據實以告，因此舅父趕來設法營救，但求救無門……我獲林祕書報告後，立即洽請中央社方記者據實發稿，另先電話通知歐洲司注意中央社發稿，以應對國內媒體及相關民意代表的關切。其間本處雖然忙於處理連前副總統一行到訪等要務，但仍與米蘭地方法院保持聯絡，也續請藍蒂衆議員就近說項。

後來米蘭地方法院決定提前假釋王玉堂及陳麗娟兩位嫌犯，並安排二月四日晨自米蘭搭義大利航空班機至羅馬，再由警方轉交我華航班機，於二月五日返抵臺北。本處事前於二月三日電報呈部，並請我檢調單位注意偵辦本案，本處已盡責任；但她們返國後，案情似乎也不了了之。

本處偶爾也會接到米蘭警方信息，指稱他們在米蘭的Malpensa及Linate機場，發現持用我國護照（內有歐盟申根簽證及加拿大或美國入境簽證）的華人，特別要注意；並常發現並非護照本人，而是由大陸華人用錢購買者，因爲案件屢見不鮮，尤其大陸人到義大利衆多，所以義警方有另一套制衡方式。

記得有一次，一位年輕女士自羅馬機場急以電話向本處求救，因其皮包在機場失竊，所有證件、護照、現金及信用卡都在皮包內，不知如何因應，哭著向本處求救。我即請丁祕書前往機場接來本處處理，因當晚適本處同仁在代表處鄰近的The Meeing餐廳聚餐，就請這位女士一同餐敘壓壓驚。恰好次日有華航班機返國，因機票有記錄，也聯絡華航陳總經理安排機位，而當晚就由丁祕書設法安排該女士過夜，次日才知道丁祕書讓出自家給這位小姐過夜，而自己去林祕書家借宿，次日再送這位小姐到機場搭乘華航班機返國。這位小姐回國後寫了一封文情並茂的感謝函致本處，這是本處協助衆多國人急難救助案件中，寫信表達感謝的少數函件之一。

送往迎來

義大利是G7大國之一，又是文藝復興起源地，人文風景鼎盛，再加我國華航班機由臺北經曼谷直飛羅馬，交通便利（編按：自二〇一六年底華航啓用新機型A350直飛臺北—羅馬，不需下飛機中停，更加便捷），因此除了總統及副總統外，我國高層部會首長、立法委員、縣市政府首長，以及民間工商界與藝文團體訪問義大利絡繹不絕；至於純粹的私人旅遊，不管是旅行團或是自由行，更是無以計數。

例如二〇〇一年九月八日中午，我赴羅馬達文西機場歡送臺大法律系同班同學，搭乘華航中午CI-067班機返國前，當日上午，我先在機場歡迎我國最高法院歐洲考察團李彥文團長及五、六位最高法院法官到訪，次日再安排並陪同拜會義大利最高法院祕書長Massimo Bonomo法官，也另安排拜會羅馬法院等行程，另設晚宴歡迎。同月十八日上午又赴機場迎接內政部林中森次長一行，並安排拜會活動，也備晚宴歡迎，並請將赴臺北任職的義大利駐臺代表高樂群夫婦作陪。同年八月中旬，接待由立法院饒穎奇副院長率領「立法院外交委員會西非及南歐訪問團」到羅馬訪問，也安排與義國會重要議員餐敘，而駐教廷大使館則另安排參訪梵蒂岡。

再往前推，同年七月下旬，我僑務委員會張富美委員長率團訪義主持重要活動。同年五月下旬銓敘部吳容明部長一行自巴黎、單樞機主教同日自臺北分別飛抵羅馬，接受駐教廷大使館戴大使夫婦及我們夫婦偕同仁晚宴，也參加兩館處聯合舉辦慶祝五二〇陳總統及呂副總統就職一週年的慶祝餐會，以及其他本處安排的拜會活動。

此外，在威尼斯經常舉辦重要電影及藝術展覽活動。例如二〇〇一年六月八日下午七時，我國由臺北市立美術館參加「威尼斯國際雙年展」，臺北市長馬英九於八日上午九時飛抵威尼斯機場，本處奉部令負責接待。我偕同仁前一天下午搭高鐵抵達，八日上午先到威尼斯機場安排禮遇通關手續，同日並安排及陪同拜會當地威尼托省長格蘭（Giancarlo Galan），接受熱忱接待。馬市長當日傍晚在普里奇歐尼宮（Palazzo delle Prigioni）主持雙年展的臺灣館開幕儀式及酒會，我也代表外交部參加。馬市長又於九日上午八時搭義航班機飛巴黎轉長榮班機返國，我與同仁亦先赴威尼斯國際機場送行後，再搭高鐵返回羅馬。

又如二○○四年九月九日至十一月一日，行政院文化建設委員會負責策劃主辦，並責由國立臺灣美術館承辦，文建會主任委員陳其南先生率團於九月八日下午飛抵威尼斯國際機場。本處奉命協助，我偕同仁於當日上午自羅馬搭高鐵於中午抵威尼斯火車站後，立即趕赴機場安排禮遇通關並迎接陳主委一行，另安排相關拜會活動，也代表外交部參加陳主委於九日晚上在普里奇歐尼宮主持的「臺灣館」開幕式及酒會。我因另有要公，於十日上午自威尼斯搭高鐵返羅馬任所。又於隔日上午，先安排在羅馬達文西國際機場義國外交部貴賓室，迎接丁懋時資政伉儷、立法院江炳坤副院長伉儷等一行十一名搭乘華航CI-068班機返回臺北。

另外，如高雄市林副市長、臺南市市長訪義，以及中華奧會黃大洲主席、體委會陳全壽主委、朱副主委及黃副主委等率團訪義或轉機等，都需協助照料。至於工商團體，如吳江村理事長率領六十二名訪義的「臺灣省進出口商業同業工會聯合會訪問團」，不可勝數。

國內有許多大、中、小學所組音樂舞蹈及各表演團體，或經由本處介紹，或自行經其他媒介促成，經常來義國各中小城市互訪表演，非常有意義。其中義國中部波隆那

（Bologna）僑領劉鴻源先生，向來主動協助我國此類藝文團體來義文化交流，非常難得。我自義大利退休迄今十多年，他仍持續爲兩國藝術文化舉辦交流活動，並與我保持聯繫，不圖名利，衷心欽佩。

中共因應我高層訪歐的強烈措施

我國總統、第一夫人及副總統等政府高層訪問、過境歐洲地區國家，是二〇〇〇年政黨輪替後，民進黨新政府加強推動的新措施。而我國中華航空公司因有自臺北經曼谷至羅馬的直飛班機，羅馬自然成爲重要交涉對象之一，尤其簡又新就任外交部長後更積極推動。首先，我於二〇〇二年二月下旬接奉訓令向義政府密洽同意陳水扁總統近期過境羅馬案，惟週後因出訪計畫有變而暫緩推動。

同月下旬又訓令我向義政府洽談呂副總統三月中旬過境羅馬案。幸經義國友我重量級國會議員的鼎助，總算如期成行，過程已於前面提過。由於中共與義大利政經關係向來密切，因此義外部有親中共人士告知中共駐義大使程文棟，程大使立即向義外部亞太總司長馬丁尼大使提出抗議，並要求取消呂副總統過境簽證不成，又鼓動「義國會友中（共）小組」成員向卡西尼議長說項未果，同時中共外交部在北京亦向義國駐中共大使表達抗議，要求取消呂副總統一行過境簽證。

中共為了防止我高層訪問或過境歐洲國家，採取強烈的因應措施，其中針對義大利，中共外長唐家璇於二○○三年一月下旬結束非洲訪問行程後，於一月二十三日晚搭專機飛抵羅馬，二十四日上午晉見義國總統齊安比（Corla A. Ciampi），並邀請四月訪中國大陸，同日中午拜會貝魯斯科尼總理並邀請於十月訪中（總理下半年輪值歐盟主席），下午再拜會義外長佛拉第尼（Franco Frattini），並邀近期訪中。在唐外長各項拜會中，除了包括與歐盟多邊關係的議題外，特別就加強義中兩國政治、經濟、貿易、文化等雙邊關係交換意見。此次唐家璇訪義，對義國往後處理我高層過訪頗多影響。同時，中共鼓動旅居義大利三十五個親中共僑團，於二○○二年十月十六日在羅馬成立「義大利中國和平統一促進會」。

其他較重要者，如中共程文棟大使為了爭取友我的眾議院外交委員會主席塞爾瓦眾議員，塞爾瓦主席基於為眾議院外交委員會主席立場，二○○四年三月二日接見程大使，並獲告知中共總理溫家寶將於二○○四年五月訪問義大利、德國及歐盟[1]，同時也邀請塞爾瓦主席擇期訪問大陸。又告知義總統齊安比將於同年六月四至十一日，親率義國工商企業界重要企業家約兩百人訪問中國大陸[2]。

由於我駐歐各館處均奉令推動，也引起歐盟各國的注意，所以又在歐盟內的「亞洲事務協調會議」（COASI），討論有關歐盟會員國限制我高層訪問歐洲案。例如在二○○三年四月上旬曾進行討論，事前我外交部也訓令我駐歐各館處相對進洽。結果在此次亞洲事務協調會議中，大部分國家都認為不應對我高層訪歐之事加以限制，傾向支持由各國政府採取個案處理，以維持目前的彈性處理模式；但實際上，各國政府大多仍保持審慎的立場。

又依我外交部二〇〇三年三月十六日新聞稿表示，歐洲議會議長帕特．考克斯（Pat Cox）於同年三月十三日致函邀請陳總統訪問歐洲議會，並於同月二十六日在歐洲議會黨團主席會議上發表演說；惟我政府經評估國內外情勢發展，認為當時尚非陳總統出訪歐洲適當時機，但未來會繼續與歐洲議會保持密切聯繫。同時我外交部簡部長也認為，此次考克斯議長的邀請，顯示歐洲議會及歐洲民意對我國的友誼與支持，對我與歐洲國家關係有重大意義，並盼歐盟各會員國不再拘泥於「一個中國」政策，而應採取符合歐洲利益的彈性做法，並請重視我國高層官員在歐洲國家自由旅行的基本權利。

義眾議院通過支持我參與WHO動議案

義大利國會眾議院外交委員會曾於二〇〇二年七月二十三日下午一致通過決議案，「要求義大利政府在所有國際場合並協調歐盟其他各國，支持臺灣以觀察員身分加入世界衛生組織之訴求。」其後，義國會眾議院友我眾議員為協助此案在眾議院持續努力。

1 中共總理溫家寶於五月六日及七日訪米蘭，八日訪佛羅倫斯鄰近的普拉托城（Prato），該城約有四萬名大陸華人工業區，十日訪羅馬。

2 齊安比總統原定二〇〇三年四月訪陸，因受大陸SARS疫情而順延；之後又因義國內政情再延至二〇〇四年十二月三至九日率團成行，有外長佛氏、經濟部長與企業界人士隨行。

義大利眾議院終於二〇〇四年五月四日下午四時，以幾乎無異議投票結果（出席三五八人，贊成票三五三人，反對票四人及一人棄權），一致通過支持我國參與WHO動議案，要求義大利政府「在所有適當場合支持，並協調歐盟其他國家研議各種可能的形式，使臺灣充分參與世界組織活動」。

該動議案由義國會友臺小組主席藍帝眾議員領銜，並經七十多位眾議員連署提出，該動議案文字曾經執政聯盟政府（尤其是義外交部）對本議案原所提結論文字有若干不同意見，並經折衷協調，最後經兩個多小時的熱烈辯論後，多數出席眾議員持正面支持言論，也有少數反對，終於順利投票通過。本案我代表處原希望能加上「支持臺灣以衛生實體身分加入世界衛生組織為觀察員」等文字，但義大利政府礙於當時歐盟各國對上述立場尚未明確，且有可能過度刺激中共之虞，尤其在中共總理溫家寶將於同月上旬到訪義大利的敏感時刻，一再與眾議院友我議員協調，而做成眾議院所通過的折衷文字。這在眾議院共有六三〇席眾議員，且政黨林立、立場不一的情況下，能有三五八位出席，並獲三五三位贊成，實屬不易。

同日義國營最大通訊社「全國報業聯合社」（ＡＮＳＡ）於當日下午發布新聞稿，以「眾議院幾乎一致無異議投票結果，通過支持臺灣參加世界衛生組織動議案」為標題，文中除摘錄動議案結論全文外，並大略引述國會友臺小組主席藍帝眾議員的發言內容，認為這是有價值及高度情操的一役；尤其在中共總理來訪義大利前三日，各政黨仍投票支持通過上述動議案，更具意義。眾議院此次表達強烈支持訊息，一致認為六百枚瞄準臺灣飛彈無法帶來和平；相反地，唯有靠合作並消弭各形式的怨恨與維護人權，才有眞正的和平。

陳水扁總統首度訪歐

我國與梵蒂岡教廷關係甚爲微妙，我國家元首迭次要求訪問教廷均未能如願。依一九二九年義、梵「拉特朗條約」（Patti Lateranensi），梵蒂岡有權要求義大利政府發給教廷所邀請的外國人士入境義國簽證，因梵蒂岡在義大利羅馬境內無獨立的國際機場，所以義大利也會藉詞該協定，婉拒未受梵蒂岡正式通知邀請的外國人士發給入境簽證。

教宗若望保祿二世於二〇〇五年四月二日逝世，將舉行殯葬彌撒，世界多數國家元首均來參加。我國總統陳水扁也表明將率團參加，其間因中共極力阻撓，最後陳總統雖然獲邀參加，但力阻外交部長陳唐山隨行。眼見我專機起飛在即，陳部長仍堅持參加，認爲這是原則。行前，深夜分別電話駐教廷杜大使與我嚴格訓令，倘陳部長隨專機飛抵羅馬國際機場而無法隨團入境參加教宗殯葬彌撒，則唯杜大使及林代表是問。此事本屬教廷之事，竟也要我負責。又時值深夜，我專機次晨即飛抵羅馬國際機場，我與杜大使互相聯絡後即分頭處理。

我不知杜大使如何處理此棘手問題，但我深夜硬著頭皮打電話給國會衆議員外委會主席塞爾瓦衆議員，因事出意料，又値深夜，他實在爲難。我又破例半夜打電話給義外部亞太總司副總司長廸帕契公使（從未做過如此不禮貌的事），還好有多年交情，他表示中共方面確有抗議阻擋，但義外部均以此爲梵蒂岡教廷之事爲由婉爲解釋。他也認爲此事本與我無直接關係，但涉及我去留也覺得不可思議。最後他表示，此事不能以正式方式爲之，且抵羅馬各國元首團及特使團甚多，請我以低調處理，尤不可見報，他個人願盡力而爲，請我安心。

還好，次晨我總統專機抵達羅馬國際機場，我偕本處同仁與駐教廷大使館同仁提前到機場打點。因機場禮賓處官員素與本處友好，我團護照即集體處理，而陳總統率團也全體經禮賓處專門通道入境，一切默默順利進行；我另請中央社記者別發稿提及隨團人員，尤其是陳部長名單，只提陳總統。但我想陳唐山部長心中不平陰影很難立即除去，大家心照不宣，反正我早已準備退休，何況此事本來就與我職責無直接關係，所以我心中坦然。

陳總統訪問羅馬期間，亦曾接見義國友我政要，一切順利往返，事後中共依例向教廷及義大利政府表達抗議。

第四十五章　義大利僑務

四大地區的社團組織

我國旅居義大利的僑胞爲數雖不多，但可說都是精英，且以女性僑胞表現極爲傑出。在義大利的僑社大體上集中在羅馬、米蘭、波隆那及威尼托等四大地區，各地區都有隱性的社團組織及主導者。

一、羅馬地區，除了駐義大利代表處及駐教廷大使館人員和眷屬外，原則上以女性同胞爲主，都是來自臺灣的職業婦女，例如中餐廳「厚德福」老闆娘羅美蓮、聲樂家呂怡惠、經營會計事務所的王美紅、開設舞蹈社的楊玉玲等數十位；有者是夫婦來此創業，有者原爲早期留學生，後來與當地義大利人結婚而定居，每位都可獨當一面。因「厚德福」餐廳爲本處及大使館經常聚餐之處，交通方便，無形中以該餐廳周老闆夫婦，尤其周太太羅美蓮爲僑界中心點。

二、米蘭地區僑胞，以經營中餐廳夫婦檔爲主，也有開辦工商公司，我經濟部及貿協也曾先後在米蘭成立機構。僑界也有許多組織，例如米蘭婦女會、臺灣商會、臺灣協會、中華文化交流協會、旅義華人聯誼會等組織，均來自臺灣的青壯男女精英，爲旅義僑界最具實力的地區，後來由李阿進及徐靜芝等爲背後的主導者。

三、波隆那包括法恩扎（Faenza）等地區，主要以波隆那市的劉鴻源與杜萊娟夫婦，以及法恩扎市的夏漢瑩及謝伯康夫婦爲中心，他們原來經營餐廳有成，並熱心照顧鄰近僑胞，均來自臺灣多年。而劉鴻源及夏漢瑩也經常爲來自臺灣的中小學及民間藝文團體，聯繫該地區有關城鎮與我國內進行藝文交流，默默耕耘二十多年而無怨無悔。

四、威尼托位於義大利東北部靠近威尼斯，以威尼托省爲主。附近衛星城梅斯特雷（Mestre）有來自臺灣的僑領吳秀琪經營中華飯店，以及方麗芬女士在維琴扎（Vicenza）市經營舞蹈學校外，大多爲來該地留學或前往歐美國家留學與義大利男子結婚後定居的臺灣女性，每位都是傑出的職業婦女，分居該地區各城鎮，因交通方便，故以梅斯特雷市的中華餐廳爲主要聚會場所，自然以方麗芬女士及吳秀琪老闆帶領該地區僑社。

成立中華婦聯總會義大利分會

自我們夫婦抵任後，內人淑美於二〇〇一年二月上旬接獲國內中華婦聯總會聘任爲駐義大利分會的主任委員，負起聯合我旅居義大利婦女僑胞的職責。我旅義婦女僑胞在上述四地區均有婦女會的組織。由於我們於二〇〇〇年十二月中旬抵任，立即前往波隆那、米蘭、佛羅倫斯及威尼托地區拜訪各地僑胞並餐敘，以聽取意見。

多數婦女僑胞都希望內人能整合義大利婦女僑胞於一堂。因此淑美接獲臺北中華婦聯總會聘任爲義大利分會主任委員後，即於二〇〇一年二月二日邀請各地區婦女僑胞代表，包括米蘭地區的徐靜芝、崔燕惠與陳純卿，波隆那地區的夏漢瑩，以及羅馬地區的羅美蓮、張連生和李愛蘋，而威尼托地區的方麗芬因舞蹈學校臨時有要事請假，另邀請駐教廷戴大使夫人呂瀟男女士，以及本處各組長眷屬蘇韻宇、吳秀霞、潘錫鳳等共十五位，在官邸舉行成立中華婦聯總會義大利分會之成員及組織事宜，大家討論熱烈，結束後一起共進晚餐，來自米蘭及波隆那地區四位代表也夜宿住所。

我旅義僑社活動，逐漸由中華婦女總會義大利分會主導，結合當地僑社運作。該分會每年舉辦會員大會及其他活動，而每逢雙十國慶、新年、中秋節或元宵節等節慶，義大利四大僑社地區均分別舉辦慶祝餐會及活動，我們夫婦偕本代表處同仁前往參加，僑胞也積極參與，甚至婦女僑胞的義國夫婿也配合支持，其樂融融。

第十篇

享受慢活，且行且珍惜

當日晚上，我們搭機回馬德里，直至十六日下午才又搭機自馬德里回洛杉磯。其間西班牙諸多好友已為我們安排在家住宿，每日熱忱邀約歡聚餐敘，這也是我們退休後最感欣慰的事，因為許多僑胞也成多年好友和家人了。

退休後，常與金樹基大使夫婦（左一）、劉伯倫大使夫婦（右一）及黃秀日大使夫人張麟徵教授（左二）聚會。

第四十六章　四十五年外交生涯，心安理得

卸下重任

我自二〇〇〇年十二月中旬抵羅馬就任駐義大利代表，至二〇〇六年二月初離羅馬任所返臺北退休，在任共五年兩個月。

在任期間經過四任外交部長，有田弘茂（二〇〇〇年五月二十日至二〇〇二年二月一日）、簡又新（二〇〇二年二月一日至二〇〇四年四月九日）、陳唐山（二〇〇四年四月九日至二〇〇六年一月二十五日）及現任的黃志芳（二〇〇六年一月二十五日起），實際上可說經歷田弘茂、簡又新及陳唐山等三位外交部長。因每位部長任期均兩年左右，為期有所表現，難免各有新招，沒有特別一貫的施政措施。有者為求表現，迭有新想法，所以各駐外代表或大使都戰戰兢兢，希望不辱使命，也難免不如所望。

在歐洲地區，除了駐教廷大使館外，均為無邦交的代表處，各處代表通常任期也不長，或為政治任命，或為酬庸，例如田弘茂部長卸任後，改任駐英國代表約兩年；接任的簡又新部長卸任後，又接任駐英國代表，兩年多也卸任，以致駐歐洲各國代表一般任期大多在兩、

三年左右。其實外交也就是交朋友的工作，要在任內建立良好的友誼基礎，確實需要點時間，才能與當地政要建立深厚的互信友好關係，很難急功近利。

我到任後工作繁忙，還好前任在任近七年，已有基礎，因此，我也逐步建立關係；但我到任不到半年，義大利舉行大選，政黨交替，尚幸許多友我議員也成爲執政聯盟的國會議員。當然，代表處對於義國會參衆兩院，計參議員三一五席及衆議院六三〇席，朝野各黨派均須兼顧；尤其義國政黨林立，所謂執政黨實爲執政黨聯盟，所以我必須權衡代表處在有限的人力物力，如何籌劃運用。由於新任衆議院外交委員會主席塞爾瓦衆議員，權大又重義，對我極爲友好，繼任的「義國會友臺小組」主席藍帝衆議員也熱心助我，而本處另亦積極爭取其他執政聯盟政黨、在野政黨等國會政要與義政府有關部會官員，以使本處工作得以勉力順利推動。

不料，我到任兩年，與我同時於一九六一年進外交部，並同進情報司工作的駐俄羅斯代表金樹基大使奉命調部退休，而我也被列入調部退休名單中，後來承呂秀蓮副總統因二〇〇二年三月下旬，我排除萬難促請義政府同意呂副總統兩度過境羅馬，順利前往匈牙利參加國際自由聯盟，認爲我工作努力，不宜立即調部退休，而向陳總統力陳，終獲准繼續留任。

記得那年六月，我駐歐洲地區工作會報原訂在葡萄牙里斯本舉行，惟在開會三週前，因葡政府不同意，致外交部決定臨時改在羅馬舉行，我奉命向義外部聯繫接洽，最後我個人向義外部承諾，倘我方保密不足而引起中共對義政府嚴重抗議，則我個人須負全責離任，這才於羅馬順利舉行。

其後，我經常耳聞有人爭取駐義代表的職位，外交部也有所安排等；二〇〇三年可能因駐教廷戴大使的更動，我則暫留；到了二〇〇四年夏，我自認已到任三年半，也年滿六十八歲，爲內規政務官退休年齡，而我在外交部內外也工作滿四十三年，是可退休的時候，但我對任內的工作絲毫未有半分鬆弛。二〇〇四年十一月初，又聽聞外交部正作業安排某位年滿七十歲的人來接任，我們也泰然期待，等待卸下此重任；沒想到二〇〇四年十一月二十五日至十二月六日，又奉命參加外交部安排駐外使節集體返國述職，這次共有十九位參加，我擔任班長。

我們兩位子女因本身工作關係，無法再經常來羅馬團聚。他們瞭解我們的工作環境及兢兢業業的工作態度，因此也開始勸我們及早退休，屆時可以自由決定時間去看他們，且停留時間長一些，不像現在匆匆數日就得離開。

思考待解決的問題

我們與子女又積極思考一些重要問題，例如我們的小兒子晏如自一九八三年一月在委內瑞拉出事並安葬在首都卡拉卡斯墓園，至今已超過二十年，最近委內瑞拉自查維茲（Hugo Chávez）總統軍事統治以來，雖以民選總統爲名，卻施行專制獨裁之實，國內經濟衰敗，治安日壞，所以我們一家人都認爲應設法盡速前往委內瑞拉將晏如的遺骸火化帶離，尤其該墓地是以我名義購買，必須我本人前往親自辦理；而我日漸年長，委國友人及僑胞也多已撤離，甚至外交部有撤銷駐處的考量。

幾經討論，我們夫婦原擬二〇〇五年春夏請假前往委內瑞拉處理，豈知該年春，委京卡拉卡斯突遭空前暴雨洪水，自海邊機場到卡拉卡斯的高速公路數處中斷，其間有座重要陸橋已斷裂，重建費時，非短期間可修復，駐處同仁建議我等斷橋修建後再去較妥。而我在義大利工作也訪賓不斷，四月間又逢教宗逝世，陳總統率團到羅馬，因此，我們赴委內瑞拉之行也暫時擱下。至於晏如骨灰罈由委內瑞拉帶回，究應存放何處？最後我們與孩子決定，或帶回臺灣基隆存放在基隆林家墓園與我父母骨灰罈同處，或存放於美國洛杉磯玫瑰崗內的佛光山靈塔，與其外婆相伴，因洛杉磯的氣候如同卡拉卡斯，經常陽光普照，墓園環境也類似。

至於我們退休後居住的問題，原則上以臺北家爲主，畢竟這是我們家的根基所在，且同事親友也較多，讓我們退休生活仍充滿活力。而相如家在曼谷，工作重心在香港，且因工作須經常旅行，每週末才飛回曼谷與妻兒相聚；曼谷雖天氣熱又悶，但因愛孫樂山在曼谷生活及就學較舒適便宜。我們夫婦前往探望，因媳婦爲美國人性格，因此每次都由相如回曼谷陪伴，也僅數日，不便久留。

我們如住臺北，兒孫也可回臺北探望我們。只是臺北氣候潮濕，夏天炎熱，冬天濕冷，因此女兒賢婿建議，每年夏、冬季在洛杉磯各長住兩、三個月，這對我們身心健康有益，如此臺北及洛杉磯兩地交換居住，也可調節身心，何況洛杉磯氣候幾乎終年陽光普照，很少下雨，氣溫適宜。特別是我們要親自監督他們倆，實現對我們退休後要生育子女的諾言，我們再不退休，倘育如過了生育年齡，之後想生也難。因此，我們每天清晨，都向家中祖先神位及仙祖公神位燒香祈求如願。

二〇〇五年十二月上旬，我們終於接到部令調部退休，心安理得，於是開始整理行李。由於臺北家是我們在一九八〇年獲配的公教公寓，雖然生活機能好，交通方便，但室內並不寬敞，且家中多年已累存許多紀念品及家具，沒有空間再容納新行李。也就是說，臺北家已一應俱全，稍加整理即可入住。我們如想在洛杉磯居住較長時間，則我們在羅馬現有的私人物品行李應直接運往此處，只要再添補少數家具就夠了。所以我們也請女兒女婿在現住公寓社區鄰近，代我們租用一間公寓，以便相互照應，而行李就直接由羅馬海運寄至洛杉磯的租賃公寓，預計二〇〇六年三月下旬可運抵。我們也決定於二〇〇六年二月二日搭機離任，隔天返回臺北。

餐宴惜別

我們這次離任，因在義大利五年多，所以與義國政要，尤其國會議員都有深厚感情，也與僑界頗多交往；除了個別餐宴惜別外，有幾個餐會特別值得紀念，我因時間倉促，都請盡量集體共餐。

在義國政要方面，以義國會眾議院外交委員會主席塞爾瓦眾議員爲首，邀請參眾兩院相關議員及部會政要，於二〇〇六年一月十八日在義外交部俱樂部設宴請我們夫婦，並代表義政府贈勳，約有政要七、八十位到場，並蒙多位致詞讚揚我在駐義代表任內對促進兩國關係的功績。

另外，義大利外交部亞太總司現任總司長博里廸克（Claudio Politico）大使也邀我在義外部午宴，並請副總司長及處長等人作陪，也一致讚賞我在任內的工作表現，並表示將另簽報總統府贈勳。

還有我到任時，義外部前祕書長與前義駐歐代表，以及現任義經貿總會（ICE）主席瓦塔尼大使特別爲我設宴送行，並邀請數位政要作陪，感謝我多年的合作貢獻。

至於旅義僑界部分，由米蘭僑領邀請羅馬、波隆納及威尼托各地區僑界人士，於二〇〇六年一月二十九日中午在米蘭舉辦歡送我們餐會，到場僑胞一百多位，尤其中華婦聯會義大利分會各地區支會的婦女僑胞均踴躍參加。

有關中華婦聯總會因鑑於代表處繼任人選是單獨到任，理念相異，於是決定要求內人淑美結束義大利分會主任委員任期時，將有關分會印信等攜回臺北交還總會；至於今後駐義大利分會的工作，由總會考量再決議。這項決定，讓旅義婦女僑胞頗爲失望，因旅義婦女僑胞都很優秀，似可暫先指定其中一位代理執行分會主任委員職務。

二〇〇六年一月上旬，我突然接到總統府陳總統辦公室電話，詢問我返抵臺北日期，並稱陳總統想接見我。我即告已預定二月三日返抵臺北，府方立即決定安排我於二月七日（星期二）下午三時到總統府晉見陳總統。我實不知陳總統接見的用意何在？反正我已退休，一切坦然。我們返抵臺北已是二月三日星期五中午。六日（星期一）上午到外交部報到，始知應立即申辦退休手續，在考試院批准前，不能領取退休金。我並向人事報告，奉命定次日下午三時晉見陳總統，並請派車，人事處頗感疑惑，因我事前並未申請晉見陳總統，我回以：「這是月前接到陳總統辦公室電話指示，我並未主動申請，也不知府方用意。」人事處同仁只好照辦，並立即向部次長報告，尤其新任部長黃志芳甫於一月二十五日就任僅兩週，據說對此事頗表關切及疑惑。

我於二月七日下午三時準時赴總統府晉見陳總統。陳總統態度親切，並對我在駐義大利代表任內工作表現表示讚賞與感謝，又似乎欲言又止。後來才說：「駐義大利代表的繼任人選鄭欣大使，在甘比亞任內表現很好，與甘比亞總統私人感情佳，甚至可『勾肩搭背』的程度，所以接任駐義大利代表職務應可勝任。」[1]我告別回部後，立刻撰寫晉見報告，此爲例行公事；惟據人事處表示，新任黃部長對我自行晉見陳總統不以爲然。爲此，我自認即已退休，何必令人猜疑。因此，我本有意請見呂秀蓮副總統，後來也就作罷了。

1 晉見陳總統後約一個月，報載甘比亞總統賈梅（Yahya Jammeh）竟宣布與我國斷絕外交關係，令我驚訝萬分；因陳總統月前才面告我，有關鄭大使與甘比亞總統的深厚友誼。

第四十七章　開啟退休新篇章

辦理退休金手續

我們於二〇〇六年二月三日搭華航班機飛抵臺北退休，依規定本日週五起已正式自公職退休，無薪津可領。六日上午到外交部向人事處報到，該處二科科長發現我竟尚未申請退休金手續，因一般同仁自接到退休部令之日起，即刻開始申辦退休手續，由外交部轉報考試院辦理，一般需時兩三個月，因此在接到部令至返回臺北期間，正是考試院核准之時，待回到臺北退休之日，大致可開始領取退休金。當我接到調部退休部令時，人事處等單位也未告知須立即申辦，我也未先查詢相關訊息，所以當回部向人事處報到時才開始辦理。人事處指派一名專員特別爲我說明有關退休金申辦事項，並允即與司法院主管部說明和提辦。

我申辦時才瞭解公務人員退休金有月退、全退，及月退、全退各取一半等三種方案。我與淑美聯繫商量，淑美認爲就取全退，將退休金全領再轉存銀行；至於何者爲優，其實也沒考慮太多。

後來，多位退休老同事相聚談及此事，大多領取「月退」，因每月可多領新臺幣約兩萬元，並認爲我們失算，且有兩個「沒有信心」：一個是對政府沒有信心，怕政府倒閉，另一個是對自己健康沒有信心，因多活多領。我們只好傻笑以對，事實上我們沒想太多。不過唯一不懂的是他們領「月退」，就永遠不能領取原退休金總額，而我們的退休金實際已領取屬於我們自己的，只不過先轉存臺灣銀行，享受優惠利息。但世事難料，自二〇一七年起，立法院通過法令，將原定百分之十八的利息，每兩年改降三分之一，以致原領「月退」的同仁每兩年每月收入大幅減少約三分之一。

我們的退休金申請案，也經外交部向考試院爲我們爭取後，我於二月六日申辦，三月十四日及十五日分兩部分核准，我們即於當日到臺灣銀行辦妥退休金優待存款利息手續，而利息當日起算；原則上，我們大約損失一個半月的收入。

安家與餐敘

我從事公職，仔細算起來應有四十八年，在外交生涯四十五年之前，我於民國四十七年（一九五八年，我二十二歲）秋，即赴臺北郵局當高等郵務員，再服一年半預備軍官役，以至民國五十年進入外交部。我擔任公職期間，幾乎每日如履薄冰，不敢懈怠。二〇〇六年二月正式退休，自然需要調整心態；但已屆七十歲，要改變長期當公務員的習慣，完全適應慢活安養的退休生活，終究不是一蹴可幾。

我們這次飛抵臺北，即受好友許明修與蔡玉瑛夫婦安排入住臺北市忠孝東路的神旺大飯店，次日又蒙蔡董事長堅持入住該飯店總統套房，所說的理由是總統套房近期無人入住，空著可惜，而其他客房則經常客滿，我們無法推辭。我們也打電話找到在一九八〇年獲配公教公寓爲我們裝修的黃景賢工頭，面商盡快整理臺北通化街家的修繕工程。其後，他也急招修繕師傅來家粉刷裝修。

我們臺北家雖然一直空著，但經常有親友幫忙打理看管，屋況尚佳。因此，我們於二月十三日由外交部派車幫我們自神旺大飯店搬回家，邊修繕，我們邊整理。同時，我們也向大安區公所辦妥新戶口登記及申請核發身分證，還向外交部領務局申辦新的普通護照，以及向中華電信申辦安裝新電話、網路和第四台有線電視等瑣事。

我們也拜訪義大利駐臺代表安綺麗（Maria Assunta Accili）公使，並辦妥歐洲申根簽證；也請北美事務協調會協助安排辦理我赴美國觀光探親的B1/B2簽證。在這段期間，天天應邀親友的宴席，包括丁懋時資政伉儷、江炳坤副院長伉儷、鄭文華代表兄嫂、金樹基大使兄嫂、外交部黃部長等及好友王錦標與林瑞容夫婦、中國信託銀行陳國世副總夫婦、義大利安琦麗代表、摯友許明修與蔡玉瑛夫婦及蔡家諸姊妹兄弟，還有我的義弟謝修平董事長夫婦、義妹謝瑞華與林士恭院長夫婦、義妹謝瑞珠及侯瑞仁醫師夫婦、至交張迺良律師及王月夫婦，以及臺大法律系諸位同班同學等。當然，我們也到位於基隆公墓的林家墓園向父母親祭拜。

慮及我們自羅馬海運的行李即將於四月上旬運抵洛杉磯，所以加速安頓臺北家，以期在赴洛杉磯前能夠初步就緒。之後，我們夫婦分別於三月二十三日及二十五日搭乘華航班機赴美國洛杉磯。

我們在美國洛杉磯的公寓已由女兒代爲自三月一日起租，並先安排必要家具，因此，當我們抵達洛杉磯即順利入住。有關洛杉磯新家所需用品及家具，都是淑美與女兒商量購買。因淑美的胞姊殷淑清與子女，以及胞弟殷國峰均住洛杉磯，且相距不遠，所以他們也常來相聚。而好友許明修與蔡玉瑛夫婦也回到洛杉磯；另原在委內瑞拉工作、現已退休的楊福良工程師與陳彩妙夫婦等也聯絡聚會。

我們的海運行李於四月六日順利運抵洛杉磯家，略事整理也需花幾天。我們與女兒家所租公寓在斜對面，方便彼此照顧。而我在洛杉磯也以國際駕照自行開車，非常方便，所以我們海運行李運抵後，依事前規劃，由淑美指揮搬運工人，很快安頓就緒。其中最重要的，是我們自羅馬運來的神明桌櫃，而我們林家祖先牌位及仙祖公與兩尊神童雕像，均隨同我們從羅馬搭機帶回臺北家，這次再由我親自從臺北家搭機帶來洛杉磯家安置在原來的神桌上。

當地拉丁裔工人在搬運海運行李時，看到我們與天主教教宗若望保祿二世握手同框的照片，立即雙手合掌向教宗虔誠膜拜，並向我們致意，而搬運動作也更加小心。我們又到洛杉磯大百貨公司訂購所需的家具用品，以及好市多（Costco）等大賣場採購食品。我們除了利用週末偕同育如夫婦一同訪友餐宴，平日則自行開車訪友或用餐，生活怡然自得。

我們也偕同女兒女婿到洛杉磯玫瑰園墓地的佛光山靈骨塔寺，向淑美母親的骨灰罈靈位祭拜。我們在洛杉磯新家初步安頓好後，於四月二十四日搭機返臺，因爲已經訂於四月二十九日前往泰國曼谷探望愛子相如一家，五月八日與相如共度生日後，隔日返回臺北，相如也特別自香港請假一週回曼谷陪伴我們。

榮獲義大利政府贈勳

二〇〇七年一月上旬，因女兒育如預產期近，我們準備一月二十一日再飛往洛杉磯；突然接到義大利駐臺代表安綺麗公使電話，邀請我們夫婦參加她在一月十一日晚宴義大利國會訪問團，並稱我們一定要參加，因爲義大利政府要贈勳給我，由訪問團團長曼狄卡（Alfredo Mantica）參議員爲我授勳。

我們於當日準時到臺北凱悅大飯店一樓義大利餐廳，與安綺麗代表熟識多年，在她出任代表前及返國述職時，我們在羅馬也經常餐敘。這次爲了我的授勳，她特別慎重，還邀請臺北外交團團長及數位駐華大使，也邀請當時大陸委員會吳釗燮主任委員[1]，以及外交部歐洲司官員，而此次義大利訪問團中幾位參眾議員也都是舊識。

1 二〇〇二年三月，呂秀蓮副總統途經羅馬時，當時吳釗燮是總統府副祕書長，陪同參訪，並與我同車。

席上，義國會訪問團團長曼狄卡參議員致詞讚揚我說：「林代表在駐義大利代表任內五年多期間增進兩國實質關係，貢獻卓著，普獲我國朝野人士的信賴。我在義大利外交部政務次長任內，也曾多次面談，印象深刻，今趁率團訪問臺灣的機會，奉命代表義大利政府贈授義大利部長級的大十字騎士勳章[1]，以彰顯對林代表的肯定與感謝；雖然林代表離任將滿一年，但義大利政府朝野的心意仍然沒變。」

聽完參議員一席話深受感動，我回以：「感謝義大利國會參眾兩院議員及義外部官員對我任內工作的協助，也珍惜貴國朝野有關人士支持。在義國任內五年多，是我們終生的榮耀，也無限懷念，期望兩國的關係持續加強，邦誼永固。最後特別感謝安綺麗代表，費心安排這次意義深長的餐會與其深厚的友誼。」

席間，與會貴賓紛紛向我們致賀。吳釗燮主委與我鄰座，他對義大利政府此舉頗感驚訝與感佩，因我離職近一年，仍設法依其法定程序完成申請贈勳手續，再安排送達並舉辦隆重授勳儀式。我告訴吳主委，我們都是研究政治及法律人，由此正可體會西歐國家大多採取內閣制（如義大利及西班牙），而且政黨林立、政權輪替亦爲常態；但各國仍能正常運作，這是因爲有完備的文官制度，不能隨便破壞的。

我舉此次贈勳證書爲例：「我在任時，義大利政府由中間偏右的政黨聯盟執政，貝魯斯柯尼擔任總理，義國總統是齊安比；到了二〇〇六年二月我離任，同年八月義大利大選，政黨輪替，由中間偏左的政黨聯盟執政，普羅迪再任總理，而義大利總統也改由納波里塔諾

（G. Napolitano）出任。我記得，我要離任前，義國會衆議院外交委員會主席塞爾瓦衆議員及國會友臺小組主席藍帝衆議員等人說，要建議義政府爲我贈勳；到了我離任前一週，義外部亞太總司長博里廸克大使設宴爲我餞行時，也告訴我義外部正爲我辦理贈勳程序。此程序進行半年以上，我剛看了贈勳證書，是由現任總統納波里塔諾親簽的，這足以證明義大利政府體制是亂中有序，有其完善的文官體制，所以我希望我國政府也不要因爲政黨輪替而破壞多年的文官制度。」吳釗燮主委聽完也點頭深思。

義大利國會代表團席間希望這幾日訪臺期間，尤其下週一（一月十五日）拜見呂秀蓮副總統時，我能作陪；我轉而向在場的外交部歐洲司副司長表達，因此團多位議員是舊識，他們希望我作陪，可否請其向總統府請示。次日上午，外交部禮賓司同仁急電，請我參加當日中午部長於五樓東廳招待義國會議員團的午宴。不久，又電話告知，呂副總統親示，必定邀請林代表參加副總統接見義大利國會議員團的拜會，請我屆時到外交部與張小月常務次長同赴總統府參加拜會。

我於一月十五日上午準時到外交部五樓張小月常務次長辦公室，原來是我二〇〇〇年擔任常務次長時的同一辦公室，工友也沒換，立刻爲我送上咖啡。張小月次長是外交部非常傑出的女性外交官，自從我以常務次長身分，於二〇〇〇年四月到聖克里斯多福及多米尼克訪

1「義大利之星勳章」共分為五等級，由高至低排序為大十字騎士勳章（Cavaliere di Gran Croce）、崇卿勳章（Grande Ufficiale）、爵士勳章（Commendatore）、官員勳章（Ufficiale）及騎士勳章（Cavaliere）等。

問，她當時是我駐聖國大使兼多國大使，曾全程陪我們夫婦造訪，迄今已有七年未見。

我們隨後到總統府呂副總統的會客室，我自認已經退休，只是陪義國國會團晉見，應知所進退；但張次長堅持由我在前，她說這是呂副總統特別安排的，而呂副總統的機要祕書蘇妍妃也說座位是呂副總統親自安排。因坐會議桌，所以呂副總統坐首位，其右手邊是訪客，由團長曼狄卡參議員坐首席，而我政府陪見官員坐在左手邊，呂副總統堅持要我坐首位，張次長居次，因座位前均有名牌，客人又到，我只好遵命。呂副總統一到，先跟我說，事後有要事相商，不要急著走。在呂副總統與訪賓交談中，曼狄卡參議員也提到此次訪臺，另有一項任務是代表義政府為我贈勳，以感謝我所做的貢獻。

訪賓結束拜會後，呂副總統就請張次長先回部，留我在會客室續談。她說我退休後就找不到我，為何不來見面？我首先致歉，並說明二〇〇六年二月七日遵依陳總統辦公室機要主動聯絡，要我回國後晉見陳總統，結果引起甫任外交部長黃志芳的誤會和不快，責怪我事前未先請示；因此，我為了避免引起更多誤會，就取消晉見呂副總統的念頭。

呂副總統接著表示，她成立「民主太平洋聯盟」（Democratic Pacific Union），簡稱DPU的非政府組織，因她本身職務很忙，所以希望我能幫她把關，出任執行長，以期順利推動。我現在退休，但健康情況良好，仍可展現長才，繼續奉獻幫忙，尤其本年（二〇〇七年）聯盟要舉行第二屆全球大會，希望我主掌籌劃。我告以此事責任重大，未知能否勝任？而且我們夫婦已訂一週後搭機赴洛杉磯，因女兒近日待產，並預訂三月十六日返臺。

「此事就請勉爲其難擔任DPU執行長職務，本年DPU第二屆大會非常重要，可於三月中旬回臺後就任；相關細節，我會請辦公室蘇妍妃機要及郭大文專門委員保持聯繫。」呂副總統說。

後來我與淑美商量後，認爲二〇〇二年八月外交部簡部長已協調總統府並簽報要我調部退休，該公文經呂副總統硬扣三週並三度親向陳總統爲我說項，陳總統最後同意撤銷我的調部退休案，以致我們能在羅馬繼續工作到二〇〇六年二月退休，所以呂副總統所囑出任DPU執行長職務，再艱難也要全力以赴；何況當年八月大會完成後，也可視情況隨時請退。因此，我隨即表示接受，並於二〇〇七年三月二十一日正式就任。

擔任「民主太平洋聯盟」執行長

呂副總統於二〇〇七年三月二十一日在仁愛路的官邸設晚宴邀請我及DPU主要成員，同時決定我於三月二十三日上午十時，前往臺北市衡陽路五十一號十二樓的DPU總部辦公室報到，正式就任該聯盟執行長職務，並聽取李雪津副祕書長及柯翠園主任等同仁的工作簡報，也介紹所有同仁和參觀辦公室設施。我既已接受該職務，就依一般機構上班原則來擔任全職，更何況該聯盟全球第二屆大會定於八月中旬舉行，時間緊迫。我也瞭解聯盟的正式職員均爲研究所碩士畢業以上，採精兵策略。而十二樓除「民主太平洋聯盟」外，另有呂副總統所創設的「心會」民間組織，職員更多。

呂副總統一生以追求臺灣的民主、自由、人權、女權為職志，也曾因此入牢，但她無論在野在朝，初心不變。她為此，當前成立兩個主要組織：㈠在國內成立「心會」民間組織，組織及動員國內各鄉鎮人力物力，以協助偏遠弱勢兒童教育為主旨，主要仰仗國內人士的捐款，所以「心會」組織編制大，必須做長期的支援工作，祕書長張貴祥曾任多屆桃園縣議員，也是我在省立基隆中學的前後屆同學。㈡成立「民主太平洋聯盟」，對國際發聲。以當前在朝可運用的行政支援為主，國內民間捐款為輔，配合政府在國際發揮宣導作用，尤以環太平洋島鏈各國的維繫為目標；因此聯盟編制人員多為雙語人才，平時工作人員約十名左右，但另有其他學術單位及相關組織人才從旁協助，必要時可動員相當的人力與財力執行。

「民主太平洋聯盟」第一屆大會於二〇〇六年八月舉行，並預定每年舉行一次大會，因此第二屆大會預定於二〇〇七年八月中旬在臺北市舉行，這也是我擔任DPU執行長應肩負的重大責任。事實上，呂副總統時時督導，經常提出很多創意及指示，而其特別助理蘇妍妃小姐也是靈魂人物，承上啓下，發揮決定性的作用。

為此，呂副總統於二〇〇七年五月十八日上午，在總統府四樓會議室邀集外交部黃志芳部長、教育部呂木琳政務次長、行政院國家科學委員會陳建仁主任委員、外交部非政府組織委員會江國強副主委及財團法人「民主基金會」副執行長楊黃美幸，以及我率李雪津等三位副祕書長與柯翠園等三位主任，還有呂副總統辦公室蘇妍妃祕書、郭大文副主任等幕僚，共同研討本年第二屆「民主太平洋聯盟大會」籌備會議事宜，主要商討DPU「大學聯盟」（PUL）及「國會連線」（PCC）以及其他有關事項，請各部會全力配合支援；其他各部會再個別召開配合執行會議，我與蘇祕書等偕同相關同仁均出席研討。

其中，外交部由侯清山次長召集亞太司、中南美司、非政府組織委員會等單位研商最爲積極，均邀我及蘇祕書等參與會商。我雖以DPU執行長會同蘇祕書參加，畢竟我在外交部工作四十五年後退休，曾擔任外交部常務次長，瞭解外交部內部的運作，與部內同仁也有相當的友誼，適可發揮協調作用。此次大會的亞太地區及中南美洲地區國家出席代表的主要資源，乃至各代表的接待工作，都需要外交部的大力支援配合。而大會的另項主題「大學聯盟」事宜，則有賴教育部及國科會的支持合作；至於大會有關非政府組織人權人道項目，也須與「民主基金會」等非政府組織的密切配合。

最後，有關會議日期確定爲二〇〇七年八月十三、十四及十五日三天，同時舉行重要論壇，主題包括世界形勢現狀、太平洋地區政經形勢及兩岸關係與危機，另外還有太平洋地區大學聯盟與非政府組織的人權人道議題，以及會員國國會議員的密切連結等。

至於主講人的安排頗費周章，也動員相關人脈，例如邀請美國政壇要角波頓博士（Dr. John Bolton）前來講演。此次第二屆大會順利進行，我也將原來二十九國會員國再增加六國，達三十五國，盡力完成整個環太平洋島鏈（除中共以外），也修訂、通過大會章程。而第三屆大會原則決定於隔年的八月舉行，地點待定。在這次第二屆大會中，由呂副總統親自主持與主導，備受與會各國代表及人員的讚揚，對她終身為民主自由人權的奮鬥，深致敬意。

我擔任民主太平洋聯盟執行長後，日常工作甚多，幾乎每週奉召進總統府參加呂副總統召集的有關會議，也會陪同呂副總統接見訪賓，如二〇〇七年三月接任執行長幾天後，我國新任駐美國代表吳釗燮到總統府向呂副總統辭行，我即奉命陪見。又如她在總統府接見「無國界記者組織」（Reporters Sans Frontières, RSF）祕書長梅納爾（Robert Ménard）、長期提供人道救援的泰北辛西雅（Cynthia Maung）醫師等，我也奉命作陪。

我在聯盟辦公室上班，也因該聯盟為呂副總統所創辦而需常接見訪賓，例如許多駐臺的外交使節與代表，以及亞太地區及中南美洲地區國家的國會、教育、政黨等訪問團；在接見時，對於重要訪問團或訪賓也另做簡報介紹聯盟組織及功能。因工作繁多，所以每週除參加呂副總統所召集的內部會議以外，我幾乎在聯盟內部舉行會議，以因應工作的發展。

民主太平洋聯盟也舉辦外國學生獎學金贊助及國際青年進修班的培訓，同時也辦理環太平洋地區的國會議員連線以及大學聯盟等組織的聯繫。呂副總統迭有創意，後來又增設「臺灣婦女菁英與國際職業婦女協會」（BPW Taiwan），並與世界婦女組織接軌，例如呂副總統率我國婦女團參加二〇〇八年六月中旬在日本舉行的世界大會；二〇〇八年十月中下旬又以BPW臺灣總會會長身分，率團前往墨西哥參加世界BPW大會，並應邀為大會主講人。

我想以支援緬甸民主為例，說明民主太平洋聯盟也發生「二軌」的作用。二〇〇七年十月十一日，呂副總統在DPU會議室邀請黃煌雄、葉靜宜、黃天福及許容淑等數位政要及我們主要幹部，共同研討「支援緬甸民主發展研討班」事項。十月十八日，我陪同呂副總統接見由民進黨邀請訪臺的緬甸民主人士Nyo Ohn Myint。十九日我又奉命偕副總統辦公室的張宏仁祕書接見住泰國清邁的Myint君詳談細節。後來，決定派團前往泰北訪問，並研擬名單，十一月六日我再與總統府及外交部有關單位洽商後，最後奉命偕同蘇妍妃祕書等於十一月八日上午搭華航班機自臺北直飛泰國清邁，即與緬甸民主人士Myint君及我駐泰國治安人員在清邁機場會合後，立即驅車五個多小時趕赴泰緬邊境美索鎮（Mae Sot）的緬甸難民區。

我首先聽取「臺北海外和平工作團」（TOPS）志工團的簡報，對於志工團幾位年輕人在如此艱困環境下，多年來爲救援緬甸難民所做的努力及堅毅的精神，深感欽佩。次日（九日）上午，我們在Myint君的祕密安排下，訪晤兩個緬甸對抗緬政府軍並擁護翁山蘇姬女士（Aung San Suu Kyi）的NCUB及NLD LA反抗組織實際領導群組。他們非常謹慎神祕，後來，他們在交談中瞭解我們的來意及實際背景，因Myint君已在月前訪問臺北與我高層見面，也瞭解我們支援的誠意，才卸下心防提出實際要求，我們立即當場密商相關事項。

我們當天中午與TOPS志工午餐，並由他們陪同參訪協助的難民小學，也訪晤參觀當地「梅道診所」（Mae Tao Clinic）及其創辦人辛西雅女醫師，實際瞭解醫院設備簡陋，當地難民區的條件艱困可憐，但其救援醫治緬甸境內的反抗軍及百姓傷患盡心盡力，精神高尚可敬。我們於當天下午三時結束美索難民區之行，再車程五個多小時於當晚返抵清邁，十日中午再搭華航班機返回臺北。

我們隨即將此行考察撰寫報告呈報呂副總統，而呂副總統辦公室亦迅即轉呈陳總統核准，由行政院轉請外交部交由駐泰代表處支援TLDLA等所需通訊器材，並請衛生署支援梅道診所；另又循其他管道籌款支援TLDLA及TOPS相當的經費，迅速支援。

其後，「臺灣民主基金會」頒贈「二〇〇七年亞洲民主人權獎」給梅道診所創辦人辛西雅醫師，並邀伊來臺北訪問及頒獎，呂副總統也親自接見並鼓勵，辛西雅醫師見到我時，當場表示謝忱。同年十二月中旬，呂副總統又要我陪同接見「無國界記者組織」祕書長梅納爾，商討由民主太平洋聯盟與該組織合作協助緬甸案。我們另與其他非政府組織舉辦座談會，研商緬甸的人權問題及救援，並舉行全天的研討會，邀請國內相關非政府組織人員及專家學者共商相關議題。

轉任祕書長

我接受呂副總統邀請出任「民主太平洋聯盟」執行長一職，實出於感謝呂副總統對我擔任駐義大利代表期間的支持。原想協助舉辦該聯盟第二屆大會活動後即告一段落；之後，因有感呂副總統的工作熱忱及對民主人權的堅持，也就繼續留下來。我依退休前的工作習慣，當起全職執行長，相當勞累。後來到二〇〇八年四月上旬，我自感對聯盟的貢獻有限，且已工作滿一年，加上女兒即將生第二胎，需要我們陪伴，於是利用我與呂副總統單獨商討工作的時機，向其表達懇辭執行長職務之意，但未蒙同意，並希望我能繼續協助當年八月第三屆DPU大會及其積極籌劃推動的「臺灣朝聖海洋之旅」。

後來，我於五月下旬感染肺炎，住院十天，呂副總統也親至醫院探望，待身體康復後繼續工作，完成九月五日至七日租國際麗晶遊輪環本島三天兩夜的「臺灣朝聖海洋之旅」。當時，我女兒已於九月一日順利在洛杉磯生下外孫女愛琳，急需我們趕往照顧，於是我們夫婦於九月八日搭機飛往洛杉磯，至十月六日始返臺北。

我回到臺北次日立刻趕到DPU辦公室，積極申辦呂副總以BPW臺灣總會會長身分率團前往墨西哥，參加BPW世界婦女會員大會所需的各項墨國入境簽證。呂副總統一行順利於十月十九日至十一月一日出席大會，並擔任大會主講人，非常成功。呂副總統於二〇〇八年五月二十日卸任後，仍運用有限的資源爲理想繼續奮鬥。她續於十一月中旬召集其所屬DPU、國展會及「臺灣心會」的主要幹部商討籌辦報刊之事，此更非我所長。她於十一月二十四日再召集吳榮義、盧世祥、徐松川、蘇妍妃與我共商辦報事宜，初步定名爲《新民報》，其後陸續開會，最後決定爲《玉山報》。

二〇〇八年十二月十五日中午，呂前副總統召集我、蘇妍妃及柯翠園商討DPU及BPW今後的工作方向後，即單獨約我密談。她終於同意我辭聯盟執行長職務，惟請我接任該聯盟的祕書長職務，並自二〇〇九年一月一日起彈性上班，繼續協助推展聯盟的工作。我二〇〇七年三月中旬就任執行長前，聯盟祕書長爲國立臺灣大學校長陳健昭，之後爲遠雄集團董事長趙藤雄，再其後爲東元集團董事長黃茂雄。自呂副總統卸任副總統職務後，企業界也逐漸離去，而我接任祕書長一職後，貢獻仍然有限，只能盡力而爲。

呂秀蓮前副總統也於二〇〇八年十二月三十一日在其三峽「紫京城」住處晚宴我們、其胞兄呂傳勝律師夫婦及張旭成教授夫婦。呂律師是我臺大法律系同班同學，而張教授也是我臺大法學院同屆同學，他是政治系，後來赴美國深造取得博士學位，繼續在美國擔任教授多年，曾任我國僑選立委及國安會副祕書長等要職。

二〇〇九年起，我改任聯盟的祕書長，無須正常上班，且聯盟的功能也逐漸縮小；而呂前副總統的工作重心漸漸轉移至《玉山報》、臺灣心會、國際職業婦女協會及國展會等組織上，所以我就開始依照退休原計畫，每次赴美國洛杉磯停留時間達兩個月以上。不久，呂前副總統的「Go Go Go聯合辦公室」遷移到臺北市光復北路的華視辦公大樓十一樓。當時《玉山報》的總主筆由張旭成兄擔任，我則彈性上班，當然呂前副總統都會邀我晤談，有時召開內部研討會議，常有國內民進黨或自由派大老參加，呂前副總統竟也叫我做即席總結論，認爲較客觀，我雖感爲難，但仍勉力爲之。我偶爾也會應邀爲《玉山報》寫點時勢評論文章，比較偏重中南美洲形勢研析，未涉兩岸關係。因聯盟的功能其實已完全萎縮，我就更少去辦公室，後來辦公室又遷至青島東路，我曾去拜望呂前副總統，但最後搬到林口新址，我就沒去了，但我與蘇妍妃迄仍保持聯繫。

總之，我對呂副總統的理想，包括爭取臺灣的自由民主、女權及生存，尤其她的執著與堅持的信念，以及努力不懈的精神，至爲欽佩。她個人生活簡樸，不貪不取，而設法爭取資源以追求她的理念，爲公忘私，令人歎服。她個性直率，得理不饒人的性格，確實得罪不少人，包括她自己的民進黨內，人緣不是很好，被視爲孤鳥，但也令人敬畏。

在此，我特別要推崇一位對呂副總統忠勤，允文允武，但個性低調樸實，不弄權、不矯情的機要祕書蘇妍妃小姐。她自完成碩士學位，從呂副總統當選桃園縣長、立委，以至當選副總統，均擔任機要祕書，盡責盡職，甚至呂副總統卸任副總統職位後，迄今仍不離不棄，耽誤婚姻，在所不惜，是一位難能可貴的職業女性，更是値得敬佩的工作夥伴。

第四十八章　梳理總結

我的政黨背景

我自幼在動亂中成長，及至考取省立基隆中學，初一入學之初，因仍在臺灣「二二八事件」的陰影下，聽說原來黃校長及若干老師與學生，因參加讀書會之類，被有關軍政治安機關逮捕，就此音訊杳然。所以入學之後，全校師生無人膽敢談論政治。而新任鄭校長認眞督導教學，我們學生也都努力讀書，我從此不敢有寫日記的習慣，及至考取國立臺灣大學，大一有軍訓課程，我也不記得是如何加入中國國民黨，但我的確於民國四十四年（公元一九五五年）加入國民黨，字號爲「組徵」字，但似乎沒有特別的入黨儀式及政治活動。其後，我考取全國性外交領事人員的高等考試及郵政高級郵務員特考，隨即進入郵政局工作，然後服義務兵役，也沒有感受到與國民黨有何特別的關聯。

我於民國五十年（一九六一年）正式進入外交部工作，漸漸聽聞，將來仕途發展與國民黨員身分有關係，因在部內看到司處長乃至副司長級，奉召參加國民黨革命實踐研究院受訓，始能出任黨政要職，例如駐外使節或部次長等職務；但我們初進外交部時仍覺得離我們好遠，不過也看到有些同仁已在積極準備。當時我自覺出生寒門，又無背景，只想安穩努力做個普通公務員，安分守己，不涉政治紛擾。事實上，我在外交崗位上，每份工作都以任務需要奉命安排，希望以標準公務員本分，努力執行行政中立，憑本分能力做事。

後來可能中國國民黨本身內部權奪發展，以及社會的進步，我出任駐外代表及大使，以及在部內出任司長及常務次長，都沒有因未曾在國民黨革命實踐研究院受過訓而受影響，而我所接任命都是因爲任務的特別需求，也常臨危受命，這可能是因爲外交工作性質特殊吧！但我卻意外出任黨代表出席數次全國代表大會，及其後獲聘中央評議委員而出席相關會議。

也因此，我曾親眼目睹若干黨爭，也看到國民黨內部各屆的權力運轉，但並未也無從參與。目睹國民黨的日漸衰退，深感民意如流水，有勇須有謀，而私欲爭權，也可能造成國民黨的敗退。但我在公務執行上，一貫堅守行政中立原則，為國家、為臺灣的未來，戮力從公。即使我退休後，曾應呂秀蓮副總統邀請出任「民主太平洋聯盟」執行長工作，也從未違背此原則。

退休後的第三人生

我們夫婦自二〇〇六年二月初正式退休回臺北定居，至二〇二一年二月初，瞬將滿十五年，時間似覺飛逝，生活也漸就緒。起初，我們退休當年，即已決定在臺北及洛杉磯兩地輪流居住，但次年春又接奉呂副總統之邀，擔任其所創「民主太平洋聯盟」執行長之職將近兩年，暫時過著退而不休的生活。之後，女兒與女婿生下慧琳及愛琳兩位寶貝孫女，我們的生活也隨之充滿活力，所以在洛杉磯的日子異常熱鬧。

回臺北居住期間，也常去泰國曼谷看望相如一家，愛孫樂山也日漸成長，及至年滿十四歲，於二〇一四年赴美國波士頓就讀寄宿高中後，我們也未再赴曼谷。而二〇一五年起，我由女兒育如申請美國居留權，隨與淑美在美國均享聯邦健保之便，以致我們在臺北及洛杉磯兩地都有健保，生活也安適。

我們退休後也較有時間關心自己的健康。我們在臺北時，每個月須至臺大看診四、五次，若再加上事前須驗血驗尿、照X光或超音波等，都成臺大醫院的常客了。在美國，我們因有聯邦健保，也會常去我們的家庭醫師看診拿藥。依美國制度，一般慢性病患者須先由家庭醫師看診取藥，如確有需要，再由家庭醫師依實際情形轉介其他專科醫師或做進一步的檢測，如超音波、X光或照胃鏡、大腸鏡等必要的深層醫療，此類需求，必先由家庭醫師先向健保單位或保險公司申請。若有需要急診，則可直接赴醫院或請救護車急送大醫院救治，我們也逐漸瞭解及習慣美國就醫體制，當然這都需要女兒與女婿從旁協助。

我們自退休後，幾乎每年會趕回臺北參加外交部在臺北賓館主辦的中華民國國慶酒會，也盡量參加每季一次的外交部退休使節聯誼餐會。我原則參加每年三月間外交部長在臺北賓館舉行的招待退休使節午餐會；至於每年其他三次餐會，只要我人在臺北也會參加。

我們夫婦在臺北的時間，大約每週有一至兩次餐會，除外交部同仁，例如我們固定有四對大使（金樹基、黃秀日、劉伯倫及我）夫婦每月聚餐、其他使節退休群所組「三木雅集」餐會，以及至親好友齊聚一堂，大家相交多已三、四十年以上。

至於在洛杉磯，除了女兒育如一家外，還有淑美的胞弟殷國峰及其子殷崇根，姊姊殷淑清（二〇一五年逝世）及姊夫吳龍洲與其子吳逸璋一家及其女吳麗芳夫婦。另有住田納西州的胞弟殷清峰夫婦，也有定居當地的退休大使夫婦及其他友人經常聚餐，所以生活也有情趣。但大家逐漸年邁，尤其二〇二〇年新冠肺炎病毒（Covid-19）危害，在美國多須宅居，加州特別是我們所住的南加州洛杉磯郡（Los Angeles County）疫情非常嚴重，大家生活也發生極大的變化，原則只能視訊聯絡而無法見面歡聚。希望能盡快將疫情控制，大家生活恢復正常，讓我們可以如往日臺灣與洛杉磯兩地自由往返，與家人及好友團聚。

二〇一八年一月十五日相如偕媳婦孫卓斐在洛杉磯順利產下愛孫林海山，我們全家與親家孫永杰及張錦芳夫婦共同慶賀。而長子相如一家也因香港疫情及政局劇變，已於二〇二〇年二月一日遷居泰國曼谷重新創業，小孫子海山也快樂成長。

我們夫婦原定二〇二〇年三月二十九日搭機回臺北，但在三月十二日，美國加州政府發布宅居令（stay-at-home order），在女兒與賢婿的勸導下，我們也認爲夏天疫情應可緩和，不意疫情日漸慘烈；雖然臺灣控制較好，但長者搭乘長途航機極易感染，因此一再順延返臺程期，目前只能安心在美宅居。

豈料二〇二〇年六月中旬，接獲好友黃秀日大使夫人張麟徵教授告知，我們好友金樹基大使不幸於六月十五日在臺北逝世，此事給我相當大的震撼。金大使與我同時於一九六一年春進入外交部工作，又同分派在情報司服務。他於二〇〇二年退休，我於二〇〇六年退休。我們退休後，尤其最近十二年，倘我們在臺北，我們四對大使夫婦每月必定聚餐一次，平時也交往密切。

金大使逝世消息，讓我突感人生無常，也讓我下定決心，決定趁這次在洛杉磯宅居期間，對我個人八十多歲以及與內人淑美結婚近六十年的人生點滴留下紀錄，至少給我們自己的子孫有所瞭解。由於自小時因環境使然，讓我養成有安全顧慮，也可能以繁忙為藉口，所以從未寫日記；只有自二〇〇〇年派駐義大利代表起，因感政權轉移，新政府在外交行事多所變革，所以行事曆上略有記錄。因此，我決心寫下生活點滴，不敢說是回憶錄，實因所述多憑記憶，恐有失誤之處。

不意，我從二〇二〇年六月下旬開始動筆，文思泉湧，下筆快速，初期每日書寫約四、五小時。至九月間，寫及駐義代表職務及之後退休生活，有時為了查證，反而速度稍減。至二〇二一年一月上旬，全書大體完成。期間女婿洪堅為我繕打文稿，不過速度不快，有時也要看他的工作及時間。

此外，我又思及所寫內容依時間述及成長、求學、進部及在外交部內外工作各階段，因寫慣公文，用語平鋪直敘，有次偶與外交部同仁黃瑞龍、潘錫鳳夫婦談及，因我在駐義大利代表任內，適黃瑞龍任代表處祕書，這二十年來，兩家保持密切聯繫，加上錫鳳有著作及出書的經驗與專長，她表示願意協助編排及出版事宜，我內心非常感激，若能順利出版問世，也了卻我的心願。

附錄

林基正生平簡歷

一九三六年六月五日	依臺灣戶籍登記，出生於臺灣省基隆市；實際出生於大陸福建廈門。因父母當時為日籍臺商，一九三七年中日發生「七七事變」，當地群衆趁機全面襲擊追殺日籍臺商，父母緊急攜我逃回基隆，放棄在廈門所有資產。
一九四三至一九四九年四月	就讀日據時代的基隆堀川國民小學，一九四五年臺灣光復後，小學改名為南榮國民小學。
一九四九至一九五五年	省立基隆中學，初、高中共六年。
一九五五年八月至一九五九年六月	國立臺灣大學法律系。
一九五八年夏	考取全國性外交領事人員高考及高級郵務員特考。

一九五八年十月至一九五九年八月	交通部臺北郵局高級郵務員，同時於一九五九年六月大學畢業。
一九五九年八月至一九六一年一月	預備軍官兵役義務。
一九六一年二月	服完兵役，復職基隆郵局高級郵務員一個月，因轉進外交部又辭職。
一九六一年三月至一九六四年六月	外交部情報司薦任科員。
一九六四年六月至一九六六年六月	駐多明尼加共和國三等祕書。
一九六六年七月至一九七一年六月	外交部條約司科長，先任二科科長再任一科科長，兼外交部法規委員會祕書。
一九七一年七月至一九七三年十二月二十四日	駐西班牙大使館一等祕書。
一九七三年十二月二十四日至一九七七年七月	駐葡萄牙公使館一等祕書，該館於一九七五年五月斷交閉館後，奉命單獨在葡萄牙留守觀察兩年兩個月。

一九七七年七月至一九八〇年三月三日　外交部中南美司副司長。

一九八〇年三月三日至一九八一年六月二十一日　駐哥倫比亞代表處參事級顧問。一九八〇年二月八日，哥倫比亞政府宣布與我政府斷交並同時與中共建交，且我原駐哥倫比亞大使館全體人員須於三月八日前撤離；至二月底，我臨危受命，以中南美司副司長身分於三月三日出國，五日抵哥倫比亞，與哥外部進行交涉；嗣我駐哥倫比亞代表機構設立，又奉外交部命令改派為新機構顧問。

一九八一年六月二十一日至一九九〇年三月三日　駐委內瑞拉代表。

一九九〇年三月三日至一九九一年二月十二日　外交部領事事務司司長。

一九九一年二月十七日至一九九七年七月日十七日　駐尼加拉瓜特命全權大使，為我與尼加拉瓜新民選政府於一九九〇年十一月八日復交後的首任大使。

一九九七年八月至二〇〇〇年一月二十日　駐西班牙特派代表兼駐葡萄牙特派代表。

二〇〇〇年一月底至二〇〇〇年十二月中旬	外交部常務次長，適逢二〇〇〇年五月二十日首度政黨輪替，負責外交部交接工作。
二〇〇〇年十二月二十日至二〇〇六年二月二日	駐義大利特派代表。
二〇〇六年二月三日	正式退休。
二〇〇七年三月至二〇〇八年十二月	擔任呂秀蓮副總統所創非政府組織「民主太平洋聯盟」執行長。
二〇〇九年	擔任「民主太平洋聯盟」祕書長。

千迴百轉的外交使命

——林基正出使四方隨筆

作　　者 / 林基正
出 版 者 / 揚智文化事業股份有限公司
發 行 人 / 葉忠賢
總 編 輯 / 閻富萍
責任編輯 / 洪堅、潘錫鳳
校　　對 / 詹宜蓁
封面設計 / 彭于珊
地　　址 / 新北市深坑區北深路三段 258 號 8 樓
電　　話 / (02)8662-6826
傳　　真 / (02)2664-7633
網　　址 / http://www.ycrc.com.tw
E-mail / service@ycrc.com.tw
ISBN / 978-986-298-394-2
初版一刷 / 2022 年 6 月
定　　價 / 新台幣 520 元

國家圖書館出版品預行編目（CIP）資料

千迴百轉的外交使命：林基正出使四方隨筆 / 林基正著. -- 初版. -- 新北市：揚智文化事業股份有限公司, 2022.06

面；　公分

ISBN 978-986-298-394-2（平裝）

1.CST: 林基正 2.CST: 臺灣傳記 3.CST: 外交人員

783.3886　　　　111006087